股市操练大全

（第九册）

实战指导 之四

——股市赢家自我测试总汇专辑

主　编　黎　航
执行主编　任惠理应

上海三联书店

《股市操练大全》编写组名单

策　划：黎航　任惠

主　编：黎航

编　委：林娟卿琳莹伟路因
　　　　建丽栋蓓晓建大三
　　　　瑷仪华芹应英珍乾鸣
　　　　晶炳厚桂理北爱炳晓
　　　　婧沛红晋惠蓓杰琳琳
　　　　杭文粉闻任王仁常李
　　　　沈敏莹天航峻源翔花
　　　　红正黎李海稆金

卷首语

谨将此书献给《股市操练大全》250万读者

如果你已经是《股市操练大全》的读者,这本书就是你学习《股市操练大全》一至八册后的一次总复习,同时,也是对你实际操作水平的一次总测试。通过这次总复习、总测试,你在股市中看盘识图、逃顶抄底、选时选股的能力一定会有质的飞跃,届时你再参加股市实战就能取得令人羡慕的佳绩。

如果你尚未阅读过《股市操练大全》,本书就是你了解K线操作技巧、股市高手妙招的最好窗口。本书独特的图文并茂试题分析法,以及它由浅入深、环环相扣、悬念不断的编写方式,一定会深深地吸引住你……

特别提示:本书是《股市操练大全》实战训练卡的图书版。两者内容相同,但表现形式不一样,一个是卡片,一个是图书。故请大家注意:已经购买过《股市操练大全》实战训练卡的读者,请勿再重复购买。

内容提要

股谚云：股市高手是练出来的，练则通，练则赢。历史经验证明，不管是谁，也无论股市知识学到了多少，如果缺乏一个高密度、大容量的股市实战强化训练过程，在实战中就会屡屡碰壁，甚至有可能成为纸上谈兵的输家。

本书是一本全方位、高密度、大容量的股市实战强化训练题库（目前市场上尚无此同类书）。本书的出版，一方面是为了对《股市操练大全》一至八册中有关图形知识进行一次总复习，读者通过本书的全面复习——自我考核，可以消化、巩固前面的学习成果，为日后的成功打下扎实的基础；另一方面，本书也为投资者搭建了一个全面检测自身炒股水平的平台，投资者通过这个平台的检测，可以发现自己在看图识图、逃顶抄底、选时选股上究竟存在什么问题，今后该怎么努力。另外，本书在设计时模拟了优秀股市培训班的教学场景，因而它又可以作为股民自助培训的工具来使用。

本书在编排时，采用了由浅入深、循序渐进的方式，从最基础的K线图形识别开始，一直延伸到高端的股市实战演练，对股市实战训练中的重点、难点图形几乎进行了全覆盖。全书分为上中下三个部分。上篇是K线与技术图形的基础知识自我测试；中篇是K线与技术图形一般实战技巧的自我测试；下篇是K线与技术图形实战难点解析的自我测试。

本书资料翔实，图文并茂，案例甚多，且环环相扣、悬念不断，它不仅具有较强的可读性，更具有强烈的针对性与实用性，是目前图书市场上不可多得的具有多种功能的股市实战工具书。因此，无论你是新股民还是老股民，拥有它将获益匪浅。

编写说明

——暨本书若干问题答读者问

问:听说购买《股市操练大全》的读者人数众多,你们自己是如何看待这件事情的?

答:确实有很多读者喜欢我们的书。迄今为止,《股市操练大全》丛书已出版了一至八册(另外还有一本习题集),累计发行量已超过250万册,其销量在同类证券书中遥遥领先(编者按:时下,一本新书平均发行量仅5000册左右,能发行1万册以上的已属少数。据了解,《股市操练大全》销量居全国股票书销售榜首)。听到这样的消息,我们心里感到特别高兴。

但是,我们心里明白,读者如此厚爱《股市操练大全》,除了是对我们写书人的高度信任与鼎力支持外,更重要的是期待我们能再接再厉,有更好的作品面世。所以读者越是关爱我们,我们身上的责任就越是重大。我们只有兢兢业业地写好《股市操练大全》每一本书,才能不辜负广大读者对我们的期望。

问:有人说你们编写《股市操练大全》每册新书前都要确定一个主题,这是为什么呢?

答:的确,《股市操练大全》丛书每册新书写作时,都会有一个主题。主题是"纲",纲举才能目张。主题确定后,写作时所有的内容就必须围绕这个主题展开,与主题无关的内容就要统统删掉。可以说,能否确定一个正确的主题,是写好《股市操练大全》的前提,前提错了,这本书就写废了,在这方面我们是有过教训的。因此,每当确定《股市操练大全》一册新书的主题时,事先都要经过充分调查研究,然后经过集体讨论后才可以把它定下来。

当然,《股市操练大全》每册书的主题认定都是有一定要求的,即它不仅要考虑到所写的新书与《股市操练大全》其他的书,在知识内容上、形式方法上、结构安排上怎样做到有机连接;同时还要考虑到读者的需要以及该书本身的实用性。所以,《股市操练大全》丛书中每册书的主题,从最初提出一直到最后把它确定下来,编写组同志都会把它当成一件大事来抓,并对它有一个反复论证的过程。

问:请你介绍一下《股市操练大全》第九册的主题是什么?这个主题是如何确定的?

答:《股市操练大全》第九册的主题是:对《股市操练大全》读者进行一次系统的、大容量、高强度的股市实战强化训练,以此来消化、巩固所学成果,切实提高他们的炒股技艺与实战成绩。

《股市操练大全》第九册的主题确立十分艰难,这是我们编写《股市操练大全》丛书以来,为一本书定调耗费时间最长、内部分歧最大的一次。开始,《股市操练大全》编写组成员像以往一样,各自作了一些实地调查研究,然后把意见汇总上来。但这一次汇总后,编写组内部形成了两种截然不同的意见。第一种意见认为,《股市操练大全》第九册的主题,要充分体现股市操作实战指导的作用,一如既往地为读者多介绍一些新的实用炒股方法;第二种意见认为,《股市操练大全》第九册应该暂停新知识、新方法的介绍,当务之急是对前面已经出版的《股市操练大全》一至八册内容进行一次全面梳理,并设计一些相关题目给读者练习,帮助他们消化、巩固所学成果,尽快地引导他们走上股市赢家之路。《股市操练大全》第九册的主题就要围绕这个思路来设计。这两种意见在《股市操练大全》编写组里都有坚定的支持者,双方各执己见,争论十分激烈。

为了统一《股市操练大全》编写组成员之间的认识,为《股市操练大全》第九册确定一个正确的主题,大家带着问题,再一次深入到读者中去调查研究。经过深入调查后,大家发现:虽然有一部分读者通过学习《股市操练大全》,在股市实战中取得了不菲的成绩,有的还打了翻身仗,但与此同时,还有很多读者阅读《股市操练大全》后效果不明显,至今仍然没有进入赢家行列。听到这个消息后,我们感到很不安。我们扪心自问:读者如此信任我们,花了这么大的精力来阅读《股市操练大全》,难道仅仅是为了知道一些炒股的新知识、新方法吗?写作《股市操练大全》的目的究竟是为了什么?

通过深刻地反思,大家进一步明确了写作《股市操练大全》的宗旨:如果《股市操练大全》不能帮助大多数读者走上赢家之路,该书的写作就失去了实际意义。因此,不管强调什么理由,《股市操练大全》写作的最终目的就是要帮助读者赢利,这个原则不能变。违反这个原则,就有负广大读者的信任。股谚云:"股市高手是练出来的,练则通,练则赢"。之后通过几次深入讨论,编写组内部的思想得到了统一。大家深刻认识到:虽然《股市操练大全》已经出版了八册、介绍了很多股市知识与炒股方法,但尚缺少一个系统的、大容量、高强度的训练过程,这是造成很多读者阅读《股市操练大全》后成绩不佳的根本原因。

尽管《股市操练大全》第九册的主题确定了,但我们心里并不轻松。编写组里的有些人担心:《股市操练大全》第九册的写作风格与《股市操练大全》一至八册的写作风格有很大差异,这会使一直期盼《股市操练大全》新书会给他们带来新知识、新方法的读者感到失望,此事应该如何向他们解释呢?我们心里清楚,有些事情是很难解释的,误解是避免不了的。我们的态度是:只要真正把读者的利益,即把切实帮助《股市操练大全》广大读者走上赢家之路放在第一位,这样做我们就问心无愧。随着时间推移,相信一些误解我们的读者最终会理解的。

问:请你说说《股市操练大全》第九册的出版究竟有什么作用？它对读者具体会有什么帮助？

答:我们认为,该书的出版至少可以起到两方面的作用。第一,它将《股市操练大全》一至八册中关于K线、技术图形的实战技巧,以及高手的看盘操盘经验,进行了重新整合、梳理,这样既可以帮助读者消化《股市操练大全》一至八册中学到的知识,又可以为读者提供一个能有效测试一下自己操作水平的"平台",这是一举两得的好事。因此,该书的出版对《股市操练大全》广大读者将会带来很大的帮助,它可以有效地提高当事人的操作水平与实战成绩。

第二,随着《股市操练大全》的热销,现在有越来越多的读者要求参加《股市操练大全》的培训班。说实话,以我们现在的力量是无法承担《股市操练大全》数百万读者的培训的。但读者对我们的热切期望,我们不能拒绝,这就迫使我们要想一个办法,另辟蹊径来满足读者的这个要求。《股市操练大全》第九册的出版就是为了满足读者这一要求而作的尝试。因为我们已经作过一些实验,并取得了很好的效果。故而相信读者要求参加《股市操练大全》培训班的愿望,能通过本书的一题一练得到实现。

问:大家对本书的第二个作用还听不太明白,你们能不能把这方面的理由说得具体一点？

答:我们说《股市操练大全》第九册中的一题一练有替代股市培训班教学的作用,主要有以下几个理由:

第一,优秀股市培训班中的几个要素,《股市操练大全》第九册都具备了,这里并没有什么质的差别。

比如,优秀股市培训班在讲授K线知识与技巧时,强调知识的系统性、连贯性、实用性,本书一题一练都做到了。本书内容分为三个部分:第一部分是K线基础知识的训练;第二部分是K线实战中一般技巧的训练;第三部分是K线实战中疑难问题解析的训练。它自始至终贯穿一条全面系统、由浅入深、实用至上的主线,我们相信任何人看了都会明白的。又如,优秀股市培训班采用的启发式教学,本书的一题一练也能做到完美的替代。我们在设计一题一练中，每一个题目都模仿了课堂老师提问的形式，题目口子小，入点深，绝不是简单地用"是"与"否"可以回答的，使用一题一练的读者必须像学生回答老师颇有悬念的提问那样，经过一番深入思考后才能答上来，这样课堂上的启发式教学就能在一题一练的训练中充分地体现出来。

第二，随着《股市操练大全》的热销，《股市操练大全》阐述的投资理念与操作技巧，被越来越多的投资者所认可，市场上一些证券培训机构纷纷将《股市操练大全》列为股市培训的教材或参考读物。其实，由《股市操练大全》作者自己来诠释《股市操练大全》的理论，讲解K线操作技巧，并在此基础上推出的一题一练，更能够准确地将《股市操练大全》中最精彩、最实用的内容反映出来，所以它对投资者的帮助不会逊色于优秀的股市培训班对投资者的帮助。

第三，本书一题一练的题目容量、题意深度比一般股市培训班的题目容量、题意深度要大得多且深得多。据了解，现在一期股市培训班办下来，老师讲解的案例一般只有几十个，很少会超过100个，而本书一题一练介绍的案例多达200个以上，其题目容量远远超过了一般股市培训班介绍的案例数量。另外，由真人面授的股市培训班，由于受讲课时间的限制，即使对典型案例的剖析，也只能深入到下面一个层次即告结束。但本书充分发挥了一题一练的"特长"，对重点案例的剖析，刨根寻底，层层深入，它不仅能让当事人知其然而且知其所以然，并且能促使当事人举一反三、触类旁通。比如，一题一练在介绍某高手根据图形进行选股的技巧时，"顺藤摸瓜"，发掘出高手对一些价值型股票采用"锁定对象、长期跟踪、选准时机、重仓出击"的选股经验，进而又将高手"台上一分钟、台下十年功"的操作全过程亮了出来。经过层层发掘，高手炒股与普通投资者炒股有什么不同，高手为何能成为股市大赢家的全过程就变得清晰可鉴了。这样一来，大家向高手学习就不会"一头雾水"，学什么、怎样学都有了明确的方向。其实，类似这样的层层深化题目，在本书一题一练里有很多，这里就不一一列举了。

问:《股市操练大全》第九册一题一练训练的重点是什么?

答:本书一题一练训练的重点是K线、技术图形方面的知识与操作技巧。有人问我们,均线也是一个很重要的技巧,为何不把它列为重点训练项目呢?这里向大家作一个解释:因为做任何事情都必须有一个范围,本书一题一练的范围就限定为对读者进行K线、技术图形方面的训练,如果把均线也牵涉进来,一则是本书的容量不够,内容至少要扩大一倍以上;二则是原来的重点就会冲谈,反而会影响学习效果(当然,本书一题一练中的个别案例也谈到了均线,但这不是为了介绍均线,而主要是为了配合K线、技术图形的训练而设置的)。

问:一题一练对读者进行K线、技术图形实战技巧训练时,有的图形只是简单地提了一提,有的图形反复向大家介绍,这究竟是为什么?

答:K线、技术图形很多,但本书容量有限。那么如何充分发挥一题一练的作用,提高它的训练效果呢?这就不能面面俱到,必须将经常出现,并能对投资者操作产生重大影响的图形,作为重点案例,反复地向大家介绍,如此才能加深大家的印象。经过这样的训练,到了实战中就能发挥出它的示范效用,从而能够真正对投资者的操作带来帮助。

比如顶部岛形反转,这是一个很凶险的图形,每当这个图形出现时,很多人都会因为不识此图形而套在高位,如2008年6月10日,上证指数出现了顶部岛形反转的图形,然后就从3200多点一路狂泻到1664点;2010年4月19日,上证指数也是因为出现了顶部岛形反转的图形,从3000多点一路下跌到2319点;2010年12月24日,深圳创业板指数同样是由于出现了顶部岛形反转,见顶回落,出现了连续暴跌。可见,识别这个顶部岛形反转的图形,对投资者的操作非常重要。所以这样的图形,就要作为一个重点案例向大家反复介绍。

又如大阳线,一会儿是看涨信号,一会儿又是看跌的信号。很多人就是因为弄不清楚大阳线的真假,该卖出时却买进了,该买进时却卖出了,以致行情完全做反了,结果栽了跟头,甚至亏了大钱。那么如何来辨别大阳线的真假,不被假的大阳线所忽悠呢?这就是一个很迫切、很现实的问题。如果要很好地解决这个问题,不是简单地说一些道理就行的,而是要反复地多做一些大阳线的练习,才能识破其中的奥秘,辨出其真伪,所以在本书一题一练中,大阳线的练习就占了一个重要的份额。

再如,从个股下跌后大的底部形态,或者从低位选择有潜力的股票这个角度来说,依据技术图形锁定股价趋势是一个行之有效的方法。但是,在技术图形中属于底部形态的图形有很多,如V形底(尖底)、双底(W底)、多重底、圆底、潜伏底、头肩底,等等。那么,什么样的技术图形最值得投资者关注呢?从沪深股市20年来的统计资料看,从底部走出来成功概率最高的是头肩底。据了解,大的头肩底,一旦往上突破站稳其颈线后,继续向上,并出现较大上升空间的概率达8成。所以高手在利用技术图形选股时,在技术上首先关注的是头肩底走出来的个股。有鉴于此,本书一题一练依据实战要求,把如何识别头肩底,识别头肩底要注意什么,其买点、止损点应如何设置等问题,作为训练的重点,并为此设计了大量练习题。这就是为什么本书一题一练中介绍头肩底的题目比较多的一个重要原因。

问:《股市操练大全》第九册一题一练中有的内容回答得比较简单,它会不会影响读者对问题的理解?

答:《股市操练大全》第九册带有复习性质,且题目多、图形多,而书的本身容量有限,因此,若遇到所要解答的图形比较复杂,涉及的技术问题较多时,每一种使用技巧只能点到为止。为了不影响读者的理解,我们对一些关键词加上必要的"注",读者可根据"注",从《股市操练大全》丛书中查找到详细的解释。

问：在阅读《股市操练大全》第九册时需要注意哪些问题？

答：第一，读者可根据自己的情况挑选使用本书内容。本书的内容分为三个部分：①K线与技术图形基础知识一题一练（见自我培训测试题No.1~No.56）；②K线与技术图形实战技巧一题一练（见自我培训测试题No.57~No.180）；③K线与技术图形实战难点解析一题一练（见自我培训测试题No.181~No.222）。如果你是新股民或对K线基本知识了解不多的投资者，可先将①这部分练习做好，然后再进入②、③环节训练；如对K线基础知识很熟悉的投资者，可跳过①，直接进入②、③环节进入自我训练。

第二，阅读、做题时不能贪多求快，而要坚持"慢工出细活"的原则，认真做好每一道题。比如，对本书中每一个题目都先要审视两遍，弄清题意后再动手做题，答题后无论对或错，都要与本书的参考答案中的内容进行仔细核对，看看自己哪些地方答对了，哪些地方答错了；另外，答题时要学会慢思考（编者按：其实，从心理学角度分析，积极的慢思考是一种要求很高的思考方式，很多科学重大发现都是从积极的慢思考中诞生的），想一想如何用简短、正确的语言来答题，这对锻炼自己的思维能力、强化记忆都非常有好处。

第三，要抱有参加考试一样的态度来做本书的练习，做题时不能看后面的答案，如果答不出，先暂时将它"封存"起来，过几天再来做题。在这期间不妨仔细想一想，答不出的原因是什么，如有时间可以重温一下《股市操练大全》一至八册中与此有关的内容，等这些工作做好了，然后把"封存"的题目"解冻"，或许这个时候就有把握来解开它的谜底了。

实践证明，轻易得到的东西很容易失去，若使用这种硬逼自己的方式进行答题，从当时的情况看，自己可能是吃了一点"苦"，但一旦把题目做出来，印象就会特别深刻，且日后不容易忘记，并能在实战中产生很好的效果。

第四，一位伟人说过"分析好，大有益"。本书列举了大量案例给大家练习，目的就是要让大家学会分析，并通过一些典型案例的解剖，举一反三、触类旁通。比如，我们在做本书一题一练的训练时，不是简单地找出一个看涨或看跌的答案就行了,更重要的是要弄清楚涨或跌的背后逻辑是什么,只有把背后的逻辑关系弄明白,以后碰到类似的图形才知道应该怎么去操作。又如,一些分析师在荐股时说得头头是道,结果证明他们的荐股理由是完全错的,那么你就要弄清楚他们当时荐股的理由主要错在什么地方,如:是不是缺乏大局观,或是不是在分析图形时以事物的次要矛盾代替了事物的主要矛盾,等等。大家只有刨根寻底,把错误的症结挖出来,才能逐渐养成不人云亦云,独立思考的习惯,才能炼就一双火眼金睛。这样形式的练习做多了,看图识图的本领、操作水平就会有质的飞跃。经过如此反复训练,对自己日后的操作必然会带来很大的帮助。

第五,本书的另一个特点是久看耐用、常读常新。如果你参加股市培训班,时间一长,老师讲的东西你或许就淡忘了,但本书不会,你可以经常拿出来反复地阅读,即使忘了,一看就能记起来,况且温故而知新,越读感受会越深。试想,当你反复使用本书一题一练,将一些重点图形、关键技术深深地印在脑子里后,主力还能像以前一样忽悠你吗?如果你真的达到了对典型案例、主力操盘手法,闭着眼睛也能如数家珍的境界,今后做股票的成功率就会有显著提高,资金卡上将不断地拉出长红。

问:听说你们推出《股市操练大全》第九册,其中有一个目的就是为了对现在市场上收费高昂的劣质股市培训班说"不",请问,有这么一回事吗?

答:是有这么一回事。据了解,现在市场上举办的股市培训班鱼龙混杂,有相当一部分股市培训班的教学质量都存在严重问题。一些别有用心的人,打着传授炒股绝招的幌子举办股市培训班,实则是干着骗人揽钱的勾当。这些劣质股市培训班,一无教学大纲、培训计划;二无教材、讲义;三无教案(讲课人不认真备课,讲到哪里算哪里);四无必要的练习、作业。但就是这样的股市培训班,营销上却"很有一套",招收学员时吹得天花乱坠,学费越收越贵。参加一期这样的股市培训班,学费四、五千元已属平常,贵的一期学费要上万元,甚至数万元。例如,2010年上海书展中,笔者曾经接待过一位读者,这位读者说,他今年参加了一个"民间股神"举办的股市培训班,仅3个晚上就付了一万元学费。现在他看了《股市操练大全》,发现这个民间股神讲的"炒股绝招",《股市操练大全》里都有,而且书中比他讲得更清楚,内容更丰富。他感到付出这万元学费是上当了。笔者告诉他,股市里没有股神,自诩为股神者,不是疯子就是骗子。

其实,股市里任何方法都有一个适用范围,所谓百战百胜的"炒股绝招"是不存在的。投资者要弄清楚的是,在什么情况下,应该使用什么方法才能取得积极效果。至于炒股的方法与技巧,《股市操练大全》和其他一些优秀的证券图书里都有介绍,大家只要静下心来,认真地去看都能看懂。但有一些心态浮躁的投资者放着有用的书不看,而是花数千元、甚至数万元去"股神"那里高价购买这些方法与技巧,这不是本末倒置吗?这个钱花得实在是太冤枉了。

据了解,一些所谓的"股神",就是从某几本书里东摘一些方法,又在另几本书里西抄一些方法,然后把这些书中摘录的方法进行包装,再把它吹嘘成"炒股绝招",用来忽悠投资者,收取高昂的学费、会费,干那些见不得人的勾当(编者按:关于这方面的案例,媒体已作了很多报道,投资者一定要提高警惕)。

俗话说:"不怕不识货,就怕货比货"。现在我们向市场推出了一题一练,学费(即书价)只有几十元钱。有了它,每个人都可以自由地参加"不用老师的自助式股市培训班",大家不妨将本书一题一练里讲的东西,与现在市场上一些收费数千元的速成股市培训班里讲的东西作一个比较,看看谁的性价比最优,谁讲的内容更丰富、更实际,一比较就可以得出一个明确的结论。

问:据了解,几个月前你们曾经将本书的内容制成卡片推向市场,现在你们又出版了《股市操练大全》第九册。为什么同样的内容,先推出卡片,后又推出书呢?

答:是的,几个月前我们向市场推出了《股市操练大全》实战训练卡。当初我们为什么要将本书的内容制成卡片呢?因为事前我们作了一些试验,若将本书内容制成卡片,每卡一题(卡片正面为题目,背面为答案),以一卡一练的形式对读者进行训练,可以更加真实地模拟出股市培训班的教学场景,这对读者开展股市自助培训会带来更多的方便。

比如,股市培训班里经常会开展老师与学生互动的活动,这种活动,用卡片的形式进行替代比较容易实现。方法是:使用一卡一练时,把题目的顺序打乱,读者可同时扮演老师与学生两个角色,左手抽题,只能看到卡片正面的题目(相当于老师随机发问),右手答题,可以看到卡片后面的答案(相当于学生随机答题),使用娴熟后就能体会出股市培训班中老师与学生互动的滋味来,这就像央视星光大道栏目中的明星李玉刚一人同时扮演男、女两个角色的道理是一样的。

但股市培训班中这种司空见惯的老师与学生的互动,若换成图书就没有办法做出来。

又如,股市培训班中有经验的教师经常会教学生用"化整为零"的办法,来强化对课堂内容的记忆,而这个"化整为零"以卡片来代替很容易做到(若改成图书就很难做到)。它的方法是:如在外出时带上几张卡片,或在坐车时、等人时、排队时拿出来瞧瞧,一日不多,五日、十日、三十日……加起来就是一个很大数量,日积月累,再难懂的图形也会看懂的。另外,平时可找一些朋友,把卡片当成扑克牌来玩,从游戏中增加看图识图的兴趣,这种"化整为零"的游戏,对提高图形的鉴别能力也很有帮助。

正因为卡片在模拟股市培训班教学中有特殊的优势,所以,一开始我们向市场上推出的是《股市操练大全》实战训练卡。但是在卡片出版过程中,正式对外发行时却遇到了意想不到的困难。第一,卡片制作工艺复杂、成本高、利润薄,且装卡片的盒子体积大,容易碰撞受损,书店销售的积极性不高(有的书店甚至明确表示只接受图书,不接受卡片);第二,在试销期间,我们发现,虽然《股市操练大全》实战训练卡,因其形式独特、新颖、使用方便、灵活,受到了很多读者的青睐,但同时也有一部分读者向我们反映,他们已经养成了看书的习惯,不习惯使用卡片,所以强烈要求将卡片的内容转换成图书。

市场总是对的。《股市操练大全》实战训练卡发行中遇到的困难,使我们明白了这样一个道理:市场需求是多元化的,虽然卡片有它的优点,但图书的优点也是显而易见的。因此,经过慎重研究,为了满足市场不同层次的需求,我们决定在推出《股市操练大全》实战训练卡的同时,再向市场推出它的图书版——《股市操练大全》第九册(请读者注意,《股市操练大全》实战训练卡与《股市操练大全》第九册内容是相同的,已购买过《股市操练大全》实战训练卡的读者,请勿再重复购买)。

问:过去《股市操练大全》一至八册中,版面排得疏密有致,很少在一页中留有较大空白。现在出版的《股市操练大全》第九册,排版时疏密不一(有的版面很空,有的版面很挤),并有不少页面留有较大的空白,我们想知道为什么会出现这种情况?

答: 当初我们将《股市操练大全》第九册的内容设计成卡片时,规定每卡一题,卡片正面是题目,背面是答案。该设计的优点是:做题目时是看不到答案的,这可以促使当事人深入思考。但这种设计也带来一个问题,因为题目有繁有简,难易不一,在版面安排时,内容就有多有少,但为了保证答案只能放在卡片后面,排版时就出现了疏密不一的现象。现在出版的《股市操练大全》第九册,实际上就是《股市操练大全》实战训练卡的图书版,编辑时为了保持两者在内容、风格上的一致,一卡一练设计中的优点与缺点,在本书中都被保留了下来。如一卡一练设计时,卡片正面为题目,背面为答案,在本书中就变成了一题一练,单页为题目,双页为答案。这样卡片设计过程中版面出现疏密不一的现象在本书中也出现了。此事敬请读者理解。

问：写作《股市操练大全》第九册，与前面写作的一至八册相比，是容易些还是更难些？

答：相对来说要更难一些。为什么说它要更难一些呢？

因为《股市操练大全》第九册中题目的设计看似简单，其实要求很高。比如，设计题目前先要对沪深股市中各种图形进行筛选，选出一些有代表意义的案例作为草图备用；题目本身要有一定的典型性，题目设计时要有悬念，股市实战中的常见图形，以及重点、难点图形都要顾及；全书上篇、中篇、下篇的内容，在层次上要环环相扣，不断深化，但同时要保持各自相对的独立性；书中的题目与题目之间，要求逻辑上存在一定关联性，且不能雷同。另外图案设计也有特殊要求，如图形要比以往更清晰，图中解释要更详细，关键处还要有鲜明的标记[注]。我们之所以这样做，目的都是为了更加有利于读者对图形的理解与学习仿效。

过去我们也设计过不少股市实战试题，但在一本书中一下子设计几百个题目还是第一次。一般来说，题目少还好办，题目多了就很难设计，当设计到100个题目后难度就陡然增加，每设计一个题目都要付出比平时多几倍的努力，有时一个题目花了很长时间设计出来了，但大家讨论后发觉有什么不对，又马上把它否定了，只得重起炉灶。越到后面编写这本书的难度就越大，困难接踵而至，其工作量远远超过了以往写一本新书的工作量，途中充满了艰辛，但是我们一想到是在为《股市操练大全》广大读者打造一个全方位的股市赢家自我测试平台，大家就铆足了劲，坚持了下来。

当然，事情总是有它的两面性，因为现在证券图书市场上还没有这样的书，我们把《股市操练大全》第九册搞出来了，说大一点是填补了这方面的空白，说小一点的是为《股市操练大全》读者又做了一件很有意义的事。因此，这本书的成功出版使我们很有成就感。

【注】本书答题中的很多图案，对图中的卖点或买点都作了鲜明标记，此外，为了便于大家对原始图形的查阅、核实，还特地对一些标志性K线出现的时间作了特别标注。总之，读者做练习时只要仔细看图，认真分析，效果就会显现出来。

目 录

上 篇

K线与技术图形基础知识自我测试

（股市赢家自我测试题 No.1~No.56）

.... 3

中 篇

K线与技术图形实战技巧自我测试

（股市赢家自我测试题 No.57~No.180）

.... 117

下 篇

K线与技术图形实战技巧难点解析自我测试

（股市赢家自我测试题 No.181~No.222）

.... 367

附 录

阅读经验漫谈

阅读感言 517

阅读花絮 520

《股市操练大全》丛书特色简介 523

上 篇

K线与技术图形基础知识自我测试

阅 读 提 示

　　本篇共 56 题,这些题目分成两部分,一部分是 K 线的基础训练题,另一部分是技术图形的基础训练题。

　　作为新股民或对 K 线基础知识不太熟悉的投资者,可将它作为了解 K 线、技术图形知识的窗口,仔细阅读、认真做题就会对 K 线技术图形的来龙去脉,以及 K 线、技术图形中一些关键技巧,做到胸中有数,并为进入本书中篇、下篇的练习打好扎实的基础。

　　作为老股民或对 K 线基础知识比较熟悉的投资者,我们建议对上篇内容最好能浏览一遍,这样也可以做到温故而知新。因为有些基础知识看似简单,其实并不简单,做题后一定会有新的感觉。比如,2008 年沪深股市走熊,上证指数从 6000 多点暴跌至 1664 点。但是,如果你懂得年 K 线的话,就能躲过这一劫(见自我测试题 No.8)。又如,2010 年 4 月上证指数从 3000 多点一路跌至 2319 点;2010 年 12 月创业板指数在 1239 点见顶后出现狂泻,都与本篇介绍的"顶部岛形反转"这个图形有关(见自我测试题 No.56)。如果你了解这个图形,就知道如何去应对了,那么你在 2010 年、2011 年的股市操作中,就能踏准股市涨跌的节拍(相关题目见自我测试题 No.171,No.109),成为一个赢家。

　　本篇自我测试题的评分标准(供参考):答对全部题目的 70%(即 39 题)为及格;答对全部题目的 80%(即 45 题)为良好;答对全部题目的 90%(即 50 题)为优秀。

　　友情提醒:若做题下来发现成绩不佳,建议把《股市操练大全》第一册、第七册、第八册中与之有关的内容再看上两遍,并注意加强这方面的练习。

股市赢家自我培训测试题　No.1

考考你（K线基础知识一题一练）

你知道下面2根K线叫什么名称吗？这两根K线的各个部分名称、意义是不同的，请将这两根K线各部分的名称写出来，并简要说明它们的意义。

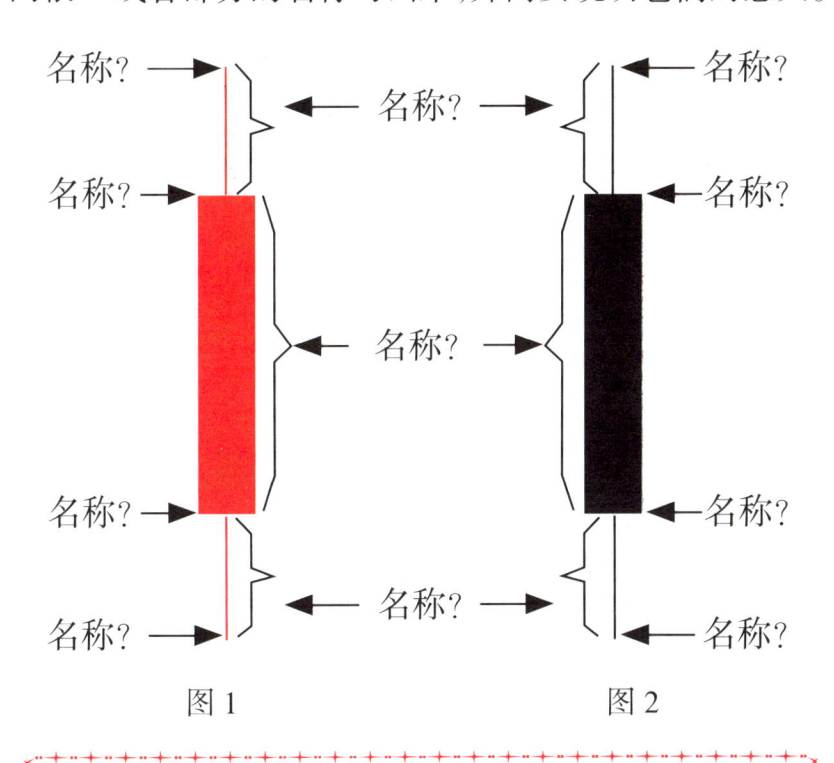

名称？　　名称？　　　　　　名称？　　名称？

名称？　　　　　　　　　　　　　　　　名称？

名称？

名称？　　　　　　　　　　　　　　　　名称？

名称？　　名称？　　　　　　名称？　　名称？

图1　　　　　　　　　图2

> **友情提示**：亲爱的读者：当你开始做"股市赢家自我培训测试题"时，请不要马上看后面的参考答案，自己先做一遍，然后把它与后面的参考答案进行对照，这样学习印象会更加深刻。

答 这两根 K 线,红颜色的叫阳线,黑颜色的叫阴线。这两根 K 线各部分名称填写见下图:

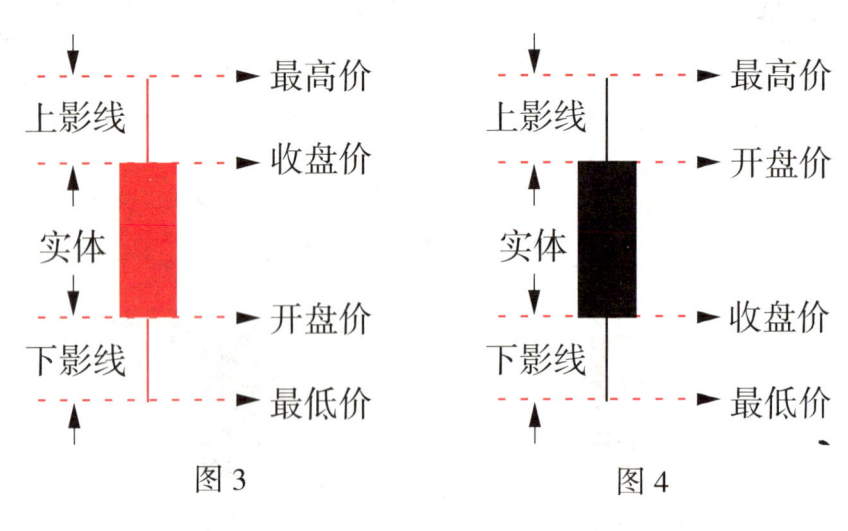

图 3

图 4

说明:

①阳线,一般视为看多做多的信号;阴线,一般视为看空做空的信号。

②实体,顾名思义是股价实际涨跌的部分。阳线实体越长,表明盘中做多的力量越强;阴线实体越长,表明盘中做空的力量越强。

③上影线,表明上档有压力,上影线越长表明上档抛压越重;下影线,表明下方有支撑,下影线越长表明下方支撑力度越强。

股市赢家自我培训测试题　No.2

考考你（K线基础知识一题一练）

K线分为阳线与阴线两种基本类型。有人说,当日股价涨的就是阳线,当日股价跌的就是阴线。

请问:这种观点对吗？为什么？（请举例说明）

有一些投资者炒股多年,连阳线、阴线的定义都弄不清楚,这样怎么能学好K线,炒好股票呢？

答 这个观点是错的。正确的说法是：当日收盘价高于开盘价的K线称为阳线，当日收盘价低于开盘价的K线称为阴线。

一般来说，出现阳线股价确实是涨的，出现阴线股价是跌的，但也有相反情况。比如，有一个股票昨天收盘价是7.80元，今天开盘后就一直高开低走，最终收于8.00元，但K线却是一根阴线（见图5）。同样，阳线中也有这种情况。如某个股票昨天收9.00元，今天收8.80元，虽然当日股价是跌的，但K线却是阳线（见图6）。

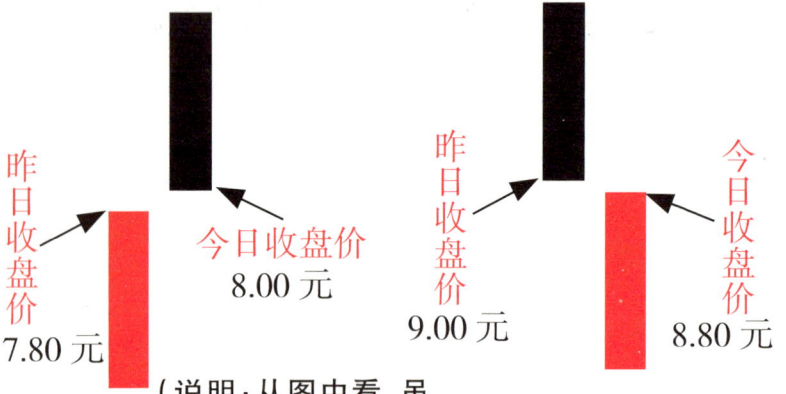

昨日收盘价 7.80元

今日收盘价 8.00元

（说明：从图中看，虽然今日的收盘价高于昨天的收盘价，但因当日股价高开低走，所以今天K线收的是一根阴线）

图5

昨日收盘价 9.00元

今日收盘价 8.80元

（说明：从图中看，虽然今日的收盘价低于昨天的收盘价，但因当日股价低开高走，所以今天K线收的是一根阳线）

图6

股市赢家自我培训测试题　No.3

考考你(K线基础知识一题一练)

请问:从形态上看,K线可分为哪几种基本类型？请简要阐述。

> 无论学习什么知识,首先要学会分类,否则,眉毛胡子一把抓,就理不清头绪了。

答 K线从形态上分可分为阳线、阴线和同价线3种基本类型。阳线是指收盘价高于开盘价的K线。阳线按其实体大小可分为大阳线、中阳线、小阳线(见图7)。阴线是指收盘价低于开盘价的K线。阴线按其实体大小也可分为大阴线、中阴线和小阴线(见图8)。同价线是指收盘价等于开盘价,两者处于同一个价位的一种特殊形式的K线。同价线按上、下影线的长短、有无,又可分为长十字线、十字线和T字线、倒T字线、一字线等(见图9)。

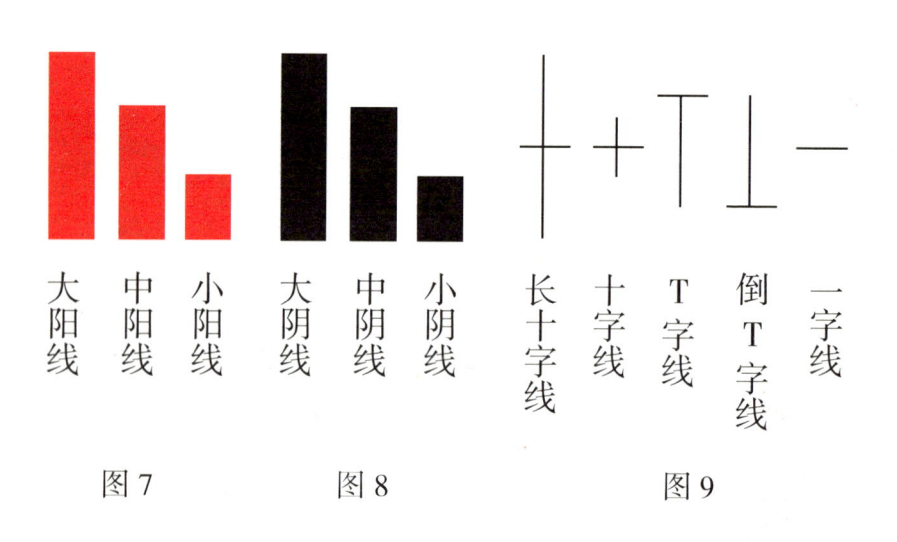

图7　　　　图8　　　　图9

股市赢家自我培训测试题　No.4

考考你(K线基础知识一题一练)

请问:从时间上看,K线可以分为哪几种类型?它们各自的作用是什么?

> 无论学习什么理论,都要学会从不同角度分类,这样才能做到纲举目张。

答 K线从时间上分,一般可分为日K线、周K线、月K线、年K线,以及将一日内交易时间分成若干等分,如5分钟K线、15分钟K线、30分钟K线、60分钟K线等。这些K线都有不同的作用。例如,日K线(即我们经常在证券报刊杂志上看到的一种K线)走势图,反映的是股价短期走势;周K线、月K线、年K线走势图,反映的是股价中长期走势;而5分钟K线、15分钟K线、30分钟K线、60分钟K线走势图,反映的是股价超短期走势。

说明:现在有的证券电脑软件,甚至可以查到1分钟K线走势,这种将1分钟K线连在一起构成的走势图,实际上反映的是超短期中的超短期走势了。研究1分钟K线走势图,对抓住瞬间买点或卖点,有一定的参考价值。

股市赢家自我培训测试题　No.5

考考你（K线基础知识一题一练）

请问：

①周K线、月K线、年K线，以及分时K线的绘制方法与日K线的绘制方法是不是一样的？

②在电脑里如何查阅日K线、周K线、年K线，以及分时K线走势？

> 研究一个问题，必须把这个问题的来龙去脉弄清楚，做到知其然且知其所以然，这样效果才能显现出来。如果学K线，连K线是怎么绘制的都不知道，那就太遗憾了。

①周 K 线、月 K 线、年 K 线,以及 5 分钟 K 线、15 分钟 K 线、30 分钟 K 线、60 分钟 K 线的绘制方法,都和日 K 线的绘制方法相同,即取相应时段的开盘价、收盘价、最高价、最低价进行绘制。例如周 K 线,只要找到周一的开盘价、周五的收盘价,一周中的最高价和最低价,就能把它绘制出来。现在电脑证券软件已很普及,无论绘制什么样的 K 线都很方便,这已不需要人工绘制。但作为股市中人,对绘制 K 线的原理和方法是必须懂得的,这对研判股市走势,买卖股票都很有好处。

②查阅某股日 K 线图,先输入股票代码,屏幕上可出现其当日分时走势图,再按"F5"键,可出现其日 K 线走势图,再按"F8"键(连续按),可分别出现周 K 线、月 K 线、年 K 线、5 分钟 K 线等走势图。

股市赢家自我培训测试题　No.6

考考你（K线基础知识一题一练）

　　经验告诉我们，炒股不仅要学会看日K线图，还要学会看周K线图。现在请你说说，投资者在操作时看周K线图有何作用？（请举例说明）

　　　　我发现周围的人一般都是看日K线操作的，很少有人关注周K线，难道这里面还隐藏着什么秘密吗？

13

答 判断股市行情趋势向好或向坏，光看日K线图是不够的，因为一根日K线只代表一天的交易状况，而一根周K线代表的是一周交易状况。因此，高手们对行情定性时，一般不以日K线定性，而以周K线，甚至月K线来定性。选股时，通常是以周K线图作为主要参考指标，而不是以日K线图为主要参考指标（见下图）。

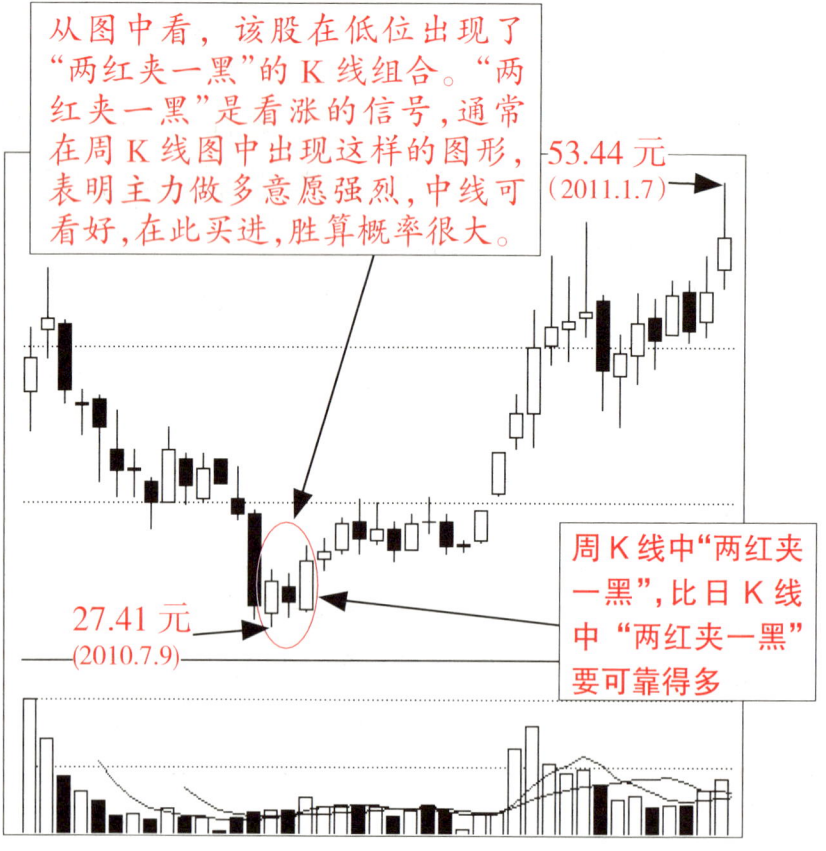

从图中看，该股在低位出现了"两红夹一黑"的K线组合。"两红夹一黑"是看涨的信号，通常在周K线图中出现这样的图形，表明主力做多意愿强烈，中线可看好，在此买进，胜算概率很大。

53.44元
(2011.1.7)

27.41元
(2010.7.9)

周K线中"两红夹一黑"，比日K线中"两红夹一黑"要可靠得多

昊华能源（601101）2010.4.2~2011.1.7 的周K线图　图10

股市赢家自我培训测试题　No.7

考考你（K线基础知识一题一练）

高手认为，炒股不仅要学会看日K线图与周K线图，还要重点关注月K线图。现在请你说说，投资者在操作时看月K线图有何作用？（请举例说明）

> 这个问题我过去没有想过，得让我好好地想一想，看来炒股的学问真的不少。

答 月K线图的最大作用是能够对行情的性质作出正确的判断。比如,一轮行情何时见顶,光看日K线图有时很难判断它是不是真正见顶了,但只要打开月K线图,未来走势就能看得很清楚(见下图)。

> 该股在2007年见顶时,股价在高位震荡有数月之久,很多人在日K线中看不清主力的意图,盲目看多做多,结果被套在高位。其实,该股月K线图显示,股价在这个地方早就见顶了。可见,判断股价发展趋势,不看月K线图就要吃大亏

(2007.10) 23.73元
倒T字线
射击之星
长十字线

> 倒T字线、长十字线、射击之星都是见顶信号,在这个地方看多做多是自投罗网

6.43元
(2008.10)

华夏银行(600015) 2006年11月~2008年10月的月K线图 图11

股市赢家自我培训测试题　No.8

考考你（K线基础知识一题一练）

有很多人不知道年K线的作用，认为看不看年K线无所谓，其实这个想法是错的。据悉，在2008年首日交易中，有一位投资者就是看了上证指数年K线走势图后（见下图），果断卖出，从而逃过了2008年这轮大熊市。请问：你能从当时的上证指数年K线走势图中发现什么问题吗？此事能给我们一些什么启发？

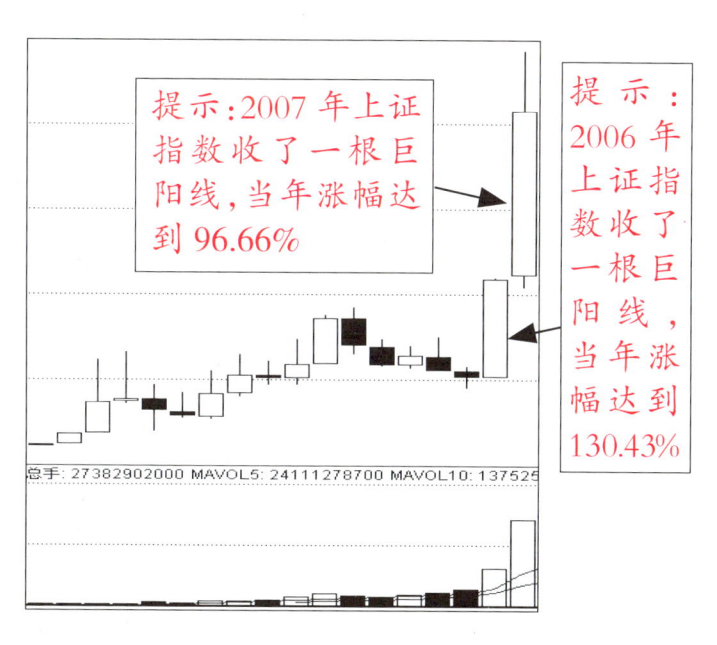

提示：2007年上证指数收了一根巨阳线，当年涨幅达到96.66%。

提示：2006年上证指数收了一根巨阳线，当年涨幅达到130.43%。

上证指数1990年~2007年的年K线走势图　图12

答 图中显示，2006年、2007年上证指数收了两根"巨阳线"[注]。K线理论告诉我们：巨阳线叠在一起是一个重要的见顶信号。另外，2007年上证指数的年K线头上有一根很长的上影线（将近900点），显示上档压力非常沉重。综合这两点，说明上海股市来年大跌的可能性很大。于是这位投资者在2008年开盘时就把股票全卖了，从而逃过了2008年的大跌。**此事给我们的启发是：看年K线对判断第二年的走势有重要参考作用**（更多的内容请见《股市操练大全》第七册第435页~439页）。

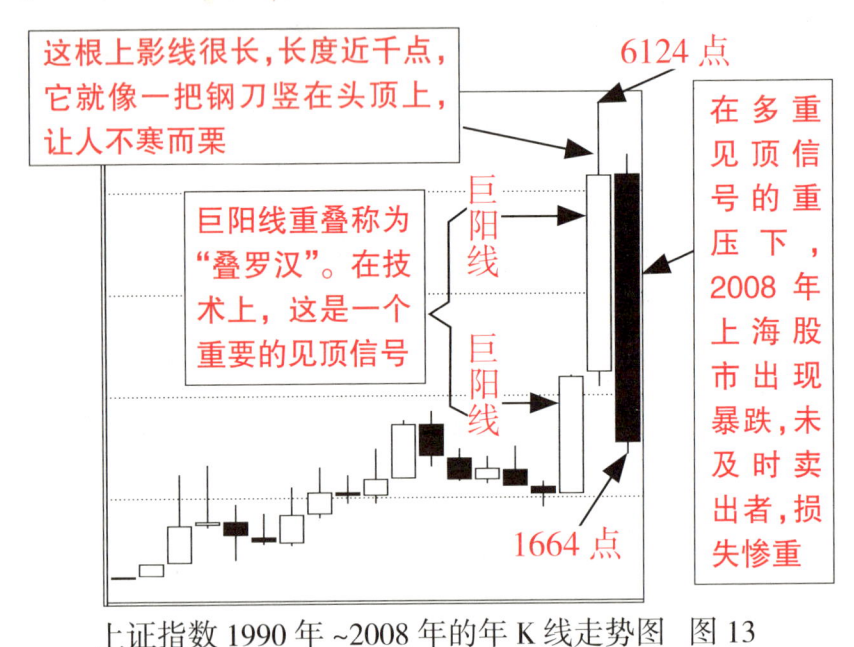

这根上影线很长，长度近千点，它就像一把钢刀竖在头顶上，让人不寒而栗

6124点

巨阳线重叠称为"叠罗汉"。在技术上，这是一个重要的见顶信号

巨阳线

巨阳线

在多重见顶信号的重压下，2008年上海股市出现暴跌，未及时卖出者，损失惨重

1664点

上证指数1990年~2008年的年K线走势图　图13

【注】关于"巨阳线"的特征、技术意义与相关实例，详见《股市操练大全》第七册第119~122页，第八册第72~210页、第555~566页。

股市赢家自我培训测试题　No.9

考考你(K线基础知识一题一练)

　　观察K线图时可以发现,无论是阴线还是阳线,在它们的上方经常可以看到一根直线,有时这根直线很短,有时这根直线很长。从技术上说,这根直线的出现表示上方存在着一定的抛压,而这个抛压的力度大小,与两个因素有着密切的关系。

　　请问:这根直线称作什么线?其抛压的力度大小与哪两个因素有关?(请举例说明)

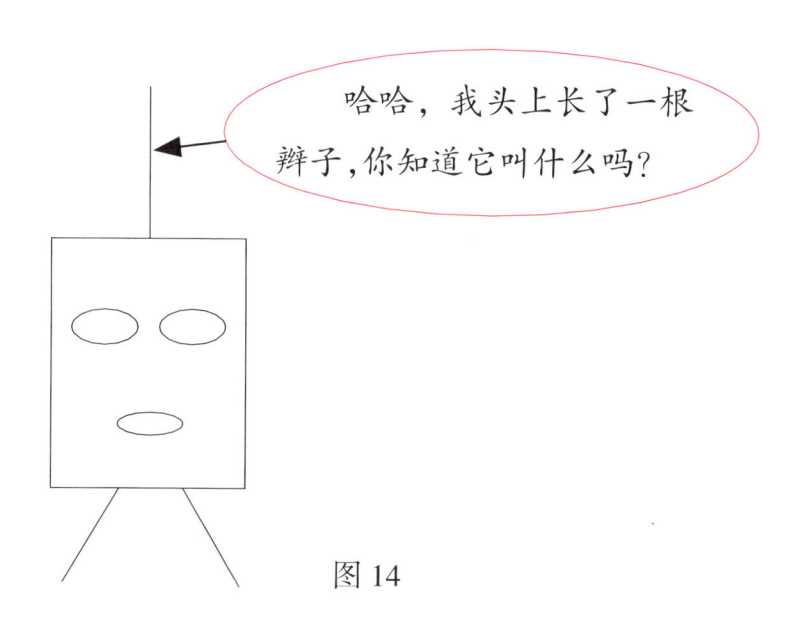

哈哈,我头上长了一根辫子,你知道它叫什么吗?

图14

答 这根直线叫上影线。上影线的出现，表明上方存在着一定的抛压，这个抛压的力度大小与下列两个因素有着直接关系：①看上影线的长度。上影线越长，表明上方的抛压越大。②看上影线出现在什么类型的K线上。比如，月K线上出现上影线，其做空的力量就比周K线、日K线上出现上影线的做空力量要强。

下面请大家看一张图。图中有1根很长的上影线，而且它又是出现在月K线图中。出现这种情况，说明该股上方抛压非常严重，中长线见顶几成定局，日后暴跌已无悬念。果然在这之后，该股连跌了18月，跌幅高达87%。

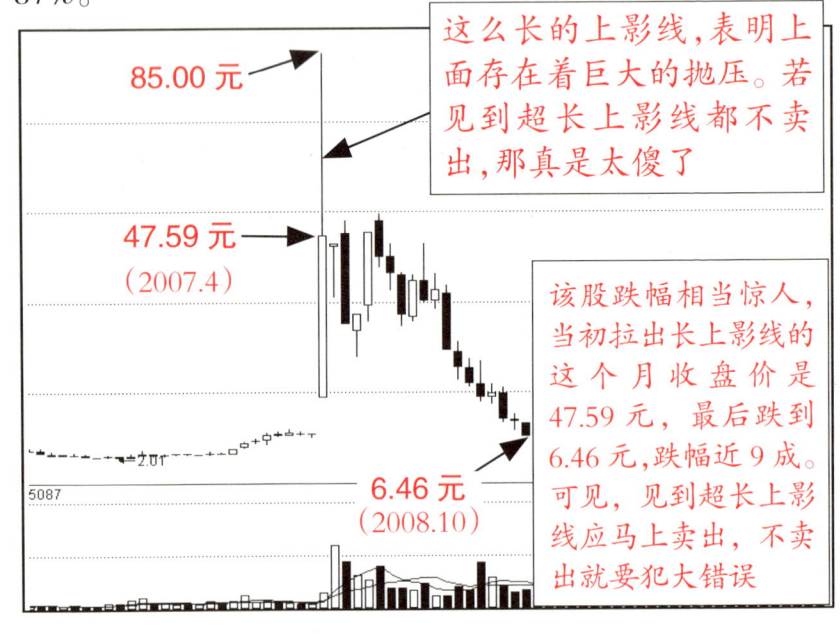

> 85.00元
>
> 这么长的上影线，表明上面存在着巨大的抛压。若见到超长上影线都不卖出，那真是太傻了
>
> 47.59元
> （2007.4）
>
> 6.46元
> （2008.10）
>
> 该股跌幅相当惊人，当初拉出长上影线的这个月收盘价是47.59元，最后跌到6.46元，跌幅近9成。可见，见到超长上影线应马上卖出，不卖出就要犯大错误

浪莎股份(600137)2004年10月~2008年10月的月K线图 图15

股市赢家自我培训测试题　No.10

考考你（K线基础知识一题一练）

下面两张图都是华夏银行（600015）个股的K线图。①这两张图在时间单位上有何区别？它们的各自作用是什么？②这两张图中各有一根K线标明了其不同阶段的价格，这些价格表示什么意思？③这两张图中各有两根斜线，这是什么线？它们之间有何区别？④要查阅这两张图，电脑里应该怎么查？

日线 MA5 MA10

14.55
14.10
13.68
13.32

华夏银行（600015）
时间：2010.10.8~2010.10.20
图16

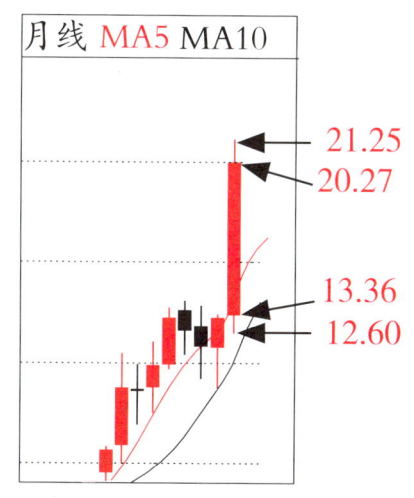

月线 MA5 MA10

21.25
20.27

13.36
12.60

华夏银行（600015）
时间：2006.12~2007.8
图17

答 ①区别这两张图的方法是:看左上角最顶端文字,如上面标有"日线"两字,表示这是一张日K线走势图,如上面标有"月线"两字,表示这是一张月K线走势图。通常,1根月K线相当于20根日K线(因为每月交易时间为20天左右)。它们的作用是:日K线图反映的是股价短期走势,月K线图反映的股价的中长期走势。

②在日K线图中标明价格的K线是1根阴线,其中14.55元是它当日的最高价,14.10元是它当日的开盘价,13.68元是它当日的收盘价,13.32元是它当日的最低价。在月K线图中标明价格的K线是1根阳线,其中21.25是它当月的最高价,20.27元是它当月的收盘价,13.36元是它当月的开盘价,12.60元是它当月的最低价。

③图中的斜线是移动平均线,简称均线。日K线图左上角有用红颜色标明的"MA5",表示红颜色的斜线是5日均线,用黑颜色标明的"MA10",表示黑颜色的斜线是10日均线。同样的道理,在月K线图中,红颜色的斜线是5月均线,黑颜色的斜线是10月均线。

④查阅日K线图的方法是:在证券软件中,输入个股的证券代码或股票名称,按确认键后会出现当日分时图,再按F5,出现的就是该股的日K线图,然后再按F8(连续按两下),即可出现该股的月K线图。

股市赢家自我培训测试题　No.11

考考你(K线基础知识一题一练)
请填充(在空白处填上恰当的字)

　　K线所包含的信息是极为丰富的。就以单根K线而言,上影线和阴线的实体表示股价的＿＿＿＿力量,下影线和阳线的实体则表示股价的＿＿＿＿力量；上影线和阴线实体比较长就说明股价的＿＿＿＿动力比较大,下影线和阳线实体较长则说明股价的＿＿＿＿动力比较强。如果由多根K线按不同规则组合在一起,又会形成不同的＿＿＿＿＿＿。这样的话K线形态所包含的信息就更丰富了。例如,在涨势中出现乌云盖顶K线组合,说明可能升势已尽,投资者应＿＿＿＿＿＿。在跌势中出现曙光初现K线组合,说明股价可能见底回升,投资者应不失时机地＿＿＿＿＿＿。可见,各种K线形态正以它所包含的信息,不断地向人们发出买进或卖出的信号,为投资者看清大势,正确地买卖股票提供了很大的帮助,从而使它成为投资者手中极为实用的操盘工具。

答 填充的文字见下面红字。

K线所包含的信息是极为丰富的。就以单根K线而言,上影线和阴线的实体表示股价的<u>下跌</u>力量,下影线和阳线的实体则表示股价的<u>上升</u>力量;上影线和阴线实体比较长就说明股价的<u>下跌</u>动力比较大,下影线和阳线实体较长则说明股价的<u>上升</u>动力比较强。如果由多根K线按不同规则组合在一起,又会形成不同的<u>K线组合</u>。这样的话K线形态所包含的信息就更丰富了。例如,在涨势中出现乌云盖顶K线组合,说明可能升势已尽,投资者应<u>尽早离场</u>。在跌势中出现曙光初现K线组合,说明股价可能见底回升,投资者应不失时机地<u>逢低建仓</u>。可见,各种K线形态正以它所包含的信息,不断地向人们发出买进或卖出的信号,为投资者看清大势,正确地买卖股票提供了很大的帮助,从而使它成为投资者手中极为实用的操盘工具。

股市赢家自我培训测试题　No.12

考考你（K线基础知识一题一练）

大阳线有时是美丽天使，你跟着它看多做多就能吃香喝辣的，快乐无比；但大阳线有时就是美女蛇，你跟着它看多做多，就会在高位站岗放哨，输得很惨。据调查，股市中40%的输赢都与大阳线有关。因此研究K线要重点研究大阳线，只有将它弄清楚了，才能踏准股市上涨与下跌的节拍，成为赢家。

但研究大阳线首先碰到的问题是：确定大阳线的标准是什么？有人认为当日涨幅2%以上的阳线就是大阳线，也有人认为只有达到涨停的才能称为大阳线，还有人认为……总之，众说纷纭，让人一头雾水。试想，如果连大阳线的标准都无法确定，那么研究大阳线岂不成了一句空话。

请问：怎样来确定一根K线是不是大阳线？

阳线在股市中司空见惯，但究竟什么样的阳线才可以称为大阳线，我心里没有数。这个问题我要好好想一想。

答 确定一根K线是不是大阳线,必须遵循一个原则:即少数原则。所谓少数原则,就是说任何股票(包括整个大盘)在平常走势中,大阳线出现的次数,要远远小于中阳线、小阳线。这正像个子特别高的人,在人群中永远处于少数的道理是一样的。

中小盘股票因为盘子小,阳线实体达到当日涨幅的5%是很容易做到的。如果我们把中小盘股中大阳线的标准定得太低,那么,图中大阳线就太多了。要知道,把本来不属于大阳线的普通阳线误认为大阳线,就会在操作上出现严重错误。所以必须规定,在中小盘股中,只有阳线的实体超过当日涨幅的8%以上,才能称为大阳线。相反,对超级大盘股,或对整个股市大盘来说,大阳线的标准就不能定得太高。一般认为,对超级大盘股来说,阳线实体达到当日涨幅的6%以上就可以定为大阳线,而对整个股市大盘来说,标准就可以定得更底一些,其阳线的实体达到当日涨幅的4%以上,就可以定为大阳线。

股市赢家自我培训测试题　No.13

考考你（K线基础知识一题一练）

甲乙两位投资者为某中小盘股拉出一根涨幅达到7.8%的阳线，是不是大阳线的问题争得面红耳赤。甲认为对中小盘股来说，只有达到8%以上时才有资格称为大阳线，既然这根阳线涨幅不到8%，就不能称为大阳线，在这个原则问题上是不能让步的。乙却认为对大阳线认定要灵活一些，涨幅达到7.8%，离涨幅8%的标准只差一点点，把它称为大阳线，并没有违反什么原则。

请问：你同意谁的观点？为什么？

别看这是对一个小问题的争论，它反映的是当事人的一种思维方式。思维方式错了一切皆错。

答 我同意乙的观点。理由是：界定大阳线时要贯彻相对原则。所谓相对原则，是指投资者在判断一根阳线是不是大阳线时，不可以认死理，只要大致上符合大阳线的标准，就要认定它是大阳线，而不要因为在量化时，数据上差那么一点，就把本来应该认定为大阳线的K线错误地排斥在外。比如，中小盘股中，根据所定的量化标准，只有达到8%涨幅的阳线，才有资格称为大阳线（编者按：设立这个门槛是必须的，否则究竟达到多少才算大阳线就没有谱了，那肯定乱了套）。但是在实际操作中，辨认大阳线时就要灵活一些，不能像科学实验一样，差一点都不行。如对一些涨幅接近8%，当日涨幅在7.9%、7.8%的阳线，一般也应该认定它是大阳线。

总之，在大阳线界定问题上，既要有原则性（即坚持一定量化的标准），又要有灵活性，只有把两者有机结合起来，界定大阳线的工作才不会出现什么失误。

股市赢家自我培训测试题　No.14

考考你(K线基础知识一题一练)

下面画的是一张示意图,图中箭头所指处都是大阳线,但它们的种类是不同的,现在请你说出箭头 A、B、C、D、E 所指大阳线的具体名称,与各自的作用是什么?

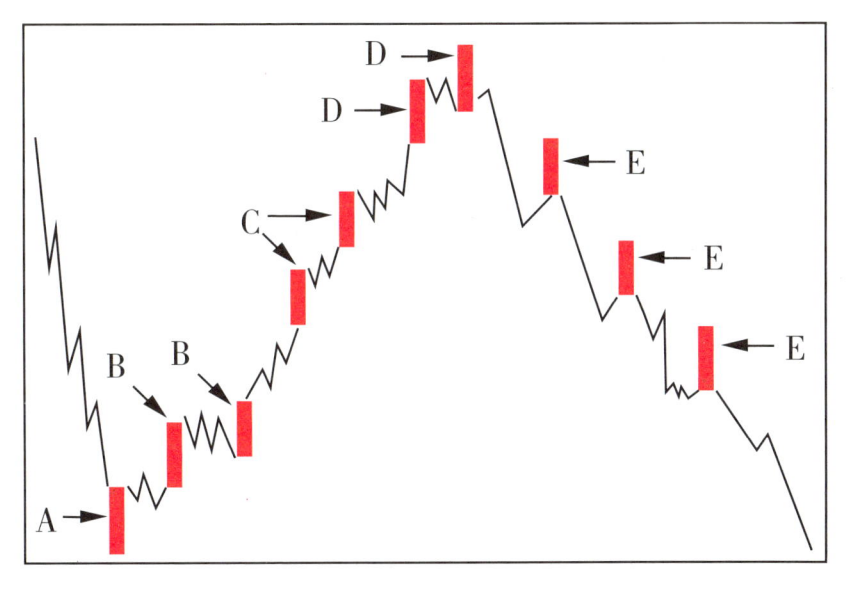

图 18

答

箭头 A——谷底大阳线
箭头 B——低位大阳线
箭头 C——中位大阳线
箭头 D——高位大阳线
箭头 E——反弹大阳线

其中箭头 A、B、C 所指的大阳线。在技术上它是看涨信号,而箭头 D、E 所指的大阳线,在技术上它是看跌的信号。

当然,这仅仅是一张示意图。在实际走势中,大阳线的分布情况要比其复杂得多。因此,要正确地区分它们有较大的难度。比如,谷底大阳线、低位大阳线很容易与反弹大阳线混淆,中位大阳线则与高位大阳线也容易搞错。

要真正弄清楚它们之间的区别,准确地把它们区分开来,必须做到以下两点:①要认真学习相关知识(编者按:关于谷底大阳线、低位大阳线、中位大阳线、高位大阳线、反弹大阳线的各自特征与实例,详见《股市操练大全》第八册第 3 页~第 71 页、第 534 页~第 554 页。)②要多实践、多做练习,看多了就能熟练地把它们区分开来。

股市赢家自我培训测试题　No.15

考考你(K线基础知识一题一练)

请问:投资者在判断大阳线的有效性时,除了看阳线的实体长度够不够资格外,还要看盘中的什么呢?

这个问题很重要喔,应该认真想一想。

答 还要看成交量。即界定大阳线的有效性时,要贯彻与量同步的原则。一般来说,谷底大阳线、低位大阳线,以及高位大阳线出现时,下面的成交量都会出现明显放大的现象。

比如,谷底大阳线出现时,成交量会开始显著增加,而且随后几天,成交量都会保持一种放大的态势。盘中出现这种情况,这样的谷底大阳线才可以让人信赖。反之,如果谷底大阳线出现时,下面的成交量与往日相比,并没有显著增加,或者是谷底大阳线出现的当日是放量的,而随后几天的成交量还是与以前一样,没有什么增加,这说明盘中并没有新的增量资金入场。这样的谷底大阳线的有效性就值得怀疑,说不定它就是下跌趋势中出现的一根反弹大阳线,而当事人却把它误认为谷底大阳线,犯了张冠李戴的错误。

又如,盘中拉出高位大阳线,这是主力以大阳线为掩护在诱多出货。既然是主力在诱多出货,那么在交易中必然会出现成交量放大的现象。我们在观察时,就要注意高位大阳线出现的当日或随后几天的成交量到底发生了什么变化。如果成交量确实是放大了,那就说明主力是在大量抛售往外出逃了。因此,**有经验的投资者看到"高位大阳线+高换手率(即大成交量)"的情况出现,就会及时选择卖出。**

股市赢家自我培训测试题　No.16

考考你(K线基础知识一题一练)

请根据下面的分时走势图形，画出与其对应的K线图形，并简要说明它们属于什么系列的K线图形。

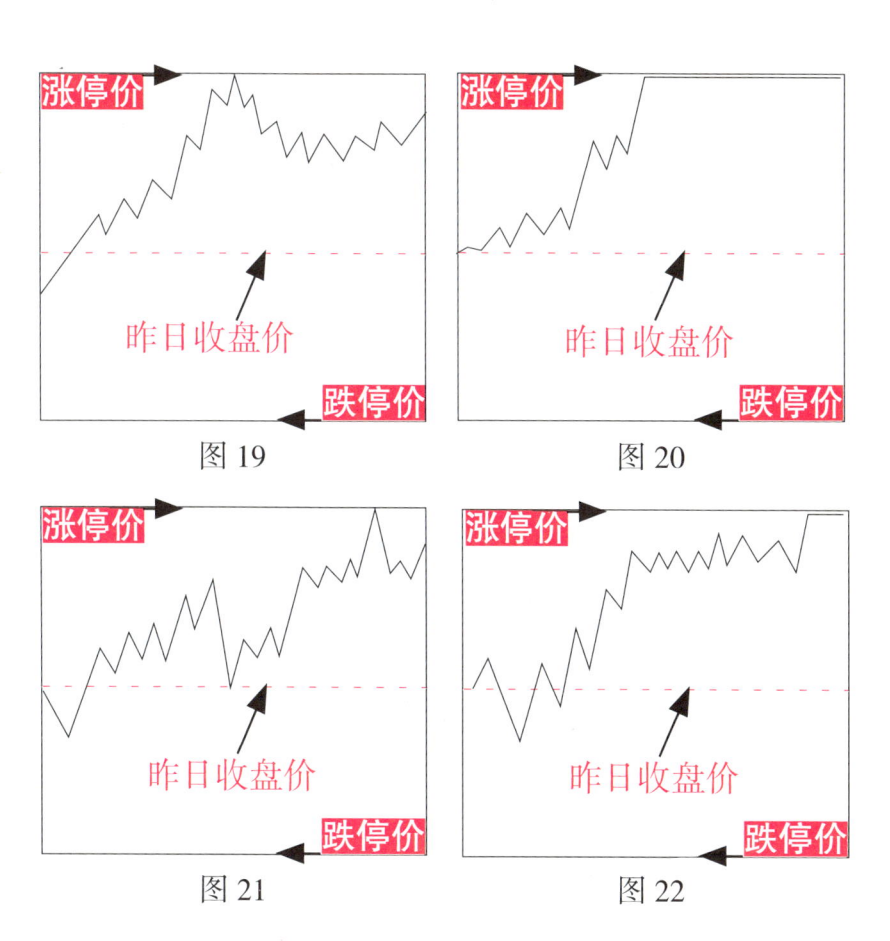

图 19

图 20

图 21

图 22

答 根据图 19 的分时图，可以画出图 23 的 K 线图形；根据图 20 的分时图，可以画出图 24 的 K 线图形；根据图 21 的分时图，可以画出图 25 的 K 线图形；根据图 22 的分时图，可以画出图 26 的 K 线图形。

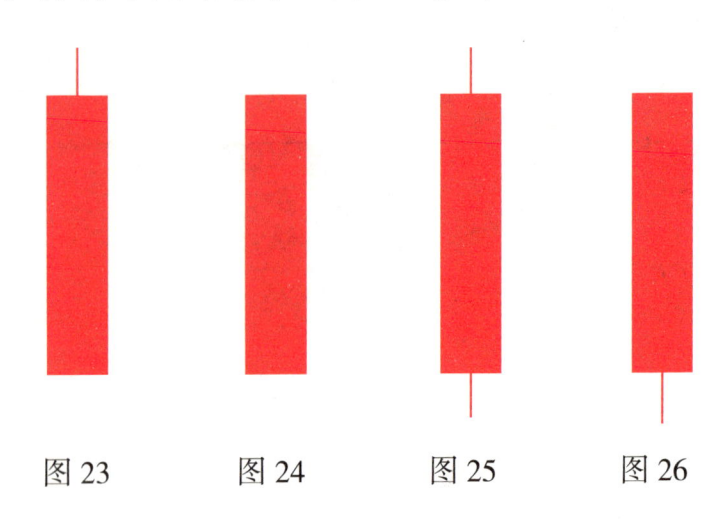

图 23　　　图 24　　　图 25　　　图 26

上面 4 种 K 线属于大阳线 K 线系列。

图 23 称为带有上影线的大阳线。

图 24 称为光头光脚大阳线。

图 25 称为带有上、下影线的大阳线。

图 26 称为带有下影线的大阳线。

按照大阳线信号的强弱排列，其次序是（由强到弱）：图 24、图 26、图 23、图 25。

股市赢家自我培训测试题　No.17

考考你（K线基础知识一题一练）

请根据下面的分时走势图，画出与其对应的K线图形，并简要说明它们属于什么系列的K线图形。

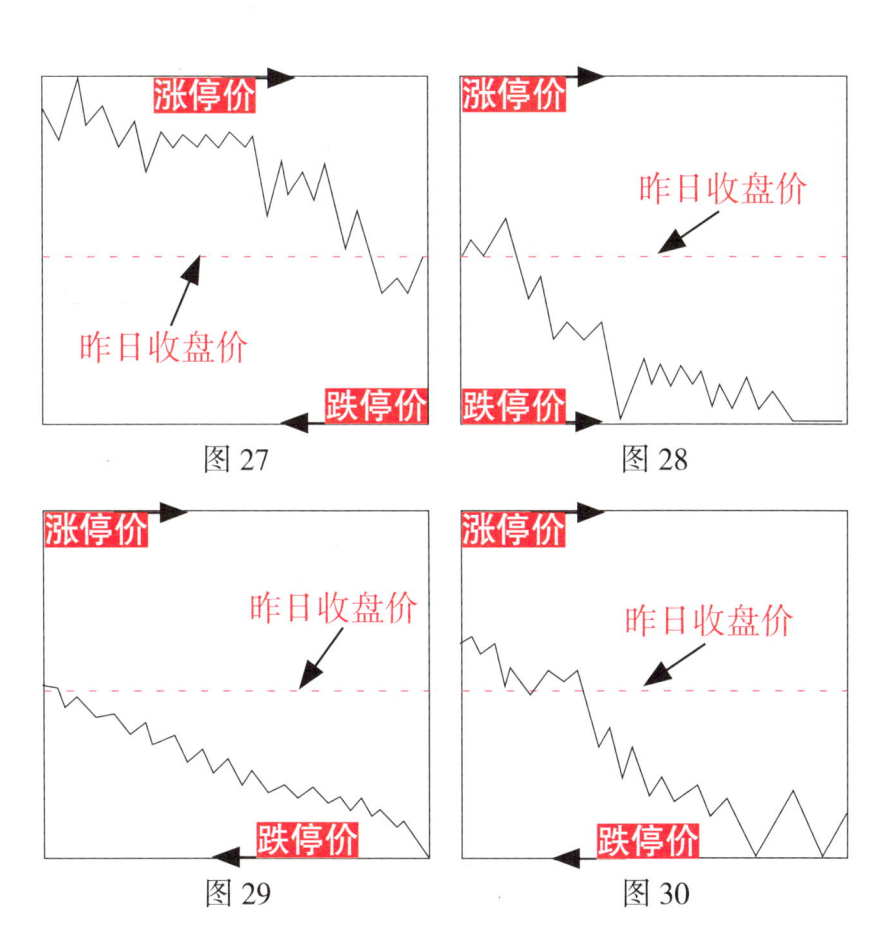

图 27

图 28

图 29

图 30

答 根据图27的分时图，可以画出图31的K线图形；根据图28的分时图，可以画出图32的K线图形；根据图29的分时图，可以画出图33的K线图形；根据图30的分时图，可以画出图34的K线图形。

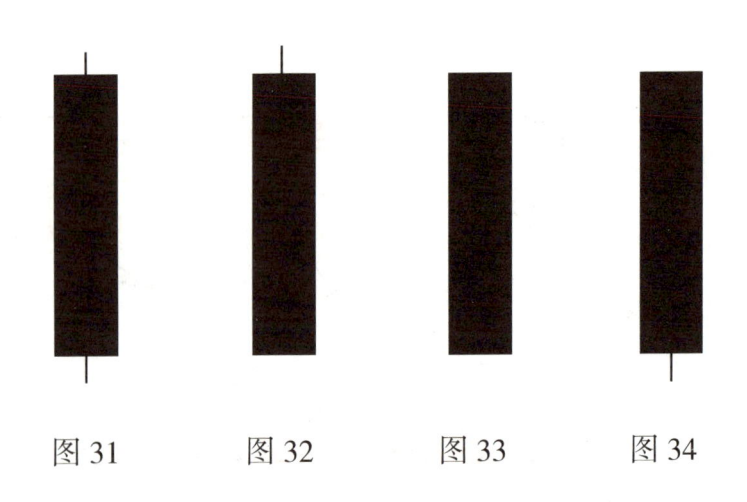

图31　　　图32　　　图33　　　图34

上面4种K线属于大阴线K线系列。

图31称为带有上、下影线的大阴线。

图32称为带有上影线的大阴线。

图33称为光头光脚的大阴线。

图34称为带有下影线的大阴线。

按照大阴线信号的强弱排列，其次序是（由强到弱）：图33、图32、图34、图31。

股市赢家自我培训测试题　No.18

考考你（K线基础知识一题一练）

请根据下面的分时走势图，画出与其对应的K线图形，并简要说明它们属于什么系列的K线图形。

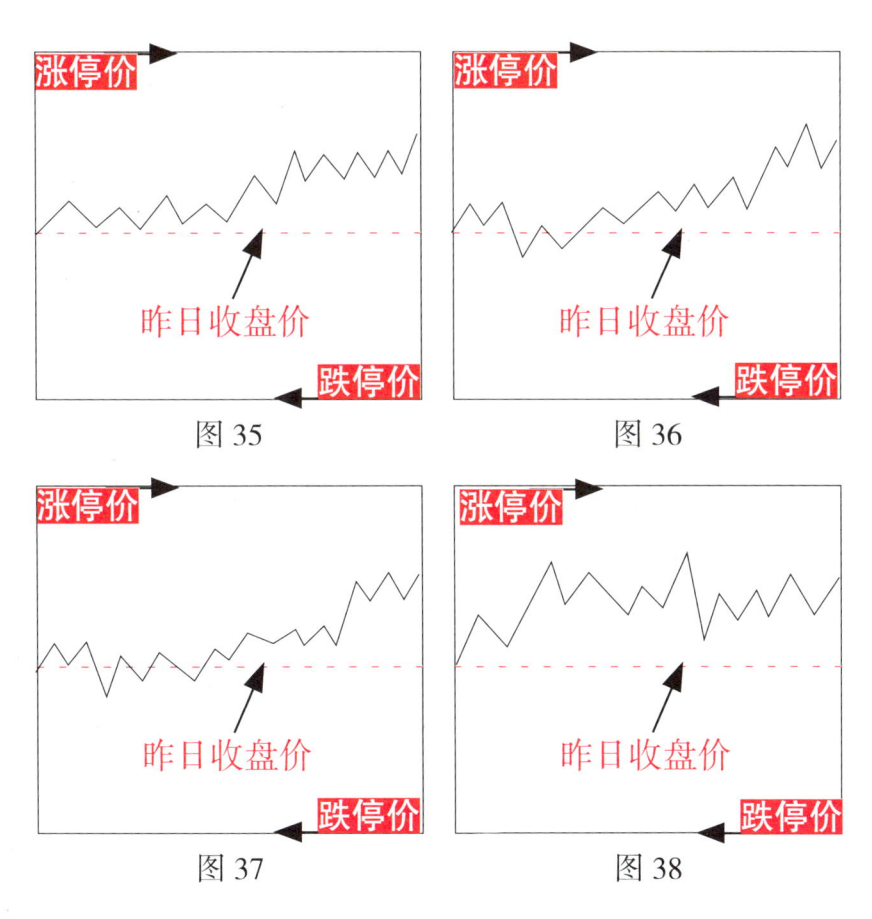

图 35

图 36

图 37

图 38

答 根据图35的分时图,可以画出图39的K线图形;根据图36的分时图,可以画出图40的K线图形;根据图37的分时图,可以画出图41的K线图形;根据图38的分时图,可以画出图42的K线图形。

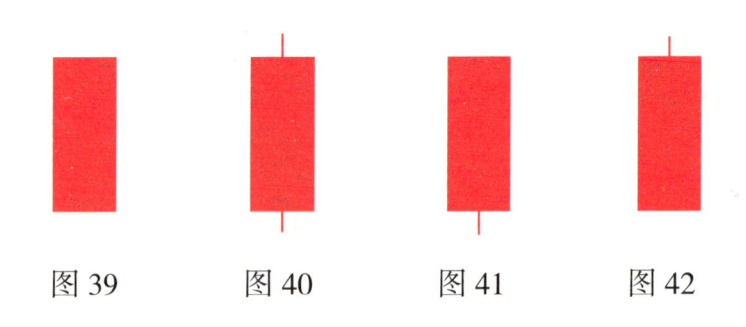

图39　　　图40　　　图41　　　图42

上面4种K线属于中阳线K线系列。

图39称为光头光脚的中阳线。

图40称为带有上、下影线的中阳线。

图41称为带有下影线的中阳线。

图42称为带有上影线的中阳线。

按照中阳线信号的强弱排列,其次序是(由强到弱):图39、图41、图42、图40。

股市赢家自我培训测试题　No.19

考考你（K线基础知识一题一练）

请根据下面的分时走势图形，画出与其对应的K线图形，并简要说明它们属于什么系列K线图形。

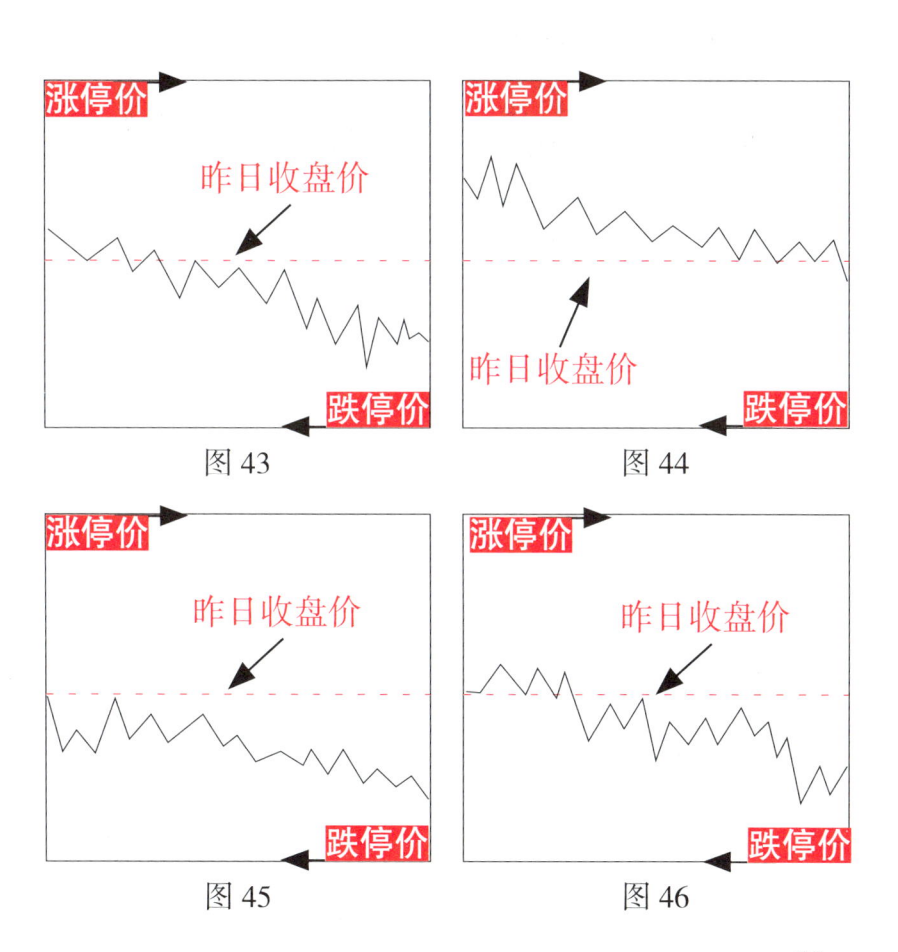

图 43

图 44

图 45

图 46

答 根据图43的分时图,可以画出图47的K线图形;根据图44的分时图,可以画出图48的K线图形;根据图45的分时图,可以画出图49的K线图形;根据图46的分时图,可以画出图50的K线图形。

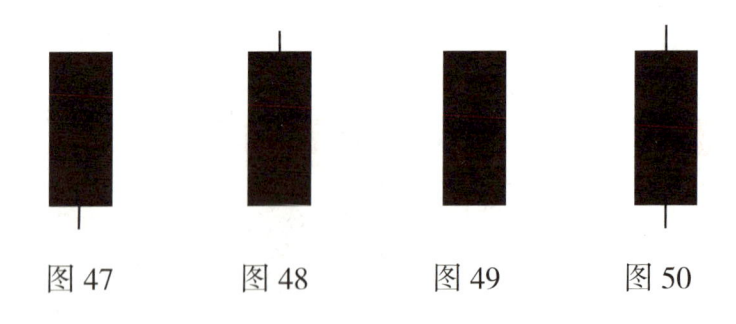

图47　　　图48　　　图49　　　图50

上面4种K线属于中阴线K线系列。

图47称为带有下影线的中阴线。

图48称为带有上影线的中阴线。

图49称为光头光脚的中阴线。

图50称为带有上、下影线的中阴线。

按照中阴线信号的强弱排列,其次序是(由强到弱):图49、图48、图47、图50。

股市赢家自我培训测试题　No.20

考考你（K线基础知识一题一练）

　　请根据下面的分时走势图，画出与其对应的K线图形，并简要说明它们属于什么系列的K线图形。

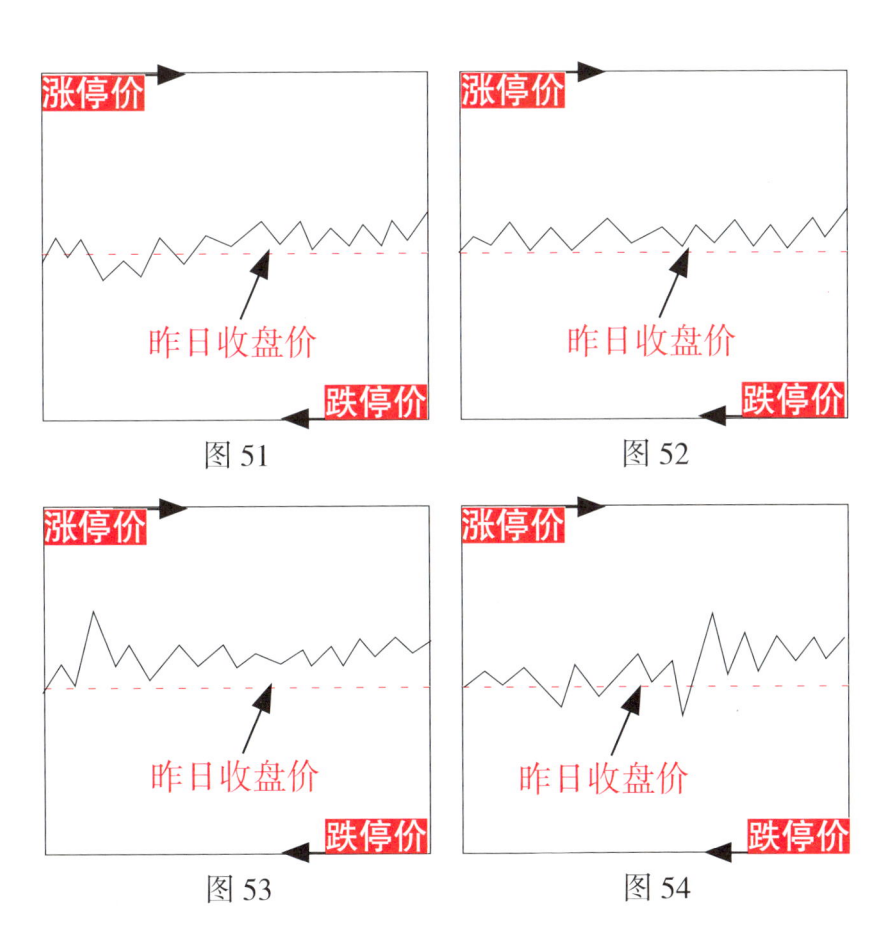

图 51

图 52

图 53

图 54

答 根据图 51 的分时图,可以画出图 55 的 K 线图形;据图 52 的分时图,可以画出图 56 的 K 线图形;根据图 53 的分时图,可以画出图 57 的 K 线图形;根据图 54 的分时图,可以画出图 58 的 K 线图形。

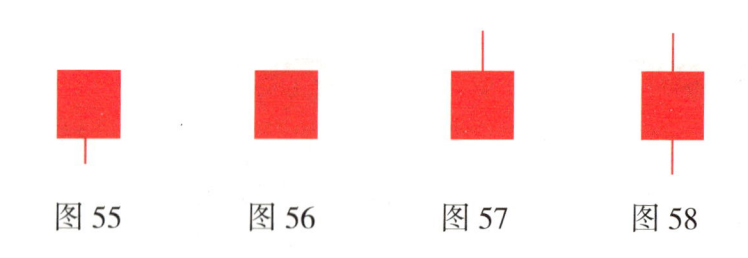

图 55　　图 56　　图 57　　图 58

上面 4 种 K 线属于小阳线 K 线系列。

图 55 称为带有下影线的小阳线。

图 56 称为光头光脚小阳线。

图 57 称为带有上影线的小阳线。

图 58 称为带有上、下影线的小阳线。

按照小阳线信号的强弱排列,其次序是(由强到弱):图 56、图 55、图 57、图 58。

股市赢家自我培训测试题 No.21

考考你（K线基础知识一题一练）

请根据下面的分时走势图，画出与其对应的K线图形，并简要说明它们属于什么系列的K线图形。

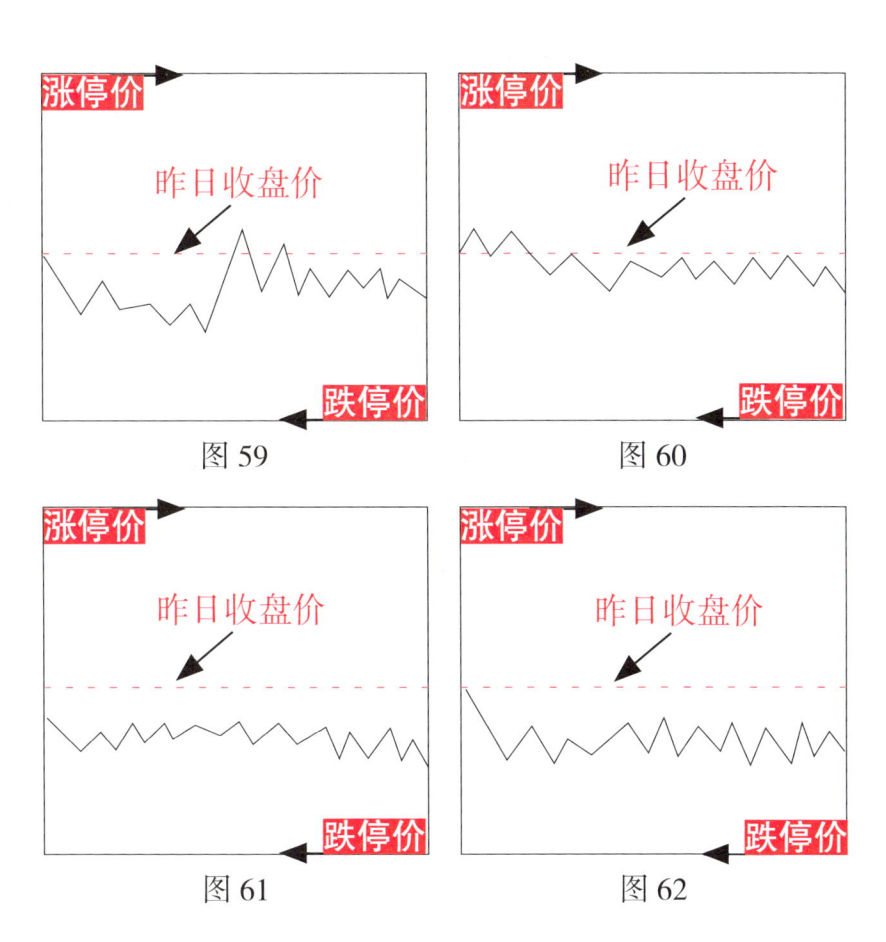

图 59

图 60

图 61

图 62

答 根据图 59 的分时图,可以画出图 63 的 K 线图形;根据图 60 的分时图,可以画出图 64 的 K 线图形;根据图 61 的分时图,可以画出图 65 的 K 线图形;根据图 62 的分时图,可以画出图 66 的 K 线图形。

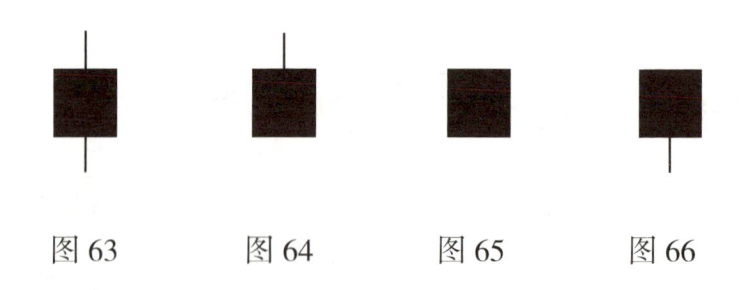

图 63　　　图 64　　　图 65　　　图 66

上面 4 种 K 线属于小阴线 K 线系列。

图 63 称为带有上、下影线的小阴线。

图 64 称为带有上影线的小阴线。

图 65 称为光头光脚的小阴线。

图 66 称为带下影线的小阴线。

按照小阴线信号的强弱排列,其次序是(由强到弱):图 65、图 64、图 66、图 63。

股市赢家自我培训测试题　No.22

考考你（K线基础知识一题一练）

请根据下面的分时走势图，画出与其对应的K线图形，并简要说明它们属于什么系列的K线图形。

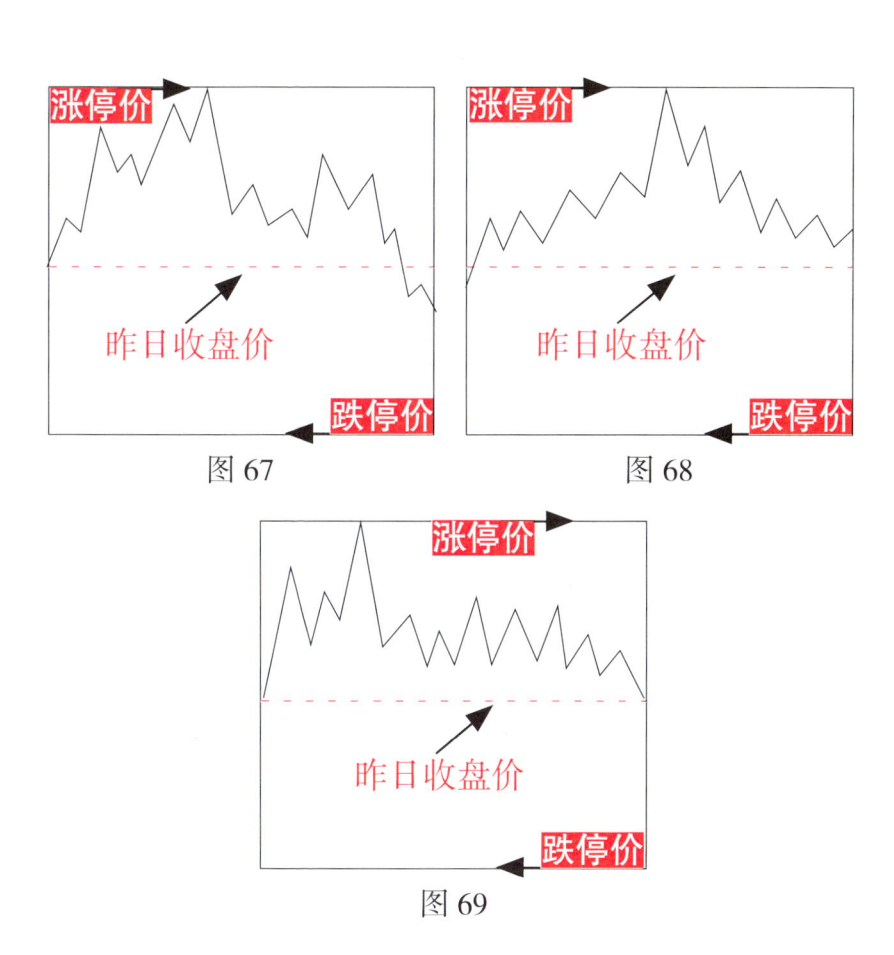

图 67

图 68

图 69

答 根据图 67 的分时图，可以画出图 70 的 K 线图形；根据图 68 的分时图，可以画出图 71 的 K 线图形；根据图 69 的分时图，可以画出图 72 的 K 线图形。

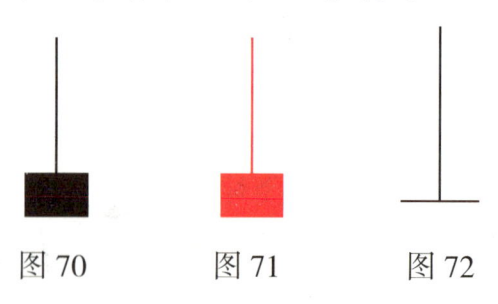

图 70　　图 71　　图 72

上面 3 种 K 线属于长上影线 K 线系列。图 70、图 71 的 K 线形状相似，长上影线下方的 K 线实体都很小。虽然两者的实体是一阴一阳，但 K 线的性质是一样的。若它们在涨势中出现，就称为"射击之星"；若它们在跌势中出现，就称为"倒锤头线"。图 72 则称为长倒 T 字线。

长上影线表示上方存在较大的阻力，其信号的强弱主要是根据上影线的长短来划分的，上影线越长，表明上方阻力越大，信号就越强。此外，长上影线下面的 K 线实体也是判断信号强弱的一个依据。若作为倒锤头线，图 71 的信号强于图 70；若作为射击之星，图 70 的信号强于图 71。

倒 T 字线的信号是最强的。在屏幕上，有时倒 T 字线呈现红色，有时则呈现绿色，其颜色改变的依据是：若收盘价略高于开盘价（哪怕高 1 分钱）就呈现红色，若收盘价低于开盘价（哪怕低 1 分钱）就呈现绿色。

股市赢家自我培训测试题　No.23

考考你(K线基础知识一题一练)

请根据下面的分时走势图,画出与其对应的K线图形,并简要说明它们属于什么系列的K线图形。

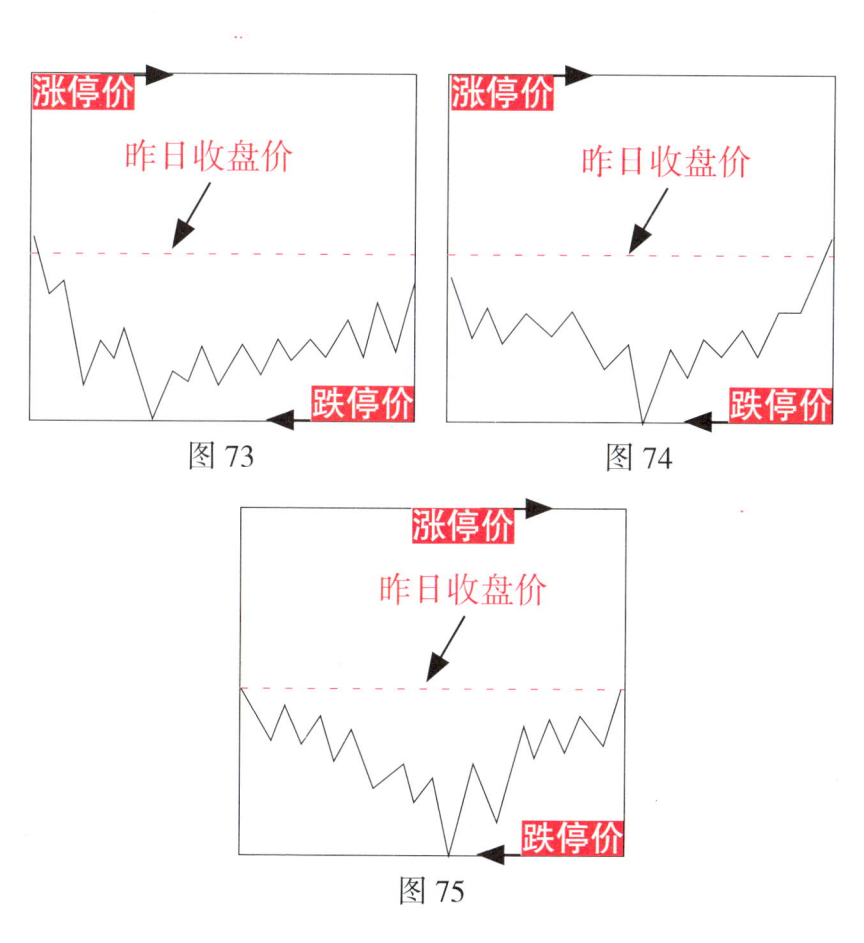

图73

图74

图75

根据图 73 的分时图,可以画出图 76 的 K 线图形;根据图 74 的分时图,可以画出图 77 的 K 线图形;根据图 75 的分时图,可以画出图 78 的 K 线图形。

图 76　　　图 77　　　图 78

上面 3 种 K 线属于长下影线 K 线系列。图 76、图 77 的 K 线形状相似。长下影线上方的 K 线实体都很小,虽然两者的实体是一阴一阳,但 K 线的性质是一样的。若它们在涨势中出现,就称为"吊颈线",若它们在跌势中出现,就称为"锤头线"。图 78 则称为"长 T 字线"。

长下影线表示下方存在较大的支撑力度,其信号的强弱主要是根据下影线的长短来划分的,下影线越长,表明下方支撑力度越大,信号就越强。此外,长下影线上面的 K 线实体也是判断信号强弱的一个依据。若作为锤头线,图 77 的信号强于图 76;若作为吊颈线,图 76 的信号强于图 77。

T 字线的信号是最强的。在屏幕上,有时 T 字线呈现红色,有时则呈现绿色,其颜色改变的依据是:若收盘价略高于开盘价(哪怕高 1 分钱)就呈现红色,若收盘价低于开盘价(哪怕低 1 分钱)就呈现绿色。

股市赢家自我培训测试题 No.24

考考你（K线基础知识一题一练）

请根据下面的分时走势图形，画出与其对应的K线图形，并简要说明它们属于什么系列的K线图形。

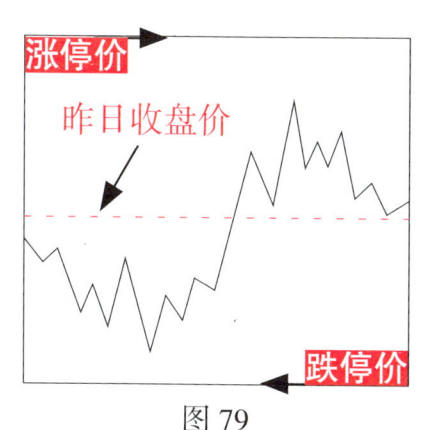

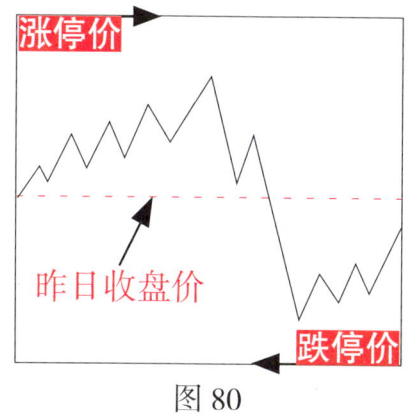

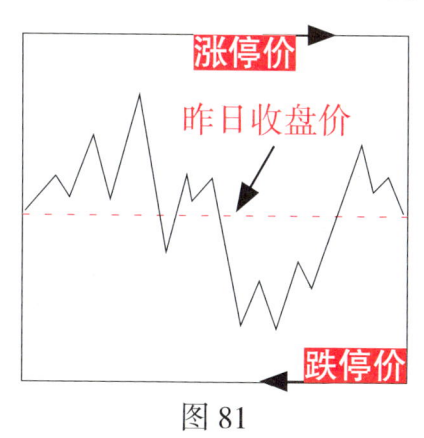

图79

图80

图81

根据图79的分时图，可以画出图82的K线图形；根据图80的分时图，可以画出图83的K线图形；根据图81的分时图，可以画出图84的K线图形。

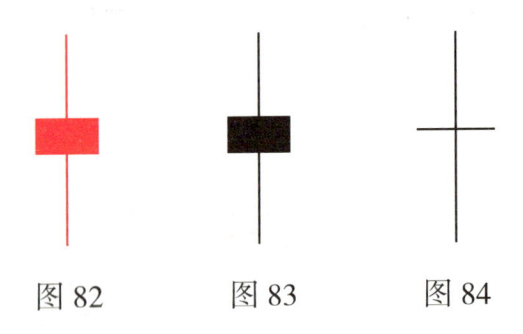

图82　　　图83　　　图84

上面3种K线属于同时兼有长上影线与长下影线的K线系列。图82、图83的K线形状相似，夹在长上影线与长下影线中间有一个很小的K线实体。虽然两者实体是一阳一阴，但K线的性质是一样的，名称都叫"螺旋桨"K线。图84名称叫"长十字线"。

一根K线同时出现长上影线与长下影线，表明盘中的多空博杀到了非常激烈的程度。通常上影线、下影线越长，则信号的强度就越强，转势的可能性就越大。

在屏幕上，有时长十字线呈现红色，有时则呈现绿色，其颜色改变的依据是：若收盘价略高于开盘价（哪怕高1分钱）就呈现红色，若收盘价低于开盘价（哪怕低1分钱）就呈现绿色。

股市赢家自我培训测试题　No.25

考考你（K线基础知识一题一练）

请根据下面的分时走势图，画出与其对应的K线图形，并简要说明它们属于什么系列的K线图形。

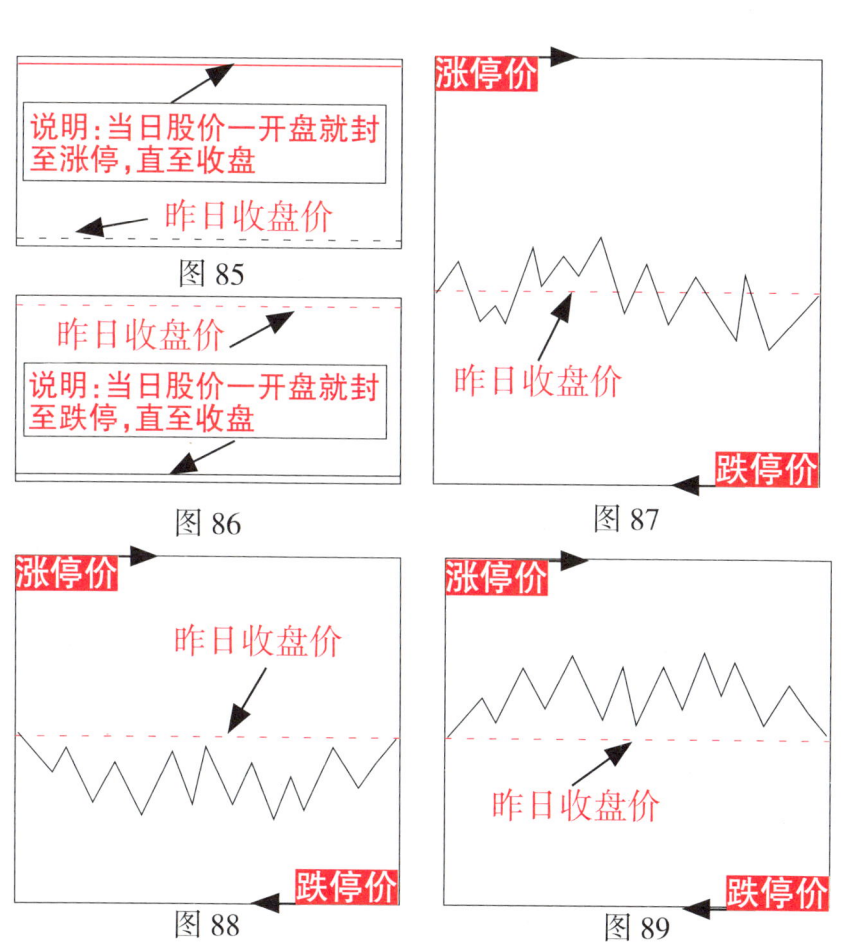

图 85　说明：当日股价一开盘就封至涨停，直至收盘（昨日收盘价）

图 86　昨日收盘价　说明：当日股价一开盘就封至跌停，直至收盘

图 87　涨停价／昨日收盘价／跌停价

图 88　涨停价／昨日收盘价／跌停价

图 89　涨停价／昨日收盘价／跌停价

答 根据图 85 的分时图,可以画出图 90 的 K 线图形;根据图 86 的分时图,可以画出图 91 的 K 线图形;根据图 87 的分时图,可以画出图 93 的 K 线图形;根据图 88 的分时图,可以画出图 93 的 K 线图形;根据图 89 的分时图,可以画出图 94 的 K 线图形。

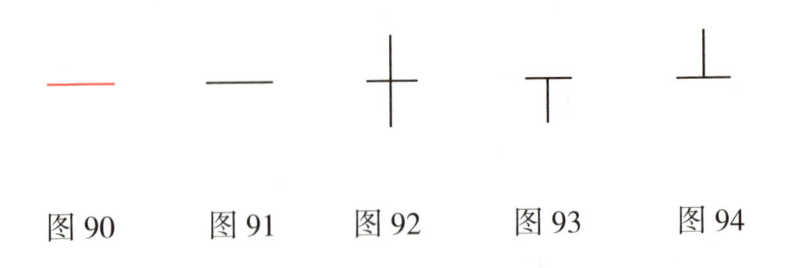

图 90　　图 91　　图 92　　图 93　　图 94

上面 5 种 K 线属于一字线、小十字线、小 T 字线 K 线系列。图 90 名为涨停"一字线",图 91 名为跌停"一字线",图 92 名为"小十字线",图 93 名为"小 T 字线",图 94 名为"小倒 T 字线"。

在屏幕上,涨停一字线呈现红色,跌停一字线呈现绿色。图 92~图 94 的颜色,则要看其收盘价是否高于开盘价,若略高一些(哪怕高 1 分钱)就呈现红色,若收盘价略低一些(哪怕低 1 分钱)就呈现绿色。

股市赢家自我培训测试题　No.26

考考你（K线基础知识一题一练）

请根据下面的分时走势图，画出与其对应的K线图形，并简要说明它们属于什么系列的K线图形。

图 95

图 96

图 97

图 98

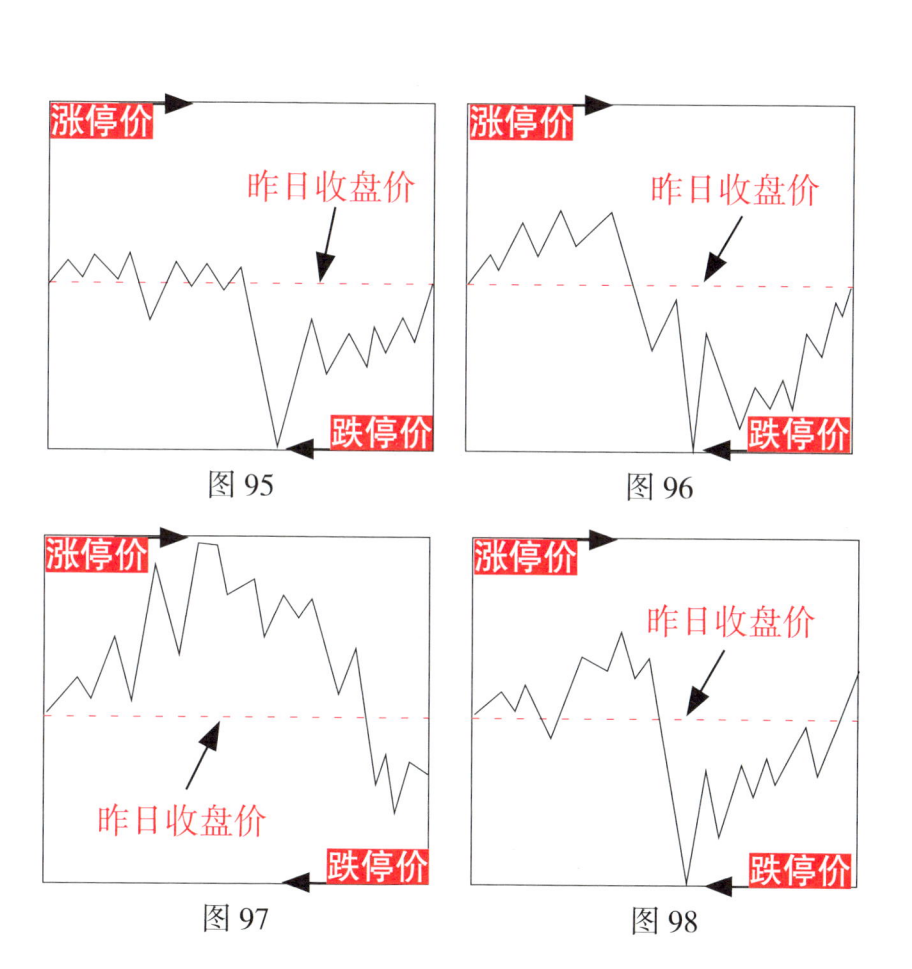

53

答 根据图 95 的分时图,可以画出图 99 的 K 线图形;根据图 96 的分时图,可以画出图 100 的 K 线图形;根据图 97 的分时图,可以画出图 101 的 K 线图形;根据图 98 的分时图,可以画出图 102 的 K 线图形。

图 99　　　图 100　　　图 101　　　图 102

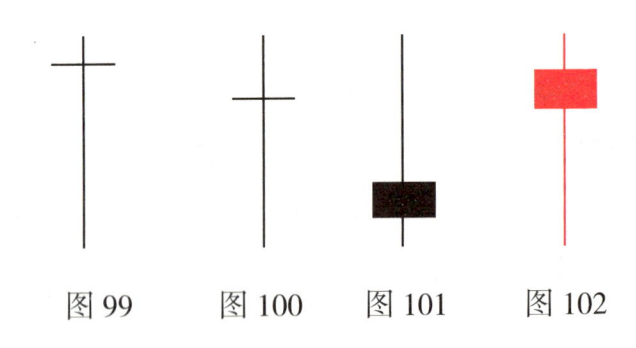

图 99~102 是一种非标准的 K 线图形(注:标准图形也称为基本图形,非标准图形则称为变化图形)。虽然平时在书上向大家展示的多半是标准的图形,但在实际走势中,经常会出现一些非标准的图形。对非标准的 K 线图形认定的原则是:基本像谁就归谁。如图 99、图 100 这两种 K 线只能在长 T 字线与长十字线中作出选择。图 99 的 K 线形状,除了有一点上影线外,基本轮廓与长 T 字线类似,因此应将它视为 T 字线的变化图形。而图 100 的上影线较长,把它归类为 T 字线显然是不合适的,应视为长十字线的变化图形(其他可参照这种方法以此类推)。

股市赢家自我培训测试题　No.27

考考你(K线基础知识一题一练)

请将下面3张分时图转换成一组K线图形,并简要说明该K线图形的名称与技术意义。

说明:图103、图104、图105分别是第一天、第二天、第三天的分时走势图。

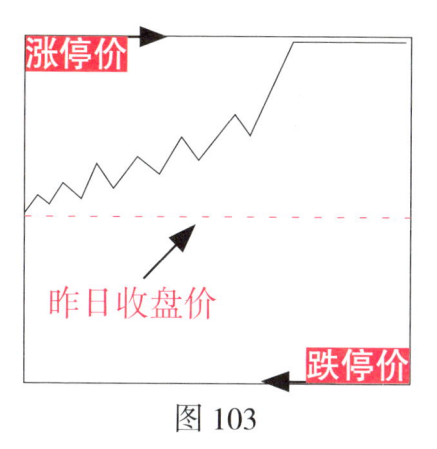

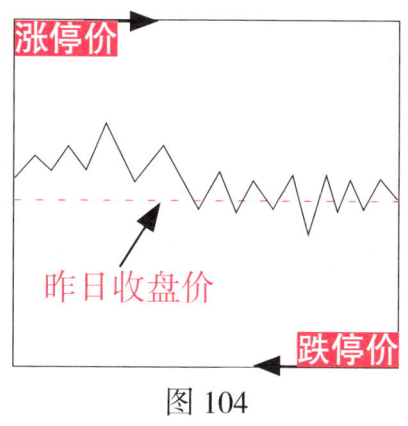

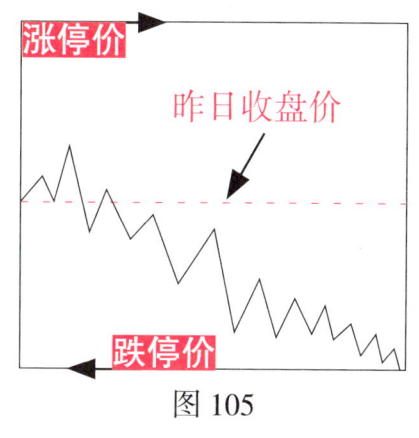

图 103

图 104

图 105

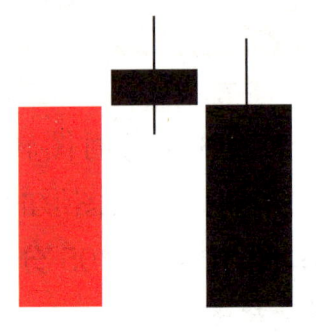

图 106

该 K 线图形由 3 根 K 线组成。平时人们将由 2 根以上（包括 2 根）的 K 线，按一定的规则合成的图形称为 K 线组合。此 K 线组合的名称叫"黄昏之星"[注]，在股价上涨途中出现这样的 K 线组合图形，为见顶信号。

友情提示：前面我们让大家做了很多分时图转换成 K 线图的练习，为什么要这样安排呢？因为依据分时图准确地画出 K 线图是学好 K 线的第一关。第一关攻克后，接下来再学习 K 线就有了基础。另外大家要注意，光靠本书中分时图转换成 K 线图的练习还远远不够，平时还要多加强这方面练习，直到熟能生巧为止。

平时练习的方法是：每日收盘后，可根据当日大盘或个股的分时走势，画出与之对应的日 K 线图，画完后，按"F5"键，与电脑里显示的当日 K 线图形相对照，检测画的结果是否正确。

【注】关于"黄昏之星"的特征、作用与相关实例，详见《股市操练大全》第一册第 64 页～第 66 页，第七册第 56 页～64 页。

股市赢家自我培训测试题　No.28

考考你（K线基础知识一题一练）

你认识下面的K线图形吗？请说出它们各自的名称与技术意义是什么？

图 107

图 108

图 109

图 110

答

图 107 的 K 线图形叫"大阳线"。技术意义：①在低位时是看涨信号；②在高位时是看跌信号。

图 108 的 K 线图形叫"大阴线"。技术意义：①出现在涨势中，或跌势初期、中期，为继续下跌的信号；②而在跌势后期，尤其是股价深跌之后出现，为见底信号。

图 109 的 K 线组合图形叫"好友反攻"。技术意义：见底信号，后市看涨（但此见底信号的强度较弱）。

图 110 的 K 线组合图形叫"淡友反攻"。技术意义：见顶信号，后市看跌。

说明：本题仅限于对 K 线的名称和技术意义的概念性测试。读者若要详细了解"大阳线"、"大阴线"、"好友反攻"、"淡友反攻"的特征、技术意义与相关实例，详见《股市操练大全》第一册第 20 页~27 页、第 120 页~123 页。

股市赢家自我培训测试题　No.29

考考你(K线基础知识一题一练)

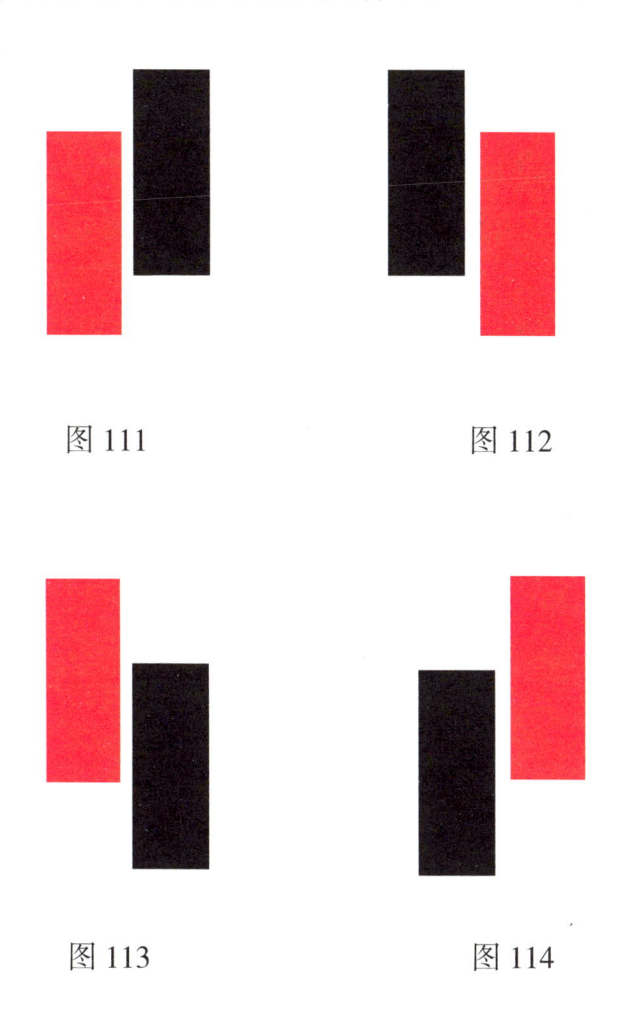

你认识下面的K线图形吗？请说出它们各自的名称与技术意义是什么？

图111

图112

图113

图114

答 图 111 的 K 线组合图形叫"乌云盖顶"。技术意义：见顶信号，后市看跌。

图 112 的 K 线组合图形叫"曙光初现"。技术意义：见底信号，后市看涨。

图 113 的 K 线组合图形叫"倾盆大雨"。技术意义：见顶信号，后市看跌（见顶信号强于乌云盖顶）。

图 114 的 K 线组合图形叫"旭日东升"。技术意义：见底信号，后市看涨（见底信号强于曙光初现）。

说明：本题仅限于对 K 线的名称和技术意义的概念性测试。读者若要详细了解"乌云盖顶"、"曙光初现"、"倾盆大雨"、"旭日东升"的特征、技术意义与相关实例，详见《股市操练大全》第一册第 51 页～第 58 页。

股市赢家自我培训测试题　No.30

考考你（K线基础知识一题一练）

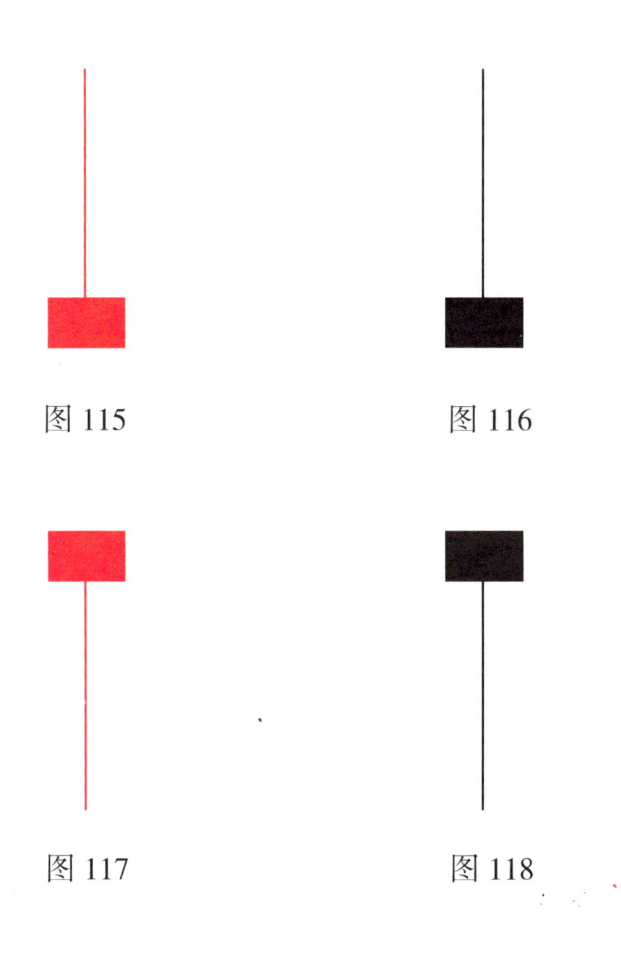

你认识下面的K线图形吗？请说出它们各自的名称与技术意义是什么？

图115

图116

图117

图118

答 图115、图116属于同一种K线,两者性质是一样的。该K线在不同场合有不同的叫法。如果它们是在涨势中出现,叫"射击之星";如果它们在跌势中出现,就叫"倒锤头线"。技术意义:该K线若以射击之星的面目出现,为见顶信号;该K线若以倒锤头线的面目出现,为见底信号。

图117、图118属于同一种K线,两者性质是一样的,该K线在不同的场合有不同的叫法。如果它们是在涨势中出现,叫"吊颈线",如果它们在跌势中出现,叫"锤头线"。技术意义:该K线若以吊颈线的面目出现,为见顶信号;该K线若以锤头线的面目出现,为见底信号。

说明:本题仅限于对K线的名称和技术意义的概念性测试。读者若要详细了解"射击之星"、"倒锤头线"、"吊颈线"、"锤头线"的特征、技术意义与相关实例,详见《股市操练大全》第一册第27页～第35页。

股市赢家自我培训测试题　No.31

考考你(K线基础知识一题一练)

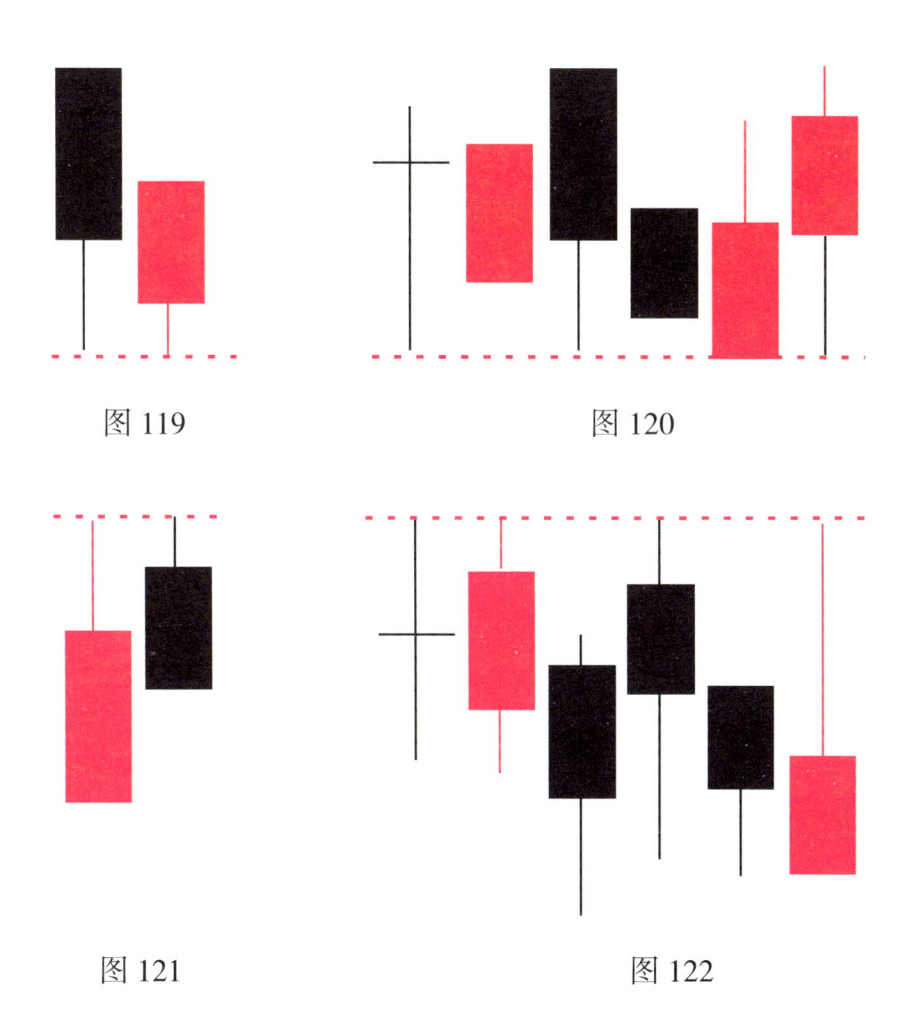

你认识下面的K线图形吗？请说出它们各自的名称与技术意义是什么？

图119

图120

图121

图122

答 图119、图120属于同一种K线形态，两者的性质是一样的，其名叫"平底"。平底顾名思义，在技术上就是见底信号。不过，因图120触及的同一低点次数多于图119，因此其见底的信号强度要大于图119。

图121、图122属于同一种K线形态，两者的性质是一样的，其名叫"平顶"。平顶顾名思义，在技术上就是见顶信号。不过，因图122触及同一高点的次数多于图121，因此其见顶信号的强度要大于图121。

说明：本题仅限于对K线的名称和技术意义的概念性测试。读者若要详细了解"平底"、"平顶"的特征、技术意义与相关实例，详见《股市操练大全》第一册第72页～第78页，第七册第65页～第67页、第71页～第74页。

股市赢家自我培训测试题　No.32

考考你（K线基础知识一题一练）

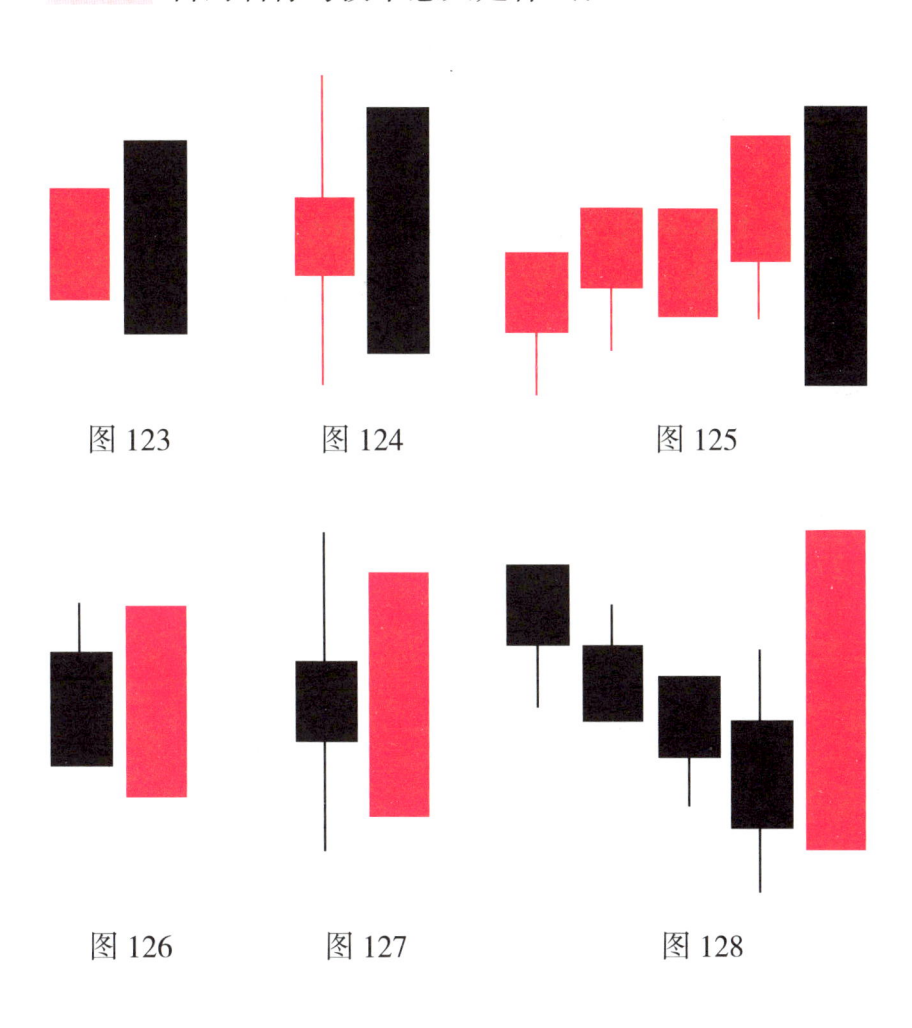

你认识下面的K线图形吗？请说出它们各自的名称与技术意义是什么？

图 123　　　　图 124　　　　　　图 125

图 126　　　图 127　　　　　图 128

答 图123~图125属于同一种K线形态,名叫"顶部穿头破脚"。在技术上它是一个重要的见顶信号。其信号强度与后面的阴线实体长度,以及阴线覆盖前面K线的数量多少有关。通常阴线实体越长,覆盖前面K线的数量越多(注:覆盖部分不包括上、下影线),见顶的可能性就越大。因此,图125的见顶信号强度要大于图123、图124。

图126~图128属于同一种K线形态,名叫"底部穿头破脚"。在技术上,它是一个重要的见底信号,其信号强度与后面的阳线实体长度,以及阳线覆盖前面K线的数量多少有关。通常阳线实体越长,覆盖前面的K线数量越多(注:覆盖部分不包括上、下影线),见底的可能性就越大。因此,图128的见底信号强度要大于图126、图127。

说明:本题仅限于对K线的名称和技术意义的概念性测试。读者若要详细了解"顶部穿头破脚"、"底部穿头破脚"的特征、技术意义与相关实例,详见《股市操练大全》第一册第70页~第72页,第六册第41页~第46页,第七册第42页~第53页,第八册第311页。

股市赢家自我培训测试题　No.33

考考你（K线基础知识一题一练）

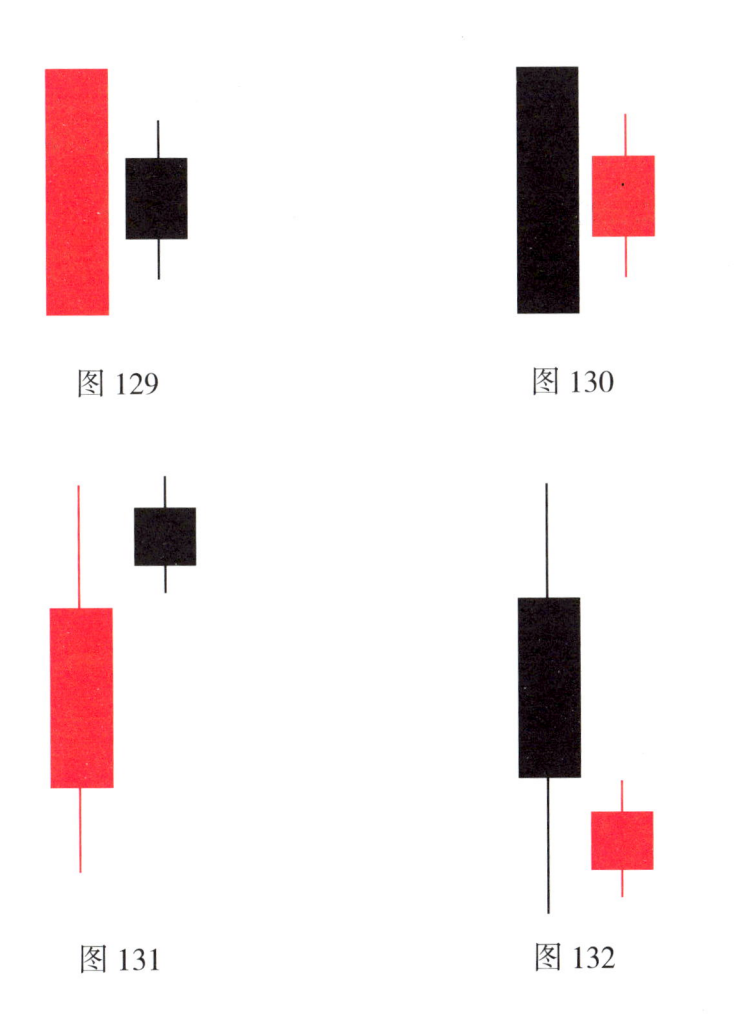

你认识下面的K线图形吗？请说出它们各自的名称与技术意义是什么？

图 129

图 130

图 131

图 132

答

图129、图130的K线组合图形名称叫"身怀六甲"。虽然两者名称相同，但它们的性质是不同的。图129一般出现在涨势中，其技术意义是见顶信号，后市看跌；而图130一般出现在跌势中，其技术意义是见底信号，后市看涨。

图131、图132的K线组合图形名称叫"尽头线"。虽然两者名称相同，但它们的性质是不同的。图131一般出现在涨势中，其技术意义是见顶信号，后市看跌；图132一般出现在跌势中，其技术意义是见底信号，后市看涨。

说明：本题仅限于对K线的名称和技术意义的概念性测试。读者若要详细了解"身怀六甲"、"尽头线"的特征、技术意义与相关实例，详见《股市操练大全》第一册第67页～第70页、第152页～第154页。

股市赢家自我培训测试题　No.34

考考你(K线基础知识一题一练)

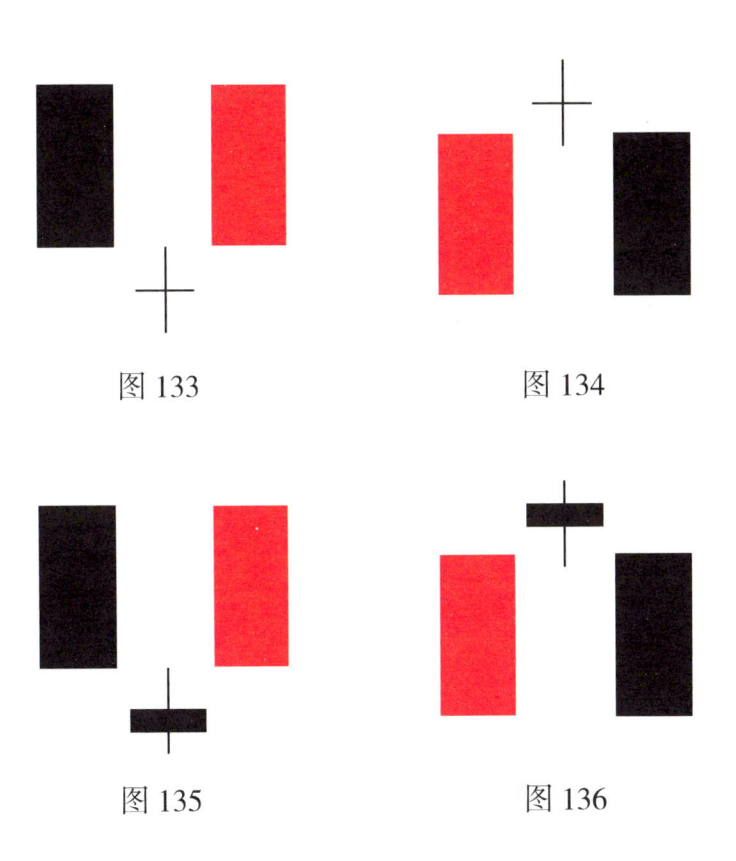

你认识下面的K线图形吗？请说出它们各自的名称与技术意义是什么？

图 133

图 134

图 135

图 136

答 图133的K线组合图形叫"早晨十字星"。技术意义:见底信号,后市看涨。

图134的K线组合图形叫"黄昏十字星"。技术意义:见顶信号,后市看跌。

图135的K线组合图形叫"早晨之星"。技术意义是:见底信号,后市看涨。

图136的K线组合图形叫"黄昏之星"。技术意义:见顶信号,后市看跌。

说明:本题仅限于对K线的名称和技术意义的概念性测试。读者若要详细了解"早晨十字星"、"黄昏十字星"、"早晨之星"、"黄昏之星"的特征、技术意义与相关实例,详见《股市操练大全》第一册第59页~第66页。

股市赢家自我培训测试题　No.35

考考你（K线基础知识一题一练）

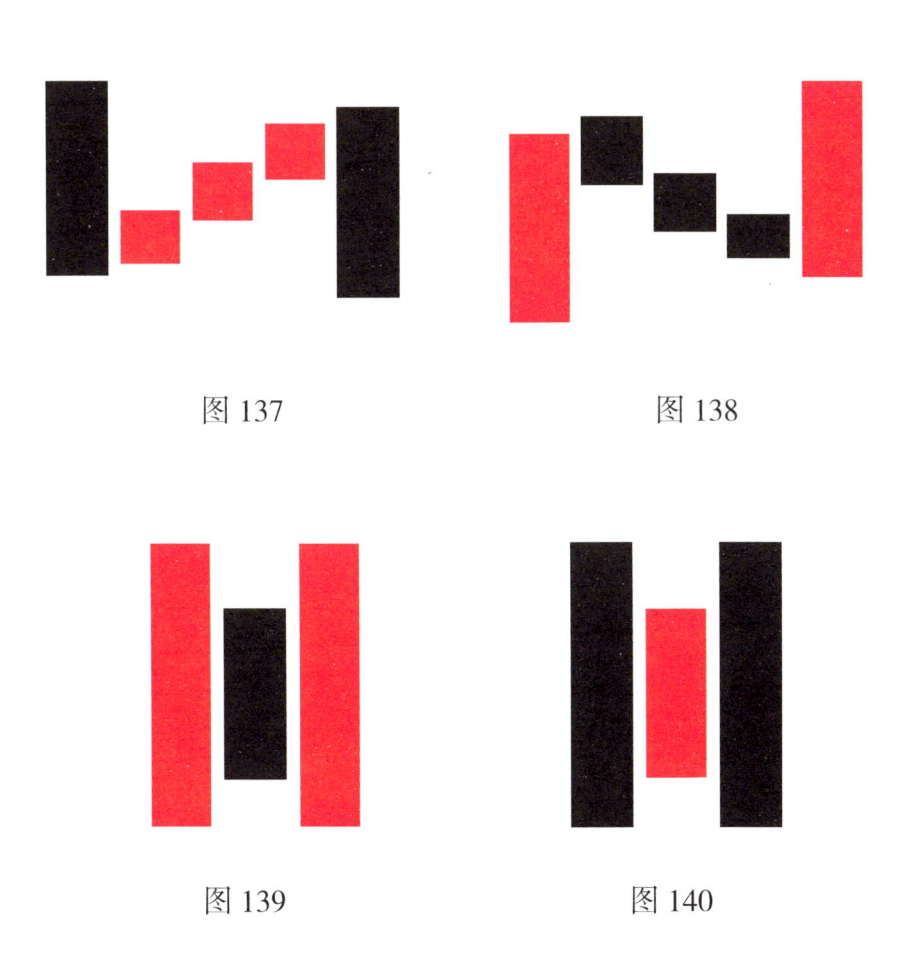

你认识下面的K线图形吗？请说出它们各自的名称与技术意义是什么？

图 137

图 138

图 139

图 140

图137的K线组合叫"下降三部曲"。技术意义:卖出信号,后市看跌。

图138的K线组合叫"上升三部曲",技术意义:继续看涨。

图139的K线组合叫"两红夹一黑"。技术意义:在涨势中出现,继续看涨;在跌势中出现,是见底信号。

图140的K线组合叫"两黑夹一红"。技术意义:在涨势中出现,是见顶信号;在跌势中出现,继续看跌。

说明:本题仅限于对K线的名称和技术意义的概念性测试。读者若要详细了解"下降三部曲"、"上升三部曲"、"两红夹一黑"、"两黑夹一红"的特征、技术意义与相关实例,详见《股市操练大全》第一册第111页～第117页。

股市赢家自我培训测试题 No.36

考考你（K线基础知识一题一练）

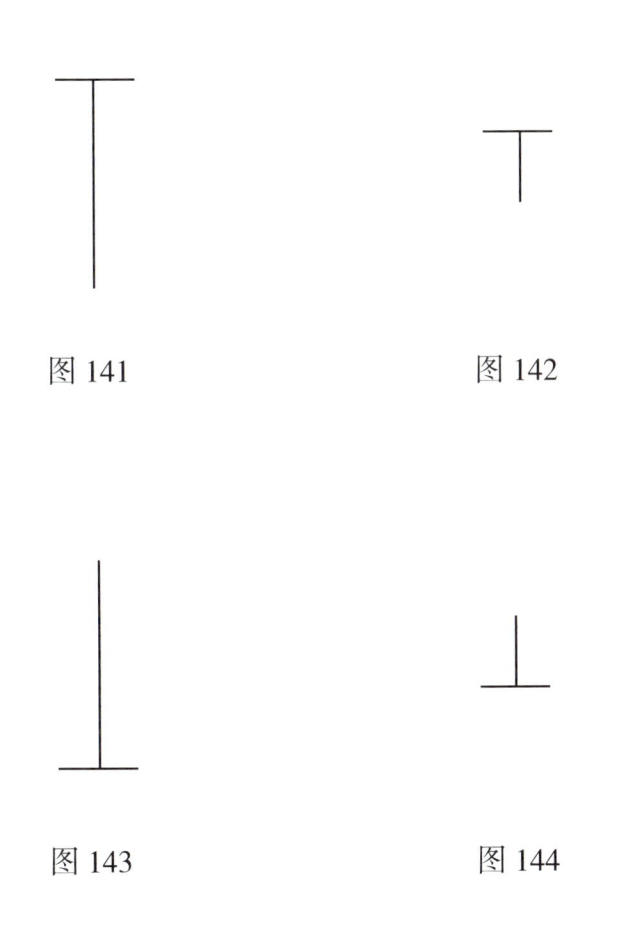

你认识下面的K线图形吗？请说出它们各自的名称与技术意义是什么？

图 141

图 142

图 143

图 144

答　图141的K线名称叫"T字线"。技术意义：①在上涨趋势后期出现，为卖出信号；②在下跌趋势后期出现，为买进信号；③在上涨途中出现，继续看涨；④在下跌途中出现，继续看跌

（说明：T字线下影线越长，力度越大，信号越可靠）

图142的K线名称叫"小T字线"。技术意义与T字线相同，但信号的力度要比T字线弱。

图143的K线名称叫"倒T字线"。技术意义：①在上涨趋势后期出现，为卖出信号；②在下跌趋势后期出现，为买进信号；③在上涨途中出现，继续看涨；④在下跌途中出现，继续看跌

（说明：倒T字线的上影线越长，力度越大，信号越可靠。在上升趋势中出现的倒T字线。又称为上档倒T字线）

图144的K线名称叫"小倒T字线"。技术意义与倒T字线相同，但信号力度要比倒T字线弱。

说明：本题仅限于对K线的名称和技术意义的概念性测试。读者若要详细了解"T字线"、"倒T字线"的特征、技术意义与相关实例，详见《股市操练大全》第一册第35页～第43页。

股市赢家自我培训测试题 No.37

考考你（K线基础知识一题一练）

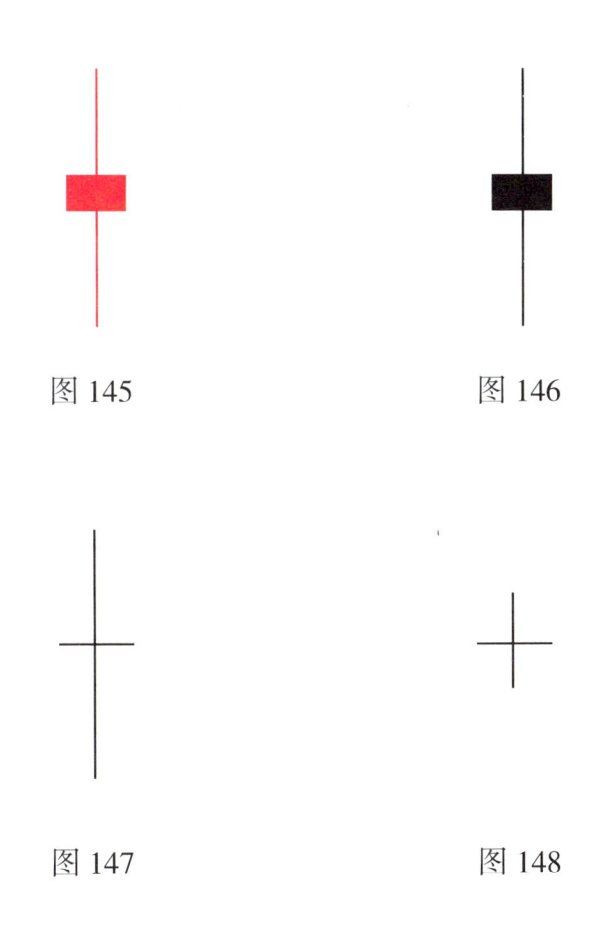

你认识下面的K线图形吗？请说出它们各自的名称与技术意义是什么？

图 145　　　　　　　图 146

图 147　　　　　　　图 148

答 图145、图146属于同一种K线,叫"螺旋桨"K线。技术意义:①在涨势中出现,后市看跌;②在连续加速下跌行情中出现,有见底回升的意义。

图147的K线名称叫"长十字线"。技术意义与螺旋桨K线的技术意义相同。

图148的K线名称叫"十字线"(业内人士为了将它与长十字线区别开来,又俗称它为"小十字线")。技术意义同长十字线,但信号力度要比长十字线弱。

说明:本题仅限于对K线的名称和技术意义的概念性测试。读者若要详细了解"螺旋桨K线"、"长十字线"、"十字线"的特征、技术意义与相关实例,详见《股市操练大全》第一册第46页~第51页;《股市操练大全》第七册第3页~第16页、第21页~第22页;《股市操练大全》习题集第9页~第16页。

股市赢家自我培训测试题　No.38

考考你(K线基础知识一题一练)

你认识下面的K线图形吗？请说出它们各自的名称与技术意义是什么？

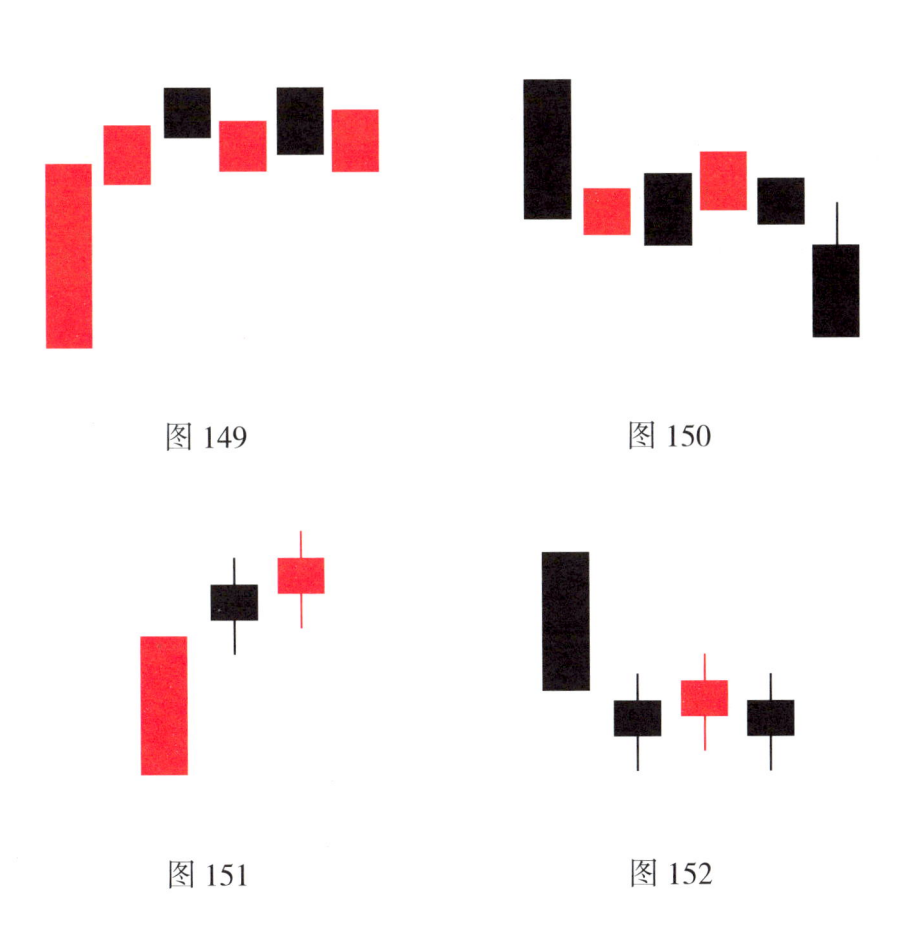

图 149

图 150

图 151

图 152

77

答 图149的K线组合名称叫"上档盘旋形"。技术意义：上档盘旋时间在5~14天内，多数看涨，超过14天多数看跌（盘旋时间太久，说明多方上攻愿望不强，因而下跌的可能性增大）。

图150的K线组合图形名称叫"低档盘旋形"。技术意义：卖出信号，后市看跌。

图151的K线组合图形名称叫上涨二颗星（少数情况下，会在一根大阳线上方出现3根小K线。这时就称为上涨3颗星）。技术意义：继续看涨。

图152的K线组合图形名称叫"下跌三颗星"。技术意义：卖出信号，后市看跌（在下跌途中出现该K线图形，表明市场买卖意愿不强，市场将以盘跌为主）。

说明：本题仅限于对K线的名称和技术意义的概念性测试。读者若要详细了解"上档盘旋形"、"低档盘旋形"、"上涨二颗星"、"下跌三颗星"的特征、技术意义与相关实例，详见《股市操练大全》第一册第107页~第111页、第123页~第126页。

股市赢家自我培训测试题　No.39

考考你（K线基础知识一题一练）

你认识下面的K线图形吗？请说出它们各自的名称与技术意义是什么？

图 153

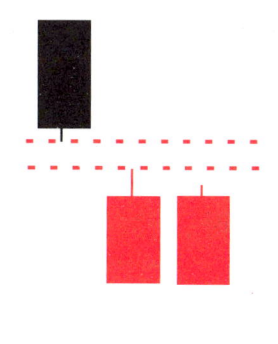

图 154

图 155

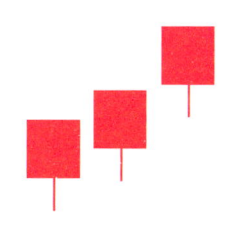

图 156

答：图153的K线组合图形名称叫"跳空上扬形"。技术意义：继续看涨。

图154的K线组合图形名称叫"低位并排阳线"。技术意义：见底信号，后市看涨。

图155的K线组合图形名称叫"黑三兵"。技术意义：卖出信号，后市看跌。

图156的K线组合图形名称叫"红三兵"。技术意义：买进信号，后市看涨（注：当3根小阳线收于或接近最高点时，称为3个白色武士，3个白色武士拉升股价的作用要强于普通的红三兵）。

说明：本题仅限于对K线的名称和技术意义的概念性测试。读者若要详细了解"跳空上扬形"、"低位并排阳线"、"黑三兵"、"红三兵"的特征、技术意义与相关实例，详见《股市操练大全》第一册第84页～第87页、第106页～第107页、第129页～第131页。

股市赢家自我培训测试题　No.40

考考你（K线基础知识一题一练）

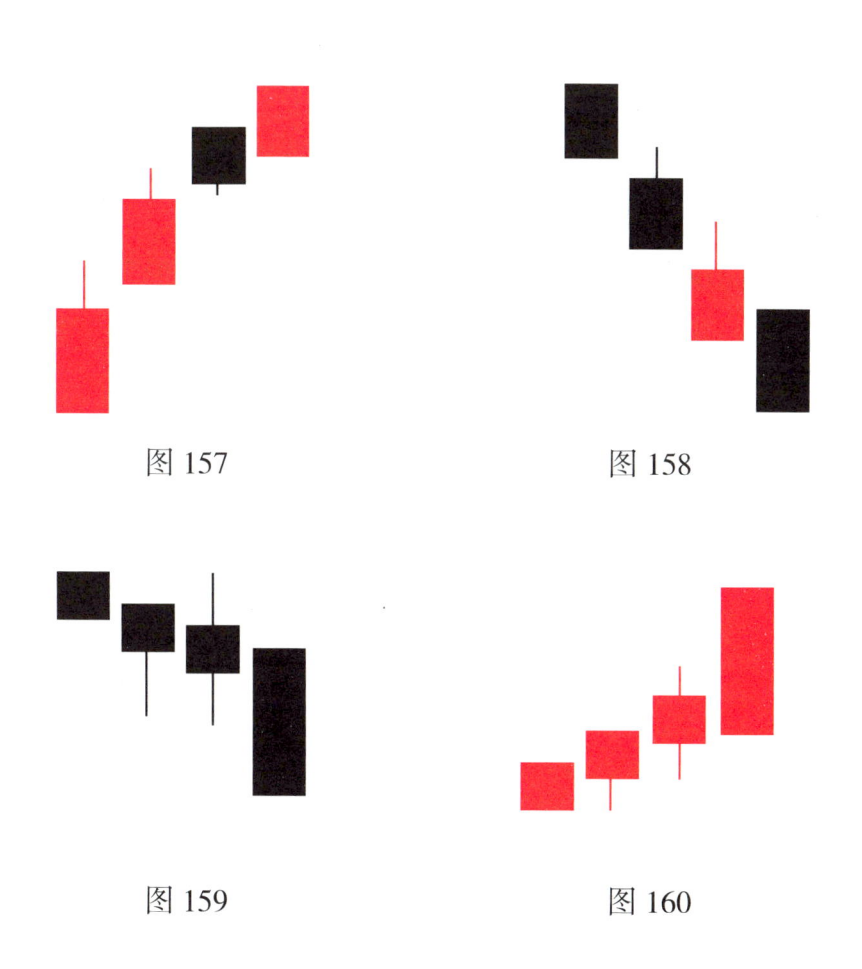

你认识下面的K线图形吗？请说出它们各自的名称与技术意义是什么？

图 157

图 158

图 159

图 160

答 图157的K线组合图形名称叫"上升抵抗形"。技术意义:买进信号,后市看涨(如果最后一根K线是大阳线,则继续上涨的概率更大)。

图158的K线组合图形名称叫"下降抵抗形"。技术意义:卖出信号,后市看跌(如果最后一根K线是中阴线以上的阴线,则继续下跌的概率更大)。

图159的K线组合图形名称叫"徐缓下降形"。技术意义:卖出信号,后市看跌。

图160的K线组合图形名称叫"徐缓上升形"。技术意义:买进信号,后市看涨。

说明:本题仅限于对K线的名称和技术意义的概念性测试。读者若要详细了解"上升抵抗形"、"下降抵抗形"、"徐缓下降形"、"徐缓上升形"的特征、技术意义与相关实例,详见《股市操练大全》第一册第94页～第100页。

股市赢家自我培训测试题　No.41

考考你(K线基础知识一题一练)

你认识下面的K线图形吗？请说出它们各自的名称与技术意义是什么？

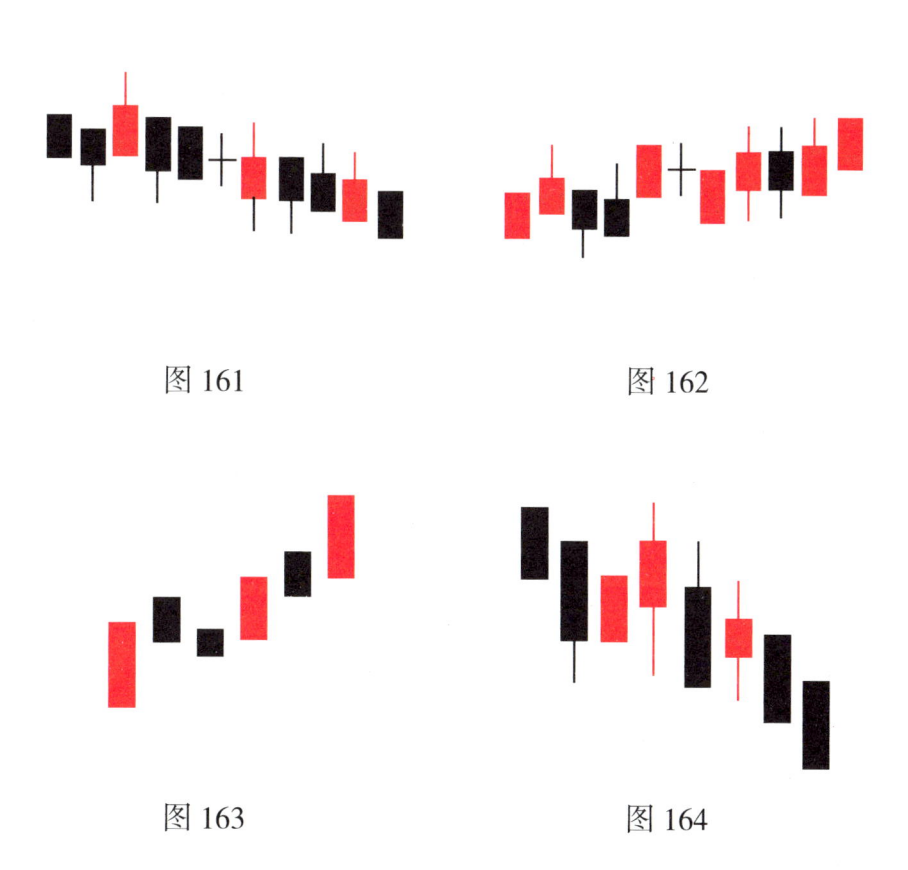

图 161

图 162

图 163

图 164

答 图161的K线组合图形名称叫"绵绵阴跌形"。技术意义:卖出信号,后市看跌(绵绵阴跌,跌幅虽不大,但犹如黄梅天的雨下个不停,从而延长了下跌的时间和拓展了下跌空间,股价很可能处于长期走熊状态)。

图162的K线组合图形名称叫"冉冉上升形"。技术意义:买进信号,后市看涨(该K线组合犹如冉冉升起的旭日,升幅虽不大,但它往往是股价大涨的前兆,如成交量能同步放大,这种可能性就很大)。

图163的K线组合图形名称叫"稳步上涨形"。技术意义:买进信号,后市看涨(后面的阳线对插入的阴线覆盖的速度越快越有力,上升的潜力就越大)。

图164的K线组合图形名称叫"下跌不止形"。技术意义:卖出信号,后市看跌。

说明:本题仅限于对K线的名称和技术意义的概念性测试。读者若要详细了解"绵绵阴跌形"、"冉冉上升形"、"稳步上涨形"、"下跌不止形"的特征、技术意义与相关实例,详见《股市操练大全》第一册第91页～第94页、第100页～第104页。

股市赢家自我培训测试题　No.42

考考你(K线基础知识一题一练)

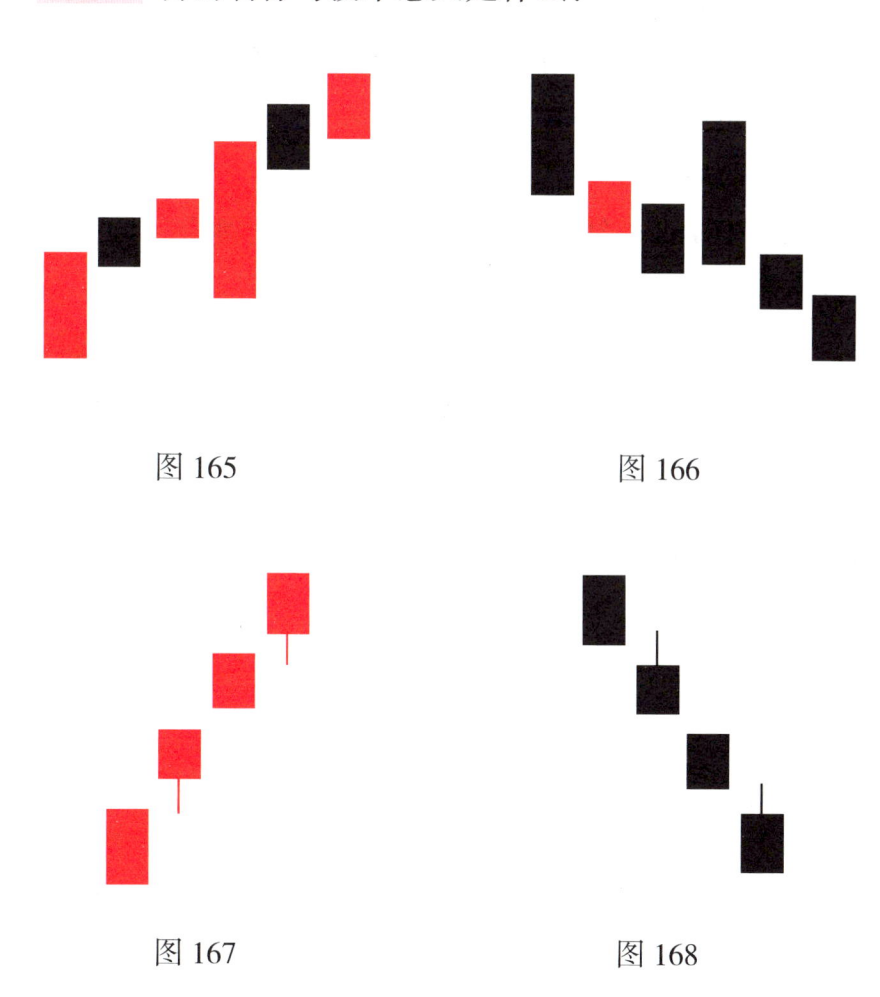

你认识下面的K线图形吗？请说出它们各自的名称与技术意义是什么？

图 165

图 166

图 167

图 168

85

答 图165的K线组合图形名称叫"下探上涨形"。技术意义：买进信号，后市看涨（注：这种K线图形，多数是主力用消息来洗盘，后市有可能会出现较大的升势）

　　图166的K线组合图形名称叫"高开出逃形"。技术意义：卖出信号，后市看跌（注：这种K线图形多数为被套主力用朦胧利好消息拉高出货所致，一般后市将有一段较大的跌势）。

　　图167的K线组合图形名称叫"连续跳空三阳线"。技术意义：赶顶信号，后市看淡。

　　图168的K线组合图形名称叫"连续跳空三阴线"。技术意义：见底信号，后市看涨（注：这种K线图形，如在股价已有大幅下跌的情况下出现，见底的可能性就更大）。

　　说明：本题仅限于对K线的名称和技术意义的概念性测试。读者若要详细了解"下探上涨形"、"高开出逃形"、"连续跳空三阳线"、"连续跳空三阴线"的特征、技术意义与相关实例，详见《股市操练大全》第一册第126页～第129页、第132页～第135页。

股市赢家自我培训测试题　No.43

考考你(K线基础知识一题一练)

你认识下面的K线图形吗？请说出它们各自的名称与技术意义是什么？

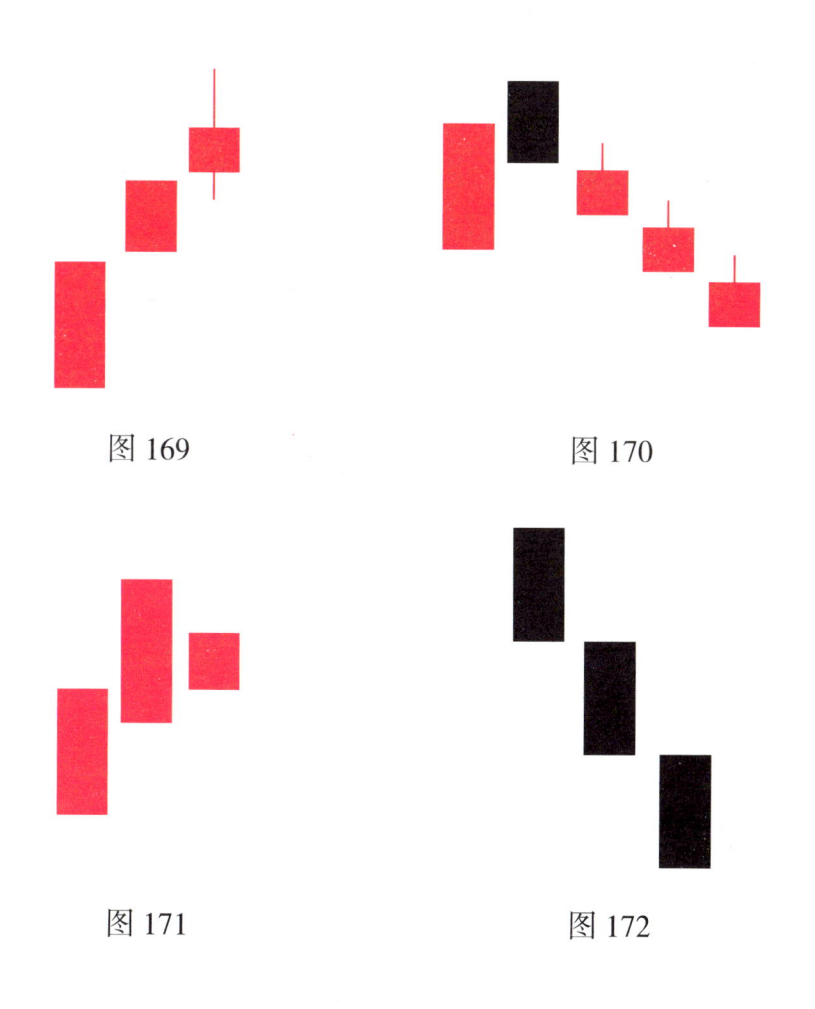

图 169

图 170

图 171

图 172

87

答 图169的K线组合图形名称叫"升势受阻形"（上升时阳线实体逐步变小）。技术意义：滞涨信号，后市看淡。

图170的K线组合图形名称叫"倒三阳"。技术意义：卖出信号，后市看跌（编者按：这种情况多数发生在庄家股上，出现这种K线图形，继续下跌的概率很大，投资者不要被阳线迷惑，应趁早离场）。

图171的K线组合图形名称叫"阳线跛脚形"。技术意义：滞涨信号，后市看淡。

图172的K线组合图形名称叫"下跌三连阴"。技术意义：在下跌初期出现，继续看跌。在下跌后期出现，是见底信号。（编者按：特别需要注意的是，在股价已有较大跌幅后出现三连阴，表明盘中做空的力量已经用尽，往后转势的可能性很大。）

说明：本题仅限于对K线的名称和技术意义的概念性测试。读者若要详细了解"升势受阻形"、"倒三阳"、"阳线跛脚形"、"下跌三连阴"的特征、技术意义与相关实例，详见《股市操练大全》第一册第90页～第91页、第138页～第144页。

股市赢家自我培训测试题　No.44

考考你（K线基础知识一题一练）

你认识下面的 K 线图形吗？请说出它们各自的名称与技术意义是什么？

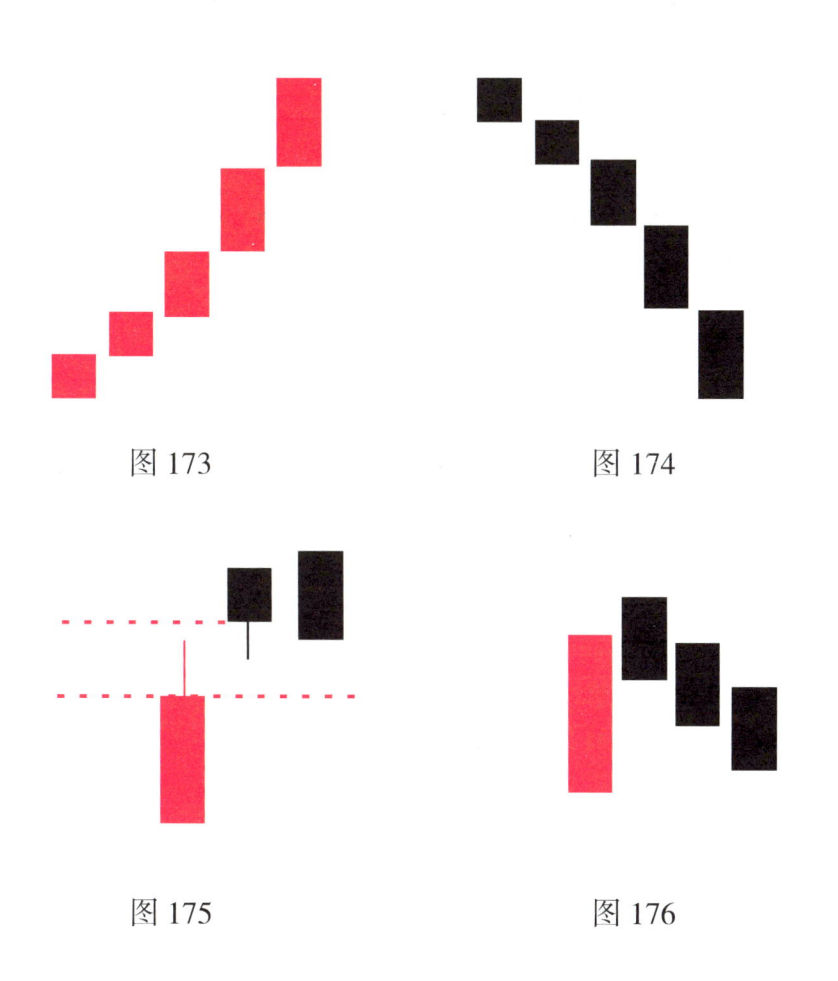

图 173

图 174

图 175

图 176

答 图173、图174的K线组合图形名称都叫"加速度线"。图173的技术意义:见顶信号,后市看跌。图174的技术意义:跌势将尽,很可能止跌回升。图175的K线组合图形名称叫"双飞乌鸦",技术意义:见顶信号,后市看跌。图176的K线组合图形名称叫"三只乌鸦"(又称"暴跌三杰"),技术意义:见顶信号,后市看跌。

> **友情提示**:正确地、熟练地叫出各种K线图形的名称,说出它们的各自的特征、技术意义,这是学好K线的关键。攻克这一关相当重要。试想,如果你连K线的基本图形都不了解,又怎么能运用好K线呢?
>
> 这里要注意的是,学习K线图形,除了要了解一些基本图形外,还要了解它们各自的变化图形(在股市中变化图形屡见不鲜)。但因为变化图形一般只有在观察实战图形时才能看得清楚,所以有关这部分内容的测试,将安排在本书的中下篇,与做实战试题时一起进行练习。
>
> 另外,我们要提醒大家的是:如果你自测下来,这部分成绩不理想的话,不妨再重温一下《股市操练大全》第一册的相关内容,下定决心把这一关攻克下来,为顺利地进入后面的实战练习打好基础。

说明:本题仅限于对K线的名称和技术意义的概念性测试。读者若要详细了解"加速度线"、"双飞乌鸦"、"三只乌鸦"的特征、技术意义与相关实例,详见《股市操练大全》第一册第135页~138页、第144页~148页。

股市赢家自我培训测试题　No.45

考考你（K线基础知识一题一练）

下面是上海某股的月K线走势图，图中有一根K线特别醒目（见箭头所指处）。

请问：这根K线是什么K线，它的名称、技术意义是什么？

月K线图

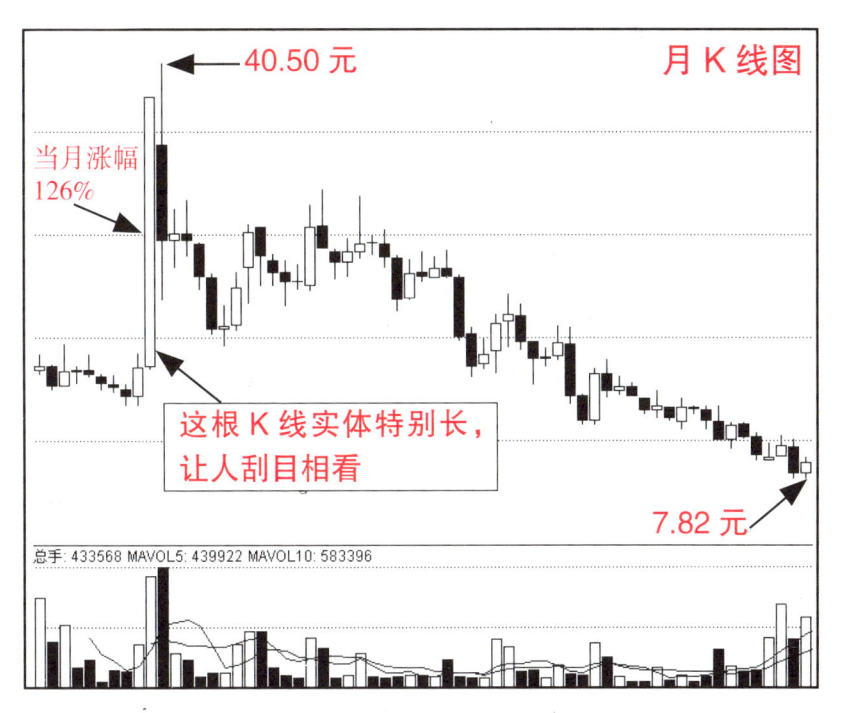

40.50元

当月涨幅 126%

这根K线实体特别长，让人刮目相看

7.82元

总手：433568　MAVOL5：439922　MAVOL10：583396

图177

答 这张 K 线图是上海贝岭（600171）1998 年 9 月～2003 年 11 月的月 K 线图。图中箭头所指的 K 线叫"巨阳线"【注】。当月该股涨幅达到 126%，所以这根巨阳线的实体特别长。巨阳线分为 3 种类型：①空头型巨阳线；②观望型巨阳线；③多头型巨阳线。投资者见到空头型巨阳线应该看空做空，见到多头型巨阳线可看多做多，而观望型巨阳线介于两者之间，投资者应根据情况，有时应该看空做空，有时应该看多做多。

图中这根巨阳线的性质是空头型巨阳线，为见顶信号。在这根巨阳线出现后，投资者若不及时卖出，股价连跌数年，损失十分惨重。

> 巨阳线，很多人对它十分陌生，但越陌生，它就越是要缠着你。据悉，有许多投资者就是因为不了解巨阳线，遭到了惨败。痛定思痛，若要做好股票就要认真研究巨阳线，此事绝不能马虎。

【注】"巨阳线"是大阳线的一种特殊形态，它对判断行情趋势具有十分重要的参考作用。关于如何鉴别巨阳线的性质，以及这方面的具体操作技巧，详见《股市操练大全》第八册第 72 页～第 210 页，第 555 页～第 566 页。

股市赢家自我培训测试题　No.46

考考你(技术图形基础知识一题一练)

在股市实战中,技术图形分析是一种重要的技术分析手段。股市中的技术图形好比气象台的卫星云图,如果你能看懂它,就能知道它日后的运行方向。

股市中有一句名言:识大势者赚大钱。能看懂股市技术图形的人就是一个识大势者。作为股市中人,要在风险很高的股市中生存和发展下去,就必须对股市中的技术图形有个全面透彻的了解。

请问:技术图形理论如此重要,你知道它是如何产生的吗(请你用通俗形象的语言,对它的来龙去脉作一次描述)?

这个问题我还没想过,看来股市里该学的知识非常多,我一定要抓紧时间好好地学。

答 无论是国内还是国外股市，也无论是什么股票，只要交易时间长了，就会在其走势图上形成各种不同的图形，有的像一座山，有的像一座岛，有的像一面旗子……开始人们对这些图形并不在意，后来有人发现，一旦股指，或股价形成这些图形后，其往后的走势几乎如出一辙。譬如说股价走成"山"字形后，就一路下跌，10只股票中有9只如此。因此，投资者只要看到"山"字形图形后，就会争先恐后地卖出股票，逃之不及者都会被这座"山"压扁。正因为每种图形都会出现一种规律性的变化现象，人们才开始研究它，总结它，于是就产生了以股价走势图形为研究对象的技术图形理论。

上百年来，技术图形理论在指导投资者买卖股票时发挥了巨大的作用。一些投资者就是在技术图形理论的指导下，规避了股市风险，抓住了黑马，成了大赢家；同样也有一些投资者由于对技术图形一无所知，或知之不多，在股市风暴来临时都不知如何躲避，最终成了股市中的输家。

股市赢家自我培训测试题　No.47

考考你(技术图形基础知识一题一练)

请将本文省略部分的文字补全：

技术图形并不神秘,它的变化是有规律的。只要掌握它的变化规律,就能成为我们手中很有用的投资武器。根据技术图形的变化规律,大致可将它们分为两类：

一类为转势形态。就是说出现这种图形后,股价运行方向就会改变,由原来的上升趋势转为下跌趋势,或由原来的下跌趋势转为上升趋势。其中属于底部转势形态的图形有……。属于顶部转势形态的图形有……。

另一类为整理形态。出现这种图形后,股价会寻求向上或向下突破。这中间又分为三种情况：第一种经过整理,突破方向以向上居多,这类图形有……。第二种经过整理,突破方向以向下居多,这类图形有……。第三种在整理后向上向下突破都有可能,这类图形有……。

说明：红字为新补充的文字。

属于底部转势形态的图形有：头肩底、双底、圆底、潜伏底、V形底、底部三角形、向下竭尽缺口、底部岛形反转等。

属于顶部转势形态的图形有：头肩顶、双顶、圆顶、尖顶、向上竭尽缺口、顶部岛形反转等。

第一种经过整理，突破方向以向上居多，这类图形有：上升三角形、上升旗形、下降楔形。

第二种经过整理，突破方向以向下居多，这类图形有：下降三角形、下降旗形、上升楔形、扩散三角形。

第三种在整理后，向上向下都有可能，这类图形有：收敛三角形、矩形。

学会归类很重要，经过一番疏理，对一些技术图形到底属于什么性质，究竟应该如何去识别它，心里就有谱了。

股市赢家自我培训测试题　No.48

考考你(技术图形基础知识一题一练)

股市上常常有这种现象,有时候图形上显示股价正在构筑 W 底(双底),但当一些投资者跟进去时,W 底(双底)忽而又变成了 M 头(双顶),结果使一些看多做多的投资者都套住了。

请问:你能解释这是怎么一回事吗?此事给我们提供了一条什么重要经验?

想想看,这些看错行情的投资者究竟错在什么地方?

答 要解释这个问题,我们先来看两张示意图。图 178 是股价在构筑 W 底(双底),图 179 是 W 底(双底)构筑失败,最后演变成了 M 头(双顶)[注]。

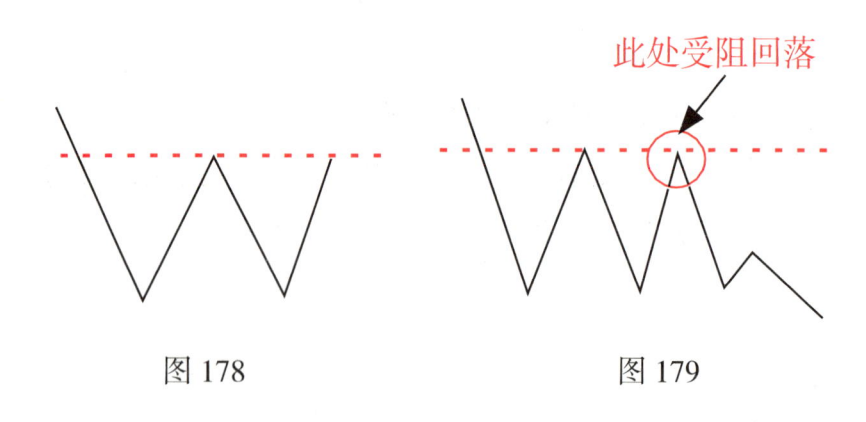

此处受阻回落

图 178   图 179

通过这两张图,我们可以发现一个现象,股价在低位构筑 W 底时,存在着成功或不成功两种可能,如果结果还未出来时,就匆忙认定双底构筑已经成功了,从而选择买进,自然会有很大的风险。

此事给我们的经验是:在某个技术图形构筑没有完成时,千万不要主观地认定它是什么底,否则投资时很容易出现方向性错误。

【注】双底是如何演变成双顶(M 头)的实例,详见《股市操练大全》第六册第 216 页～第 218 页。

股市赢家自我培训测试题　No.49

考考你（技术图形基础知识一题一练）

（上接 No.48）从上一个题目的图 178 看，本来大家期望出现的 W 底，在股价触及上面一根虚线处受阻，结果演变成了 M 头。可见，投资者在认定某一个技术图形的构筑是否真正完成时，关键就要看股价能否突破这条虚线。因为这条线太重要了，因此有很多股市高手都把它视为股市中的一条生命线。

请问：你知道下图中的这条虚线叫什么线吗？它的重要性究竟表现在什么地方？

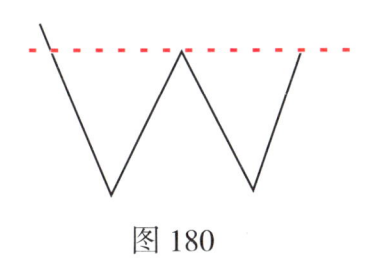

图 180

这条线如此重要，我一定要好好研究研究。

答 这条虚线叫颈线[注]。从技术上来说,无论是头肩底还是双底,看这个底是否真的构筑成功了,就要看股价能不能突破颈线,突破了并能站稳颈线之上,这个底才算构筑成功。说到这里,大家就能明白,为什么有时看上去像 W 底的图形后来变成了 M 头呢?其原因就是股价在颈线处受阻,冲不过颈线,股价只能掉头向下,这样原来的 W 底就变成 M 头了。

颈线的重要作用,体现在它用一条直线把多空双方的界线划分得清清楚楚。作为多方,在空方打压下,无论如何退让,一定不能让空方将颈线击穿,如果往下击穿了,多方就会溃不成军,兵败如山倒;反之,在空方领地中,多方进行反击时,空方要守住自己的阵地,最后一道防线就是不能让多方突破颈线,一旦往上突破成功,空翻多的现象就会出现,空方就得乖乖地向多方缴械投降。正因为颈线在多空双方搏斗中有着性命攸关的作用,因此,人们才会把颈线看作为股市生命线(编者按:关于这方面的更多内容与相关操作技巧,详见《股市操练大全》第六册第 219 页"股市操作经验漫谈之六")。

【注】什么是颈线呢?从人体结构来说,颈是头与身体的分水岭,也即分界线。现在人们把它借用到股市中,颈线就成了划分多空双方势力范围的分界线。

股市赢家自我培训测试题　No.50

考考你（技术图形基础知识一题一练）

下面是某某技术图形的示意图。请问：它们是什么技术图形？你知道它们的颈线应该怎么画吗？买点或卖点应该怎么设置？

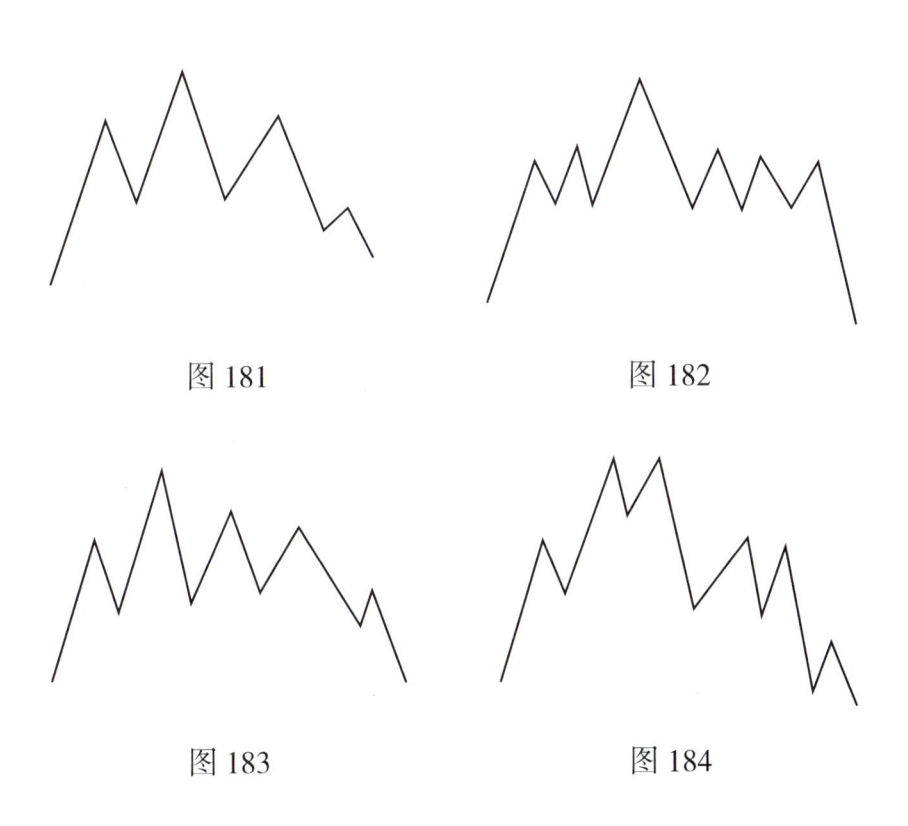

图 181　　　　　　　　图 182

图 183　　　　　　　　图 184

答 这4张图都是"头肩顶"【注】。图181是头肩顶的标准图形。图182~图184则是头肩顶的变化图形（俗称复合型头肩顶）。在这些变化图形里，有的单肩变成了双肩，甚至3肩，有的头部变成了双头。头肩顶是看跌形态，头肩顶形成后，股价往往会出现一波较大的跌势。头肩顶的颈线画法与卖点的设置见图185~图188。

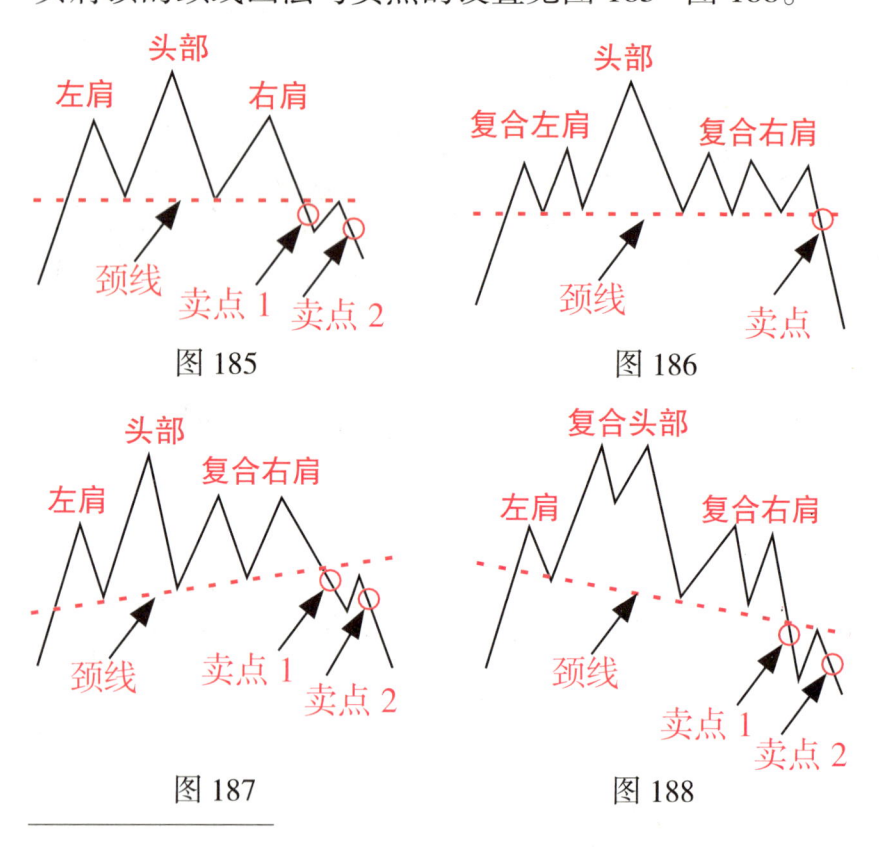

图185（左肩 头部 右肩 颈线 卖点1 卖点2）

图186（复合左肩 头部 复合右肩 颈线 卖点）

图187（左肩 头部 复合右肩 颈线 卖点1 卖点2）

图188（左肩 复合头部 复合右肩 颈线 卖点1 卖点2）

【注】读者若要详细了解"头肩顶"的特征、技术意义与相关实例，详见《股市操练大全》第一册第238~241页，第七册第194~199页。

股市赢家自我培训测试题　No.51

考考你(技术图形基础知识一题一练)

下面是某某技术图形的示意图。请问：它们是什么技术图形？你知道它们的颈线应该怎么画吗？买点或卖点应该怎么设置？

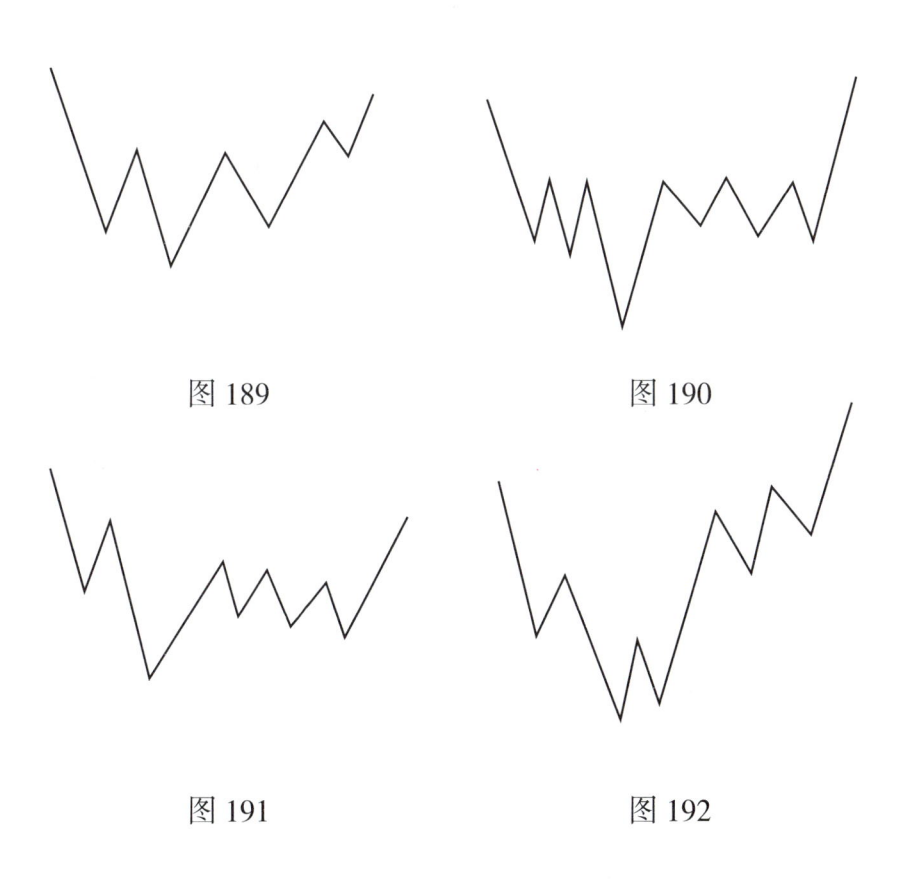

图189

图190

图191

图192

答 这4张图形都是"头肩底"[注]。图189是标准的头肩底图形。图190~图192则是头肩底的变化图形（俗称复合型头肩底）。在这些变化图形里，有的单肩变成了双肩，甚至3肩，有的头部变成了双头。头肩底是看涨形态，头肩底形成后，股价往往会出现一波可观的升势。头肩底颈线的画法与买点的设置见图193~图196。

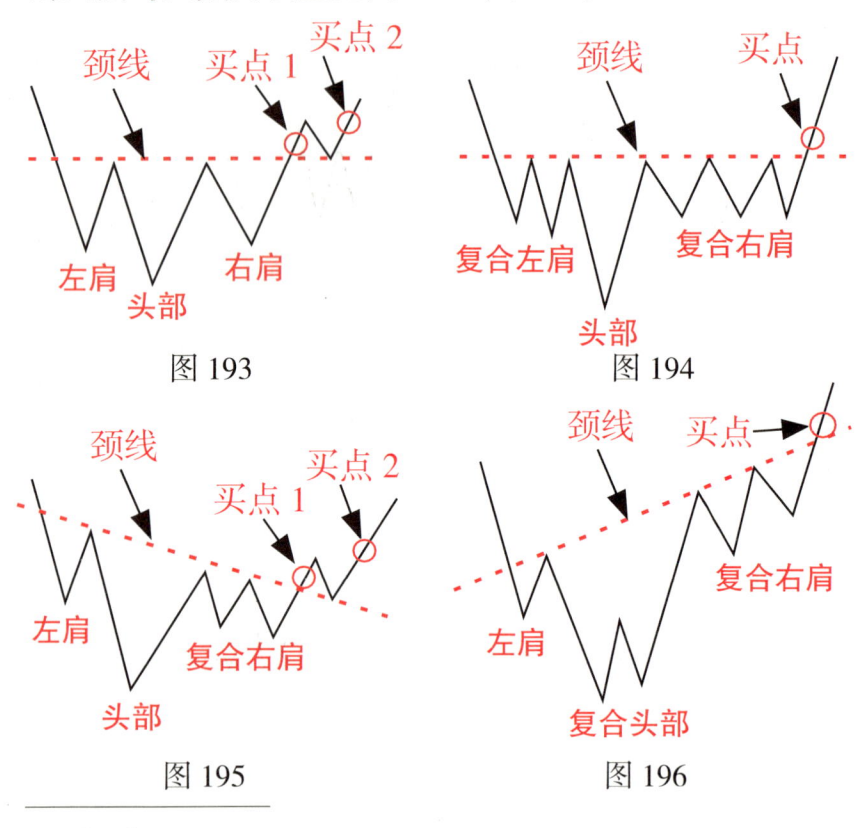

图193

图194

图195

图196

【注】读者若要详细了解"头肩底"的特征、技术意义与实例，详见《股市操练大全》第一册第236~238页、292页，第六册第78~85页。

股市赢家自我培训测试题　No.52

考考你（技术图形基础知识一题一练）

下面是某某技术图形的示意图。请问：它们是什么技术图形？你知道它们的颈线或上边线、下边线应该怎么画吗？买点或卖点应设在什么地方？

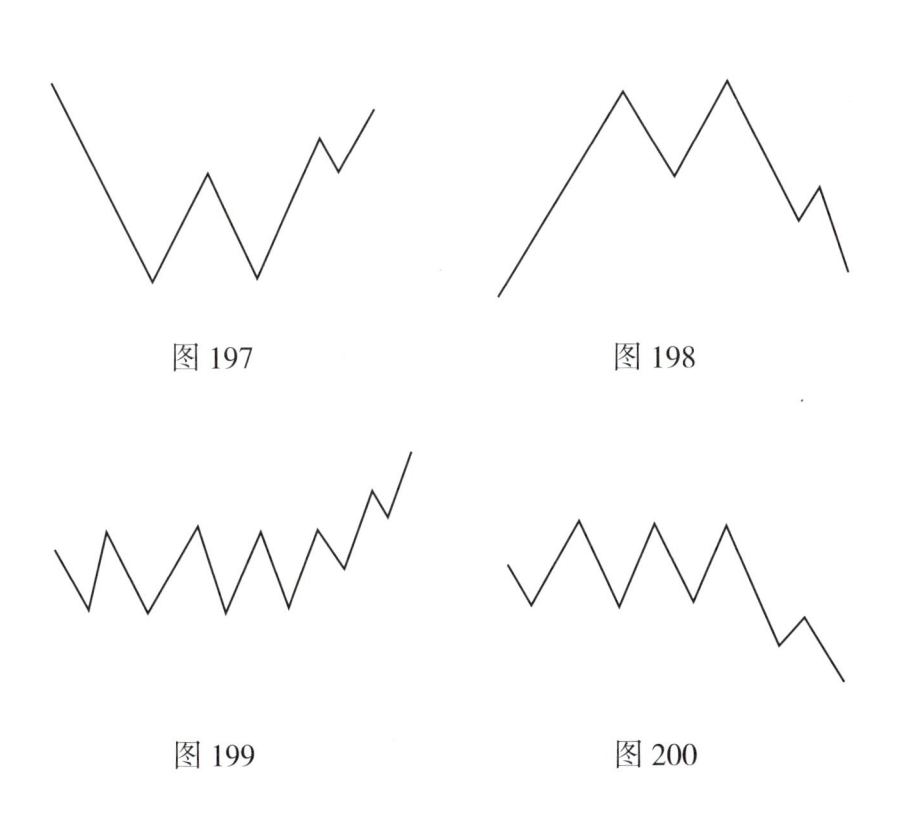

图 197

图 198

图 199

图 200

答 图197是"双底"【注】（又称W底），图198是"双顶"（又称M头）。

图199、图200是"矩形"。图199的矩形最后选择了向上突破，图200的矩形最后选择了向下突破。双底、双顶的颈线与矩形的上边线、下边线的画法，以及各自买点或卖点的设置见图201~图204。

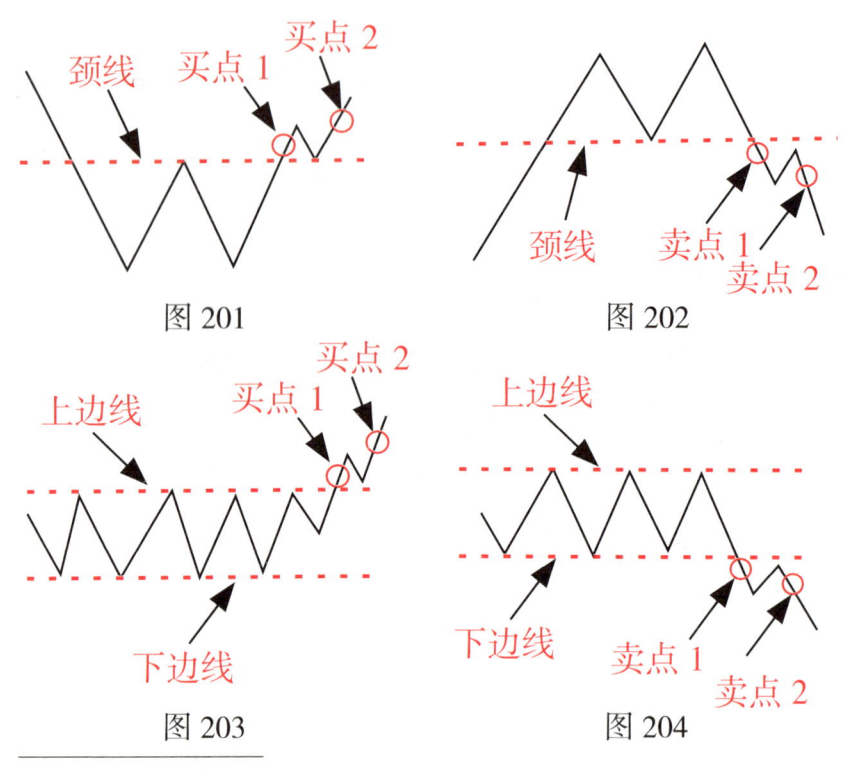

图201

图202

图203

图204

【注】读者若要详细了解"双底"、"双顶"、"矩形"的特征、技术意义和相关实例，详见《股市操练大全》第一册第241页~第245页、第282页~284页。

股市赢家自我培训测试题　No.53

考考你（技术图形基础知识一题一练）

下面是某某技术图形的示意图。请问：它们是什么技术图形？你知道它们的上边线、下边线应该怎么画吗？买点或卖点应该设在什么地方？

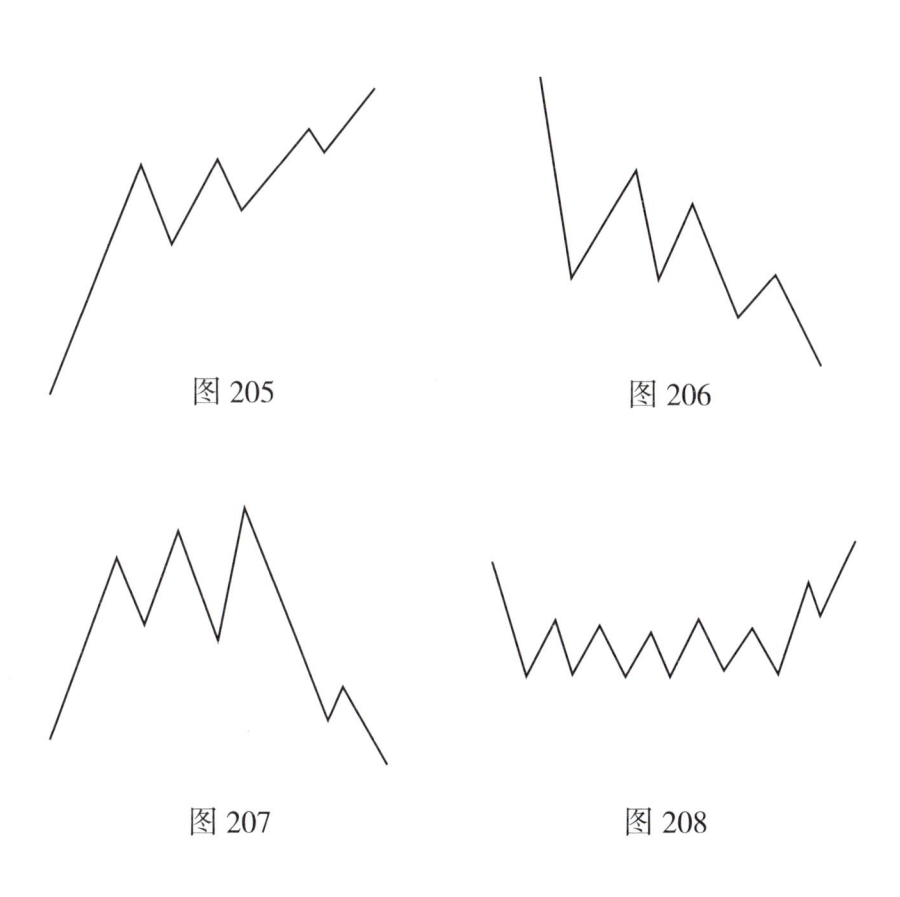

图205

图206

图207

图208

答 图205是"上升三角形"[注]，是看涨形态；图206是"下降三角形"，是看跌形态；图207是"扩散三角形"，也是看跌形态；图208是"潜伏底"，是看涨形态。这几张图的上边线、下边线的画法，以及买点或卖点的设置见图209~图212。

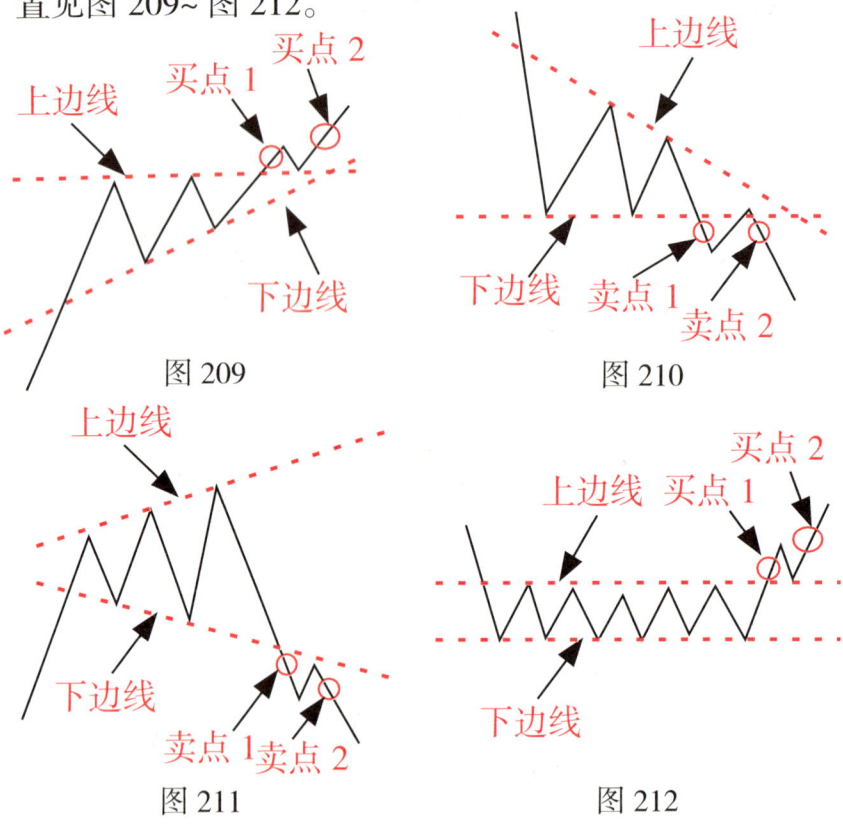

图209

图210

图211

图212

【注】读者若要详细了解"上升三角形"、"下降三角形"、"扩散三角形"、"潜伏底"的特征、技术意义与相关实例，详见《股市操练大全》第一册第249页~第254页、第256页~第259页、第285页~第287页。

股市赢家自我培训测试题　No.54

考考你（技术图形基础知识一题一练）

下面是某某技术图形的示意图。请问：它们是什么技术图形？你知道它们的上边线、下边线应该怎么画吗？买点或卖点应该设在什么地方？

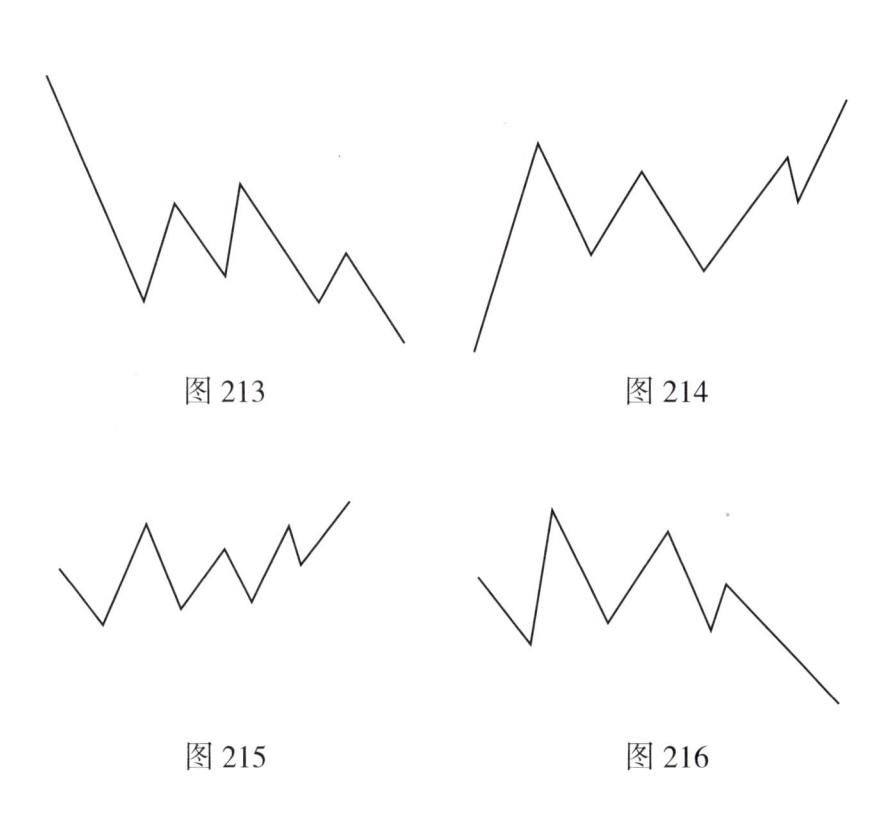

图 213

图 214

图 215

图 216

109

答 图213是"上升楔形"[注],技术意义是诱多陷阱;图214是"下降楔形",技术意义是诱空陷阱。图215、图216是"收敛三角形"。图215收敛三角形最后选择了向上突破,图216收敛三角形最后选择了向下突破。这几张图的上边线、下边线的画法,以及买点或卖点的设置见图217~图220。

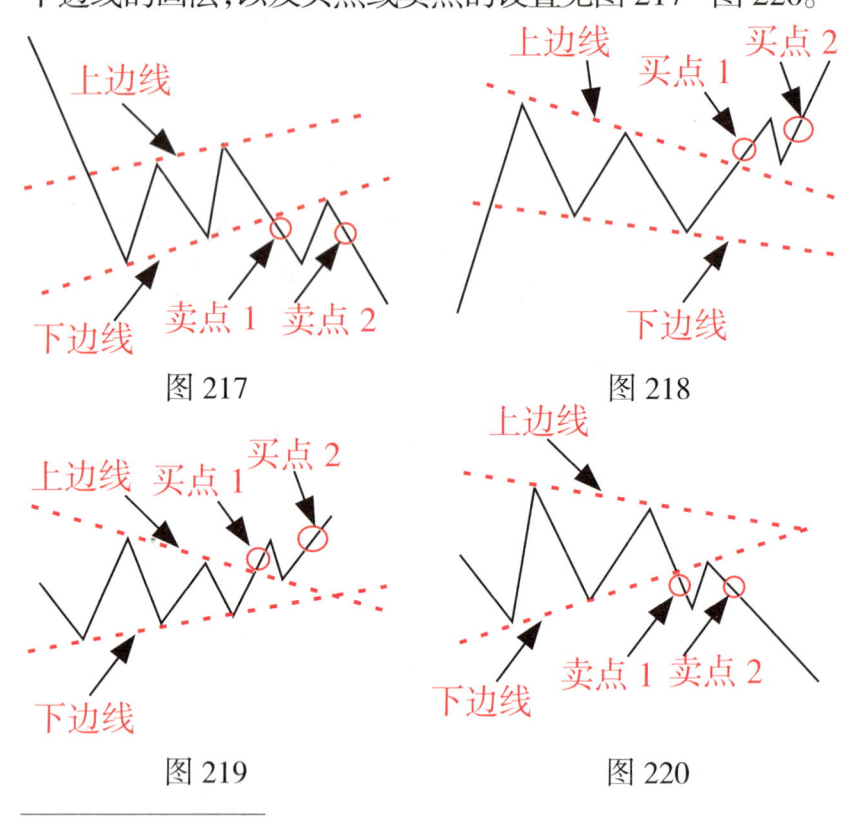

图217

图218

图219

图220

【注】 读者若要详细了解"上升楔形"、"下降楔形"、"收敛三角形"的特征、技术意义与相关实例,详见《股市操练大全》第一册第259页~第265页。

股市赢家自我培训测试题　No.55

考考你(技术图形基础知识一题一练)

下面是某某技术图形的示意图。请你说明它们是什么技术图形？买点或卖点应设在何处？

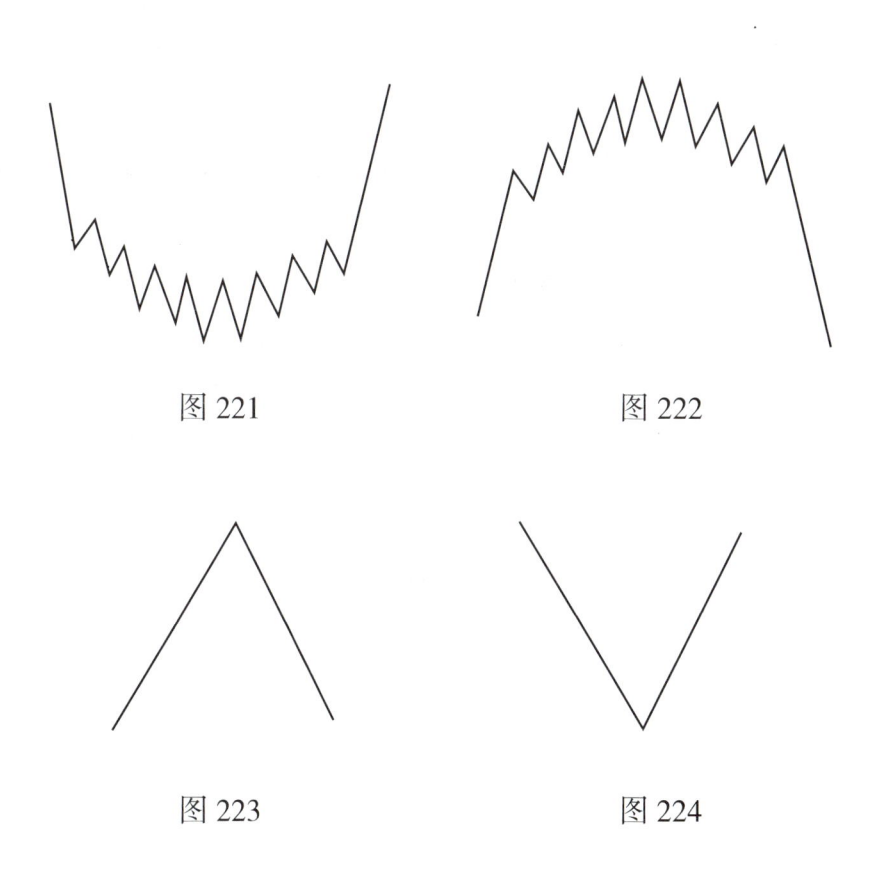

图 221

图 222

图 223

图 224

答 图221是"圆底"[注]，是看涨形态；图222是"圆顶"，是看跌形态；图223是"倒置V形"，又称尖顶，是看跌形态；图224是"V形"，又称尖底，是看涨形态。

这几张图的共同特征：一般无颈线可辨认（个别的除外）。因此，买点或卖点的选择，主要应该参考当时的K线图形与均线走势。比如，股价构筑圆底、尖底时，途中出现了低位大阳线，这就是一个很好的买点，或突破了30日均线或60日均线，这也是一个很好的买点；又如股价构筑圆顶、尖顶时，途中出现了中阴线就应该及时卖出，或跌破了30日均线或60日均线就应该果断斩仓出局。

另外大家要注意，无论是大盘或个股，在股价大幅下跌，跌到低位时，构筑圆底、尖底的情况不多，但是一旦形成尖底、圆底，往往会出现一波快速上涨的走势，有鉴于此，当发现该股在构筑圆底、尖底时，看准机会应及时跟进，否则就会面临踏空的风险。同样在股市中，圆顶、尖顶出现的情况也不多，但是一旦形成尖顶、圆顶，往往会出现快速下跌的走势。此时及时卖出非常重要，否则逃之不及，损失将很大。

【注】读者若要详细了解"圆底"、"圆顶"、"V形"、"倒置V形"的特征、技术意义与相关实例，详见《股市操练大全》第一册第246页～第249页、第271页～第274页。

股市赢家自我培训测试题　No.56

考考你(技术图形基础知识一题一练)

下面是某某技术图形的示意图。现在请你说明它们是什么技术图形，并对图形作一个简要的解释，最后说说见到这样的图形应该怎么操作？

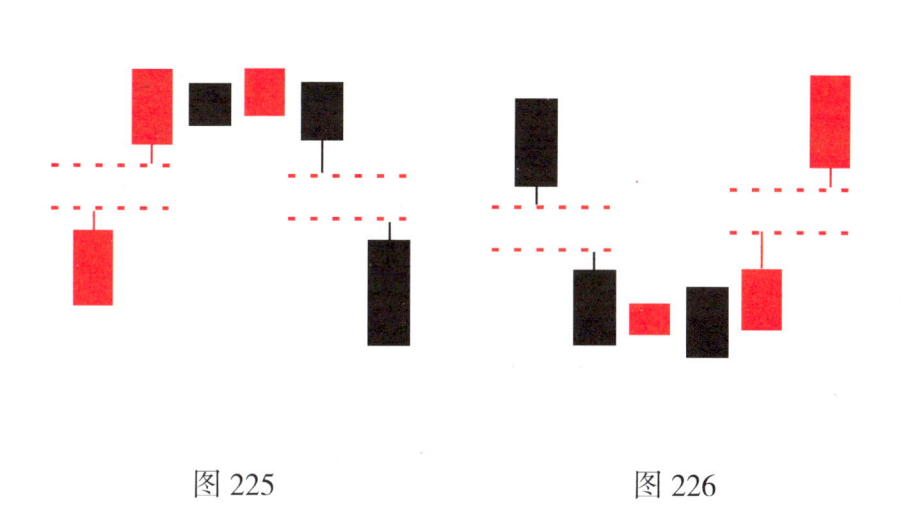

图 225　　　　　　　图 226

答 图225叫"顶部岛形反转",图226叫"底部岛形反转"。

顶部岛形反转是重要的见顶信号。整个图形分成两部分,在上面部分的K线就像远离海岸的"孤岛","孤岛"左右各有一个缺口,将上面的"孤岛"与正常的K线走势分隔了开来,之后股价走势就江河日下,顶部岛形反转的名称就是这样得来的。

底部岛形反转是见底信号。其图形正好与顶部岛形反转的图形掉了个头,"孤岛"的位置移到了下面,因这样的岛形反转出现在低位,股价很有可能在此扭转颓势,重见升势,故将其称为底部岛形反转。

从操作层面上来看,顶部形成的岛形反转信号比底部形成的岛形反转信号要可靠。因此投资者见到顶部岛形反转后要及时做空,见到底部岛形反转后可试探性做多,待股价在底部岛形反转立稳后再进行增仓。

> **友情提示**:很多人向我们反映,识别技术图形很难。比如,明明是头肩顶颈线跌破了,但当事人却麻木不仁,继续持股观望或"逢低吸纳",结果出现了深套;又如,明明是一个大的头肩底已经出现,股价形成了有效突破,但当事人却茫然无知,仍在"逢高减仓",结果踏空了后面的大行情。
>
> 那么,如何来解决技术图形识别难的问题呢?方法是:先把技术图形的基础练习做好,弄清它的来龙去脉,这一关过了,后面再加强实战中的技术图形的练习(见本书中篇、下篇中有关练习),这样做就能把这个堡垒攻克下来。

中 篇

K线与技术图形实战技巧自我测试

阅 读 提 示

　　本篇共 124 题,这些题目以常见图形为主。股市培训班老师在讲课时,经常将股市中常见图形作为典型案例,让学员辨认,目的是为了提高大家对常见图形的鉴别能力。本书在设计这些题目时,模拟了股市培训班的教学情景,所设计的题目贴近实战,且量大面广,并具有较强的典型意义。读者在阅读本篇时,只要按照本书"编写说明暨本书若干问题答读者问"中提出的要求去做,就能体验到亲身参加股市培训班的那种感觉与效果。同时,通过这样大量的图形练习,一方面可以帮助大家把在《股市操练大全》一至八册中学到的股市知识、看盘技巧,进行一次全面梳理与整固;另一方面又可以给当事人在参与股市重大战役前,提供一个多角度、全方位实战演习的机会。投资者通过这样的实战演习,将会大大提高实战中的成功概率。

　　本篇自我测试题的评分标准(供参考):答对全部题目的 60%(即 74 题)为及格;答对全部题目的 70%(即 87 题)为良好;答对全部题目的 80%(即 99 题)为优秀。

　　友情提醒:若做题下来发现成绩不佳,建议把《股市操练大全》一至八册中与之有关的内容再看上两遍,并注意加强这方面的练习。

股市赢家自我培训测试题　No.57

考考你（K线实战技巧一题一练）

你知道图中最后一根K线是什么K线吗？有人说出现这种K线表示股价止跌了，此时就不应该再看空做空了。

请问：这种看法对不对？为什么？投资者见到它应该如何操作？

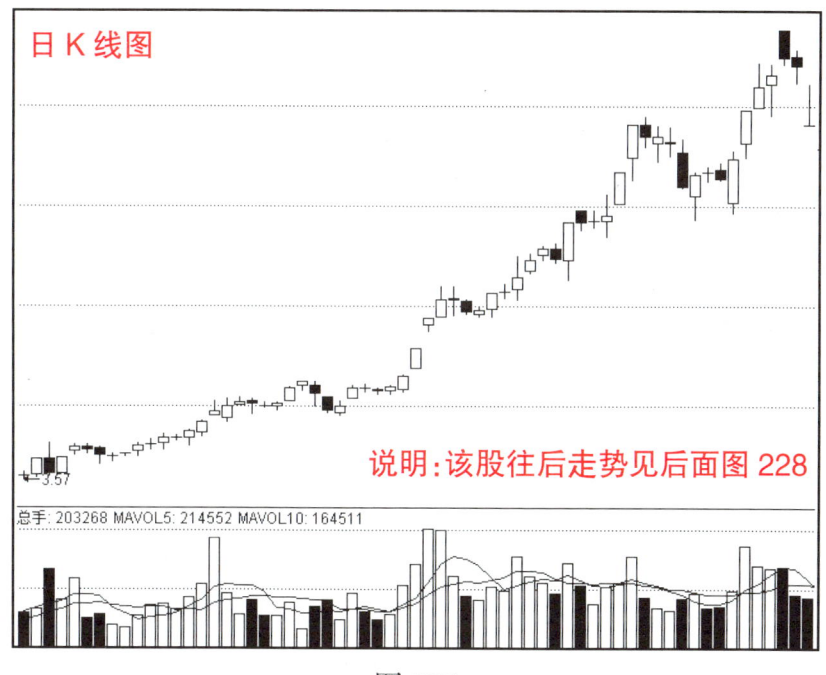

日K线图

说明：该股往后走势见后面图228

图227

答 最后一根K线是"倒T字线"。从技术上说，倒T字线只有在股价深幅下跌后出现，才有止跌的意义，而在股价下跌初期出现，不仅没有止跌意义，反而会促使股价加速下跌。从图中看，该股刚刚下跌就出现了倒T字线，说明盘中做空力量十分强大，这样该股就存在很大的下跌空间，故不能对它看多做多。从操作层面上说，有该股的投资者应马上卖出，持币的投资者应坚决持币观望，切不可盲目跟进。（该股往后走势见下图）

13.40元
（2007.5.28）

股价刚下跌时出现的倒T字线，高手称之为"催命鬼"。可见，见到它应马上卖出，否则就会遭受巨大损失

说明：这是前图227最后一根K线

（2007.6.29）5.36元

星湖科技（600866）2007.4.17~2007.7.4的日K线图 图228

【注】 关于"倒T字线"的特征、技术意义与相关实例，详见《股市操练大全》第一册第40页～第43页，第八册第241页～第245页。

股市赢家自我培训测试题　No.58

考考你（K线实战技巧一题一练）

一位分析师看了下图后认为,前面一根大阴棒,是主力上攻前的一次试盘,这两天股价已企稳,表明试盘可能告一段落,之后主力随时可能发动向上攻击的行情。现在投资者的当务之急是要看清形势,积极逢低吸纳,持股待涨。

请问:这位分析师的观点正确吗？为什么？

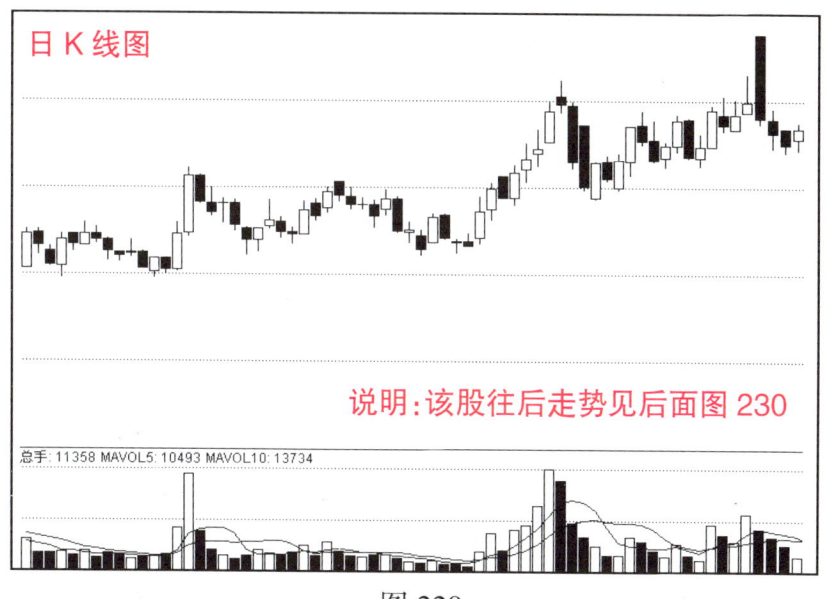

日K线图

说明:该股往后走势见后面图230

总手：11358 MAVOL5: 10493 MAVOL10: 13734

图229

答 这位分析师的观点是错的。他说的高开低走大阴棒并不是主力在试盘,而是主力蓄意出逃的有力证据。K线理论中把这根大阴棒和前面的K线,统称之为"高开出逃形"【注】K线组合。经验告诉我们,盘中一旦出现高开出逃形的图形,股价就要大跌了。此时投资者不能再犹豫,要赶快卖出,卖晚了就会遭受巨大损失(见下图)。

这根大阴线,业内人士称它为墓碑线,意思是它就像墓碑竖在那里,让人不寒而栗

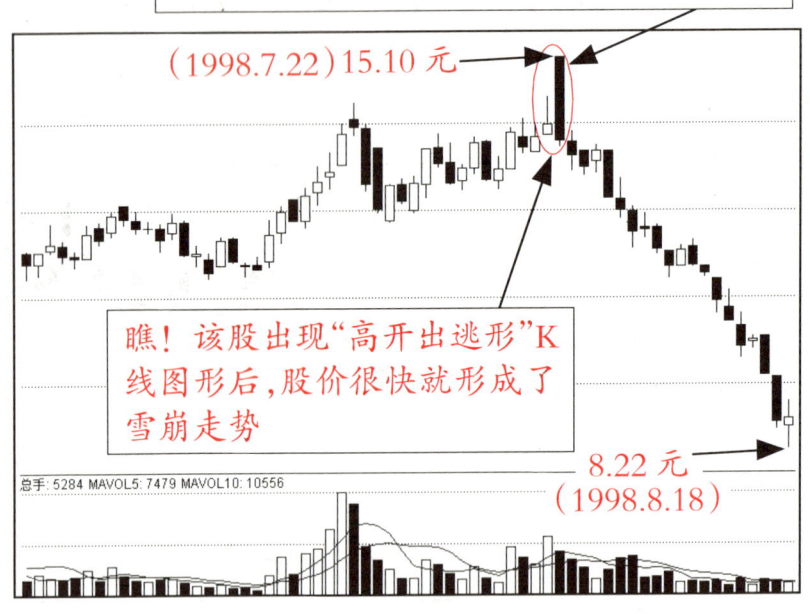

(1998.7.22)15.10元

瞧!该股出现"高开出逃形"K线图形后,股价很快就形成了雪崩走势

8.22元
(1998.8.18)

云维股份(600725)1998.5.21~1998.8.18的日K线图 图230

【注】关于"高开出逃形"的特征、技术意义与相关实例,详见《股市操练大全》第一册第132页~第134页,第八册第231页~第234页。

股市赢家自我培训测试题　No.59

考考你(K线实战技巧一题一练)

某天该股又收了一根小阳线,涨幅只有0.36%,这让小周很失望,他是个急性子,感到该股走势不温不火,将来即使涨也涨不到哪里去。现在大势回暖,市场中热点不断,每天涨停的股票很多,他决定将该股抛掉换一个强势股。但一位分析师对他说,该股现在的K线走势不同寻常(见图中画圈处),耐心持有要强过盲目追逐强势股,说不定后面就能抱上一个金娃娃。

请问:这位分析师的意见对吗？为什么？

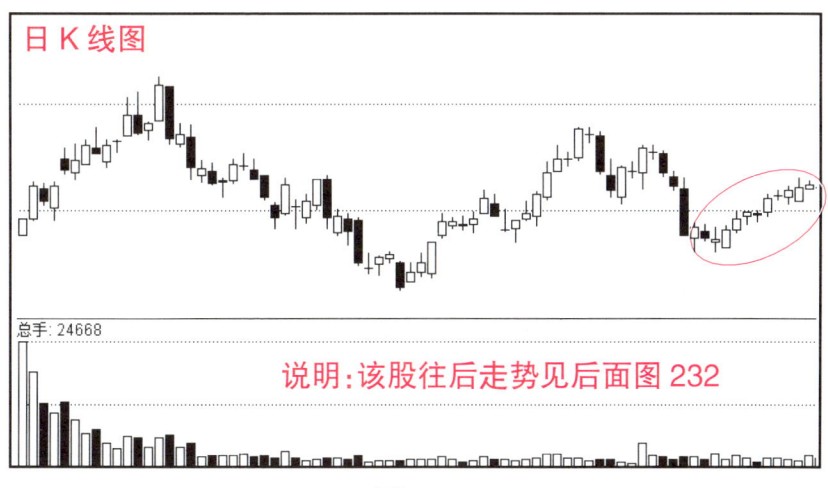

日K线图

总手: 24668

说明:该股往后走势见后面图232

图231

答 这位分析师的意见是对的。该股现在的K线形态,在技术上称为"冉冉上升形"[注](见图中画圈处)。K线理论在介绍"冉冉上升形"时说:"该K线组合就如冉冉升起的旭日,升幅虽不大,但往往是股价大涨的前兆"。可见,分析师说"该股走势不同寻常"是有道理的。(该股往后走势见下图)

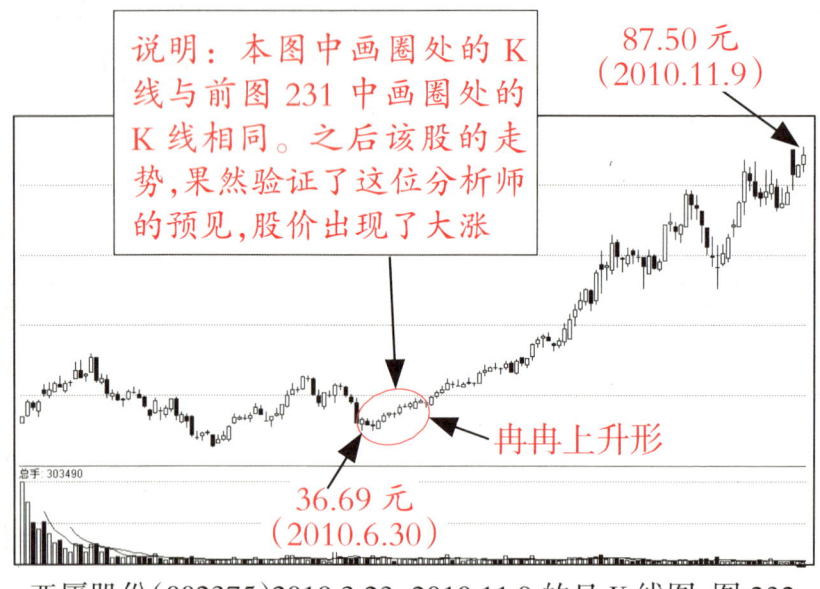

说明:本图中画圈处的K线与前图231中画圈处的K线相同。之后该股的走势,果然验证了这位分析师的预见,股价出现了大涨

87.50元
(2010.11.9)

冉冉上升形

36.69元
(2010.6.30)

亚厦股份(002375)2010.3.23~2010.11.9的日K线图 图232

【注】关于"冉冉上升形"的特征、技术意义与相关实例,详见《股市操练大全》第一册第91页~第93页。

股市赢家自我培训测试题　No.60

考考你(K线实战技巧一题一练)

你知道图中画圈处是什么K线图形吗？出现这样的K线图形,后市应该怎么看？如何操作？

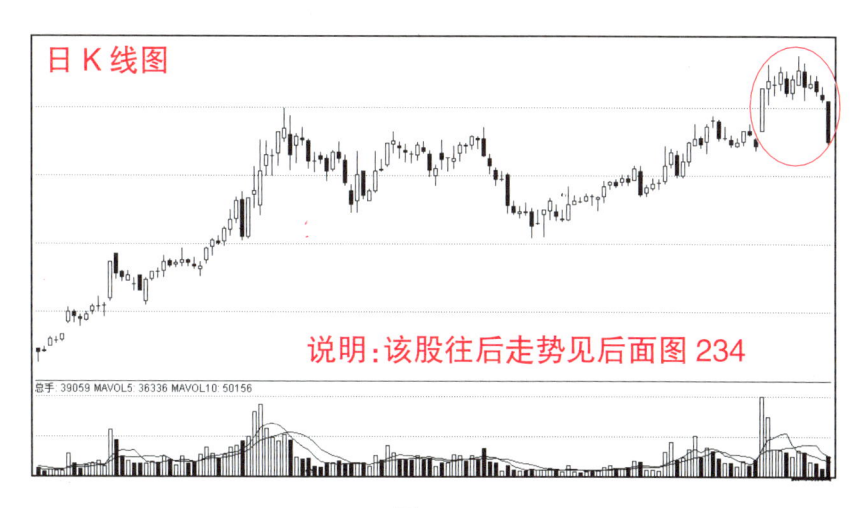

日K线图

说明:该股往后走势见后面图234

图233

答 图中画圈处的 K 线图形象一个"门"字,这在技术上称为"塔形顶"[注]。

股价大幅上涨后出现塔形顶,股价见顶回落的可能性很大,此时投资者应马上卖出为宜(见下图)。

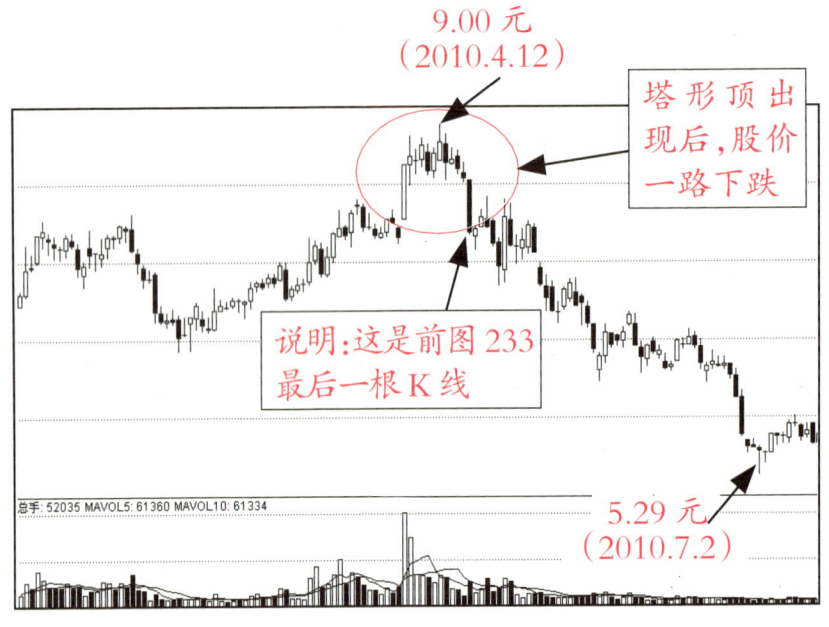

9.00 元
(2010.4.12)

塔形顶出现后,股价一路下跌

说明:这是前图 233 最后一根 K 线

5.29 元
(2010.7.2)

东莞控股(000828)2009.12.23~2010.7.15 的日 K 线图 图 234

【注】关于"塔形顶"的特征、技术意义与相关实例,详见《股市操练大全》第一册第 82 页~第 84 页,第七册第 68 页~第 74 页。

股市赢家自我培训测试题　No.61

考考你（K线实战技巧一题一练）

下面是某股的月K线走势图。你知道图中最后3根K线叫什么名称吗？有人说，出现这种K线图形表示股价止跌，此时就不应该再看空做空了。

请问：这种看法对不对？为什么？投资者见到它应该怎么操作？

月K线图

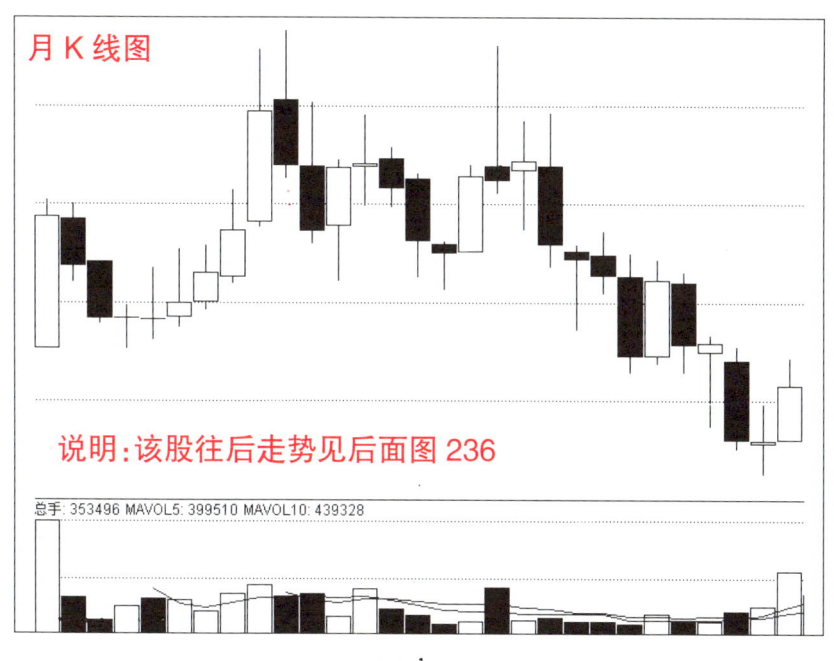

说明：该股往后走势见后面图236

总手：353496　MAVOL5：399510　MAVOL10：439328

图235

答 最后3根K线组合在一起称为"早晨十字星"【注】。从技术上说,股价在连续下跌后出现早晨十字星,为见底信号。而且这个早晨十字星出现在月K线图中,最后1根K线收阳时,成交量出现明显的放大状态,其见底的意味就更浓,所以在这个时候不宜再看空做空。从操作层面上说,只要下个月股价继续收阳,并能站在最后一根K线的收盘价上方,就可以积极做多,持股待涨。(该股往后走势见下图)

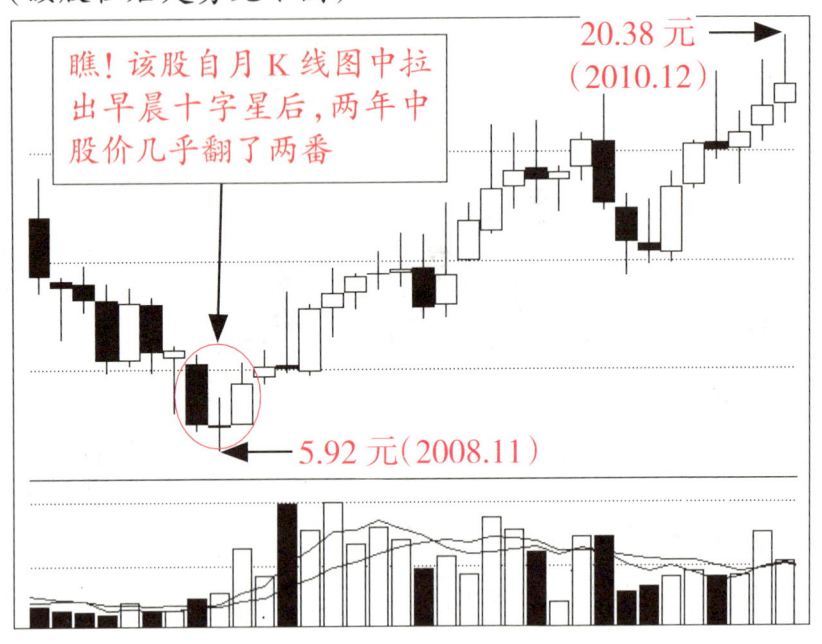

瞧!该股自月K线图中拉出早晨十字星后,两年中股价几乎翻了两番

20.38元(2010.12)

5.92元(2008.11)

威尔泰(002058)2008年3月~2010年12月的月K线图 图236

【注】关于"早晨十字星"的特征、技术意义,详见《股市操练大全》第一册第59页~第60页。

股市赢家自我培训测试题　No.62

考考你(K线实战技巧一题一练)

请问:图中画圈处是什么K线图形?下一步应该怎么操作?(请说明理由)

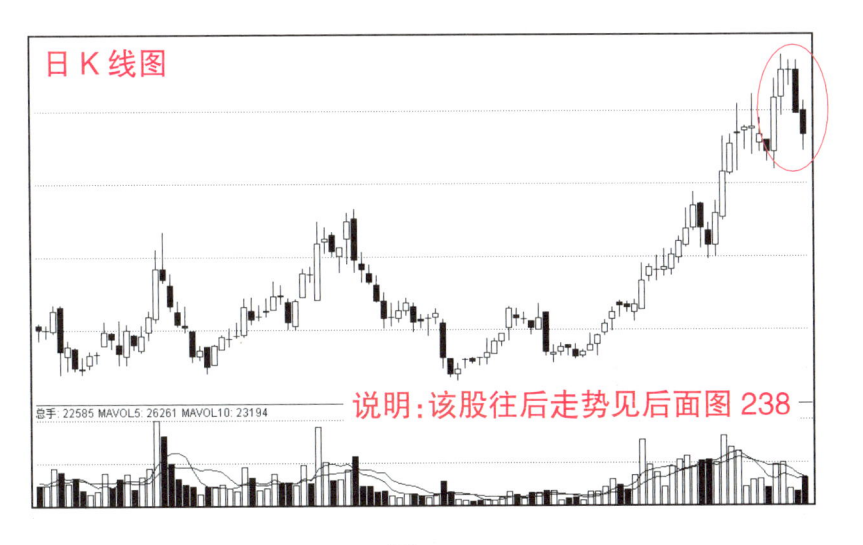

日K线图

说明:该股往后走势见后面图238

图237

答 图中画圈处是"黄昏十字星"【注】的变化形态。最左边的两根阳线,可以把它们合起来看成是一根阳线,最右边的两根阴线,也可以把它们合起来看成是一根阴线,这样呈现在大家面前的就是一个很标准的黄昏十字星K线图形。黄昏十字星是一个见顶信号,投资者见到它应该进行减仓操作,如果在它之后股价继续下行,说明这个见顶信号被市场认可了,此时就应坚决地抛空离场。(该股往后走势见下图)

50.36元
(2010.4.21)

该股在高位出现黄昏十字星后,股价就见顶了,然后就一路下跌

(2010.7.2) 31.15元

科大讯飞(002230)2010.3.5~2010.7.2 的日K线图 图238

【注】关于"黄昏十字星"的的特征、技术意义与相关实例,详见《股市操练大全》第一册第60页~第62页。

股市赢家自我培训测试题　No.63

考考你（K线实战技巧一题一练）

仔细观察下图,然后作出选择：

观点①：箭头A所指处,股价跳空高开,放出大量,是主力发动新一轮行情前的一次强势洗盘,现在投资者应该积极逢低吸纳,持股待涨。

观点②：股价跳高收阴放大量,是主力的一次集中出货,后面将会出现大跌。现应马上卖出。

（做题时,请说明选择①或②的理由,并说出箭头A所指K线的名称、技术意义）

日K线图

说明：箭头A所指K线虽然以阴线收盘,但当日股价涨了8.50%

总手：963 MAVOL5：1167 MAVOL10：1455

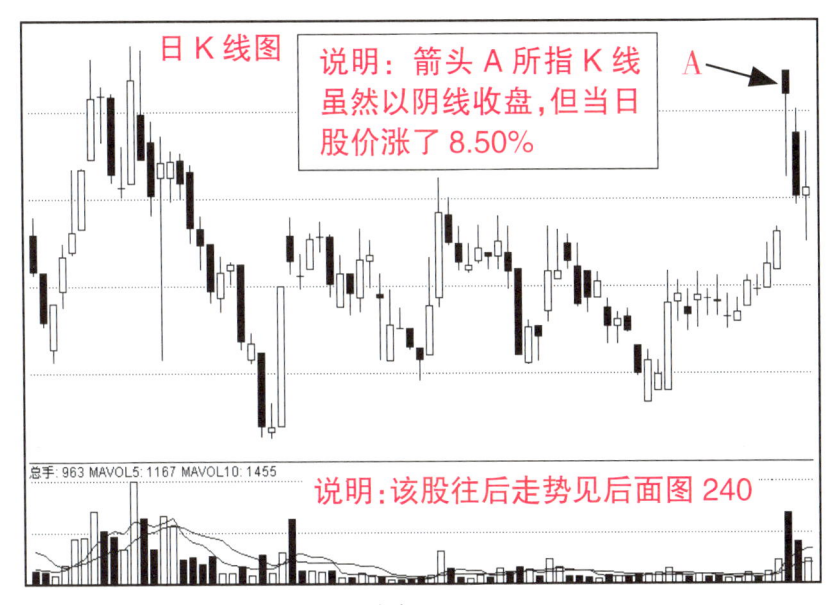

说明：该股往后走势见后面图240

图239

答 选择②。箭头 A 所指的 K 线叫"吊颈线"[注]。

从技术上说，股价上涨时出现吊颈线，为见顶信号。另外，经验告诉我们，突然跳空高开，成交量急剧放大，当日股价以大涨形式报收的吊颈线，是主力刻意所为。这种形式的吊颈线，有很强的欺骗性，但同时也暴露出主力拉高出货的心情十分迫切，因而见顶的可能性更大。吊颈线后面出现了一根中阴线，对吊颈线的见顶信号进行了确认，这样该股日后大跌就几成定局。（该股往后走势见下图）

瞧！主力利用吊颈线拉高出货后，股价出现了一路下跌的走势

A（吊颈线）
（2002.6.24）

中阴线（该阴线已将前面吊颈线的下影线全部覆盖，从而确认了吊颈线见顶信号的有效性，应马上卖出）

放量出逃　　放量出逃

西部资源（600139）2002.6.6~2002.11.12 的日 K 线图　图 240

【注】关于"吊颈线"的特征与相关实例，详见《股市操练大全》第一册第 29 页~第 31 页，第七册第 22 页~第 24 页。

股市赢家自我培训测试题　No.64

考考你（K线实战技巧一题一练）

该股走势很怪异，让人捉摸不透。A认为，虽然这几天该股是跌的，但却连拉了3根阳线，这是主力在洗盘，洗盘后股价仍会上冲，因此现在应该对该股看多做多，B认为，该股近来连拉3根阳线，但股价却在一路走低，这是主力在出货，现在应该对该股看空做空。

请你仔细想一想，现在应该选A还是选B。（请说明理由）

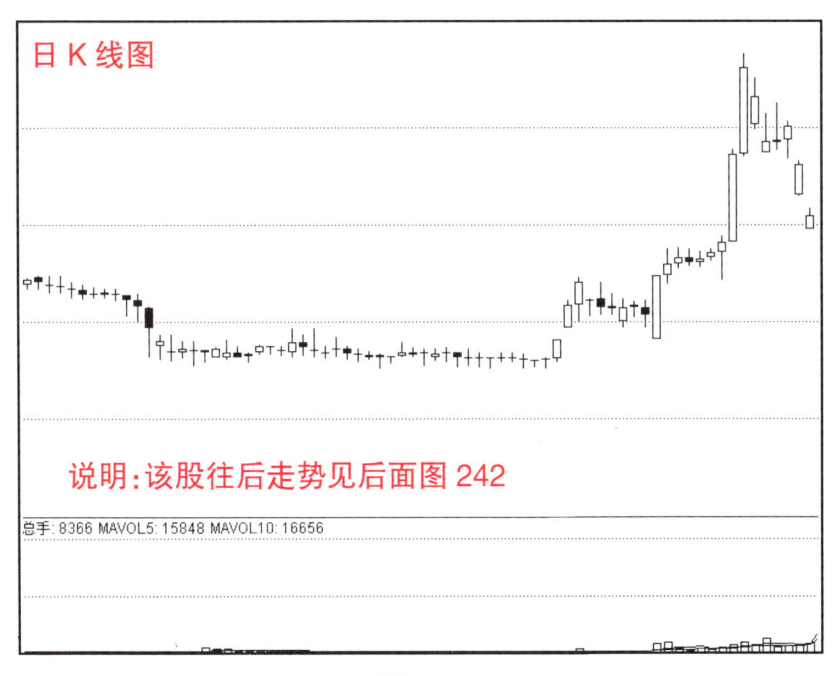

日K线图

说明:该股往后走势见后面图242

总手:8366 MAVOL5:15848 MAVOL10:16656

图241

答 选择B。理由是：①急涨急跌是主力出货的惯用手法[注1]。该股近来急涨急跌,表明该股主力在大量出逃;②图中最后3根K线是"倒三阳"K线组合[注2],倒三阳是一个重要的看跌信号。总之,该股形势已非常严峻,投资应马上卖出,否则会遭受巨大的损失。(该股往后走势见下图)

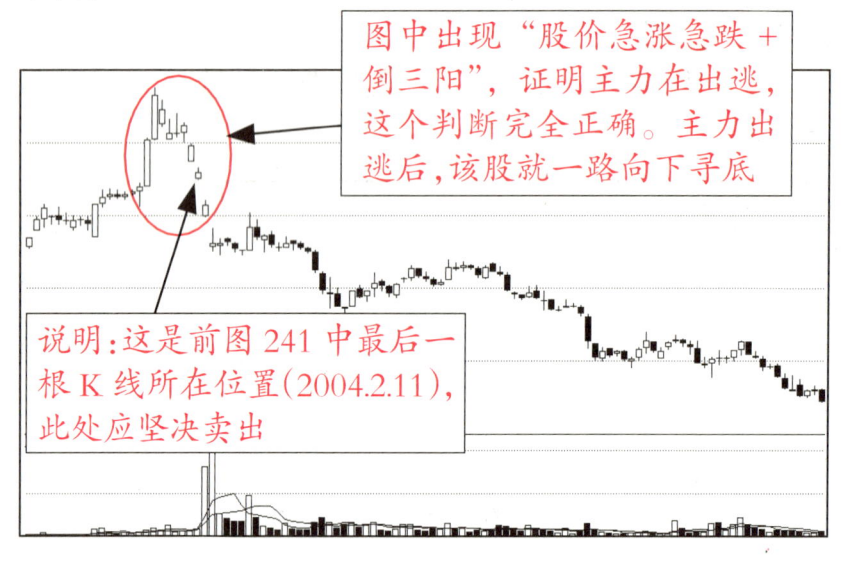

> 图中出现"股价急涨急跌+倒三阳",证明主力在出逃,这个判断完全正确。主力出逃后,该股就一路向下寻底

> 说明:这是前图241中最后一根K线所在位置(2004.2.11),此处应坚决卖出

中科三环(000970)2003.12.29~2004.6.17的日K线图　图242

【注1】关于"急涨急跌出货法"的特征、技术意义与相关实例,详见《股市操练大全》第六册第269页～第270页,第七册第354～第364页。

【注1】关于"倒三阳"的特征、技术意义,详见《股市操练大全》第一册第143页～第144。

股市赢家自我培训测试题　No.65

考考你(K线实战技巧一题一练)

对该股走势,甲乙丙三人表示了不同看法。甲最悲观,认为现在应该卖出;乙较乐观,认为多方在蓄势,日后股价还会上涨,现在应该做多;丙的意见为中性,认为该股现在走势既好不到哪里去,也坏不到哪里去,可继续持股观望。现在请你对甲、乙、丙观点作出选择。(请说明理由)

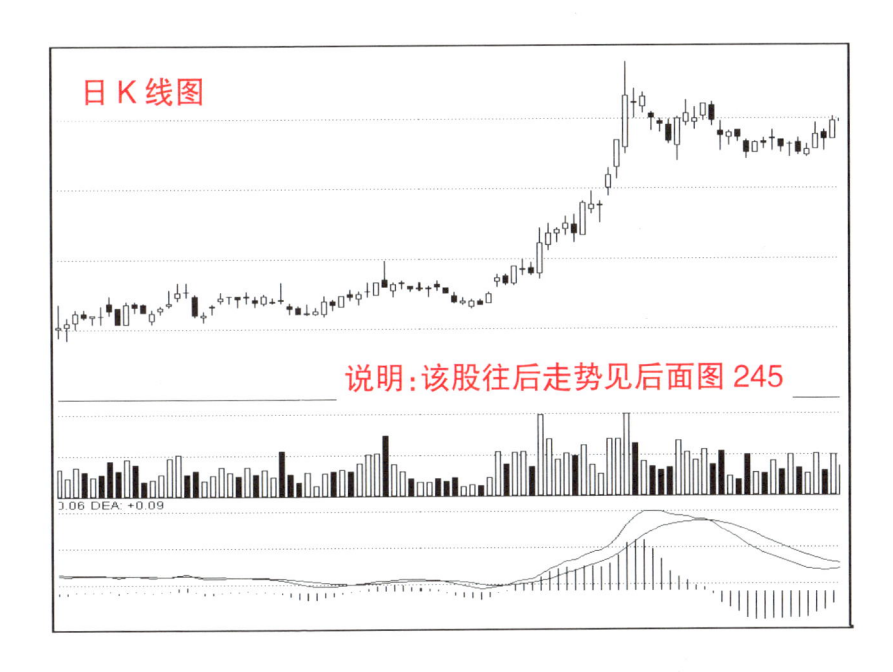

日K线图

说明:该股往后走势见后面图245

图 243

答 选择甲。理由是：①快速上涨后出现"身怀六甲"[注]K线组合，为见顶信号，现在股价未跌，是主力的货未出完；②股价走势与MACD出现顶背离，表明盘中做多能量在衰竭，现在应该趁股价未大跌时赶快卖出。

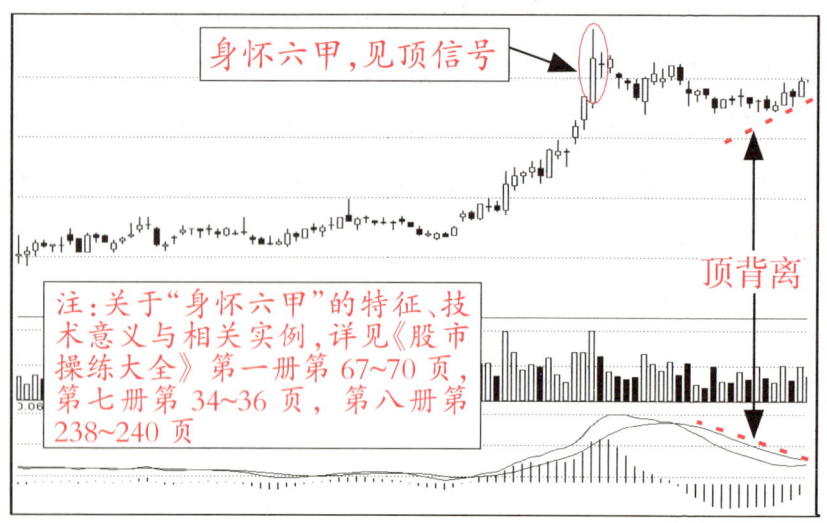

（图中标注）身怀六甲，见顶信号

（图中标注）顶背离

注：关于"身怀六甲"的特征、技术意义与相关实例，详见《股市操练大全》第一册第67~70页，第七册第34~36页，第八册第238~240页。

中国银行（601988）2009.3.13~2009.7.27的日K线图　图244

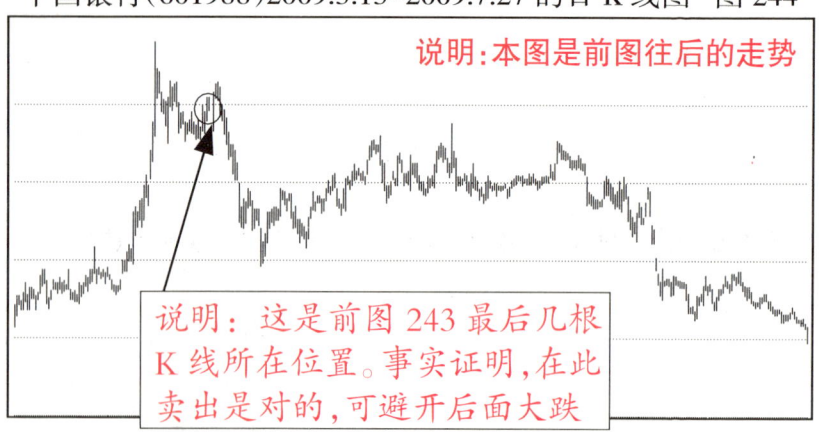

说明：本图是前图往后的走势

说明：这是前图243最后几根K线所在位置。事实证明，在此卖出是对的，可避开后面大跌

中国银行（601988）2009.3.16~2010.9.16的日K线图　图245

股市赢家自我培训测试题　No.66

考考你(K线实战技巧一题一练)

　　仔细观察下图,然后请作出选择。小周看了该股的走势,认为向好已成定局,后市上升空间很大。于是,他今天大量买进该股,决心在该股上狠狠地"赌"一把。

　　请选择:A、小周这样操作是对的,"赌"胜的概率很大;B、小周这样的操作太冒险了,"赌"胜的概率不大。(请说明理由)

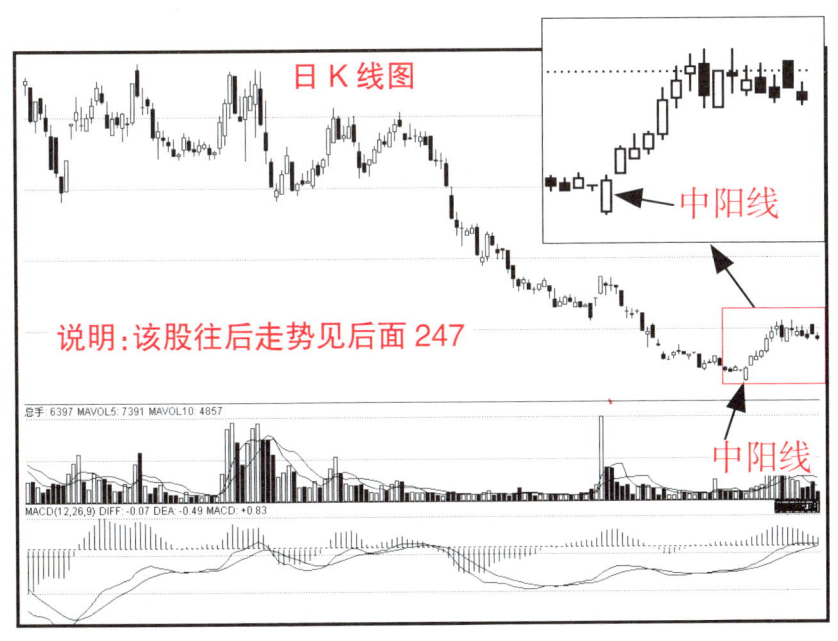

日K线图

中阳线

说明:该股往后走势见后面247

中阳线

图246

135

答 选择 A。理由是：①该股最下端的一根中阳线，是低开高走的，它和前面的小 T 字线合在一起，是一组"穿头破脚"的 K 线组合，同时这种阳线与前面的几根 K 线结合在一起，又形成了"下探上升"形的 K 线组合。从技术上说，它们都是积极看涨信号。②股谚云：低位七连阳，中线当走强。该股低位连收 7 根阳线（从图中箭头指的这根中阳线算起），显示中线趋势向好。③MACD 走上 0 轴，成交量出现价升量增，价跌量减的情况，这些都发出了做多信号。④该股从高位下跌，最低处跌幅近 9 成，超跌现象十分严重。总之，图中出现了多种积极做多的信号，因此该股继续向上的可能性很大。（见下图）

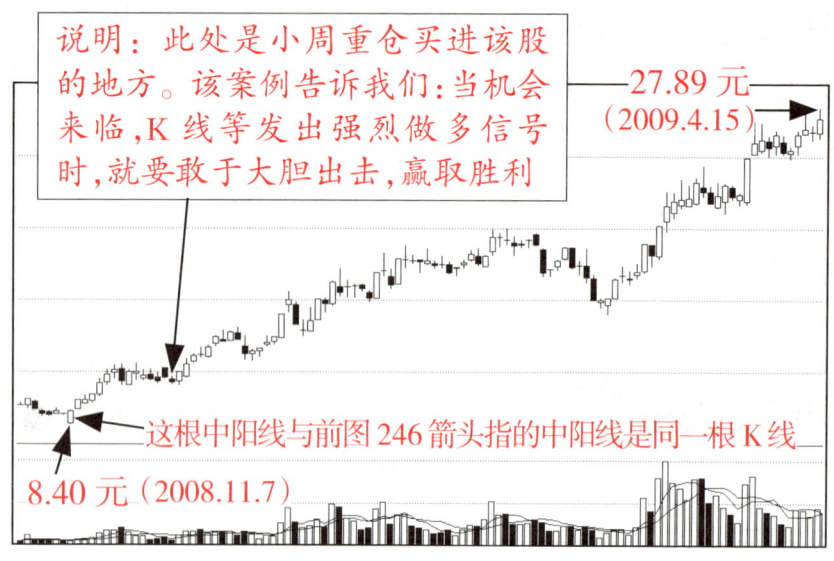

说明：此处是小周重仓买进该股的地方。该案例告诉我们：当机会来临，K 线等发出强烈做多信号时，就要敢于大胆出击，赢取胜利

27.89 元（2009.4.15）

8.40 元（2008.11.7） 这根中阳线与前图 246 箭头指的中阳线是同一根 K 线

东方锆业（002167）2008.10.29~2009.4.15 的日 K 线图　图 247

股市赢家自我培训测试题　No.67

考考你（K线实战技巧一题一练）

昨天该股突然跌停开盘，直至收盘，最后收了一根跌停"一字线"。今天该股出现了一根倒T字线，成交放出近期天量。下面请你作出选择，昨天跌停，今天跌停打开放出天量：①是主力在出逃，应马上卖出；②表明主力洗盘已经结束，后市可看好，应及时跟进做多。

现在请你仔细想一想，究竟应该选①还是选②，并请说明选择的理由。

日K线图

跌停一字线

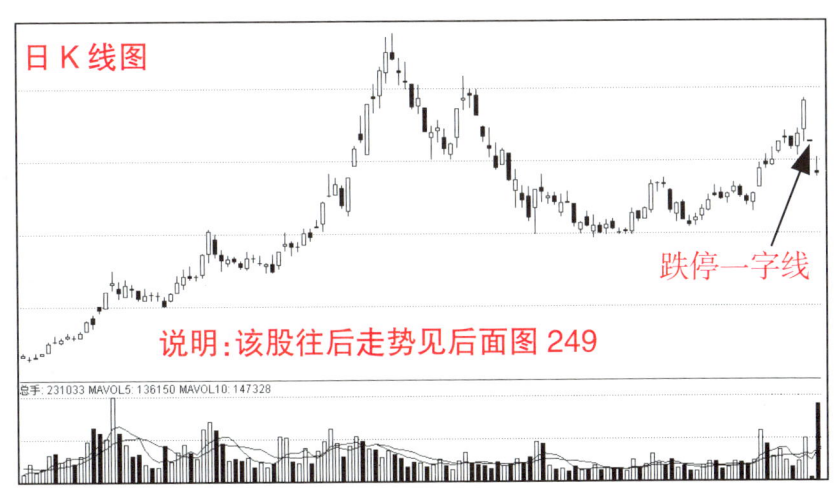

说明：该股往后走势见后面图249

图248

答 应该选择①。理由是：跌停"一字线"[注]是重要的看跌信号。跌停一字线打开，首先要想到躲避风险，而不应该想到是主力在洗盘。股市生存的法则是：宁可错过，不可做错。退一步说，即使跌停一字线是技术骗线（这种情况很少见），此时也应该先退出来。况且历史经验表明，下跌初期放出天量，几乎都是主力大量出货所致，这样就更应该把股票卖了，先规避一下风险再说。
（该股往后走势见下图）

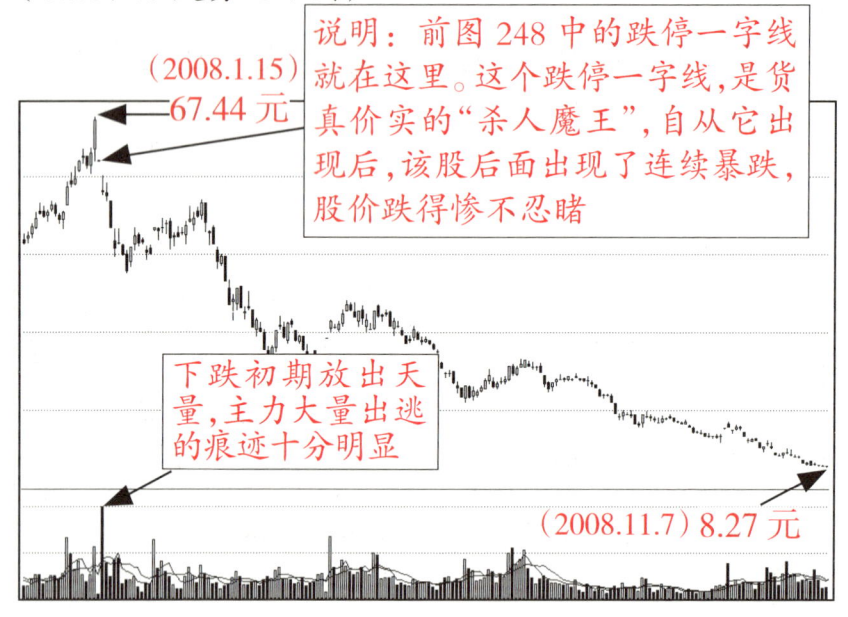

（2008.1.15）67.44元

说明：前图248中的跌停一字线就在这里。这个跌停一字线，是货真价实的"杀人魔王"，自从它出现后，该股后面出现了连续暴跌，股价跌得惨不忍睹

下跌初期放出天量，主力大量出逃的痕迹十分明显

（2008.11.7）8.27元

江西铜业（600362）2007.12.18~2008.11.7的日K线图 图249

【注】关于"一字线"的特征、技术意义与相关实例，详见《股市操练大全》第一册第43页~第45页，第四册第270页~第272页。

股市赢家自我培训测试题　No.68

考考你（K线实战技巧一题一练）

仔细观察下图，然后做出选择：①该股经过连续跌停，今天探底回升，收出一根大阳线，成交放出近期天量，表明股价调整已经一步到位，现在可以对它积极看多做多；②连续跌停后放出大阳线，是给留在里面的投资者的一个逃命机会，现在应该继续对它看空做空。

请认真想一想，究竟应该选①还是选②，并请说明选择的理由。

日K线图

该股走势诡异，主力在玩什么花招呢？得好好地琢磨琢磨

说明：该股往后走势见后面图251

大阳线
当日换手53%

图250

答 选择②。理由是：一个股票出现连续跌停，无外乎两种原因：第一，公司基本面突然出现了重大问题；第二，庄家资金链断裂。因此当连续跌停的股票出现止跌，困在里面的庄家就会千方百计地利用"对敲"、放出利好假消息来拉高出货。如果此时成交量放得越大，说明庄家出逃的情况越严重。庄家大量出逃，股价只能继续下跌。（该股往后走势见下图）

> 对连续跌停的股票要特别当心，即使拉出大阳线，也不要轻易看好它。如果给它粘住了，最后将输得很惨[注]，该股的走势就是一个证明

83.88元（2007.9.24）

46.13元（2008.4.29）

> 请你算一算，当初拉大阳线时的收盘价是46.13元，最后跌到3.8元，这个跌幅是多少呢？算清楚了，就会深刻地认识到，当初卖出是完全正确的

> 这是前图250最后一根K线，即大阳线的所在位置

> 此处放出天量，主力在拼命出逃

3.81元（2008.11.7）

宏达股份(600331)2007.8.21~2008.11.7的日K线图　图251

【注】相关实例详见《股市操练大全》第七册第96页、第103页。

股市赢家自我培训测试题　No.69

考考你(K线实战技巧一题一练)

有人认为,下面一张图股价见顶已无疑问,应马上卖出。现在请你对这个观点作出评判:A 正确;B 部分正确;C 错。(评判时请说明理由)

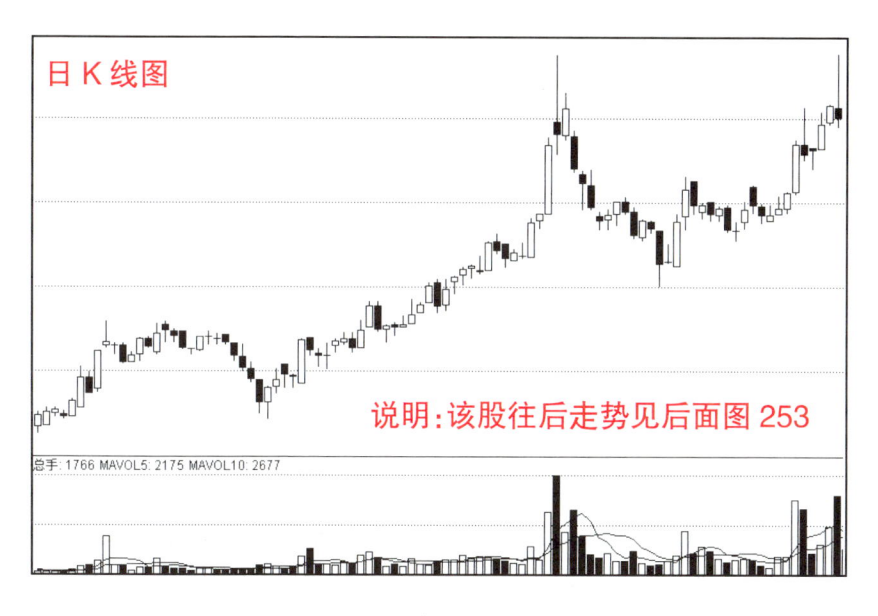

日K线图

说明:该股往后走势见后面图253

图 252

选择 A。理由是：①该股最后一根 K 线是射击之星【注1】，这是一个见顶信号。这根射击之星与前面一根射击之星的情况一样——成交放出大量，这些都是主力出货留下的痕迹。②这两根射击之星的上影线特别长，由此构成了一个"平顶"【注2】。**从技术上说，平顶的跨度越大，见顶的可能性就越大。**

综合起来分析，该股见顶的概率很高，确实应该及时卖出。（该股往后走势见下图）

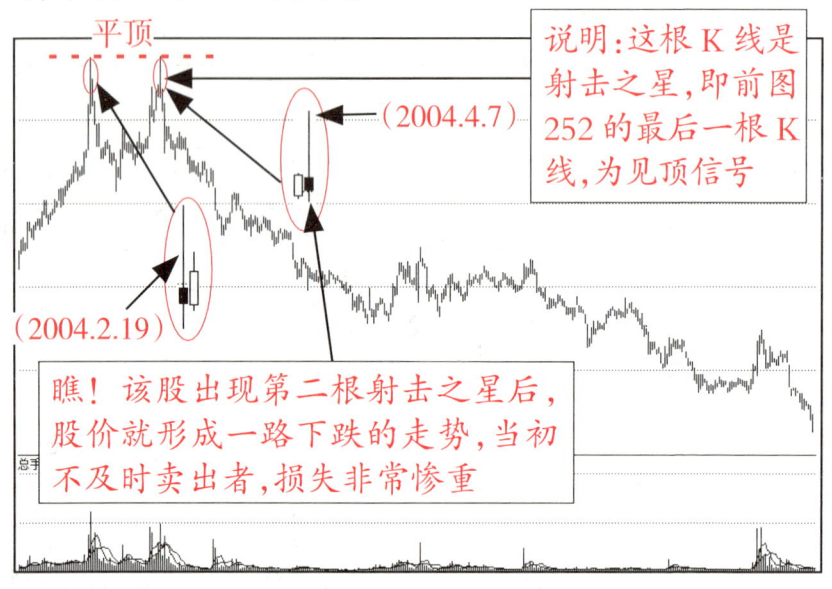

平顶

（2004.4.7）

说明：这根 K 线是射击之星，即前图 252 的最后一根 K 线，为见顶信号

（2004.2.19）

瞧！该股出现第二根射击之星后，股价就形成一路下跌的走势，当初不及时卖出者，损失非常惨重

大西洋（600558）2003.12.22~2005.7.19 的日 K 线图 图 253

【注1】关于"射击之星"的特征、技术意义与相关实例，详见《股市操练大全》第一册第 33 页～第 35 页，第七册第 18 页～第 19 页。

【注2】关于"平顶"的特征、技术意义与相关实例，详见《股市操练大全》第一册第 75~78 页，第七册第 65~67 页、第 71~73 页。

股市赢家自我培训测试题　No.70

考考你(K线实战技巧一题一练)

下图中个股是陈先生的重仓股,因此他对该股中长线走势特别关注。本周收盘后,他先看了日K线,没有看出什么大问题,但他看了周K线后,感到问题严重,决定下周一开盘就把该股全部卖出。

现在请你对陈先生的操盘思路与行为作出评判。A、正确;B、错误。(请说明理由)

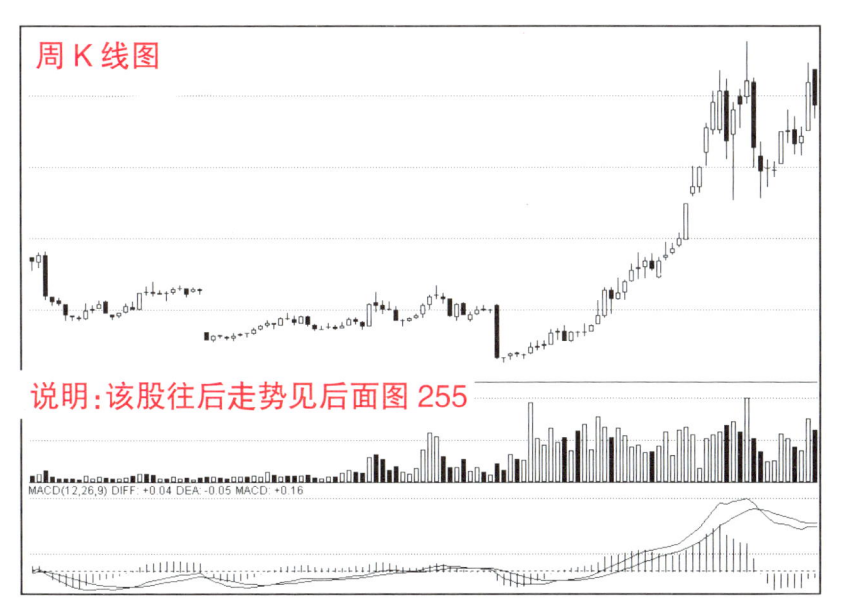

周K线图

说明:该股往后走势见后面图255

图254

答 选择 A。陈先生的操盘思路是正确的,看日 K 线图没有发现问题,不等于就安全了,此时应该看周 K 线图、月 K 线图。该股周 K 线图显示,股价见顶已成定局,陈先生决定马上卖出是对的。

为什么说该股周 K 线已经见顶了呢?理由是:①最后两根 K 线合在一起,称为"乌云盖顶",这是一个重要的见顶信号,因为前面该股在拉出"射击之星"后已经见顶,这次股价回升仅是一轮反弹而已,当图中出现乌云盖顶时,反弹结束已无悬念。②下方的 MACD[注]走势与股价走势出现明显的顶背离。这也是见顶的重要信号。

新兴铸管(000778)2006.12.8~2008.10.31 的周 K 线图 图 255

【注】关于"MACD"知识与操作技巧,详见《股市操练大全》第二册第 348 页~第 377 页。

股市赢家自我培训测试题　No.71

考考你（K线实战技巧一题一练）

下面2张图，指的是同一个股票。上图是它近期的日K线图，下图是它上市至今的日K线压缩图（注：两张图截止时间相同）。老张在该股回调时一下子进了很多货。周围的人对老张的操作有两种不同意见：A认为，该股高点下移，反弹快要结束，现在不应该买进，而应该卖出，老张做错了；B认为，该股回调是主力在洗盘，现在买进正当时，老张的做法是对的。

请问：你是选A还是选B，请说明选择的理由。

日K线图

大阳线，当日涨停

图 256

日K线图

说明：该股往后走势见后面图258

此为送股除权后留下的缺口

图 257

答 选择 B。理由是：①从前面第二张图看，主力采用了挖坑建仓战术（编者按：该股除权后一路下行，到低位回升时形成了一个"坑"，见下图画圈处）；股价上行时，新增资金入场明显。这些都说明主力志存高远，股价应有较大的上涨空间。②从前面第一张图看，该股在最低位拉出 9 连阳（见下图中画圈处），股价回调时用低位大阳线（见图中箭头所指处）封杀下跌空间，成交量呈现价升量增、价跌量减的特征。这些都是盘内积极做多因素。综合这两点，老张买进是对的，胜算率很高。（该股往后走势见下图）

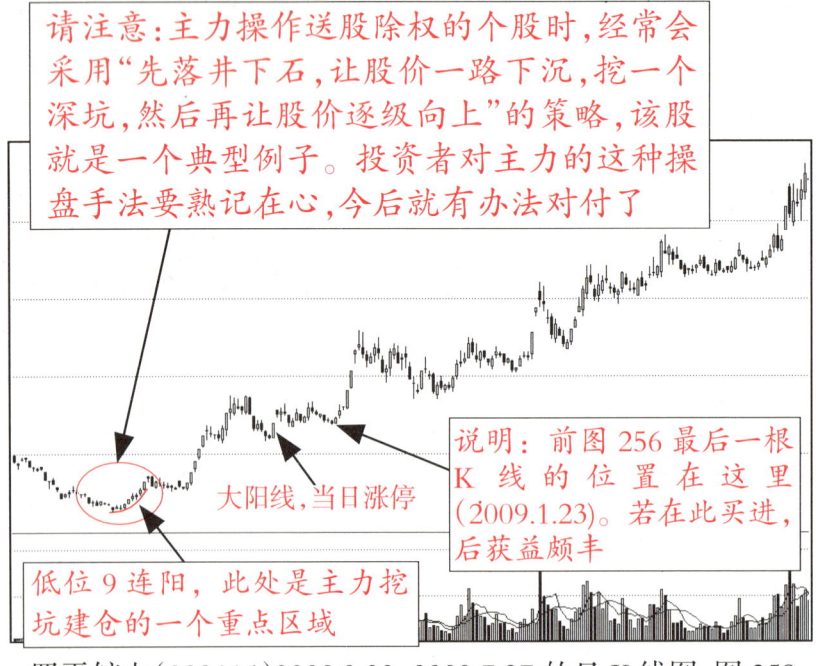

> 请注意：主力操作送股除权的个股时，经常会采用"先落井下石，让股价一路下沉，挖一个深坑，然后再让股价逐级向上"的策略，该股就是一个典型例子。投资者对主力的这种操盘手法要熟记在心，今后就有办法对付了

> 大阳线，当日涨停

> 说明：前图 256 最后一根 K 线的位置在这里（2009.1.23）。若在此买进，后获益颇丰

> 低位 9 连阳，此处是主力挖坑建仓的一个重点区域

罗平锌电（002114）2008.9.23~2009.7.27 的日 K 线图　图 258

股市赢家自我培训测试题　No.72

考考你（K线实战技巧一题一练）

请仔细观察下图,然后作出选择:①看空,尽快卖出;②看多,及时跟进;③观望,暂时持股不动,但也不增仓。（请说明选择的理由）

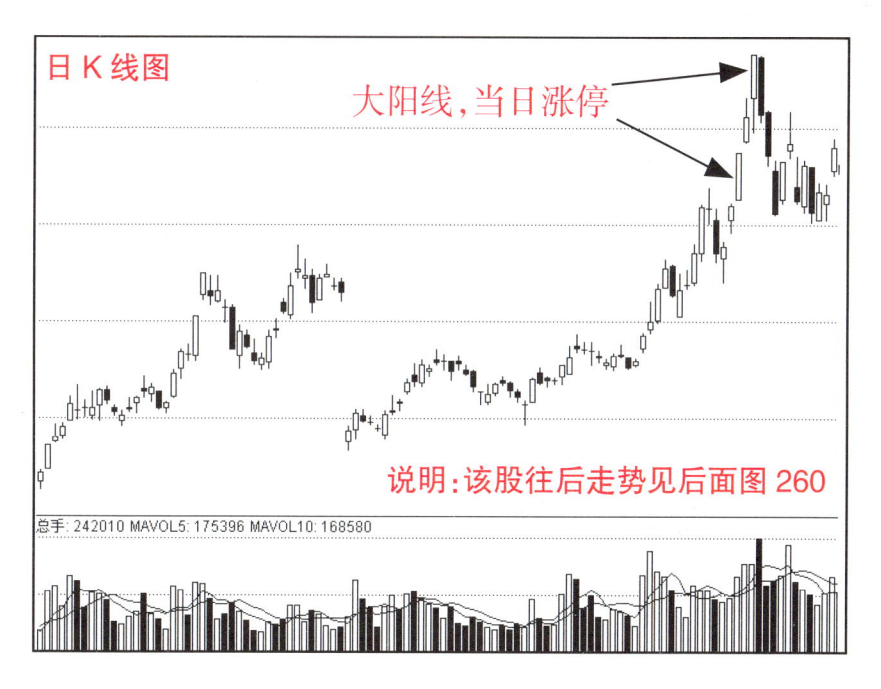

日K线图

大阳线,当日涨停

说明:该股往后走势见后面图260

总手:242010 MAVOL5:175396 MAVOL10:168580

图259

答 选择①。理由:该股下跌基本已成定局,中长线走势看跌,因而应尽快出局。从技术上看,该股上冲时出现的两根涨停大阳线,属于典型的"高位大阳线"[注1],是主力拉高出货的信号。之后的3根大阴线,构成了"下跌三连阴"[注2]K线组合,下跌三连阴是杀伤力很厉害的见顶信号。因此投资者应趁股价尚未大跌之前赶快卖出。(该股往后走势见下图)

40.88元
(2009.8.5)

请注意,急涨之后马上出现下跌三连阴,是典型的头部信号,以后见到该图形要特别当心

大阳线
涨停

说明:这是前图259中的大阳线与下跌三连阴的所在位置,之后该股出现了大跌

吉恩镍业(600432)2009.5.18~2010.7.2的日K线图 图260

【注1】关于"高位大阳线"的特征、技术意义与相关实例,详见《股市操练大全》第八册第3页~第10页,第544页~第548页。

【注2】关于"下跌三连阴"的特征与相关实例,详见《股市操练大全》第一册第139页,第七册第55页~57页,第八册第226页~227页。

股市赢家自我培训测试题　No.73

考考你(K线实战技巧一题一练)

　　一位老股民说,今天该股收了一根大阴线,从而为这轮从低位上来的多头行情画上了句号。有人问:今天收阴线会不会是主力在洗盘呢？这位老股民回答很干脆,不会。他建议大家赶快卖出。

　　请问:这位老股民的看法是否正确？为什么？

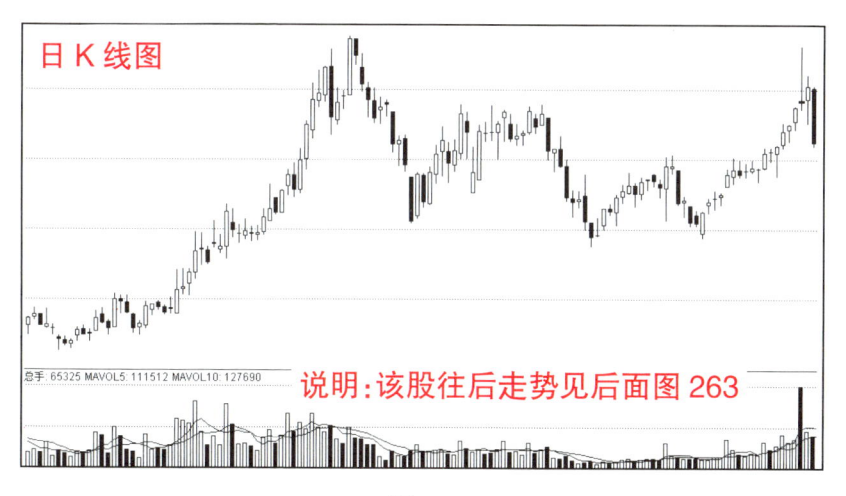

日K线图

说明:该股往后走势见后面图263

图261

答 这位老股民看法是正确的。从图中看,该股在前面已经见顶(见下图中画圈处),是赶顶的信号。该股在筑头后,股价又震荡了3个多月,最近主力认为他们手中的货已出得差不多了,于是在盘中拉出了一根"倒T字线",同时成交放出天量。这根倒T字线是主力大量出货最有力的证据,今天出现的一根大阴线,已深入到倒T字线下方,从而验证了倒T字线的见顶作用。这样该股日后大跌已不可避免(见下面第二张图),所以现在抓紧卖出是对的。

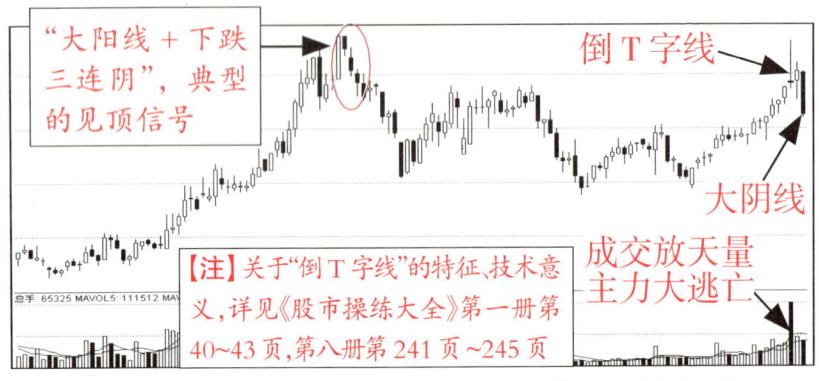

"大阳线+下跌三连阴",典型的见顶信号

倒T字线

大阴线

成交放天量 主力大逃亡

【注】关于"倒T字线"的特征、技术意义,详见《股市操练大全》第一册第40~43页、第八册第241页~245页

抚顺特钢(600399)2009.5.18~2009.11.26 的日 K 线图　图 262

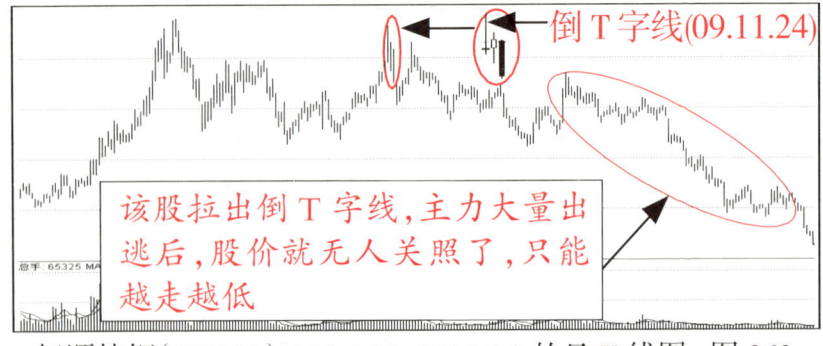

倒T字线(09.11.24)

该股拉出倒T字线,主力大量出逃后,股价就无人关照了,只能越走越低

抚顺特钢(600399)2009.5.18~2010.7.2 的日 K 线图　图 263

股市赢家自我培训测试题　No.74

考考你(K线实战技巧一题一练)

下面是某股的走势图,请观图后对下面两种观点作出选择。甲认为,该股回调不改中线向好趋势,现在可继续对它看多做多;乙认为,该股正在构筑圆顶,现在应趁该股尚未大跌之前,赶快卖出。

请问:应该选择甲还是选择乙？为什么？

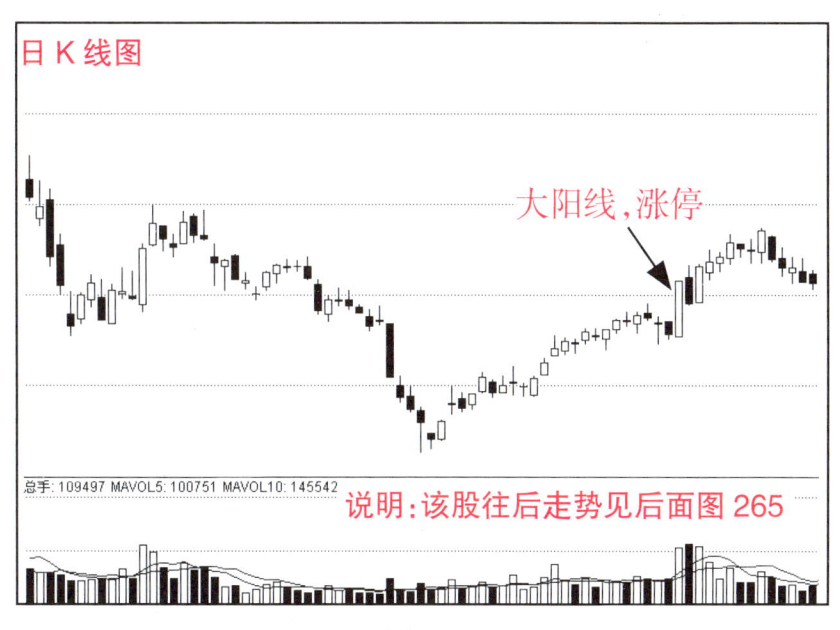

日K线图

大阳线,涨停

总手: 109497 MAVOL5: 100751 MAVOL10: 145542

说明:该股往后走势见后面图265

图 264

答 选甲。但我对甲无条件地看多做多也有保留意见。我认为只要箭头所指的大阳线开盘价能守住，就可持股待涨；但是一旦这根大阳线的开盘价被跌穿，就不能再看多了，应该坚决止损离场。这样做的理由是：该股在低位形成了V形反转走势。从图形上看，箭头指的这根大阳线很有可能属于"低位大阳线"【注】，其作用是巩固前面V形的做多走势，是看涨信号。**因此只要股价回调不跌破这根大阳线的开盘价，就可以看好其后市，但是一旦跌破了，就应该卖出。**因为真正的低位大阳线，它的开盘价一般是不应该被跌穿的，如果跌穿了，就要怀疑它是假的。

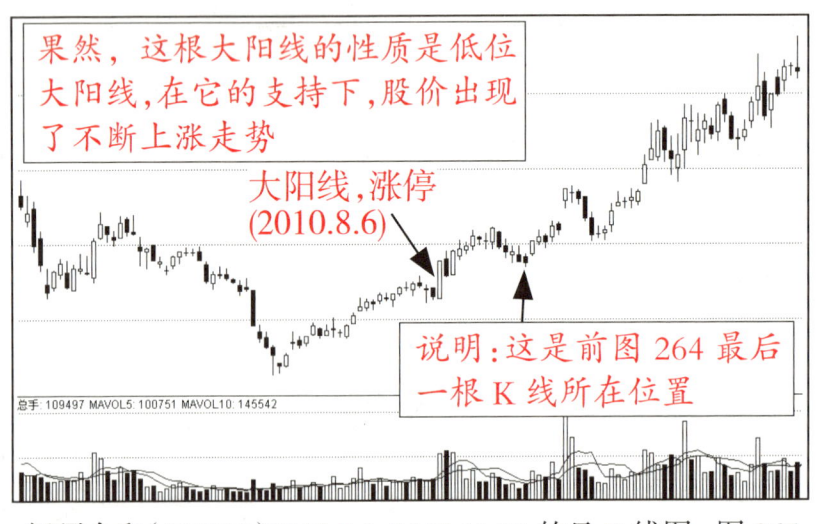

果然，这根大阳线的性质是低位大阳线，在它的支持下，股价出现了不断上涨走势

大阳线，涨停
(2010.8.6)

说明：这是前图264最后一根K线所在位置

新疆众和(600888)2010.5.6~2010.11.11的日K线图　图265

【注】关于"低位大阳线"的特征、技术意义与相关实例，详见《股市操练大全》第八册第29页～第34页、第539页～第541页。

股市赢家自我培训测试题　No.75

考考你(K线实战技巧一题一练)

识图看图是炒股基本功。一位高手指着下图说,只要你看懂一种K线图形,你就知道下一步应该如何操作了。

请问:你看懂了吗?(请说明理由)

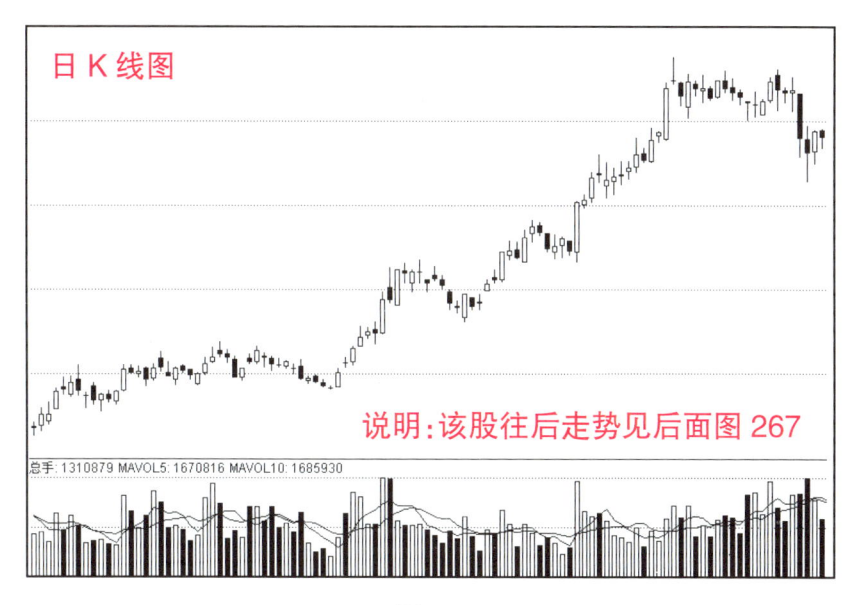

日K线图

说明:该股往后走势见后面图267

图266

答 高手说的一种K线图形,是指图中上方出现了一个"塔形顶"[注]。虽然这个塔形顶不像书中介绍的标准塔形顶图形那样清楚,但它"门"字形的结构还是清晰可见的,我们可以说它是一个塔形顶的变化图形。仔细分析下来,它比标准的塔形顶见顶意味更浓,原因是这个塔形顶是股价在高位盘整了近20个交易日后形成的,时间跨度大,杀伤力就更厉害。投资者看到这么厉害的塔形顶出现后,应该及时卖出。否则到股价大跌时,后悔就来不及了(见下图)。

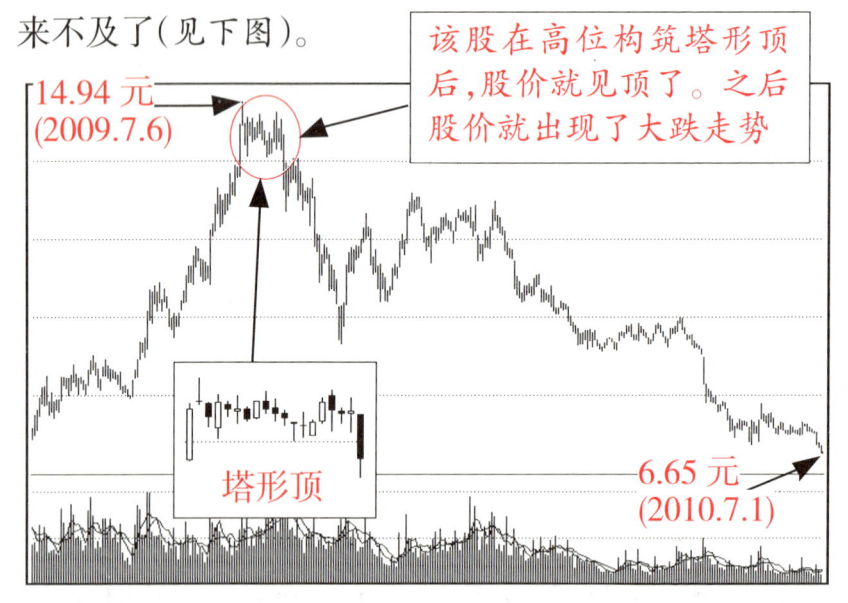

该股在高位构筑塔形顶后,股价就见顶了。之后股价就出现了大跌走势

14.94元
(2009.7.6)

塔形顶

6.65元
(2010.7.1)

万科A(000002)2009.2.27~2010.7.1的日K线图 图267

【注】关于"塔形顶"的特征、技术意义与相关实例,详见《股市操练大全》第一册第82页~第84页,第七册第68页~第74页。

股市赢家自我培训测试题　No.76

考考你（K线实战技巧一题一练）

仔细观察下图，然后作出选择。A认为，该股冲高回落，下方支撑力度很强，今天收了一根T字线，新的上攻即将开始，现在应该看多做多；B认为，该股冲高乏力，行情已走到尽头，现在应该看空做空。

请你认真想一想，究竟应该选A还是选B，并请说明选择的理由。

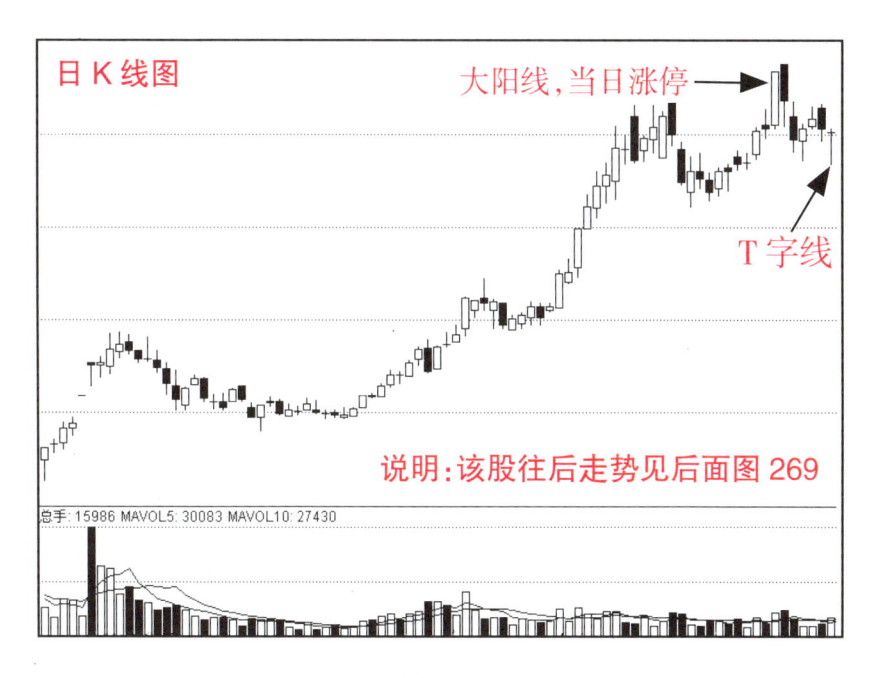

日K线图

大阳线,当日涨停

T字线

说明：该股往后走势见后面图269

图268

选择 B。理由：①该股创新高无功而返，该涨不涨，理应看跌；②图上方出现的一根涨停大阳线，性质为"高位大阳线"[注1]，是一种赶顶信号，现在股价已跌破大阳线的开盘价，表明上升行情可能结束了；③大阳线与后面一根中阴线合在一起，形成了"乌云盖顶"[注2]的 K 线组合，乌云盖顶是一个重要的见顶信号。综合以上3点，可判断该股趋势已变坏，投资者应赶快出局。（见下图）

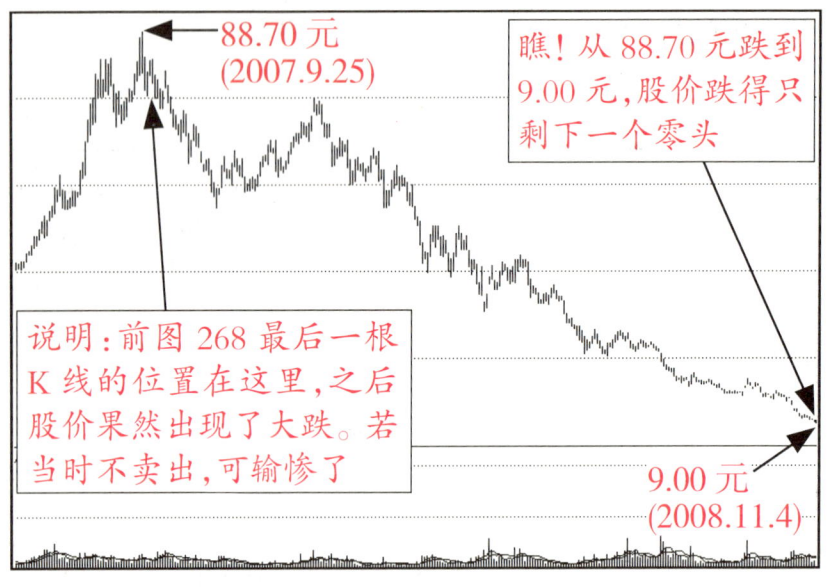

88.70 元
(2007.9.25)

瞧！从 88.70 元跌到 9.00 元，股价跌得只剩下一个零头

说明：前图 268 最后一根 K 线的位置在这里，之后股价果然出现了大跌。若当时不卖出，可输惨了

9.00 元
(2008.11.4)

宝钛股份（600456）2007.7.17~2008.11.4 的日 K 线图　图 269

【注1】关于"高位大阳线"的特征、技术意义与相关实例，详见《股市操练大全》第八册第 3 页～第 10 页、第 544 页～第 548 页。

【注2】关于"乌云见顶"的特征、技术意义与相关实例，详见《股市操练大全》第一册第 52 页～第 55 页，第七册第 37 页~39 页。

股市赢家自我培训测试题　No.77

考考你(K线实战技巧一题一练)

市场上对该股走势有几种不同的看法:甲认为,该股走势已彻底变坏,现在应该马上卖出;乙认为,该股走势短期回调不改中长线向好趋势,现在应该坚持做多;丙认为,该股走势方向不明,向好向坏都有可能。

现在请你在甲、乙、丙中作出选择,并说明选择的理由。

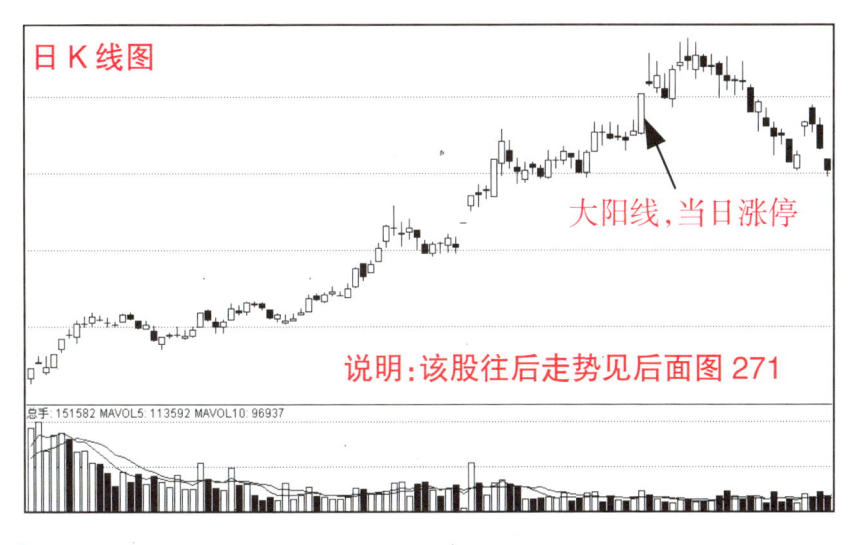

日K线图

大阳线,当日涨停

说明:该股往后走势见后面图271

图270

答 选择甲。理由：①图中的涨停大阳线是"高位大阳线"，作用是掩护主力拉高出货，为见顶信号；②大阳线上方由13根K线筑构了一个小圆顶，同时这个小圆顶又是一个"篱笆头"【注1】，圆顶、篱笆头都是典型的见顶信号；③最后5根K线，形成了一个"顶部岛形反转"【注2】图形，这也是一个重要的看跌信号。综合这几点，该股后市大跌已无悬念，应马上卖出。（见下图）

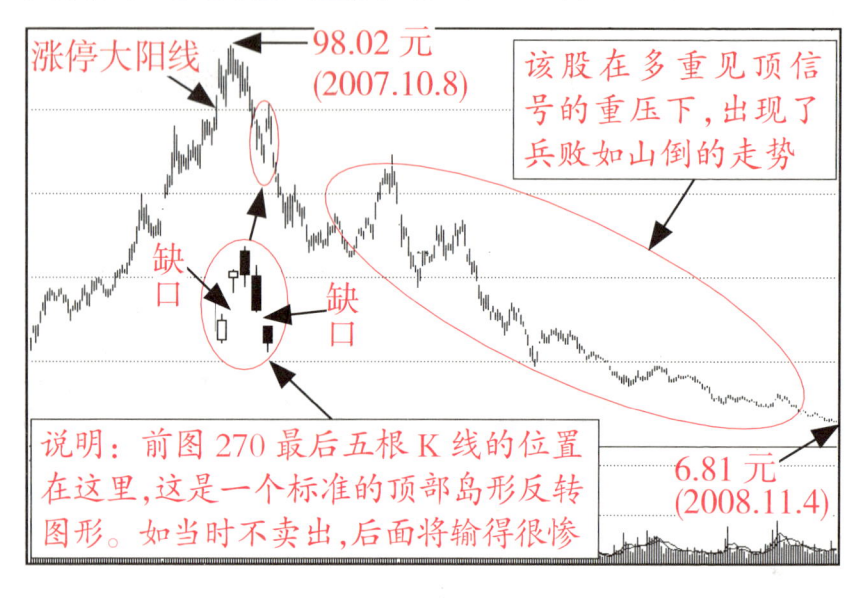

云南铜业（000878）2007.5.31~2008.11.4的日线压缩图　图271

【注1】关于"篱笆头"的特征、技术意义与相关实例，详见《股市操练大全》第七册第110页～第112页。

【注2】关于"顶部岛形反转"的特征、技术意义与相关实例，详见《股市操练大全》第一册第281页、282页，第六册第50页～第52页，第七册第216页～第227页。

股市赢家自我培训测试题　No.78

考考你(K线实战技巧一题一练)

仔细观察下图,然后作出选择。

请选择:A、后市可以看好,持股待涨;B、后市看坏,应及时卖出。(请说明选择的理由)

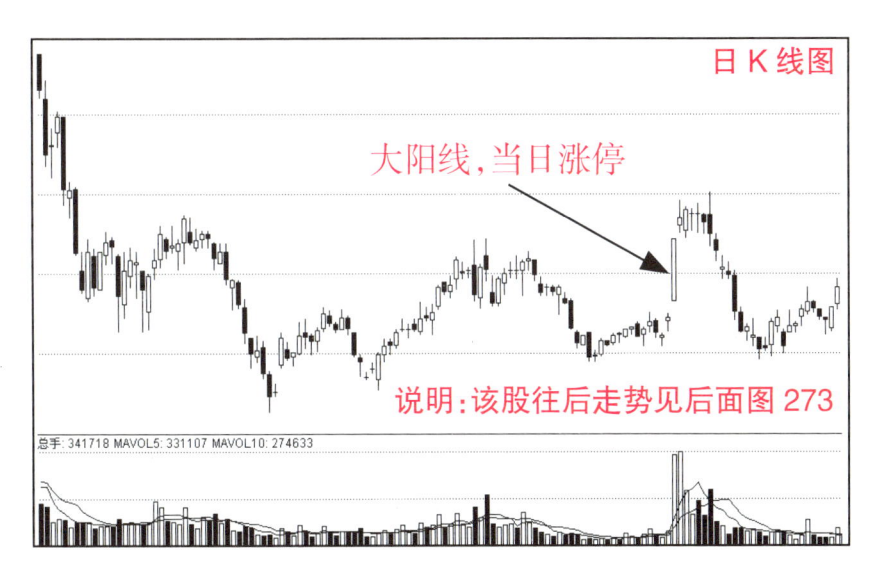

日K线图

大阳线,当日涨停

说明:该股往后走势见后面图273

图272

答　选择 B。理由是：①前面的大阳线（见图中箭头所指处）是"反弹大阳线"[注]，主力是用它来掩护出货的。从下面成交量看，主力出货的目的已经达到，后市向淡的趋势十分明显。②大阳线的头尾有两个向上跳空缺口，现在都被封闭了，表明行情已经转弱（见图中说明）。③大阳线的开盘价被跌破，是卖出信号。综合来看，现在的股价上升是暂时现象，不久股价就会出现大跌，故应及时卖出为宜。（该股往后走势见下图）

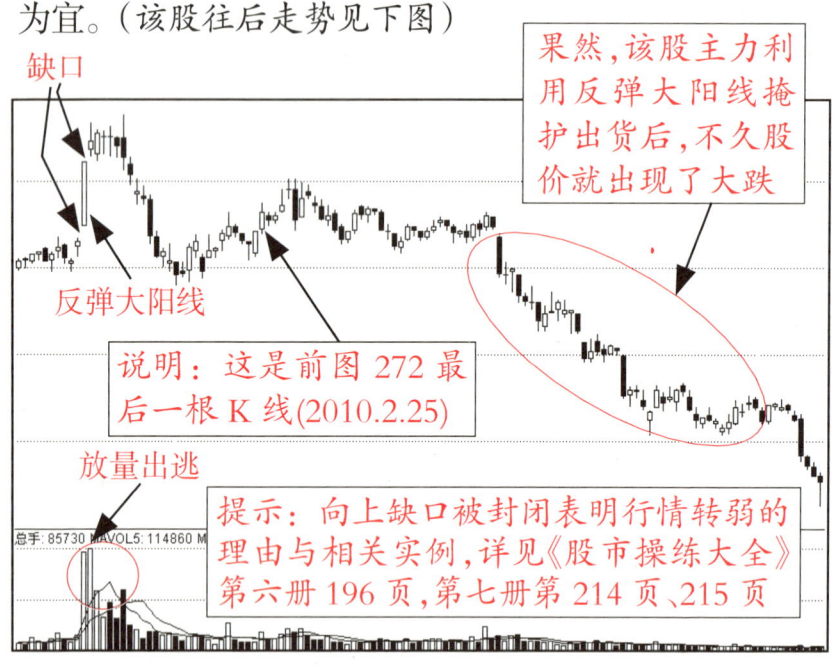

缺口

果然，该股主力利用反弹大阳线掩护出货后，不久股价就出现了大跌

反弹大阳线

说明：这是前图 272 最后一根 K 线(2010.2.25)

放量出逃

提示：向上缺口被封闭表明行情转弱的理由与相关实例，详见《股市操练大全》第六册 196 页，第七册第 214 页、215 页

中海集运（601866）2009.12.28~2010.7.2 的日 K 线图　图 273

【注】关于"反弹大阳线"的特征、技术意义与相关实例，详见《股市操练大全》第八册第 32 页～第 37 页，第 548 页～第 552 页。

股市赢家自我培训测试题　No.79

考考你（K线实战技巧一题一练）

下面是某股的周K线图。本周收盘后，一位老法师说：行情就要启动了，现在是一个最好的买进机会。

现在请你作出选择：A、老法师的观点是正确的；B、老法师的观点是错误的。（请说明理由）

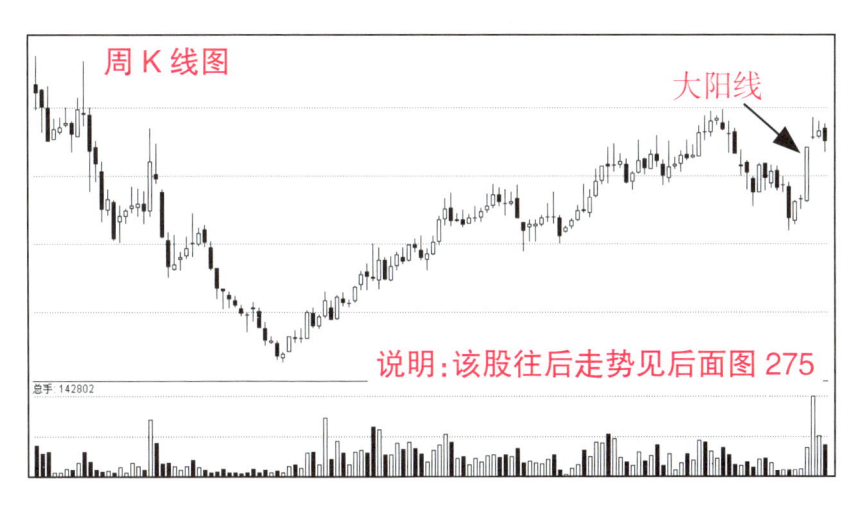

周K线图

大阳线

说明：该股往后走势见后面图275

图274

答 选A。老法师的观点是正确的。①大家在图中画一条直线就可以看出,该股最下方是一个V形反转的走势,直线(即V形反转的颈线)之下为主力低位建仓区域;股价从底部上来时,K线排列阳多阴少,是一个"冉冉上升形"的K线组合,此为看涨信号。②直线上方是主力震荡洗筹的区域,主力几次把股价打到直线就收手了,这说明主力洗筹很有分寸。

另外从图中看,倒数第4根K线是一根大阳线,可视为洗盘后行情启动的信号,后面3根小K线与大阳线合在一起组成了"上涨三颗星"K线组合,这又是一个继续看涨的信号。综合上面几点,可以判断出在此买进安全系数很大,而且一旦主力真的发动行情了,收益就很可观。

(2010.11.2)34.18元
该股后来出现了大涨
3.22元
周K线图
大阳线
颈线
上涨三颗星
3.22(2008.11.4)
此为"冉冉上升形"K线组合
(注:关于冉冉上升形的特征、技术意义,详见《股市操练大全》第一册第91页~93页)

中钢天源(002057)2008.6.6~2010.8.13的周K线图 图275

股市赢家自我培训测试题　No.80

考考你(K线实战技巧一题一练)

　　仔细观察下图,然后回答问题。在今天收盘前夕,有人将该股全卖了。你认为这样操作的胜算率有几成:A、8成;B、5成;C、3成。

现在请你作出选择,并说明选择的理由。

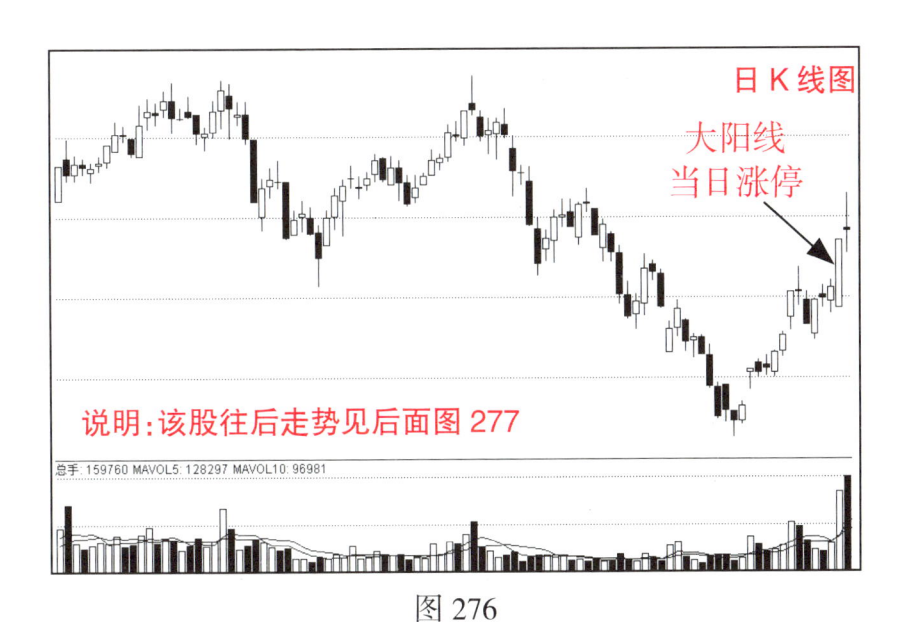

日K线图
大阳线
当日涨停

说明:该股往后走势见后面图277

图276

答 选择 A。理由是：如果主力拉大阳线目的是做多，那就不会马上拉出"长十字线"[注1]（因为长十字线是见顶信号），更不会让成交量急剧放大（因为股价初期上涨，成交量温和放大才是健康的），盘中出现这种现象，说明主力的目的在出货。由此可以判断，这根大阳线应定性为"反弹大阳线"[注2]，是在掩护主力出货，长十字线给反弹画上了句号。现在形势已明朗，继续下跌已无悬念，因此，当天卖出是对的。（该股往后走势见下图）

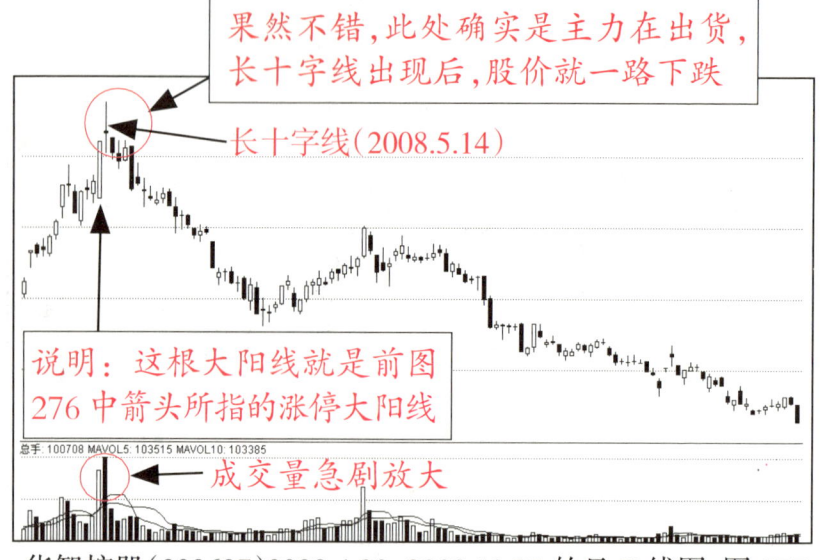

果然不错，此处确实是主力在出货，长十字线出现后，股价就一路下跌

长十字线（2008.5.14）

说明：这根大阳线就是前图276中箭头所指的涨停大阳线

成交量急剧放大

华智控股（000607）2008.4.23~2008.10.27 的日 K 线图 图 277

【注1】关于"长十字线"的特征、技术意义与相关实例，详见《股市操练大全》第一册第 46~48 页，第七册第 3~13 页，第八册第 237 页。

【注2】关于"反弹大阳线"的特征、技术意义与相关实例，详见《股市操练大全》第八册第 32 页~第 37 页、第 548 页~第 552 页。

股市赢家自我培训测试题　No.81

考考你（K线实战技巧一题一练）

仔细观察下图,然后作出选择。A、该股走势向下已成定局,现在趁股价还未大跌之际应赶快卖出;B、该股调整已经结束,图中最后收了1根阳线,说明升势在即,应马上跟进。

下面请你考虑,应该选A还是选B。(请说明选择的理由)

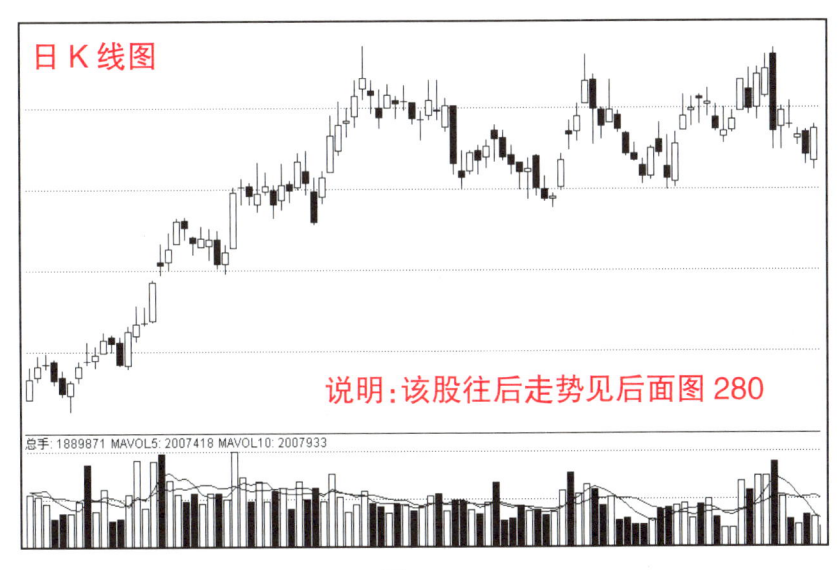

日K线图

说明:该股往后走势见后面图280

图278

答：选择 A。从走势图看,该股正在构筑一个三重顶,虽然三重顶的颈线尚未被跌破,尚不能就此确定三重顶已经成立,但其第 3 个顶是以"穿头破脚"[注]形式出现的,穿头破脚中的大阴线一下把前面几根阳线全部吞没了,这是一个凶兆。出现这样的凶兆,三重顶向下破位是早晚的事,故应该马上卖出,躲开后面大跌的风险。

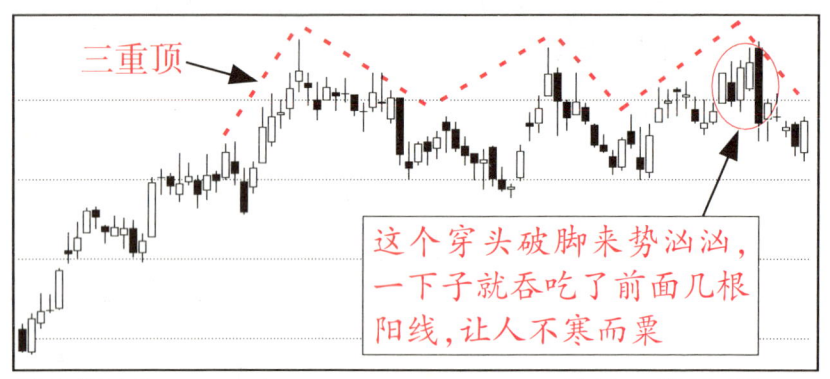

民生银生(6000016)2007.7.16~2007.11.20 的日 K 线图　图 279

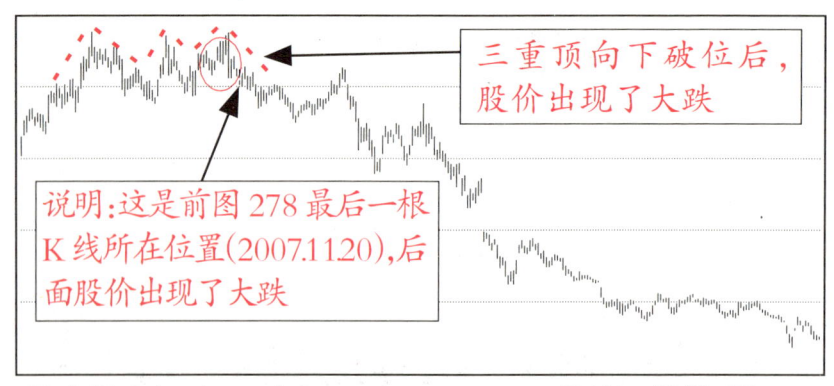

民生银生(6000016)2007.7.20~2008.10.9 的日 K 线图　图 280

【注】关于"穿头破脚"的特征、技术意义与相关实例,详见《股市操练大全》第一册第 70 页~72 页,第七册第 42 页~53 页,第八册第 311 页。

股市赢家自我培训测试题　No.82

考考你(K线实战技巧一题一练)

该股走势让人捉模不透，昨天高开低走收了一根长阴线，今天股价下跌回升，收了一根T字线。A认为，该股上升行情已经结束，今后股价会越走越低，应赶快卖出。B认为，昨天一根长阴线，今天股价就跌不下去了，这说明是主力在刻意洗盘，投资者应该捂牢股票，持股待涨。现在请你作出选择，选A还是选B。(选择时请说明理由)

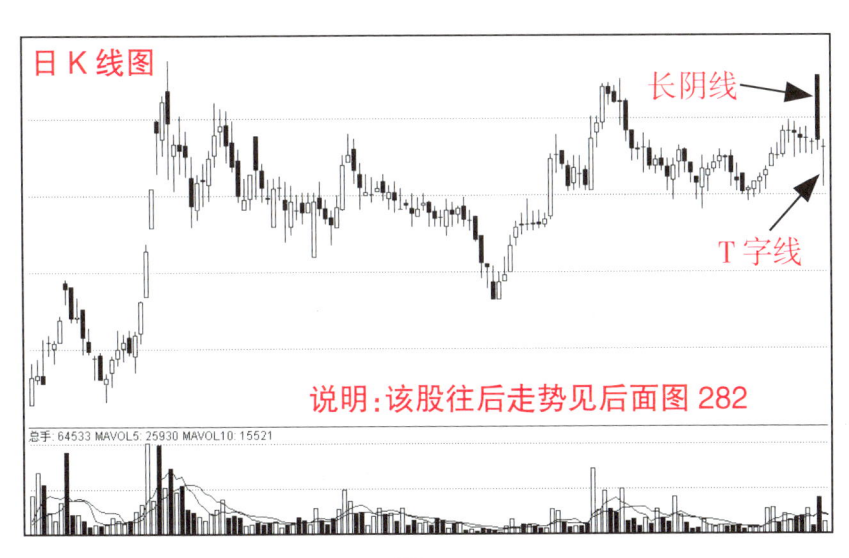

日K线图　长阴线　T字线

说明：该股往后走势见后面图282

图281

答 选择A。懂行的人知道，前图中最后几根的K线组合叫"高开出逃形"【注】，这是一个很凶险的图形。该图形出现后，股价继续下跌的可能性非常大。因此，有人将高开出逃形中的长阴线比喻成"墓碑线"，可见它的凶恶程度。另外，从该股的整个图形上看，该股正在构筑一个三重顶。这也是当时看空它的一个重要理由。（该股的往后走势见下图）

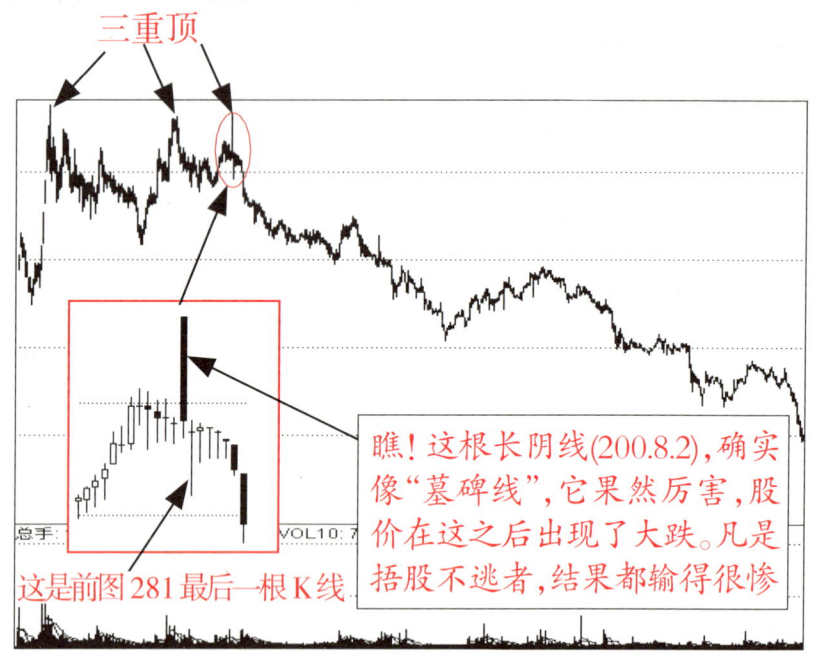

三重顶

瞧！这根长阴线(200.8.2)，确实像"墓碑线"，它果然厉害，股价在这之后出现了大跌。凡是捂股不逃者，结果都输得很惨

这是前图281最后一根K线

S*ST 华塑(000509)2000.1.7~2002.1.23 的日K线图 图282

【注】关于"高开出逃形"的特征、技术意义与相关实例，详见《股市操练大全》第一册第132页～第134页，第八册第231页～第234页。

股市赢家自我培训测试题　No.83

考考你（K线实战技巧一题一练）

仔细观察下图，然后分析某人的观点是否正确。他说,该股在低位构筑了一个大的底部形态,现在趋势已向好,可积极跟进。

请选择:①该观点是正确的;②该观点是错误的;③该观点半对半错。（请说明选择的理由）

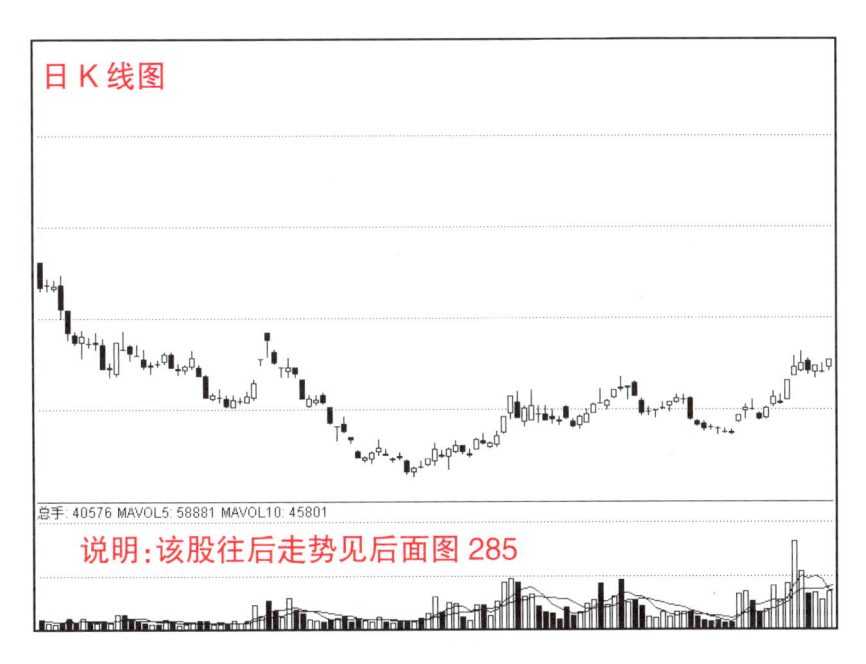

日K线图

说明:该股往后走势见后面图285

图 283

答 选择①。理由是：该股确实在低位构造了一个"头肩底"[注]形态。这个头肩底构筑的时间将近半年，现在股价已成功突破其颈线（见下面第一张图），成交量也随之放大，表明趋势开始变好。此时投资者可积极跟进。（该股往后走势见下面第二张图）

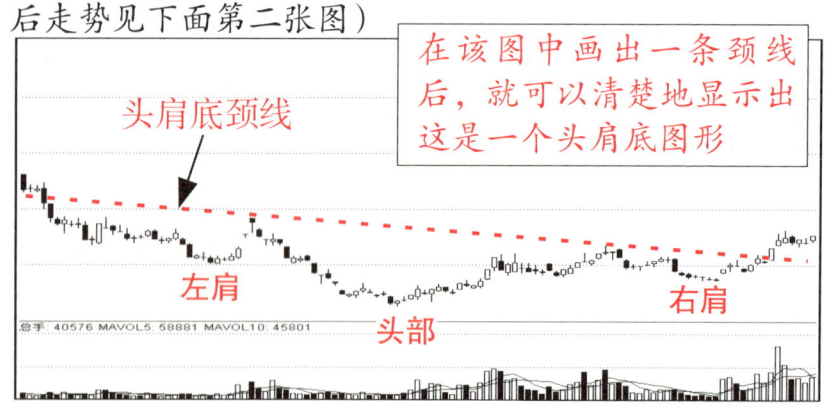

在该图中画出一条颈线后，就可以清楚地显示出这是一个头肩底图形

头肩底颈线
左肩　头部　右肩

贵妍铂业（600459）2008.8.5~2009.1.22 的日 K 线图　图 284

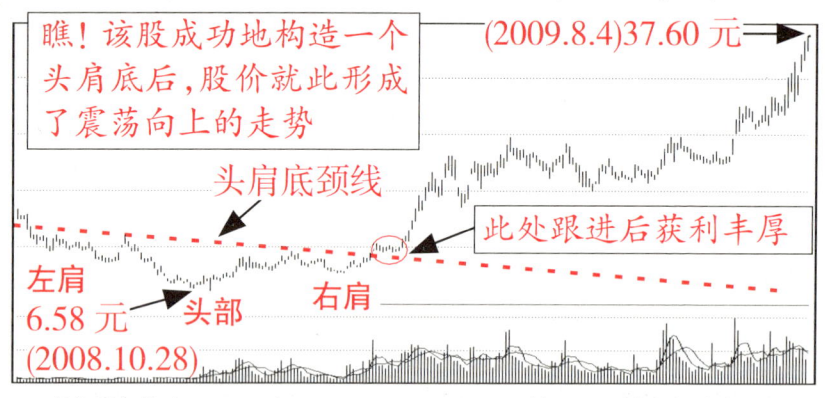

瞧！该股成功地构造一个头肩底后，股价就此形成了震荡向上的走势

(2009.8.4)37.60 元

头肩底颈线

此处跟进后获利丰厚

左肩
6.58 元　头部　右肩
(2008.10.28)

贵妍铂业（600459）2008.8.5~2009.8.4 的日 K 线图　图 285

【注】关于"头肩底"的特征、技术意义与实例，详见《股市操练大全》第一册第 236~238 页、292 页，第六册第 78~85 页，第八册第 256、337 页。

股市赢家自我培训测试题　No.84

考考你（K线实战技巧一题一练）

下面两张图都出现了平台向下破位的现象。有人认为，出现这样的走势，是主力在故意打压，应逢低吸纳。

现在请你对该观点作出选择：①全错；②半对半错；③全对。（选择时请说明理由）

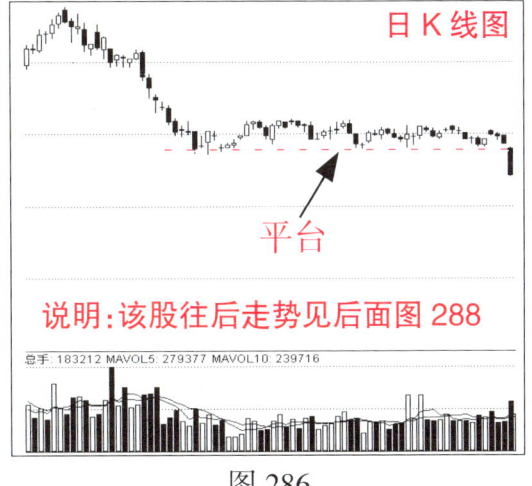

日K线图

平台

说明：该股往后走势见后面图288

图286

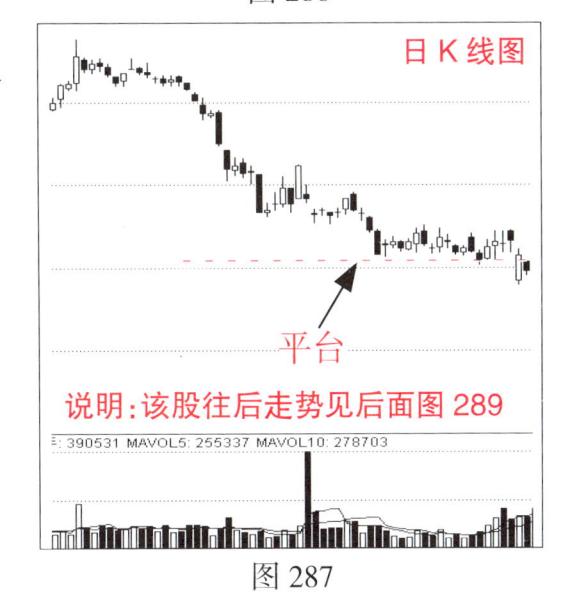

日K线图

平台

说明：该股往后走势见后面图289

图287

答 选择①。理由是：平台被跌破是非常严重的问题，出现这种现象，表明盘中形成了新的做空力量，多方已无招架之力，之后股价将再次出现大跌。因此必须马上卖出。有人问，会不会是主力故意打压呢？答案是：这种可能性极小。退一步说，即使是主力故意打压，也应先卖出，等股价重新回到平台上方时，再看多做多也不迟。

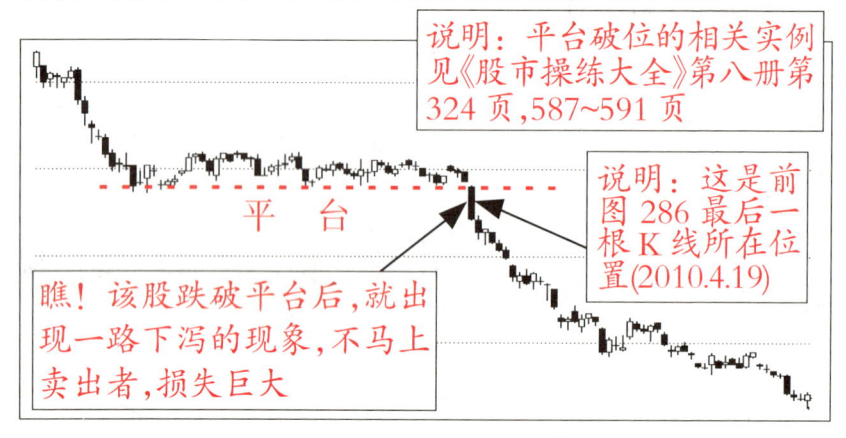

说明：平台破位的相关实例见《股市操练大全》第八册第324页，587~591页

说明：这是前图286最后一根K线所在位置(2010.4.19)

平台

瞧！该股跌破平台后，就出现一路下泻的现象，不马上卖出者，损失巨大

武钢股份(600005)2010.1.12~2010.7.2的日K线图 图288

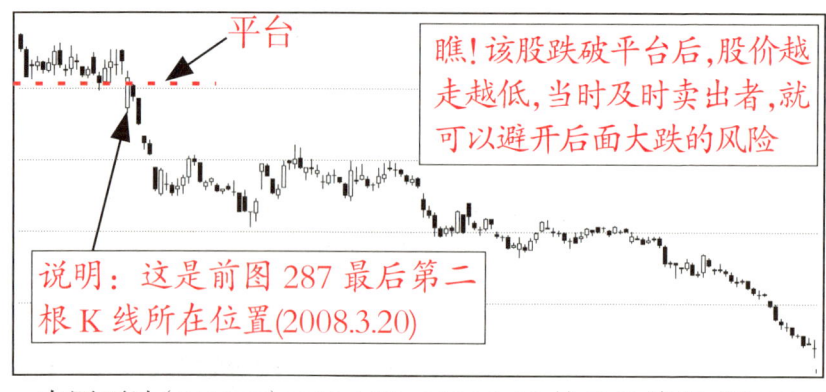

平台

瞧！该股跌破平台后，股价越走越低，当时及时卖出者，就可以避开后面大跌的风险

说明：这是前图287最后第二根K线所在位置(2008.3.20)

中国石油(601857)2008.2.22~2008.9.18的日K线图 图289

股市赢家自我培训测试题　No.85

考考你(K线实战技巧一题一练)

该股最近进行了送股（10送3）。除权后9天的走势表明，K线阳多阴少，今天又放量收了一根大阳线。面对这样的走势，有两种选择：A、股价将填权，并形成新一轮升势，此时应该积极跟进；B、不论股价是否填权，都是末路狂奔，君子不立危墙之下，应及时卖出。

现在请你作出选择，并请说明选A或选B的理由。

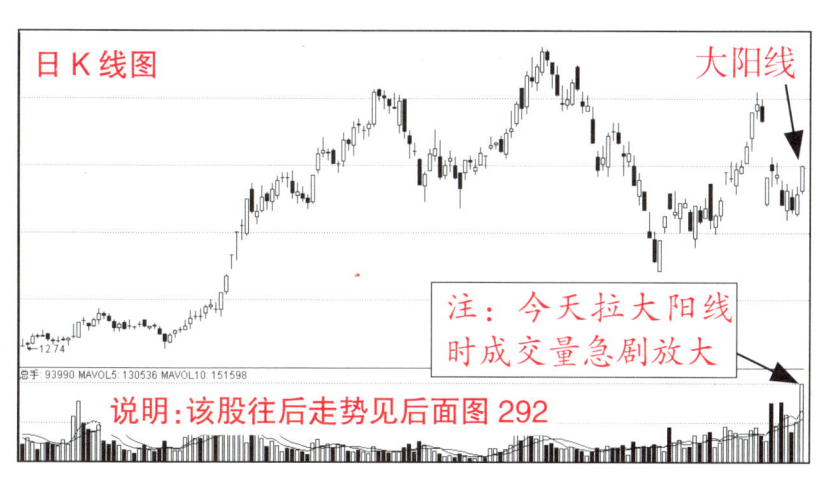

日K线图　　　　　　　　　　　　大阳线

注：今天拉大阳线时成交量急剧放大

说明：该股往后走势见后面图292

图290

答 选择B。理由是：该股走势确实很危险。它在前面筑了一个双顶,双顶颈线已被击破(见下面第一张图)。之后,因为在送股和利好消息的刺激下,主力又顺势做了一把抢权行情,这样才使股价重新回到颈线上方。但是,主力出逃决心已定(否则,双顶颈线不会被击破),主力很可能会趁大家急盼填权时出逃。今天拉大阳线,成交量激增,未必是好事,要谨防主力拉大阳线时掩护出货。(该股往后走势见下面第二张图)

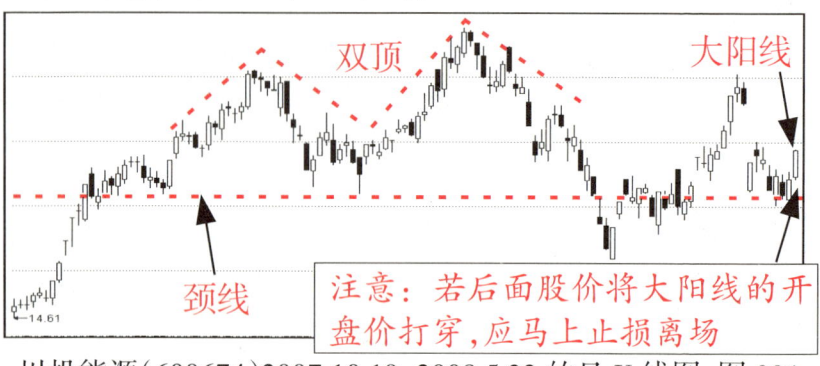

双顶　　　　　　大阳线

颈线

注意：若后面股价将大阳线的开盘价打穿,应马上止损离场

川投能源(600674)2007.10.19~2008.5.22 的日K线图　图291

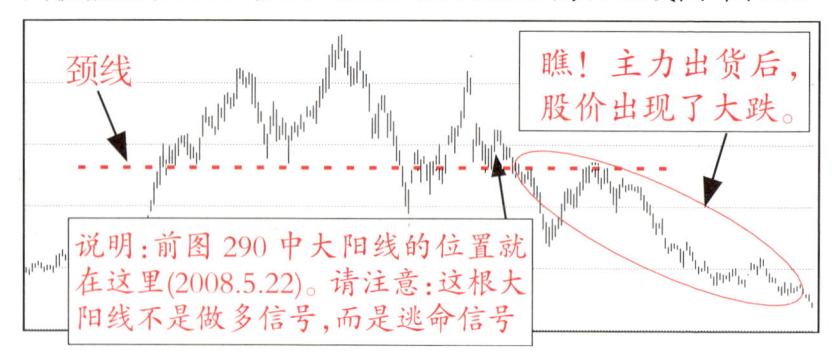

颈线

瞧！主力出货后,股价出现了大跌。

说明：前图290中大阳线的位置就在这里(2008.5.22)。请注意：这根大阳线不是做多信号,而是逃命信号

川投能源(600674)2007.8.28~2008.10.27 的日K线压缩图　图292

股市赢家自我培训测试题　No.86

考考你(K线实战技巧一题一练)

下图中的个股是朱小姐的重仓股,前一阵子该股连续涨停给她带来一阵惊喜,近来该股一直处于横盘状态,这让她有些担心。股友甲、乙分别向她提出了建议。甲说:该股高位横盘,正在构筑一个头肩顶,应马上卖出;乙说:连续涨停后出现横盘,是主力在洗盘,日后将继续上涨,应继续持股待涨。

朱小姐不知该听谁的,现在请你帮她作出判断,并说明理由。

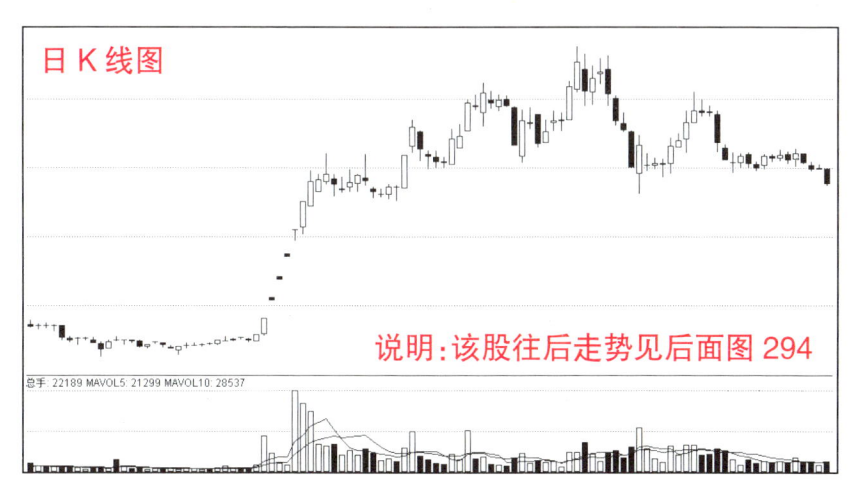

日K线图

说明:该股往后走势见后面图294

图293

答 应该选择乙。不过，我对乙的意见也有补充，乙应该向朱小姐说明，目前该股在形态上很像一个"头肩顶"，但这个头肩顶很可能是假的，是主力用它来清洗浮筹，吓唬大家的。因此只要这个头肩顶的颈线不被击破，就可继续持股（需注意：头肩底颈线被击破就应该离场）。为什么呢？因为从经验来看，股价低位启动时出现连续涨停，之后出现横盘以主力洗盘的情况居多。由此可以推断，该股的头肩顶很可能是假的。有鉴于此，我认为朱小姐可以这样操作：①该股关键的技术位不出现破位（如头肩顶颈线不被击穿），就继续持股，不要盲目看空做空；②如头肩顶的颈线被击穿了，应先止损出局，离场观望。（该股往后走势见下图）

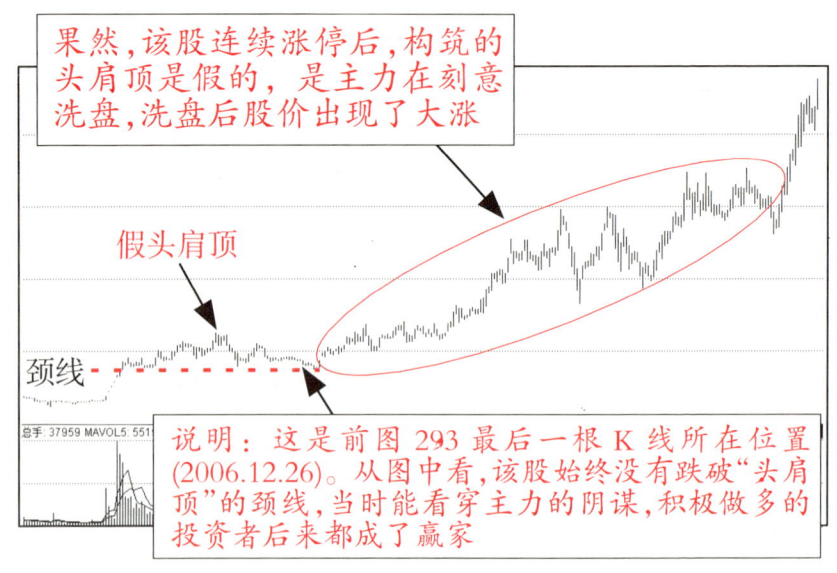

果然，该股连续涨停后，构筑的头肩顶是假的，是主力在刻意洗盘，洗盘后股价出现了大涨

假头肩顶

颈线

说明：这是前图293最后一根K线所在位置（2006.12.26）。从图中看，该股始终没有跌破"头肩顶"的颈线，当时能看穿主力的阴谋，积极做多的投资者后来都成了赢家

东阳光铝（600673）2006.7.25~2007.10.11 的日K线 图294

股市赢家自我培训测试题　No.87

考考你（K线实战技巧一题一练）

小李对下图个股的行业前景看好，因此手里一直拿着该股，但今天收盘时，他狠了狠心，将该股全部卖掉了。

现在请你对小李的这种做法作出评判。可选择：A、小李现在卖出是对的，可规避后面大跌的风险；B、小李现在不应该卖出，坚持就是胜利。（请说明理由）

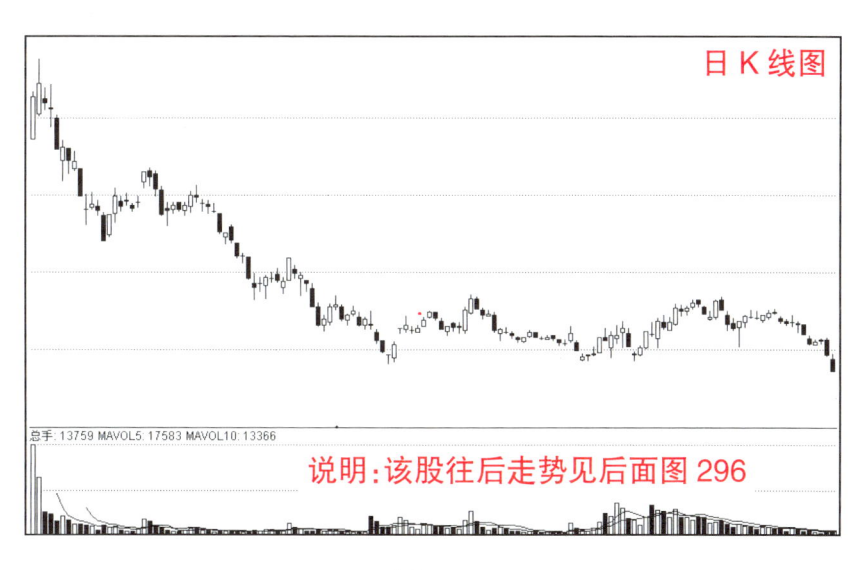

日K线图

说明：该股往后走势见后面图296

图295

答 选择A。理由是：当天该股构筑了4个月的"矩形"[注]下边线被打穿,这样行情趋势就发生了根本性逆转。矩形就像大坝,股价跌破矩形的下边线,是很严重的事,这就像大坝出现了缺口,局势将变得十分危险。如果小李此时再在里面坚持做多,很可能会被冲过来的洪水所吞没。俗话说:"留得青山在,不怕没柴烧"。大坝决口,当然应该马上卖出。(该股往后走势见下图)

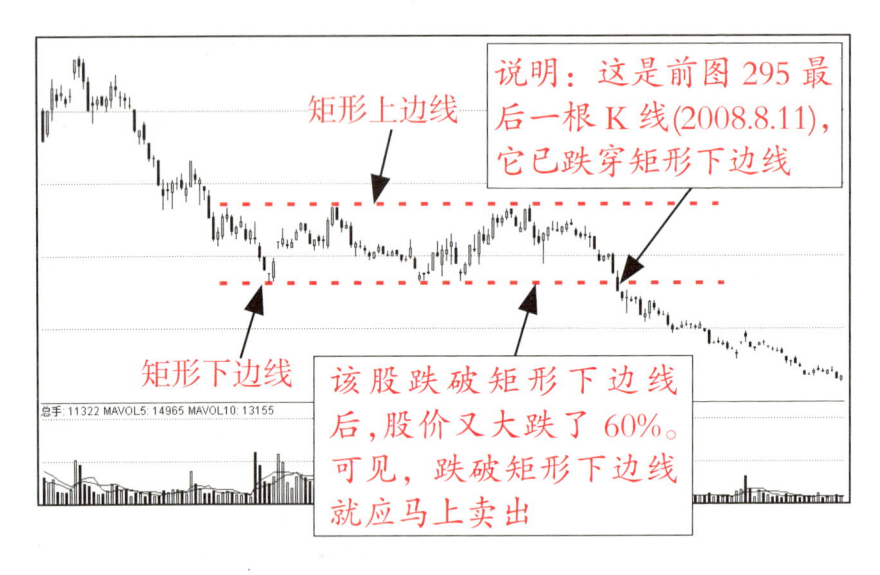

矩形上边线

说明：这是前图295最后一根K线(2008.8.11),它已跌穿矩形下边线

矩形下边线

该股跌破矩形下边线后,股价又大跌了60%。可见,跌破矩形下边线就应马上卖出

海亮股份(002203)2008.2.1~2008.10.28的日K线图 图296

【注】关于"矩形"的特征、技术意义与相关实例,详见《股市操练大全》第一册第282页~第284页,第七册第201页、第204页,《股市操练大全》习题集第17页~第23页。

股市赢家自我培训测试题　No.88

考考你(K线实战技巧一题一练)

一位分析师指着下面的图形说,聪明人一看就知道该股行情走完了,之后即使有反弹也是主力继续出货的行情。现在应该尽快卖出。

对这位分析师的判断有3种选择:A、正确;B、错误;C、部分正确。现在请你对这3种情况进行选择。(请说明理由)

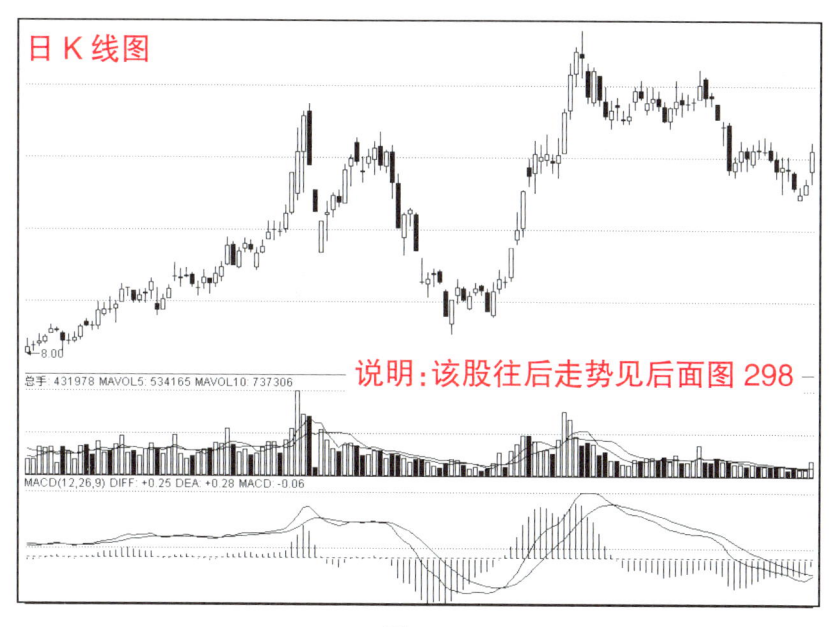

日K线图

说明:该股往后走势见后面图298

图297

答 选择 A。大家只要在图中加上一条直线就能看明白，主力利用该股创新高之际大量出货[注]，之后股价又跌回到了前期高点的下方，该股筑头迹象十分明显。其证据是：①该股创新高时拉出一根螺旋桨 K 线，高位出现螺旋桨 K 线是典型的见顶信号。②创新高时，一方面成交量仍然保持着旺盛态势（据查，创新高的头 6 天换手率就超过了 60%），但另一方面，股价滞涨已十分明显。这种情况显示，主力以创新高为掩护，正在忙于出货。③MACD 已穿到了 0 轴之下，做多能量迅速衰竭。

综合以上几点可以明确判断，一旦主力出货完毕，后市将出现大跌（见下图）。

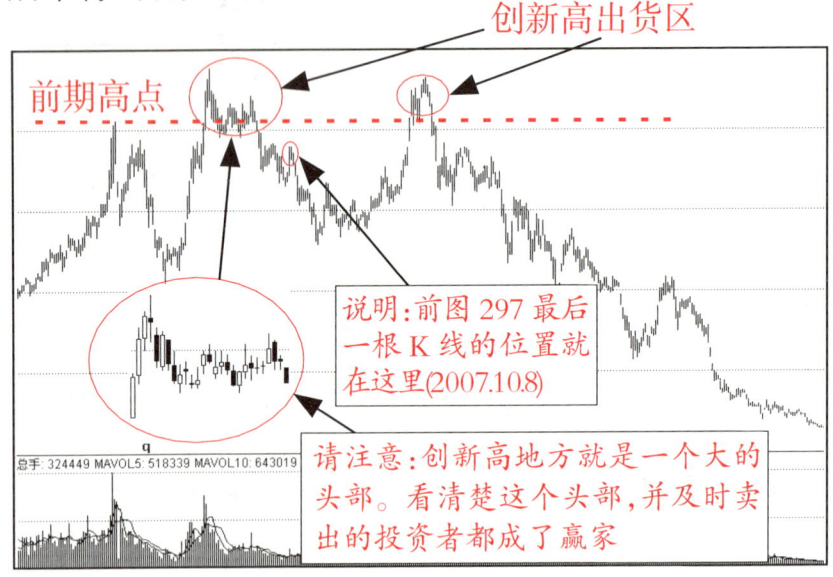

北辰实业（601588）2007.3.20~2008.11.7 的日 K 线图　图 298

【注】关于主力利用创新高出货的手法、特征，以及投资者应采取的对策等内容，详见《股市操练大全》第七册第 303 页~第 313 页。

股市赢家自我培训测试题　No.89

考考你(K线实战技巧一题一练)

小徐在该股图中箭头 A 所指处卖出，现在又在该股急跌时进行了补仓,实行了高抛低吸。

现在请你对小徐的操作作出评判。请选择：①正确;②半对半错;③错。（选择时请说明理由）

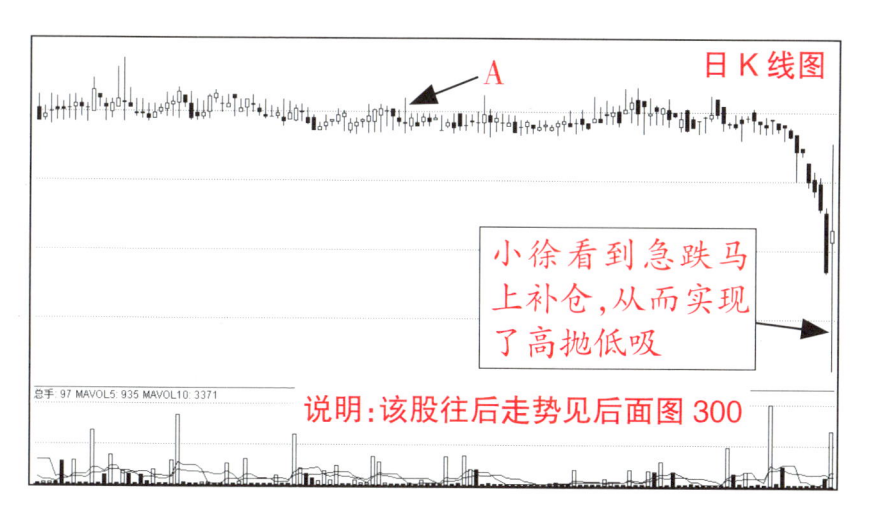

图中标注：
- A
- 日 K 线图
- 小徐看到急跌马上补仓,从而实现了高抛低吸
- 说明:该股往后走势见后面图 300

图 299

答 选择②。理由是,小徐在箭头 A 处卖出是对的。因为从图中看,该股 K 线呈一字形排列,下面成交量很小,这种 K 线排列情况很少见到,是庄股[注]无疑,而且该庄股因少有接盘,庄家无法出逃,日后庄家撑不住了,股价必然会跳水。但是小徐后面补仓却错了。因为庄股一旦跳水,股价就会出现深跌,盲目补仓很容易被套在高位或半山腰(见下图)。所以综合来看,小徐先对后错,但对只是"小对",错却是"大错",总的操作还是失败的。

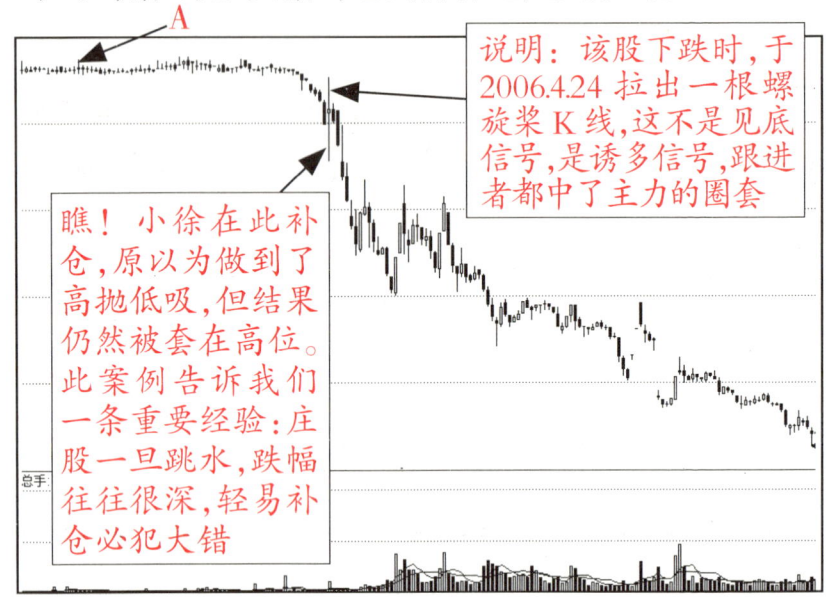

A

说明:该股下跌时,于 2006.4.24 拉出一根螺旋桨 K 线,这不是见底信号,是诱多信号,跟进者都中了主力的圈套

瞧!小徐在此补仓,原以为做到了高抛低吸,但结果仍然被套在高位。此案例告诉我们一条重要经验:庄股一旦跳水,跌幅往往很深,轻易补仓必犯大错

西王食品(000639)2005.8.22~2006.11.21 的日 K 线图 图 300

【注】关于庄股的特征、相关实例详见《股市操练大全》第四册第 267~272 页,第五册第 267 页,第六册第 27 页、第 362~367 页。

股市赢家自我培训测试题　No.90

考考你（K 线实战技巧一题一练）

有人认为，图中箭头 A 所指处是一个买点，今天收了一根中阳线，此处也是一个买点。

现在请你作出选择：①该观点是错的；②该观点是半对半错；③该观点是对的。（请说明理由）

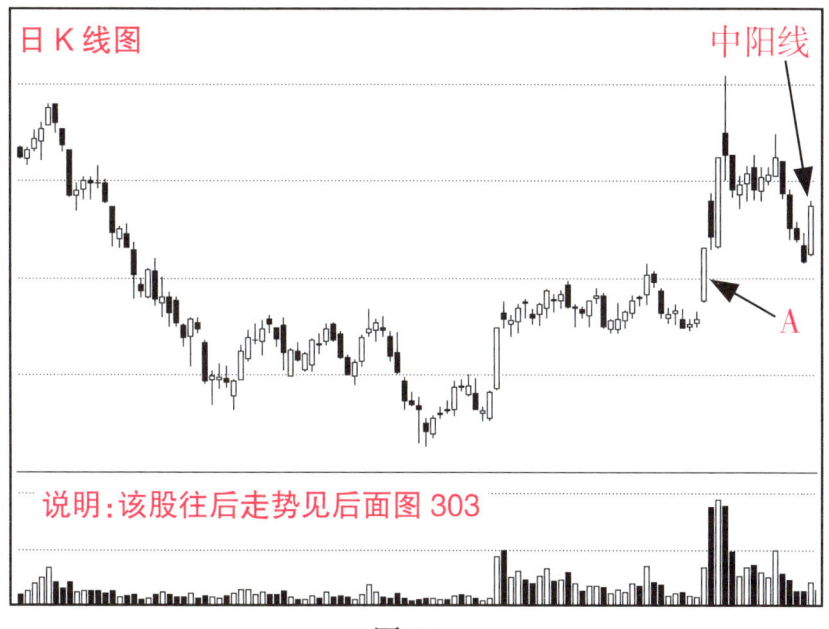

日 K 线图

中阳线

A

说明：该股往后走势见后面图 303

图 301

答 选择③。理由是：这两个买点选择是对的。该股是一个复合型头肩底。图中箭头 A 所指处，是一根向上跳空的阳线，这根阳线的收盘价已突破了头肩底的颈线，在技术上是第一买点，该股继续上冲时，碰到了前期的高点（见图中长箭头所指处），顺势出现了回调，现在回调已触及颈线，成交量出现大幅萎缩，然后又拉出了一根中阳线，说明回抽考验颈线已经结束，股价将再次返身上行，这是一个较佳买点。（该股往后走势见下面第二张图）

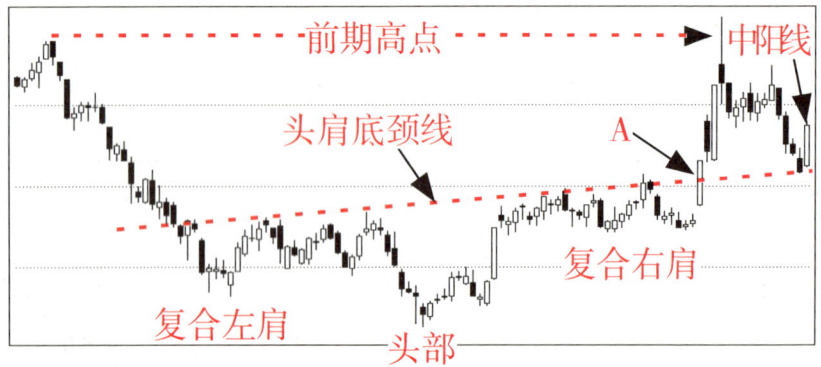

方大炭素（600516）2010.4.8~2010.9.27 的日 K 线图　图 302

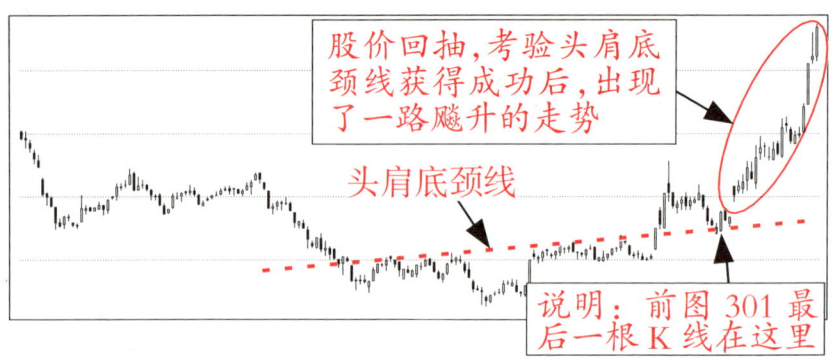

方大炭素（600516）2010.1.19~2010.11.8 的日 K 线图　图 303

【注】关于"头肩底"的特征、技术意义与相关实例，详见《股市操练大全》第一册第 236~238 页、292 页，第六册 78~85 页，第八册 256、337 页。

股市赢家自我培训测试题　No.91

考考你（K线实战技巧一题一练）

对下面一张图的走势，有三种不同的判断：A、趋势已经变坏，应马上卖出；B、股价未创新低，走势尚未完全变坏，可继续持股观望；C、股价调整已经到位，后面将会展开一轮新的升势，现在应对它看多做多。

请你对上述三种判断作出选择，选择时请说明理由。

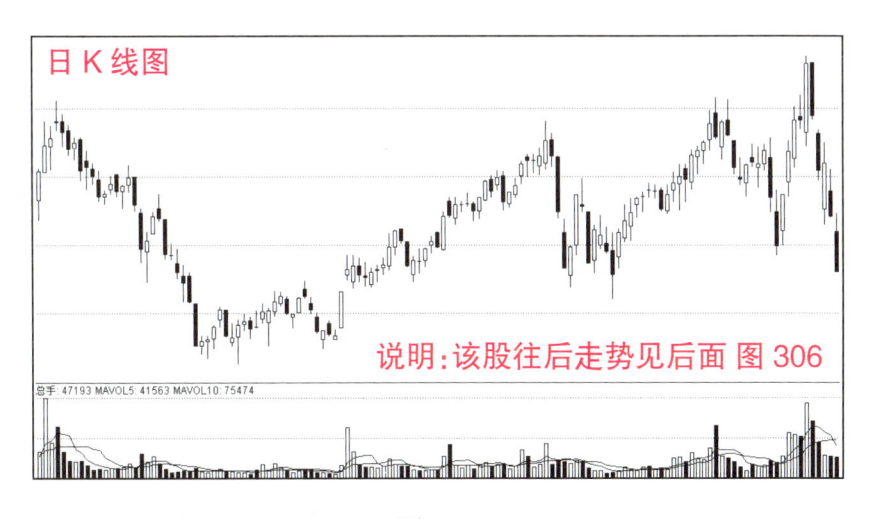

日K线图

说明：该股往后走势见后面 图306

图 304

答 选择 A。理由是：①股价已跌破"上升趋势线"[注1]，这是趋势变坏的重要特征（见图305）。②前图最后10根K线呈现急涨急跌状态。主力经常利用急涨急跌出货，这次也不例外。③前图中最后5根K线，是"下跌抵抗形"[注2]的K线组合，这也是一个重要的看跌信号。总之，该股存在较大做空动力，后市堪忧（见下图306）。

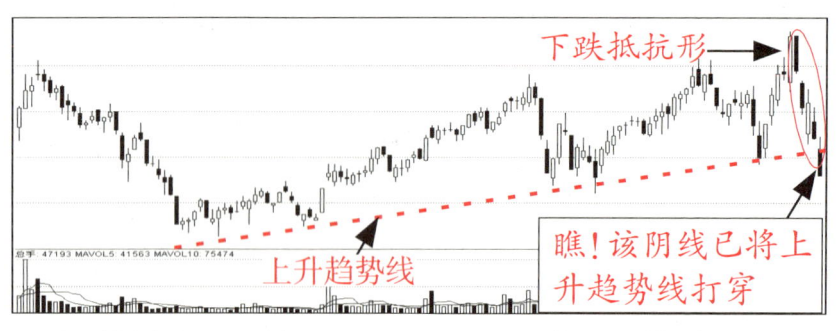

宁夏恒力（600165）2007.9.12~2008.4.1 的日K线图 图305

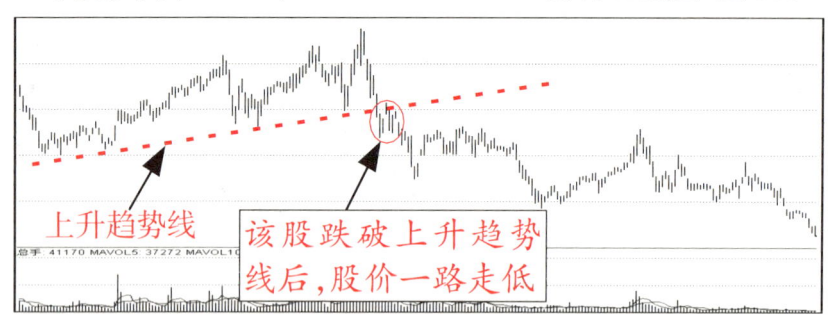

宁夏恒力（600165）2007.10.17~2008.10.29 的日K线图 图306

【注1】 关于"上升趋势线"的特征、技术意义与相关实例，详见《股市操练大全》第二册第226页~第237页，第八册第261页~270页。

【注2】 关于"下跌抵抗形"的特征、技术意义，详见《股市操练大全》第一册第99页~第100页。

股市赢家自我培训测试题　No.92

考考你（K线实战技巧一题一练）

某分析师说，该股这轮反弹已经结束，接下来股价将重归跌势，其理由是：一根下降趋势线压着股价抬不起头来，图中放量处是主力在拉高出货（见图中说明），今天收了一根中阴线，表明股价即将展开新一轮下跌，因此，他建议大家赶快卖出。

现在请你作出选择：①该观点是正确的；②该观点是错误的。（请说明理由）

日K线图

这根下降趋势线压着股价抬不起来

中阴线

说明：该股往后走势见后面图309

放量，这是主力在拉高出货

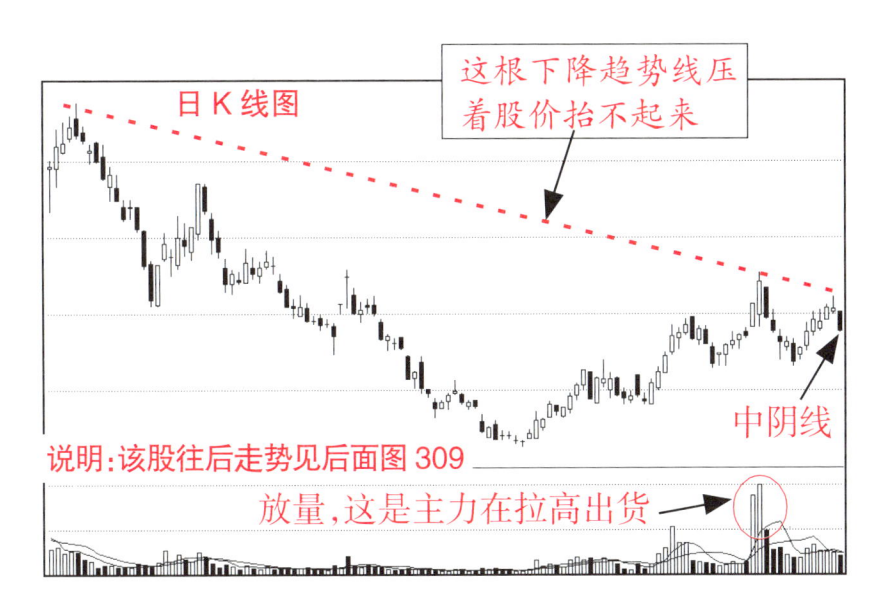

图307

答 选择②。关键是这位分析师把"下降趋势线"画错了[注]。正确的画法见下图 L_1。现在股价已突破这根下降趋势线,并形成了一根上升趋势线,见下图 L_2。目前股价正在向好的方向发展。从图面分析看,该股 V 形反转走势已初步形成。因此只要股价不跌破上升趋势线就可以一直持股待涨。(该股往后走势见下面第二张图)

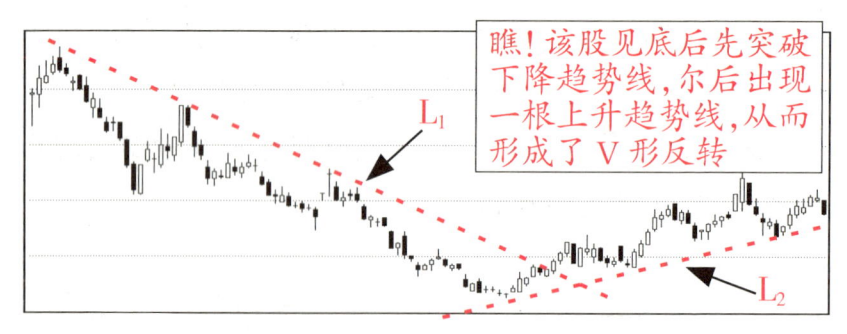

瞧!该股见底后先突破下降趋势线,尔后出现一根上升趋势线,从而形成了 V 形反转

海特高新(002023)2008.7.18~2009.1.13 的日 K 线图　图 308

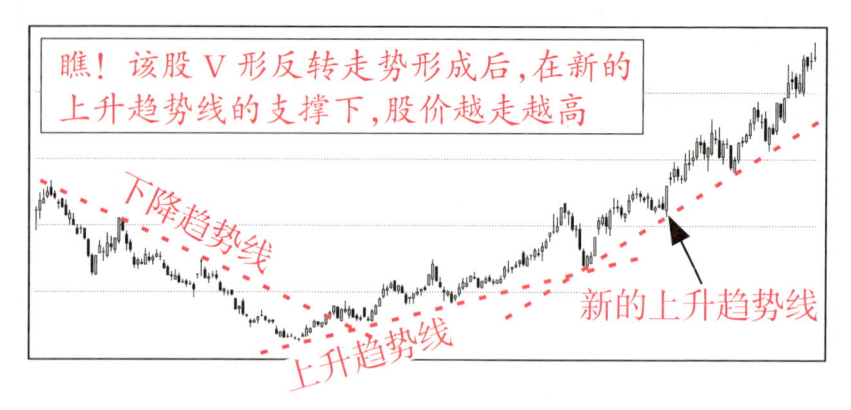

瞧!该股 V 形反转走势形成后,在新的上升趋势线的支撑下,股价越走越高

下降趋势线

上升趋势线

新的上升趋势线

海特高新(002023)2008.7.18~2009.6.1 的日 K 线图　图 309

【注】趋势线的画法、新的上升趋势线是怎么回事等有关知识,详见《股市操练大全》第二册第 226 页~255 页,第八册第 268 页~275 页。

股市赢家自我培训测试题　No.93

考考你（K线实战技巧一题一练）

该股这几天走势让人捉摸不透,像是向上突破,但很快又跌了回来。A认为这是主力在试盘,之后仍会组织力量向上攻击,现在大家可继续看多做多;B认为主力心存不善,是在拉高出货,现在大家应该看空做空。

现在请你对这两种意见作出选择。(选择时请说明理由)

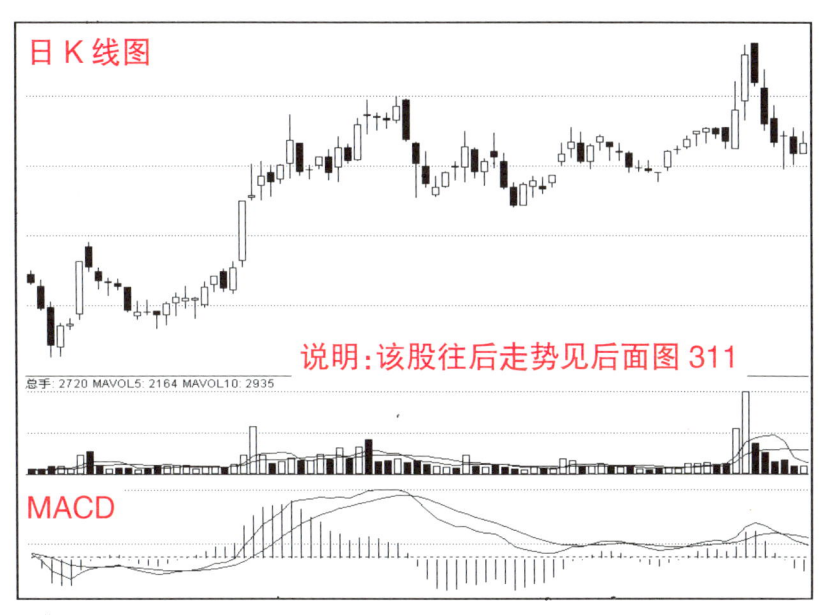

日K线图

说明:该股往后走势见后面图311

总手: 2720 MAVOL5: 2164 MAVOL10: 2935

MACD

图310

答 选择 B。看图不能先入为主,更不能凭想当然地猜测主力是为了做多在试盘。其实,仔细分析该图后就会发现:①股价急涨急跌,K 线上已经构成了"下跌三连阴"[注1](见前图倒数第 6 根~第 4 根 K 线)的走势。②成交量突然放大后又突然缩小,这是主力出货的惯用伎俩,这要引起大家警惕。③MACD 出现了死亡交叉[注2]。若将这些看跌的信号集中在一起,那就不得了。大厦将倾,当然应及时卖出。(该股往后走势见下图)

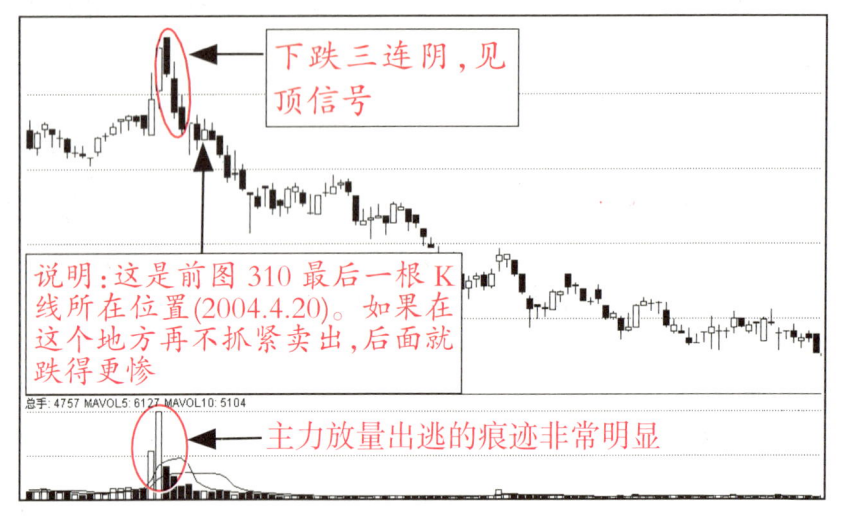

图中标注:
- 下跌三连阴,见顶信号
- 说明:这是前图 310 最后一根 K 线所在位置(2004.4.20)。如果在这个地方再不抓紧卖出,后面就跌得更惨
- 主力放量出逃的痕迹非常明显

中水渔业(000798)2004.3.18~2004.8.19 的日 K 线图　图 311

【注1】关于"下跌三连阴"的特征、技术意义与实例,详见《股市操练大全》第一册第 139 页,第七册第 55~57 页,第八册第 226、227 页。

【注2】关于"MACD"的知识与操作技巧,详见《股市操练大全》第二册第 348 页~第 377 页。

股市赢家自我培训测试题　No.94

考考你（K线实战技巧一题一练）

该股冲高后突然遭受4个跌停板，近来股价止跌企稳（见下面第一张图）。A认为，股价止跌企稳，表明主力仍在做多，后市可以看好，现在应积极跟进，B看了该股日K线与周K线图（见下面第二张图）后认为，该股见顶已成定局，现在应该马上卖出。

现在请你认真想一想，究竟应该选择A还是选择B。（请说明选择的理由）

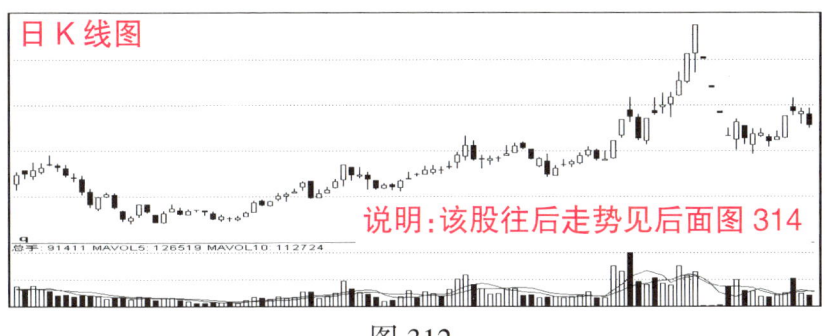

日K线图

说明：该股往后走势见后面图314

图312

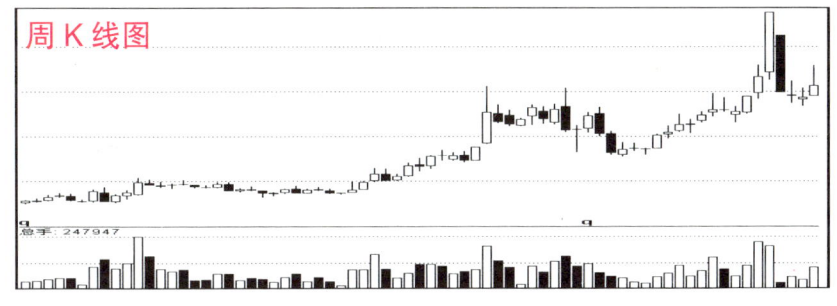

周K线图

图313

191

答 选择 B。理由：①股价连续跌停说明盘中积聚了巨大的做空能量，连续跌停后的企稳,往往是假象,它常常会有第 2 轮跌势出现。②前面周 K 线图上,倒数第 4 根、第 5 根 K 线合在一起是"倾盆大雨"[注]K 线组合,这是一个十分凶狠的头部信号。最近 3 周虽然收了 3 根周阳线,但上影线都很长,表明上档压力沉重,后市下跌已不可避免。(该股往后走势见下图)

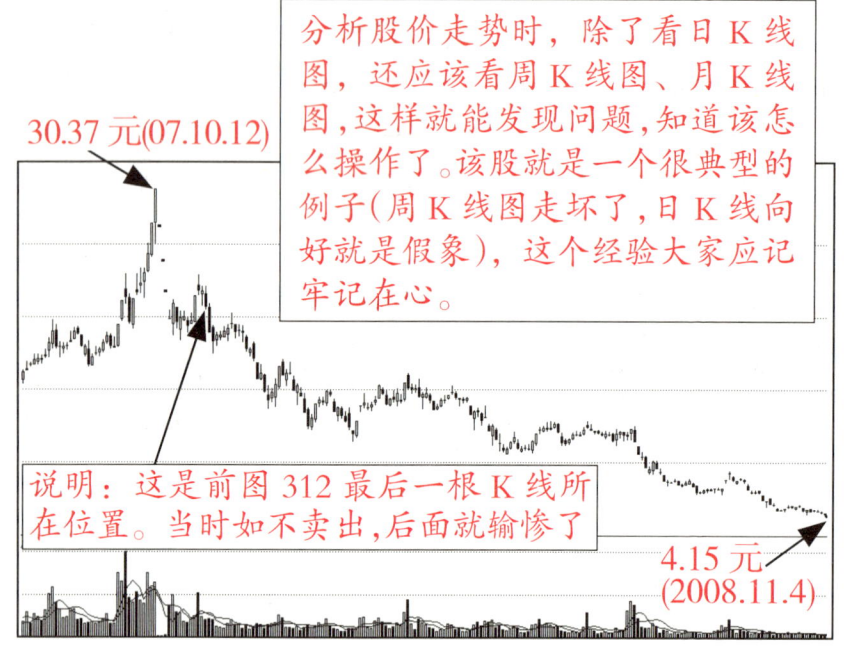

30.37 元(07.10.12)

分析股价走势时,除了看日 K 线图,还应该看周 K 线图、月 K 线图,这样就能发现问题,知道该怎么操作了。该股就是一个很典型的例子(周 K 线图走坏了,日 K 线向好就是假象),这个经验大家应记牢记在心。

说明：这是前图 312 最后一根 K 线所在位置。当时如不卖出,后面就输惨了。

4.15 元
(2008.11.4)

东方钽业(000962)2007.8.16~2008.11.4 的日 K 线图 图 314

【注】关于"倾盆大雨"的特征、技术意义与相关实例,详见《股市操练大全》第一册第 56 页～第 58 页,第七册第 39 页～第 41 页。

股市赢家自我培训测试题　No.95

考考你（K线实战技巧一题一练）

下面是某股的一张周K线图，有人在图中设置了两个买点。

请问：这两个买点设置得对吗？（请说明理由）

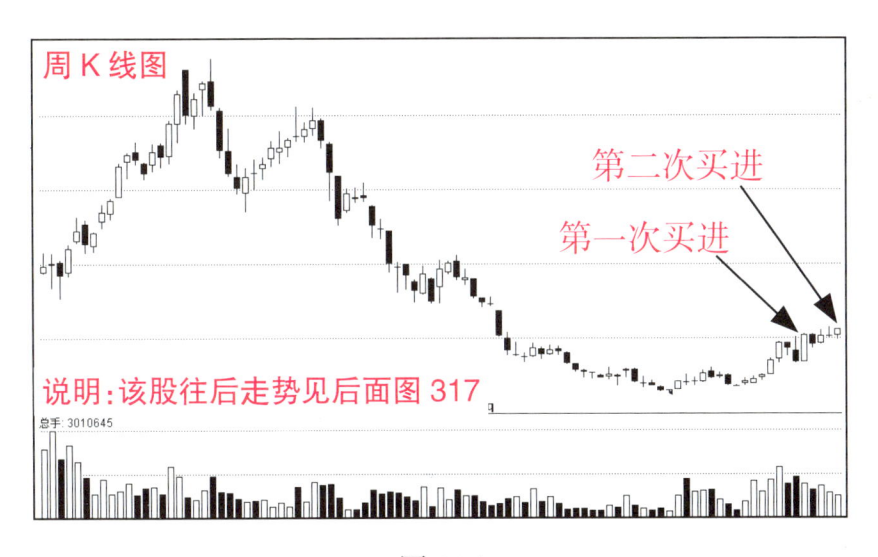

周K线图

第二次买进

第一次买进

说明：该股往后走势见后面图317

总手：3010645

图315

答 这两个买点设置是对的，因为该股在低位构筑了一个圆底[注]。从图中看，设置第一个买点的地方，股价已突破圆底的颈线（编者按：大多数圆底都无颈线可觅，有颈线的是少数，但有了这样的机会就应该充分利用，这是聪明的做法）；设置第二个买点的地方，股价已连续第4周站在圆底的颈线上方，且股价已创了近期新高。

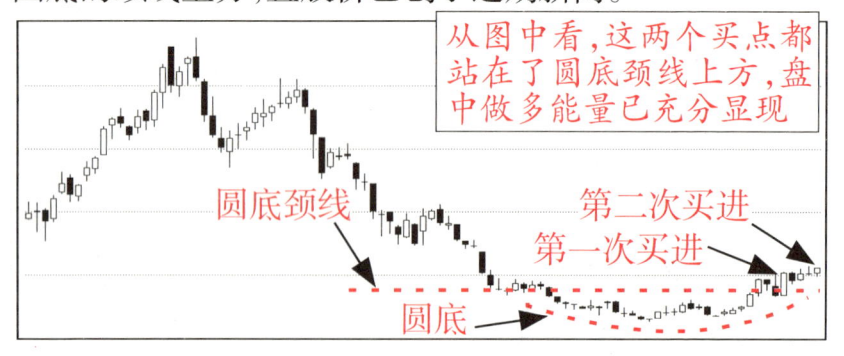

从图中看,这两个买点都站在了圆底颈线上方,盘中做多能量已充分显现

圆底颈线
第二次买进
第一次买进
圆底

上海汽车（600104）2007.5.25~2009.4.3 的周K线图　图316

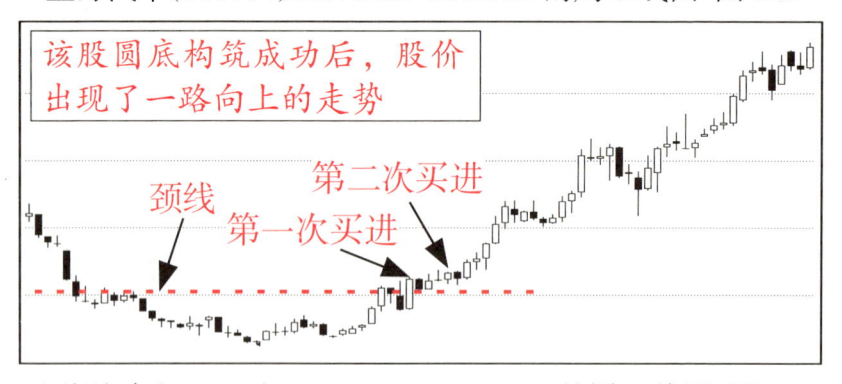

该股圆底构筑成功后，股价出现了一路向上的走势

颈线
第二次买进
第一次买进

上海汽车（600104）2008.5.16~2009.12.25 的周K线图　图317

【注】关于"圆底"的特征、技术意义与相关实例，详见《股市操练大全》第一册第246页～第247页，第六册第67页～第69页、第228页。

股市赢家自我培训测试题　No.96

考考你（K线实战技巧一题一练）

一位投资者向分析师请教下面的个股应何操作。分析师说,该股见顶现象很明显,建议他及时卖出。现在请你作出选择：A、该意见是正确的；B、该意见是错误的；C、该意见半对半错。（选择时请说明理由）

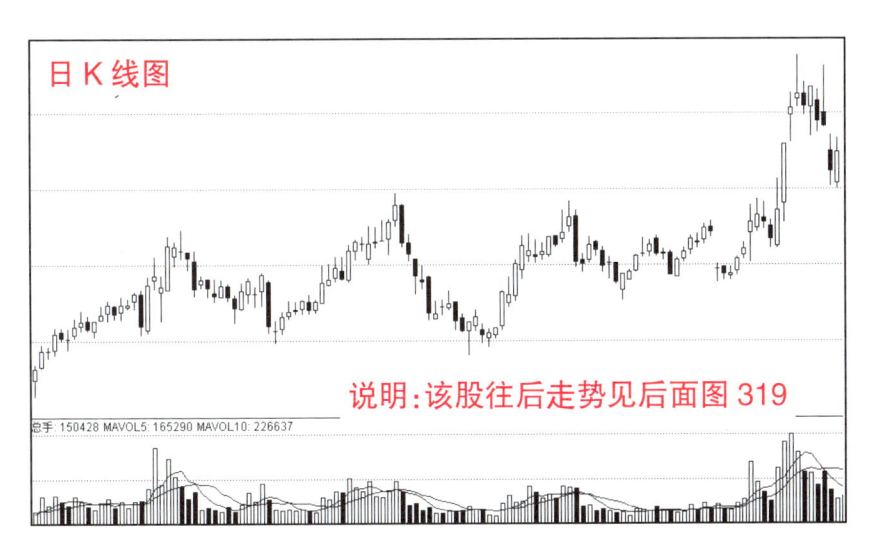

日K线图

说明：该股往后走势见后面图319

图 318

答 选择A。理由是：确实如这位分析师所说，该股见顶迹象十分明显。从图中看，该股至少出现了3个明显的见顶信号：①箭头A、箭头B所指的(见下图)都是"射击之星"，射击之星是典型的见顶信号；②箭头C所指的地方是一个"向下突破缺口"【注】，这又是一个重要的看跌信号，它表明股价趋势正在逆转；③箭头D所指处，5日均量线与10日均量线出现了死亡交叉。总之，在众多见顶信号的重压下，该股下跌已不可避免，因此及时卖出是对的。（该股往后走势见下图）

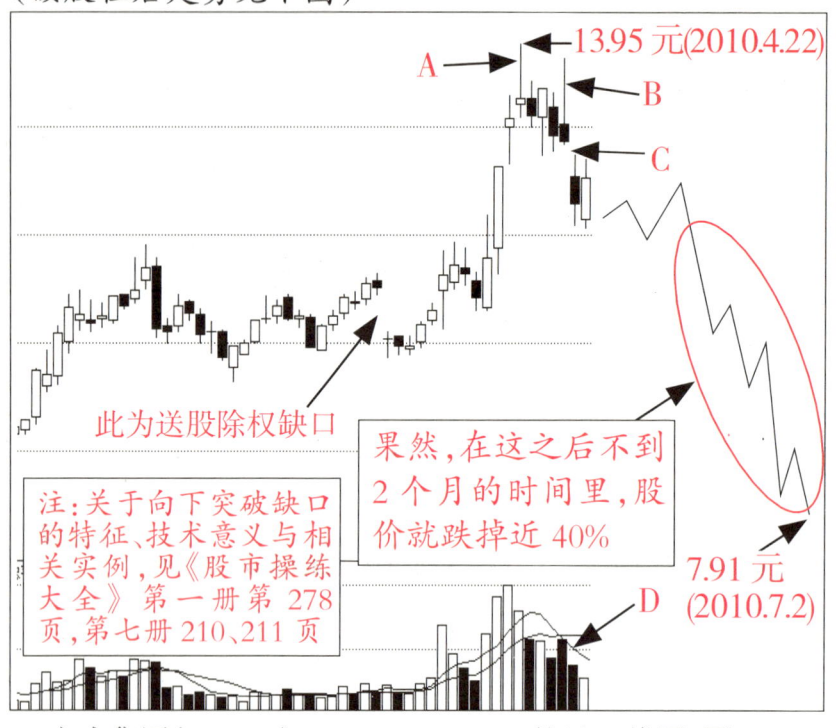

A 13.95元(2010.4.22)
B
C
此为送股除权缺口
果然，在这之后不到2个月的时间里，股价就跌掉近40%
7.91元(2010.7.2)
D

注：关于向下突破缺口的特征、技术意义与相关实例，见《股市操练大全》第一册第278页，第七册210、211页

方大集团(000055)2010.2.9~2010.5.4的日K线图 图319

股市赢家自我培训测试题　No.97

考考你（K线实战技巧一题一练）

市场上对该股的走势有两种不同的看法：A、该股冲高回落，表明反弹已经结束，应马上卖出；B、该股从底部上来出现冲高回落是很正常的现象，回调后股价将继续上涨，此时应积极地逢低吸纳，持股待涨。

现在请你对A、B作出选择，选择时请说明理由。

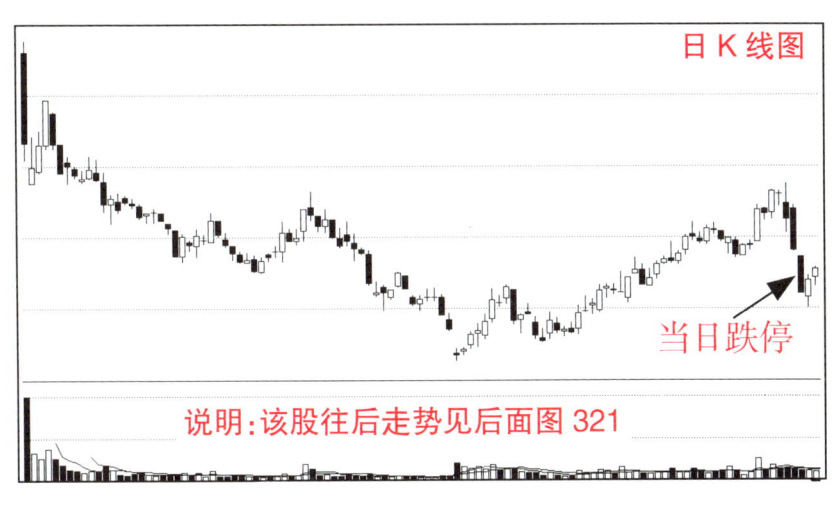

日K线图

当日跌停

说明：该股往后走势见后面图321

图320

答 选择 A。该股从低位上来不像反转而像反弹(编者按：如果是反弹，反弹夭折后，股价会创新低；如果是反转，股价回落止跌后仍会上涨，并创出新高)。为什么说它是反弹呢？第一，如果是反转，成交量应该有明显放大的迹象，但从图中看，该股上升时成交量依然如故，没有放大迹象，说明没有新的增量资金加入。第二，如果是反转，股价从底部上来出现冲高回落，不大可能出现连续的大阴线，并且以向下跳空拉长阴至跌停的方式进行杀跌。因为这种下跌方式，通常在反弹夭折时才会出现，如果行情是反转的话，正常的回调是很难见到这种下跌方式的。综合起来看，我同意该股反弹已经结束，应马上卖出。(该股往后走势见下图)

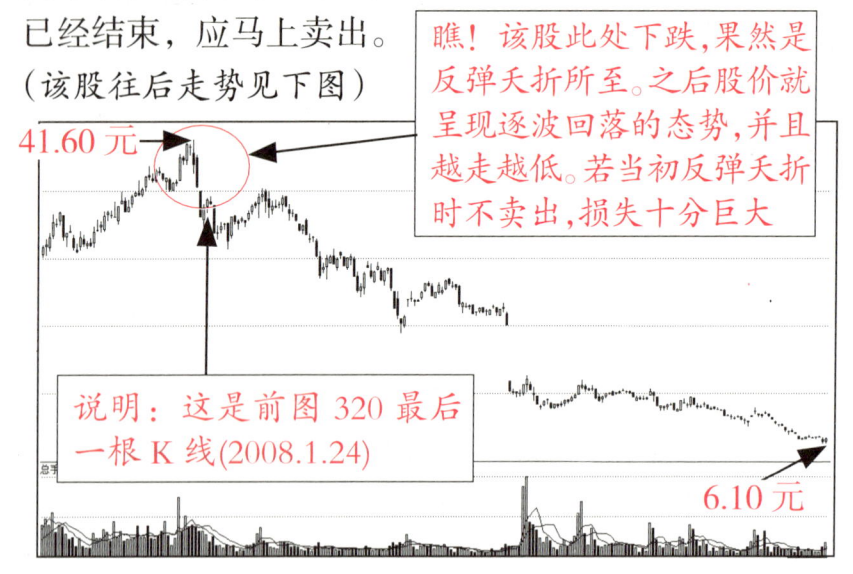

> 瞧！该股此处下跌，果然是反弹夭折所至。之后股价就呈现逐波回落的态势，并且越走越低。若当初反弹夭折时不卖出，损失十分巨大

41.60 元

说明：这是前图 320 最后一根 K 线(2008.1.24)

6.10 元

江苏通润(002150)2007.11.14~2008.10.28 的日 K 线图 图 321

股市赢家自我培训测试题　No.98

考考你（K线实战技巧一题一练）

有一位投资者把该股的最安全买点设在下图两个圆圈处。据这位投资者介绍，箭头 A 指的圆圈为试探性买入区，箭头 B 指的圆圈为增仓买入区。

请问：最安全的买点设在这两个圆圈处是否正确？为什么？

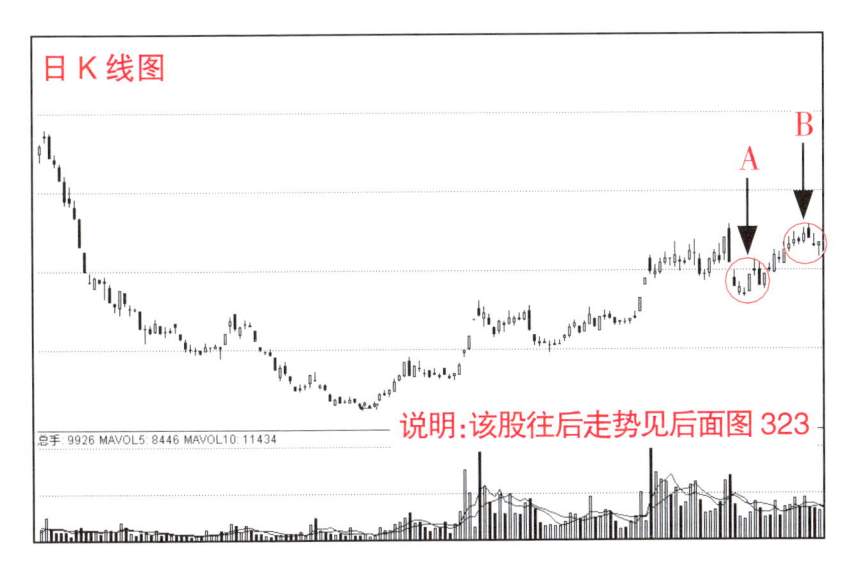

日 K 线图

说明：该股往后走势见后面图 323

图 322

答 正确。但炒股总是有风险的,所谓最安全的买点,其实就是风险最小的买点。那么,这位投资者为什么要把风险最小的买点设在两个圆圈处呢?大家在该图中加一条直线就能看明白了,原来该股在低位构筑了一个大的"头肩底"。从图中看,股价在突破头肩底颈线后出现了回抽,之后股价在回抽到颈线处再返身向上,在技术上就是一个较安全的买点,所以在箭头 A 所指处进行试探性买入是恰当的。尔后,股价又冲到前面高点之上,从技术上说,上行趋势已经确立。因此,将增仓放在箭头 B 指处也是合理的。(该股后续走势见下面小图)

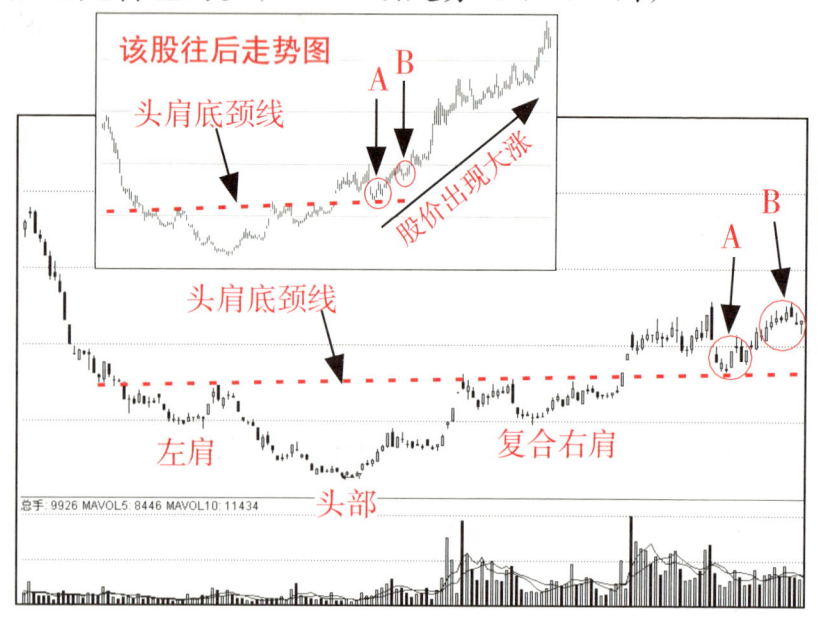

西部材料(002149)2008.7.29~2009.3.26 的日 K 线图 图 323

股市赢家自我培训测试题　No.99

考考你（K线实战技巧一题一练）

下面2张图都属于同一个股票,一张是它某时段的日K线走势图,一张是这张日K线图后面第二天上午的分时走势图。如果你手里有这个股票,现在应该怎么操作呢?下面有3种选择:A、马上卖出;B、观望,暂不卖出;C、继续看好,适量增仓。

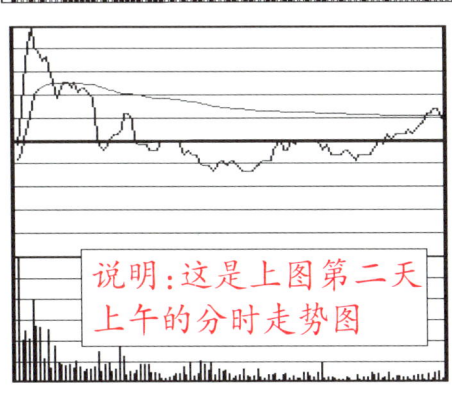

日K线图

说明:该股往后走势见后面图326

图324

说明:这是上图第二天上午的分时走势图

图325

请问:现在应该选择A,还是选择B或C?（请说明理由）

答 选择A。理由是：①图324中倒数第2根K线是"长十字线"[注]，为见顶信号，第二天虽然收了一根小阳线，但股价仍收在长十字线的下影线处，这样长十字线的见顶信号基本被确认。②前图324显示，这一波见底回升刚刚冲到前面高点上方就拉出了长十字线，说明前面高点就是该股上行的重大阻力位，继续回落的概率很大。③该股第二天分时走势图显示（见前图325与本页图327），当天冲高后马上就掉头向下，说明前面的长十字线确实是见顶信号，短期内上档存在很大卖压。

该股往后走势见下图

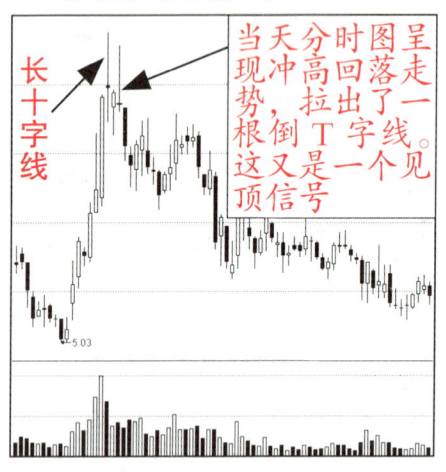

长十字线

当天分时图呈现冲高回落走势，拉出了一根倒T字线。这又是一个见顶信号

中信银行（601998）2010.9.13~
2011.1.6 的日 K 线图　图 326

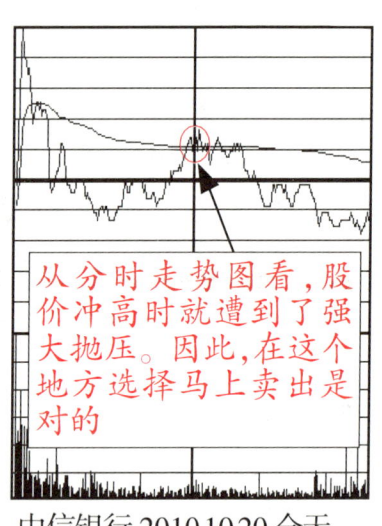

从分时走势图看，股价冲高时就遭到了强大抛压。因此，在这个地方选择马上卖出是对的

中信银行 2010.10.20 全天
分时走势图　图 327

【注】关于"长十字线"的特征、技术意义与相关实例，详见《股市操练大全》第一册第 46 页~48 页，第七册第 3 页~13 页，第八册第 237 页。

股市赢家自我培训测试题　No.100

考考你(K线实战技巧一题一练)

该股走势耐人寻味，先是快速冲高后再急跌,现在又出现了强劲反弹连拉3阳。A认为,这是主力拉高出货后又一次诱多行为,投资者莫上当,应该马上卖出;B认为,这是主力前期拉高试盘后,在此正式启动了行情,后市可积极看好,应马上跟进。

现在请你作出选择,选A还是选B。(请说明选择的理由)

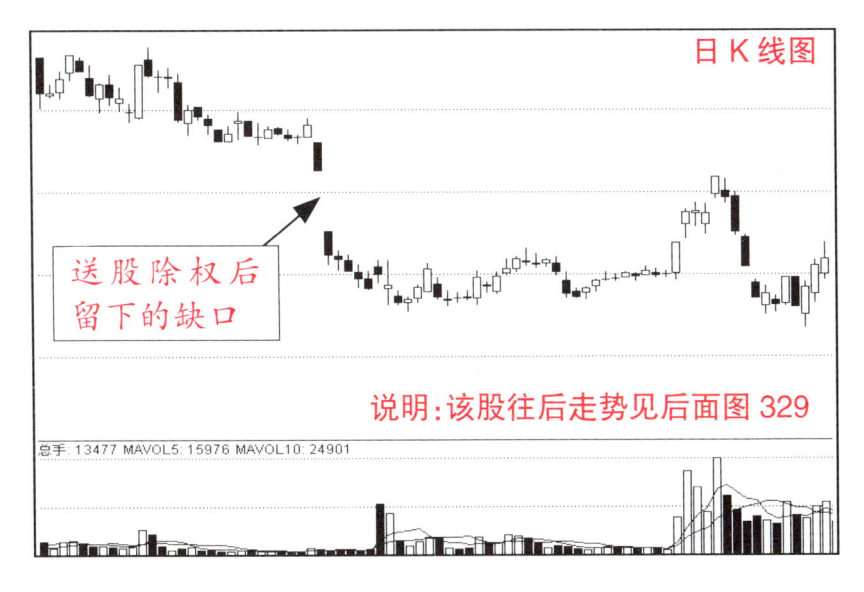

日K线图

送股除权后留下的缺口

说明:该股往后走势见后面图329

图328

答 选择A。理由是：①在主力出货的18般武器中，"急涨急跌出货法"【注1】是主力最重要的一种出货手段。可以说，急涨急跌后，股价再次大跌已不可避免。②图中最后3根阳线组合在一起，称为"升势受阻"【注2】，这是反弹受阻的信号，股价随时会掉头向下。

综合起来看，现在马上卖出是对的，卖出越晚，损失越大。（该股往后走势见下图）

> 果然，在该股出现"升势停顿"K线组合后，第2天该股就掉头向下，短短2个多月，股价又跌掉6成

> 瞧！急涨急跌时成交量暴增，主力出逃的痕迹十分明显

> 说明：这是前图328最后一根K线所在位置（2008.8.21）

精诚铜业（002171）2008.5.20~2008.11.7的日K线图　图329

【注1】关于"急涨急跌出货法"的特征、技术意义与相关实例，详见《股市操练大全》第六册第269页~270页，第七册第354页~364页。

【注2】关于"升势受阻"K线组合的特征、技术意义与相关实例，详见《股市操练大全》第一册第90页~第91页。

股市赢家自我培训测试题　No.101

考考你（K线实战技巧一题一练）

下面是某股的周K线图。老邱在图中箭头A指处第一次买进，本周末又进行了加仓。对老邱这样的操作行为，同室的股友极力反对。他们认为该股是一轮反弹，现在反弹已进入尾声。最主要的反对理由是：该股前面也有过连拉几周阳线的情况（见图中画圈处），结果反弹结束，股价又重归跌势。

现在请你作出选择：①同室股友的观点是正确的；②同室股友的观点是错误的。（请说明理由）

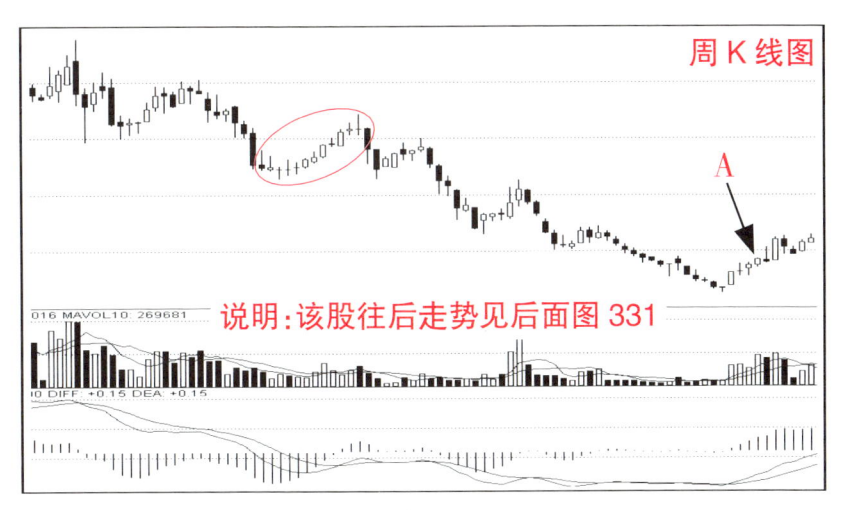

周K线图

说明：该股往后走势见后面图331

图330

答 选择②。为什么呢?因为他们错误地将这次周K线出现连拉阳线的情况,与之前一次连拉阳线的情况相比,以此证明现在该股同样逃脱不了反弹的宿命。其实,前面周K线连拉阳线时(见前面图中画圈处),MACD红柱状线、成交量都无放大现象,股价尚未深跌,所以是反弹而不是反转。而此次周K线连拉阳线时,MACD红柱状线、成交量都有明显放大现象,股价已出现深跌,所以这次股价反转的可能性比前面要大很多。

在股市里当机会大于风险时就可以尝试(因为股市里绝对无风险的事是没有的),因此老邱此时看多做多是对的。他分两次买进,体现了一种稳扎稳打的操作思路,这也应该加以肯定。(该股往后走势见下图)

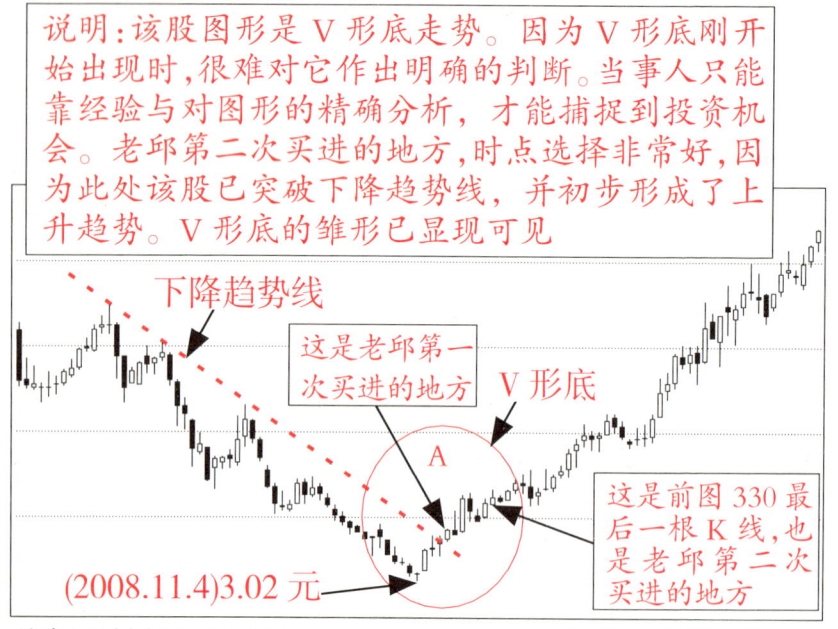

说明:该股图形是V形底走势。因为V形底刚开始出现时,很难对它作出明确的判断。当事人只能靠经验与对图形的精确分析,才能捕捉到投资机会。老邱第二次买进的地方,时点选择非常好,因为此处该股已突破下降趋势线,并初步形成了上升趋势。V形底的雏形已显现可见

下降趋势线
这是老邱第一次买进的地方
V形底
A
(2008.11.4)3.02元
这是前图330最后一根K线,也是老邱第二次买进的地方

海螺型材(000619)2007.10.26~2009.11.20的周K线图 图331

股市赢家自我培训测试题　No.102

考考你（K线实战技巧一题一练）

今天该股收了一根中阳线，成交量也有所放大。有分析师认为,该股前期连续下跌,特别是出现了连续两个向下跳空缺口后,做空能量已经得到充分释放。现在经过一段时期筑底,股价重心在上移,今天收中阳线,表明主力做多意愿强烈,此时可积极买进。

现在请你作出选择:A、该分析师意见是正确的,可买进;B、该分析师意见是错的,不能买进。（请说明选择的理由）

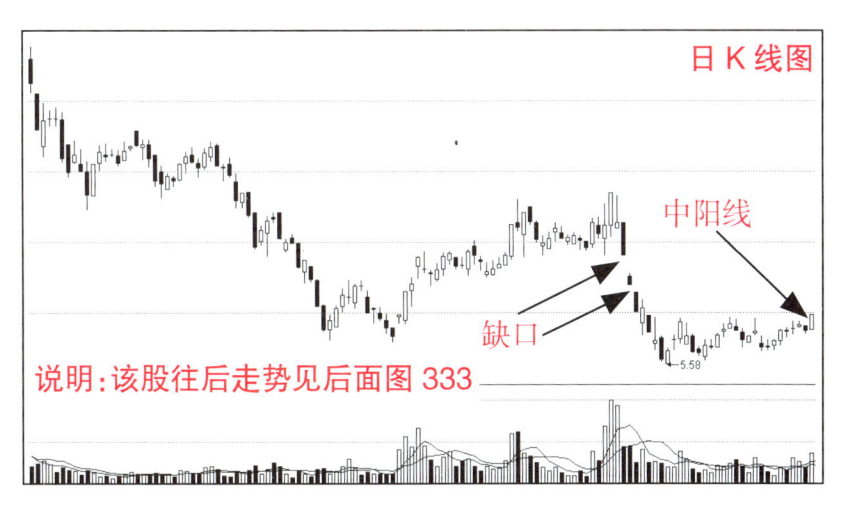

日K线图

中阳线

缺口

说明:该股往后走势见后面图333

图332

答 选择B。我认为股价连续跳空下跌后，股价出现横盘，并不表明做空能量已被充分释放，它也有可能是空方在连续做空后的暂时休息。因此，把连续跳空当作做空能量充分释放的观点是站不住脚的。其实，该股的横盘，最后向上或向下都有可能。如果向上突破可看多，向下突破应看空。今天虽然收了一根中阳线，但股价并没有有效地突破横盘中的高点。也就是说，当时突破方向仍然不明朗，所以只能进行观望，不能盲目买进。之后该股的走势出来了，看多做多者可输惨了。（该股往后走势见下图）

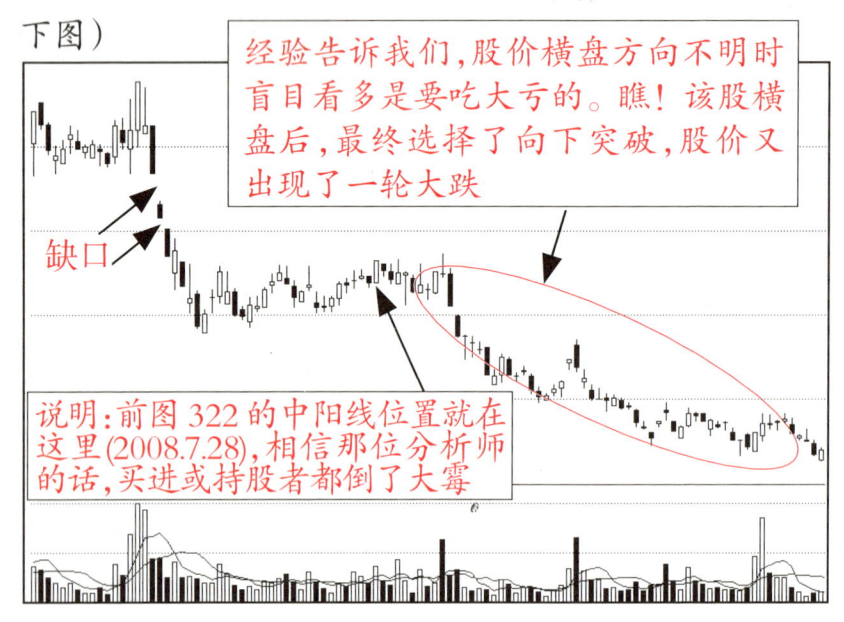

经验告诉我们，股价横盘方向不明时盲目看多是要吃大亏的。瞧！该股横盘后，最终选择了向下突破，股价又出现了一轮大跌

缺口

说明：前图322的中阳线位置就在这里(2008.7.28)，相信那位分析师的话，买进或持股者都倒了大霉

深国商(000056)2008.5.21~2008.10.28的日K线图 图333

股市赢家自我培训测试题　No.103

考考你（K线实战技巧一题一练）

仔细观察下图,然后对下面两种观点作出选择。甲认为,该股下跌途中出现3个向下跳空缺口,第3个缺口是竭尽缺口(又称为衰竭缺口)。现在股价出现了止跌回升的迹象,说明竭尽缺口出现后的最后一跌已结束,股价筑底后将展开新一轮升势,现在应该及时跟进做多。乙认为该股下跌趋势未变,现在仅是暂时止跌,因此对该股仍应看空做空。（选择时请说明理由）

日K线图

第3个向下跳空缺口

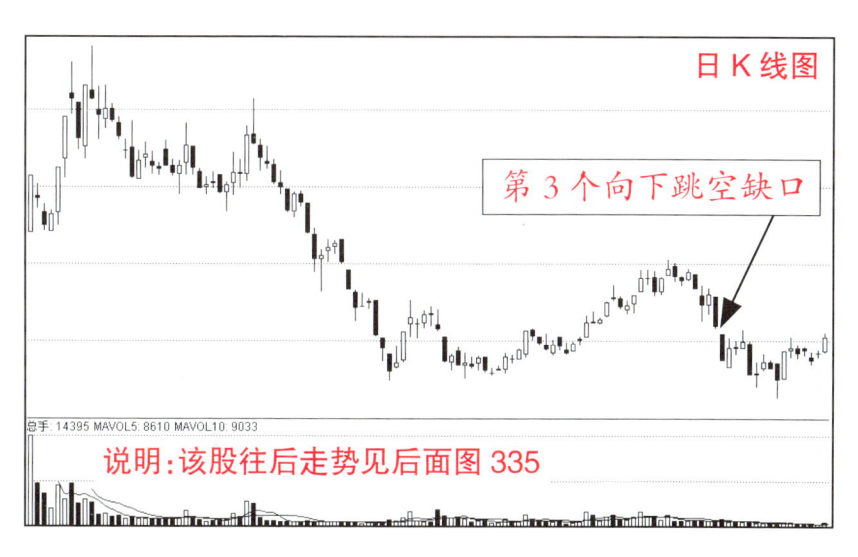

说明:该股往后走势见后面图335

图334

答 选择乙。理由是：①第3个向下跳空缺口≠竭尽缺口[注1]。对什么是衰竭缺口不能片面理解，该缺口仍然属于普通的持续下跌缺口。它的出现说明盘中做空的动能仍在，股价将继续下跌。②该股仍在下降趋势线[注2]之下运行，成交量低迷，未见主动性做多力量出现。这些因素都表明该股仍存在着继续下跌的动力。（该股往后走势见下图）

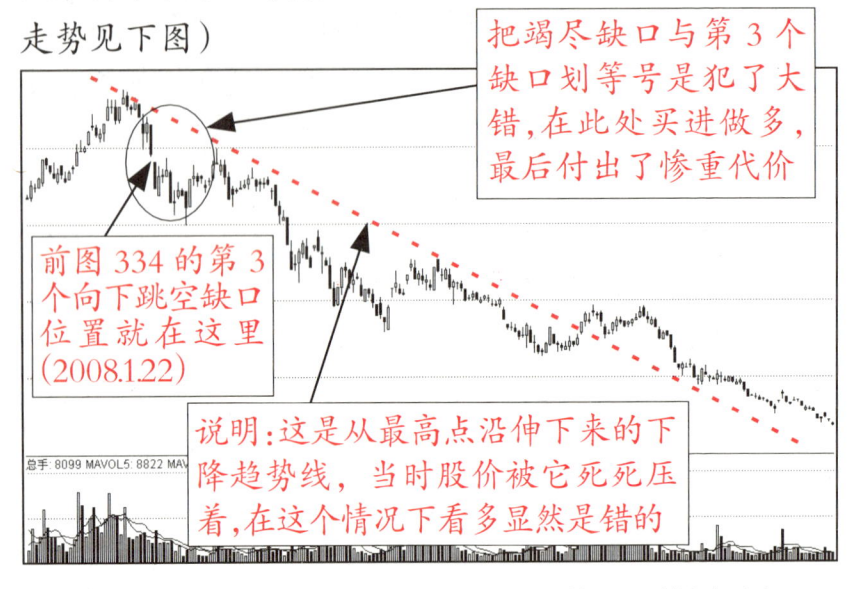

把竭尽缺口与第3个缺口划等号是犯了大错，在此处买进做多，最后付出了惨重代价

前图334的第3个向下跳空缺口位置就在这里（2008.1.22）

说明：这是从最高点沿伸下来的下降趋势线，当时股价被它死死压着，在这个情况下看多显然是错的

常铝股份(002160)2007.12.4~2008.10.16的日K线图　图335

【注1】关于"竭尽缺口"的鉴别技巧与相关实例，详见《股市操练大全》第一册第278页，第七册第211~213页，第八册第333~335页。

【注2】关于"下降趋势线"的特征、技术意义与相关实例，详见《股市操练大全》第二册226~232页，第八册271~275页，习题集第34页。

股市赢家自我培训测试题　No.104

考考你(K线实战技巧一题一练)

仔细观察下图,然后对下面观点作出选择。(1)行情尚属于启动阶段,可继续看多做多,持股待涨;(2)行情反弹目标位已到,应逢高派发,落袋为安。

请你认真想一想,究竟应该选①还是选②,并请说明选择理由。

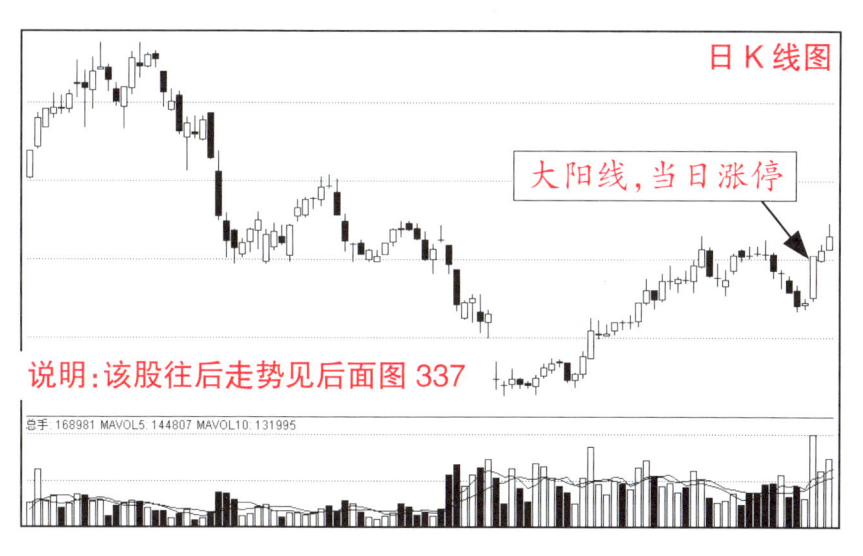

日K线图

大阳线,当日涨停

说明:该股往后走势见后面图337

图 336

答 选择(1)。理由是:①图中的一个向下缺口,为"衰竭缺口",此缺口被封闭说明行情的下跌趋势已被扭转;②股价冲高回落,在该缺口上方止跌,并重新返身向上,说明向下缺口被封闭是有效的,这进一步支持了股价向好;③关键时刻,拉出了一根涨停大阳线,这根大阳线属于"低位大阳线"[注],是继续看涨的信号;④随着股价上升,成交量呈稳步放大态势,量价配合很理想。(该股往后走势见下图)

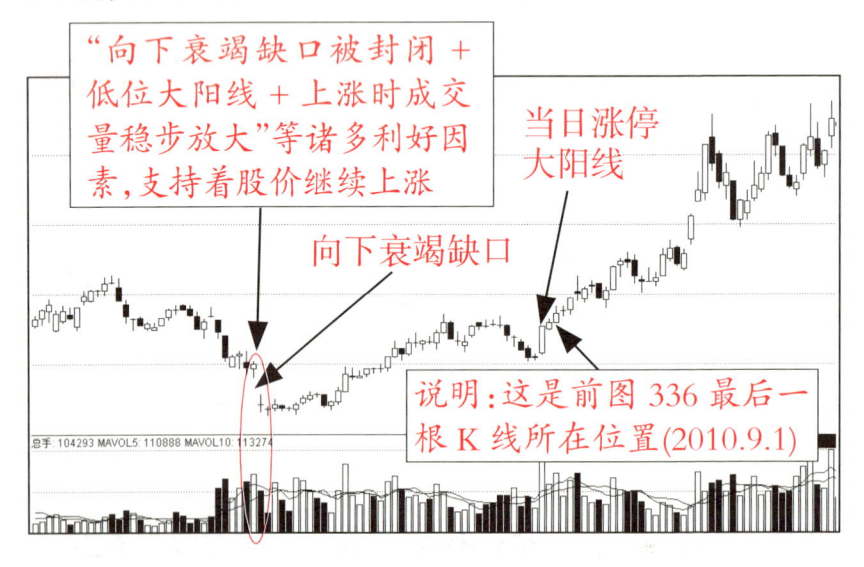

"向下衰竭缺口被封闭＋低位大阳线＋上涨时成交量稳步放大"等诸多利好因素,支持着股价继续上涨

当日涨停大阳线

向下衰竭缺口

说明:这是前图 336 最后一根 K 线所在位置(2010.9.1)

兴发集团(600141)2010.5.12~2010.11.5 日 K 线图 图 337

【注】关于"低位大阳线"的特征、技术意义与相关实例,详见《股市操练大全》第八册第 29 页～第 34 页、第 539 页～第 541 页。

股市赢家自我培训测试题　No.105

考考你(K线实战技巧一题一练)

　　仔细观看下面的图形,请选择:(1)完全看好,增仓;(2)基本看好,持仓不动;(3)基本看坏,减仓。(请说明选择的理由)

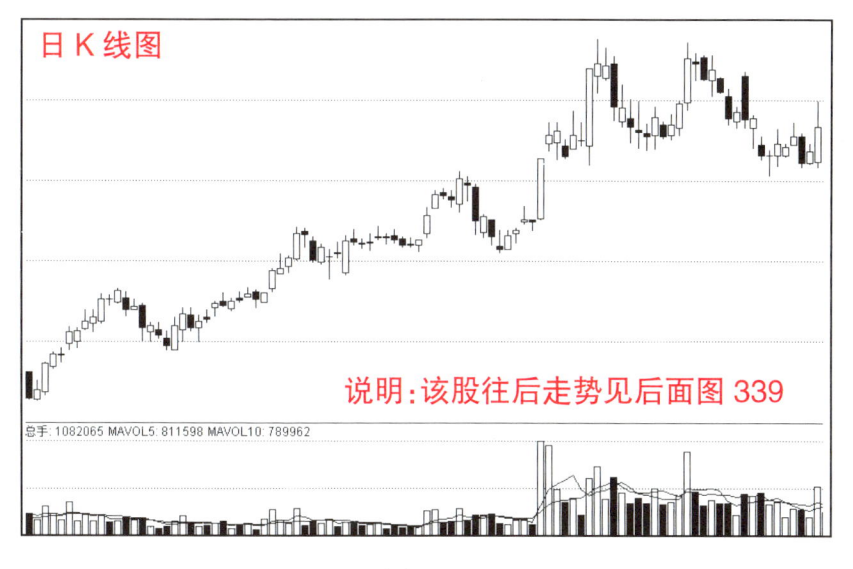

日K线图

说明:该股往后走势见后面图339

图338

答 选择(3)。理由是:①图中出现了双顶图形。虽然现在股价还在颈线附近徘徊,尚没有完全向下破位,但大兵压阵,形势对多方很不利;②向上跳空缺口已完全被封闭,表明盘中做空力量已占优势,存在着较大的下跌动能(关于这方面的详细解说,见《股市操练大全》第七册第214页、215页)。综合这两点,我感到该股后市堪忧,应减仓。另外要注意:如果股价向下破了颈线,就必须全部卖出。

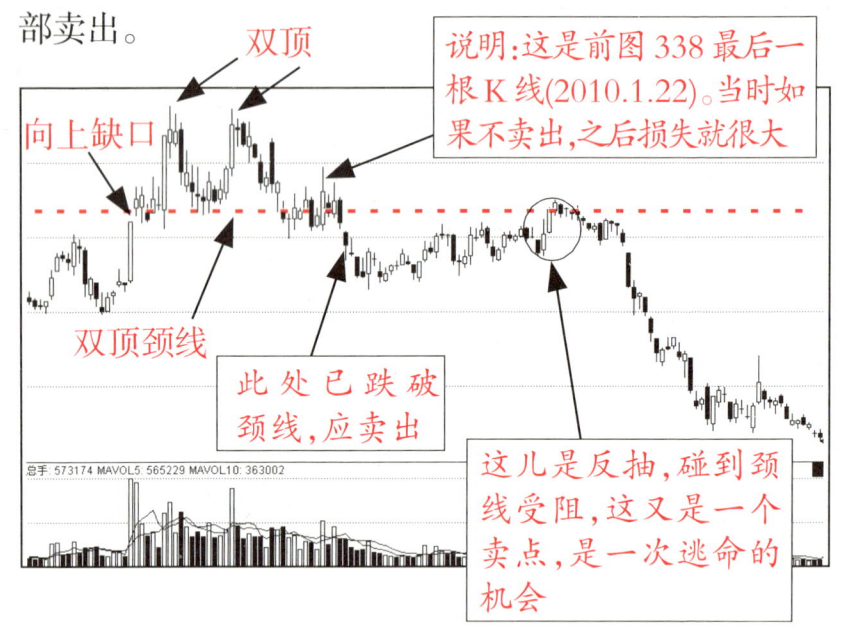

中信银行(601998)2009.11.10~2010.6.8 日 K 线图 图 339

【注】关于"双顶"的特征、技术意义与相关实例,详见《股市操练大全》第一册第244、245页,第六册第74~78页,第七册第167~171页。

214

股市赢家自我培训测试题　No.106

考考你（K线实战技巧一题一练）

　　仔细观察下图,然后对下面观点作出选择。A认为该股在低位已形成V形反转之势,目前股价上升势头正健,后市可看好,现在应积极看多做多;B认为近期该股上升仅是一次反弹,现在股价的反弹目标位已到,应赶快卖出。（选择时请说明选择的理由）

日K线图

总手:18928 MAVOL5: 23210 MAVOL10: 20613

说明:该股往后走势见后面图341

图340

答 选择 B。理由是：从图中看,该股前期出现了一个向下跳空缺口,然后股价出现了快速下跌,由于短期内跌幅较大,技术上出现超卖,引发了一轮反弹。为什么说它是反弹呢？因为前面的缺口是"向下突破缺口"[注]。该缺口出现,表明整个行情的性质发生了根本性变化,趋势向下已成定局。因此当股价反弹到该缺口附近,反弹目标位已到,在向下突破缺口的强大阻力面前,股价将掉头向下,重归跌势,故而当时马上卖出是对的。（该股往后走势见下图）

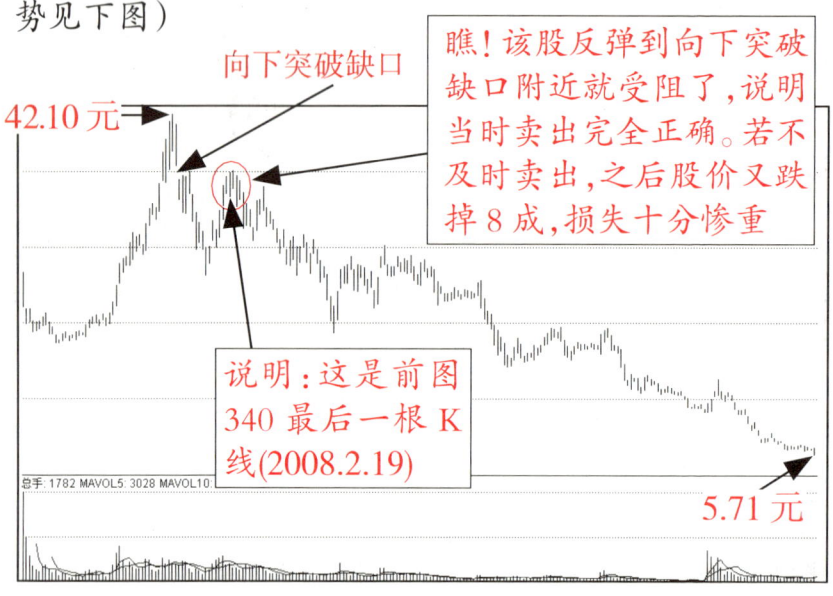

向下突破缺口

42.10 元

瞧！该股反弹到向下突破缺口附近就受阻了,说明当时卖出完全正确。若不及时卖出,之后股价又跌掉 8 成,损失十分惨重

说明：这是前图 340 最后一根 K 线(2008.2.19)

5.71 元

云海金属(002182)2007.11.13~2008.11.7 的日 K 线压缩图 图 341

【注】关于"向下突破缺口"的特征、技术意义与相关实例,详见《股市操练大全》第一册第 278 页,第四册第 240 页,第七册第 210 页、211 页。

股市赢家自我培训测试题　No.107

考考你（K线实战技巧一题一练）

小苗以前一直很看好该股，把它捂在手里不放，前期股价冲高回落，他还认为仅仅是短期回调，该股的中长线走势仍然向好。但本周收盘后，小苗看了该股日K线与周K线图后，态度突然出现180度大转弯，感到该股中长线走势已经变坏，准备下周一开盘就全部卖出。

现在请你选择：A、小苗现在的看法是对的；B、小苗现在的看法半对半错；C、小苗现在的看法是错的。（请说明选择的理由）

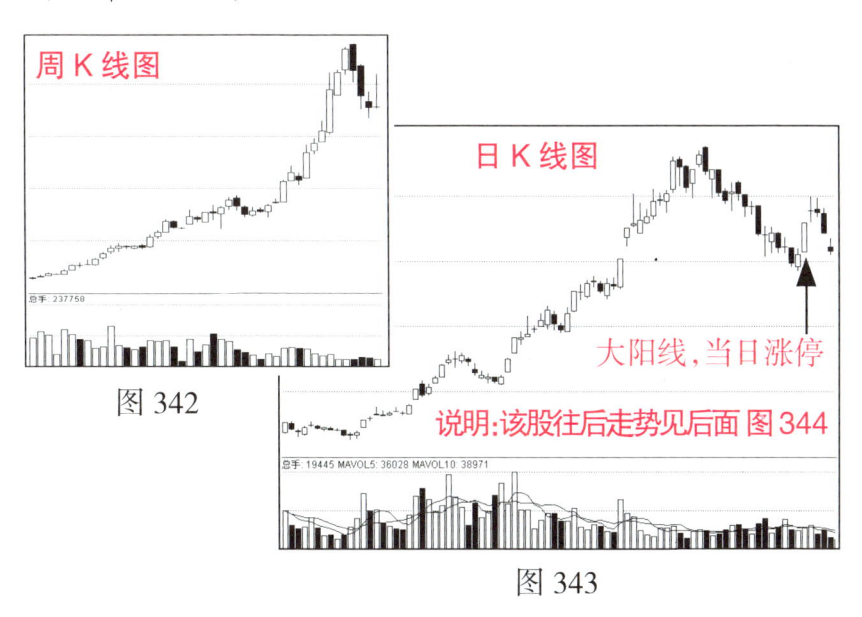

周K线图

图342

日K线图

大阳线,当日涨停

说明:该股往后走势见后面 图344

图343

答 选择A。理由：①日K线图中箭头所指的大阳线，出现后仅几个交易日就被后面的阴线吞吃掉，这说明这根大阳线的性质是"反弹大阳线"[注1]，是趋势转弱的看跌信号；②周K线情况更糟。倒数第4根、第5根K线合在一起是"穿头破脚"；倒数第2根～第4根K线是"下跌三连阴"，最后一根K线是"倒T字线"。穿头破脚、下跌三连阴、倒T字线[注2]都是重要的见顶信号，后市向坏已成定局（见下图）。

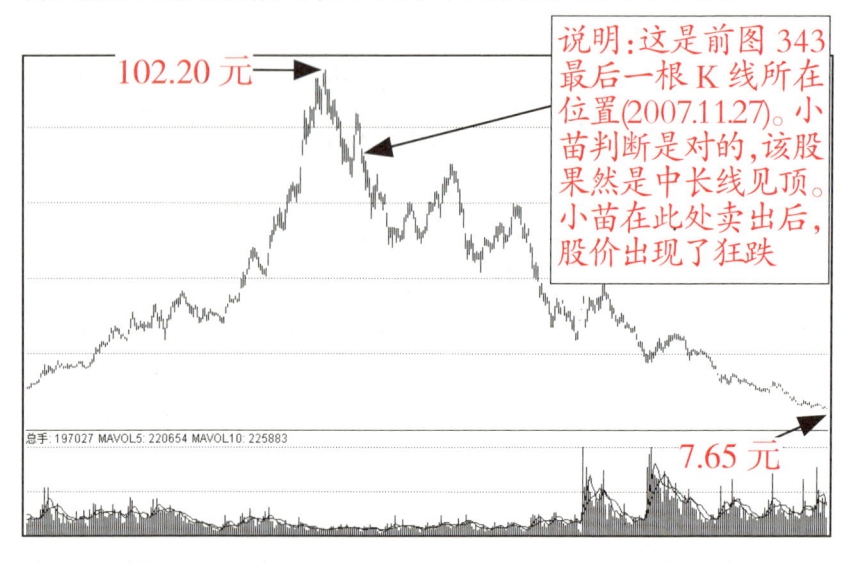

102.20元

说明：这是前图343最后一根K线所在位置（2007.11.27）。小苗判断是对的，该股果然是中长线见顶。小苗在此处卖出后，股价出现了狂跌

7.65元

锡业股份（000960）2007.2.7～2008.11.7的日线压缩图 图344

【注1】关于"反弹大阳线"的特征、技术意义与相关实例，详见《股市操练大全》第八册第32～第37页、第548页～第552页。

【注2】关于"穿头破脚"、"下跌三连阴"、"倒T字线"的特征、技术意义与相关实例，详见《股市操练大全》第一册第一章，第七册第一章。

股市赢家自我培训测试题　No.108

考考你（K线实战技巧一题一练）

仔细观察下面的图形,然后请作出选择。①买进或增仓；②卖出或减仓。

请认真想一想,究竟应该选择①还是选择②,并请说明选择的理由。

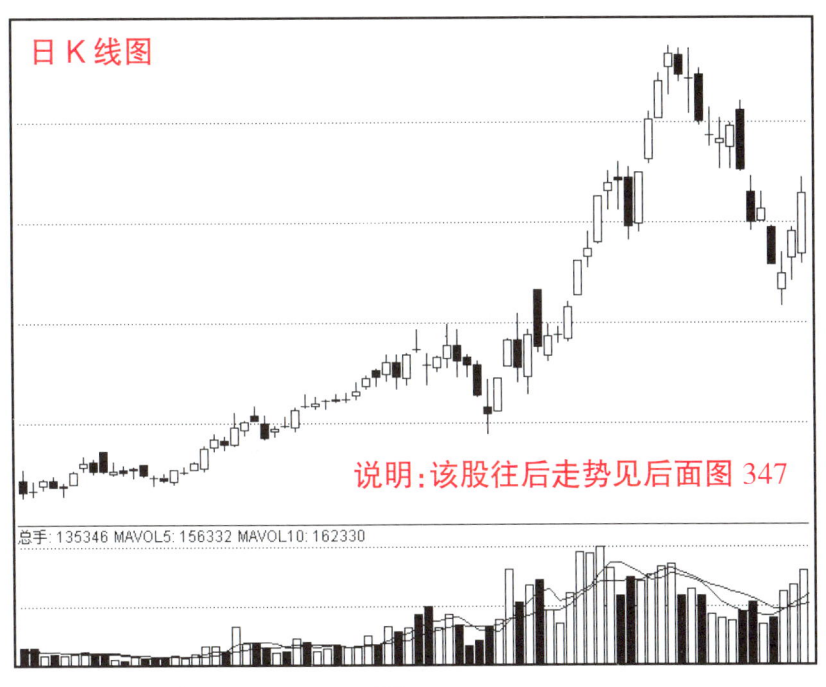

日K线图

说明：该股往后走势见后面图347

图 345

答 选择②；主要理由是：该股上方出现了一个"顶部岛形反转"[注]的图形（见图346），表明该股上升行情已经结束。现在的股价回升，是该股见顶向下破位后的一次反抽，反抽之后股价仍会继续下跌（见图347）。

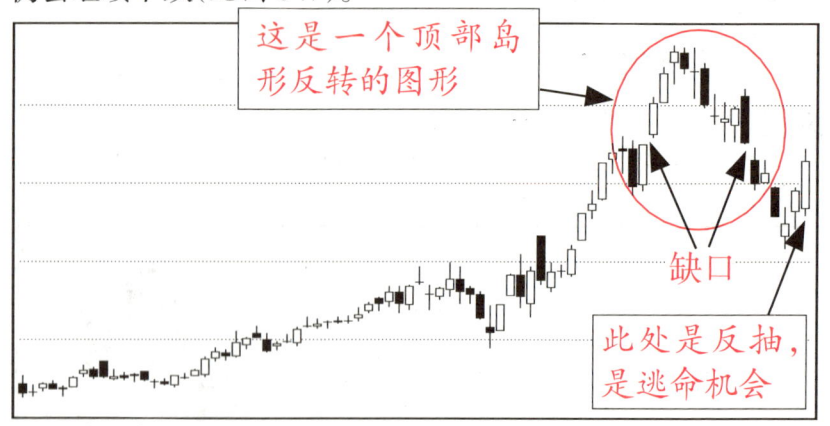

这是一个顶部岛形反转的图形

缺口

此处是反抽，是逃命机会

通威股份（600438）2007.11.12~2008.3.20 日K线图 图346

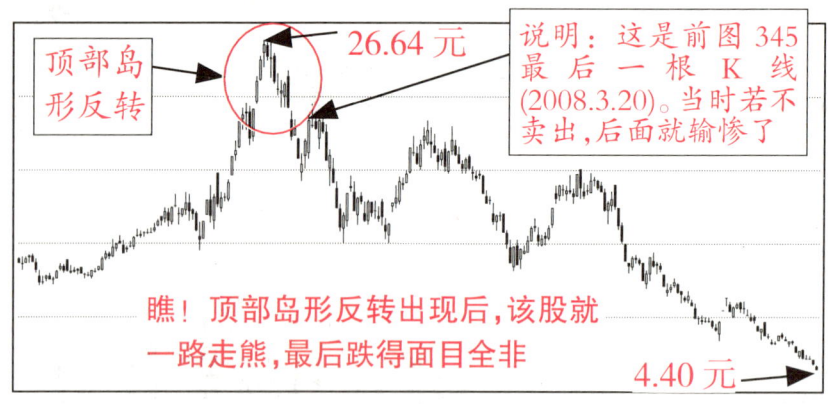

顶部岛形反转

26.64元

说明：这是前图345最后一根K线(2008.3.20)。当时若不卖出，后面就输惨了

瞧！顶部岛形反转出现后，该股就一路走熊，最后跌得面目全非

4.40元

通威股份（600438）2007.11.2~2008.11.6 日K线图 图347

【注】关于"顶部岛形反转"的特征、技术意义与相关实例，详见《股市操练大全》第一册第281、282页，第六册第50~52页，第七册第216页~227页。

股市赢家自我培训测试题　No.109

考考你（K线实战技巧一题一练）

这是深圳股市某板块的指数走势图。有一位分析师认为该指数近日连拉4阳，走势强劲，最后一根K线还留下了一个向上跳空缺口，说明该股经过充分调整后已积蓄了大量的做多能量，具备了继续向上攻击的能力，此时正是大家积极买进做多的时机。

现在请你对这位分析师的观点作出评判：A 全对；B 半对半错；C 全错。（请说明理由）

日K线图

向上跳空缺口

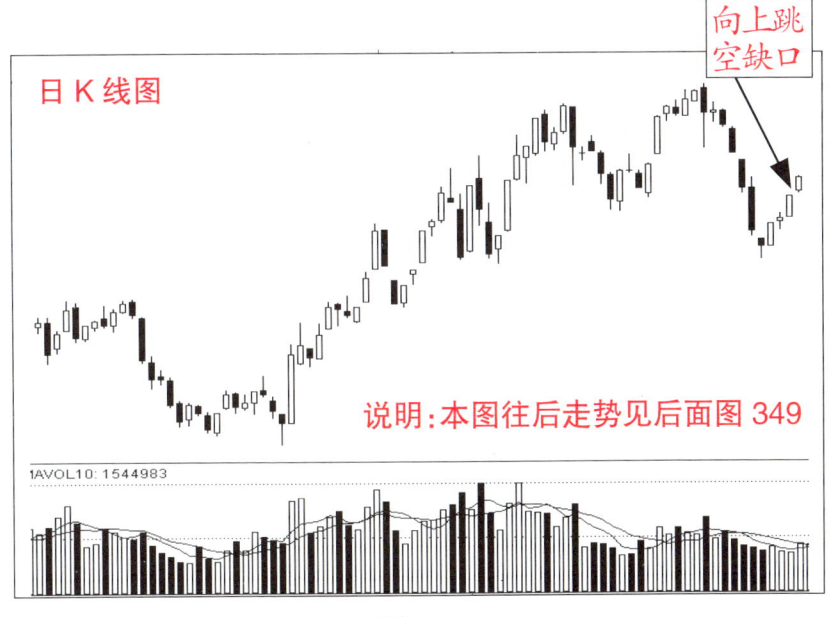

说明：本图往后走势见后面图349

图348

答 选择 C。理由是：该指数早已见顶，现在连拉 4 阳，走势"强劲"，仅是技术破位后的反抽而已，反抽之后将继续下跌，因此当务之急应马上卖出。那么，如何看出它早已见顶了呢？因为在图 348 的右上方处出现了一个标准的"顶部岛形反转"图形（见下图 349 中画圈处），这是一个非常凶险的见顶信号，一旦它出现了，下跌就几乎成定局。之后该指数又出现了双顶，图中双顶的颈线已经破位，后面连拉 4 阳，是指数向下破位后的一次反抽。虽然反抽越过了双顶颈线，但已接近岛形反转右边的缺口，在此遇阻回落，结束反抽的可能性极大。所以现在连拉 4 阳与向上跳空都是诱多，投资者必须抓住这个逃命机会，马上卖出。

该指数是深圳创业板指数。从图中看，顶部岛形反转形成时间是 2010 年 12 月 24 日，也就是说，从当日开始就应该对创业板看空做空了，但当时的舆论却一致看好创业板，受骗者甚多。可见，学会看图，用技术锁定风险是多么重要。

（编者按：沪深股市各类指数是互相联动的，创业板指数破位下行，势必会影响到沪深大盘指数。据了解，当时一些聪明的投资者对沪深股市大盘，采取了逢高减仓，主动撤退的策略，从而躲过了沪深股市 2011 年上半年的大跌。这条经验值得大家借鉴）

创业板指数（399606）2010.10.11~2011.1.25 日 K 线图　图 349

股市赢家自我培训测试题　No.110

考考你(K线实战技巧一题一练)

　　该股近来走势不温不火。甲认为,该股走势虽然波澜不惊,但向好趋势已定,此时耐心拿着它,往后就会有好的回报;乙认为,该股走势疲软,反映主力出工不出力,照此下去,股价久盘后必然会大跌,因此现在应该趁早卖出。

　　请问:你选甲还是选乙,请说出你选择的理由。

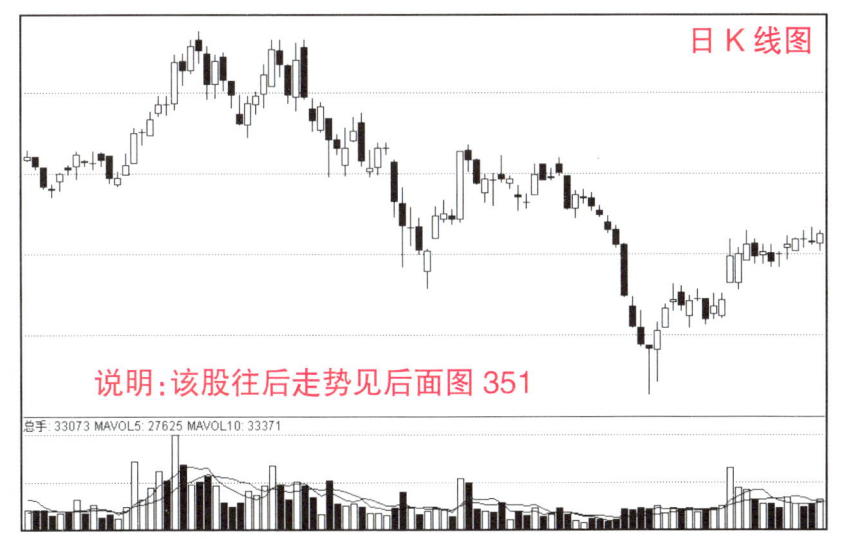

日K线图

说明:该股往后走势见后面图351

图 350

答 选甲。理由是：①该股最下面的一根K线是"T字线"【注1】，在大幅下跌时出现T字线，是见底信号，在技术上有强烈做多意义。②T字线上方出现了一个缺口，这个缺口是"向上突破缺口"【注2】，该缺口一直坚挺着，未被封闭，说明它是有效的。向上突破缺口不是普通缺口，从战略上说，低位拉出向上突破缺口，表明多方有打大仗的意思在里面，因此对后面的行情可积极期待。③虽然近期股价走势不温不火，但阳线多于阴线，反映主力在不露声色地悄悄吸筹。综合来看，甲现在耐心持股的策略是正确的。（该股往后走势见下图）

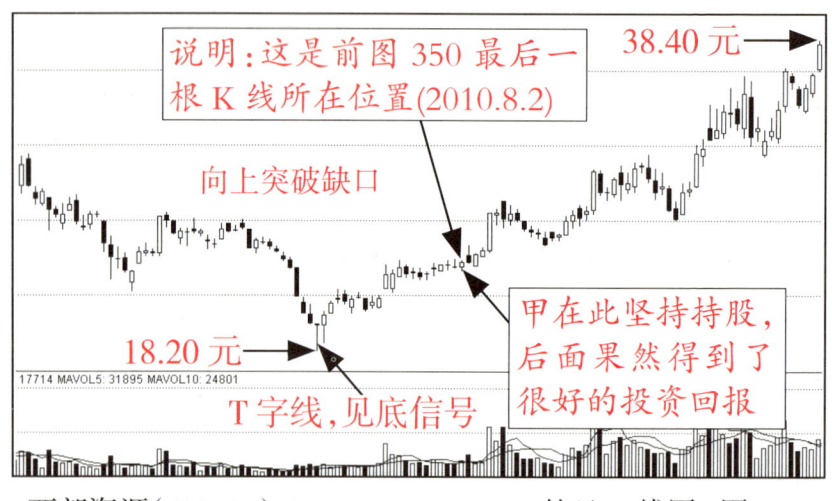

西部资源（600139）2010.4.28~2010.11.1的日K线图　图351

【注1】关于"T字线"的特征、技术意义与相关实例，详见《股市操练大全》第一册第35页～第40页。

【注2】关于"向上突破缺口"的特征、技术意义与相关实例，详见《股市操练大全》第一册第275页，第四册第192页～第194页。

股市赢家自我培训测试题　No.111

考考你(K线实战技巧一题一练)

某新股上市后,走出了波澜不惊的走势。下面两张图,一张是它的日K线走势图(见图352),一张是它同期的周K线走势图(见图353)。现在请你作出选择:A、该股正在蓄势,可继续买进;B、该股后市看跌,应及时卖出。(请说明选择的理由)

日K线图

说明:该股往后走势见后面图354

总手: 24682 MAVOL5: 31997 MAVOL10: 39655

图352

周K线图

总手: 156972

图353

答 选择 B。理由是：该股周 K 线图显示，它上市第一周就拉出了一根倒 T 字线[注]，倒 T 字线是见顶信号，且倒 T 字线的上影线很长，说明上档抛压沉重。之后该股回探，并出现了一轮反弹，反弹到 T 字线处就明显受阻。另外，从周 K 线图看，该股高点下移现象十分明显，显示行情已有结束的迹象。

总之，该股周 K 线图显示，它见顶现象非常严重。**从技术上说，周 K 线管着日 K 线，日 K 线必须服从周 K 线。**虽然现在该股日 K 线走势尚可，但周 K 线图已经见顶，所以应该马上卖出。（该股往后走势见下图）

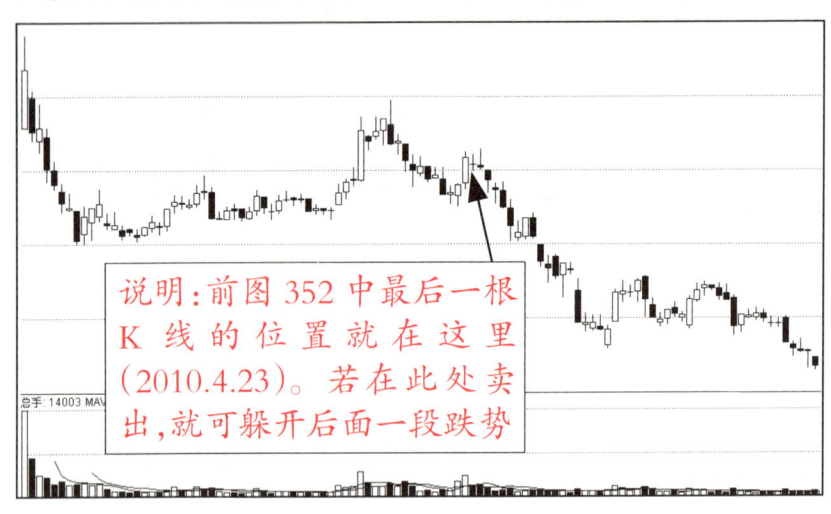

说明：前图 352 中最后一根 K 线的位置就在这里（2010.4.23）。若在此处卖出，就可躲开后面一段跌势

正泰电器（601877）2010.1.21~2010.7.5 的日 K 线图　图 354

【注】关于"倒 T 字线"的特征、技术意义与相关实例，详见《股市操练大全》第一册第 40 页～第 43 页，第八册第 241 页～第 245 页。

股市赢家自我培训测试题　No.112

考考你（K线实战技巧一题一练）

下面2张图属于同一个股票，一张是该股的日K线走势图，一张是该股的月K线走势图。看了这两张图，你认为应该怎么操作（请选择下面的项目，并简要说明理由）。

选项：①立即卖出；②立即买进；③持股观望

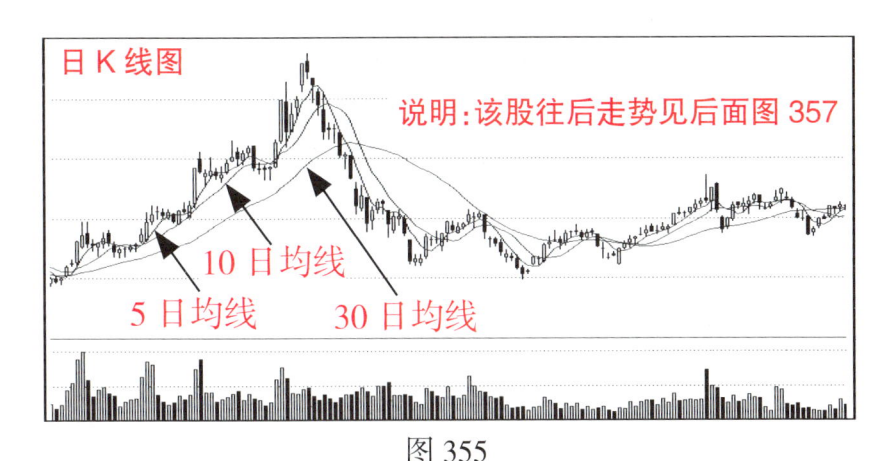

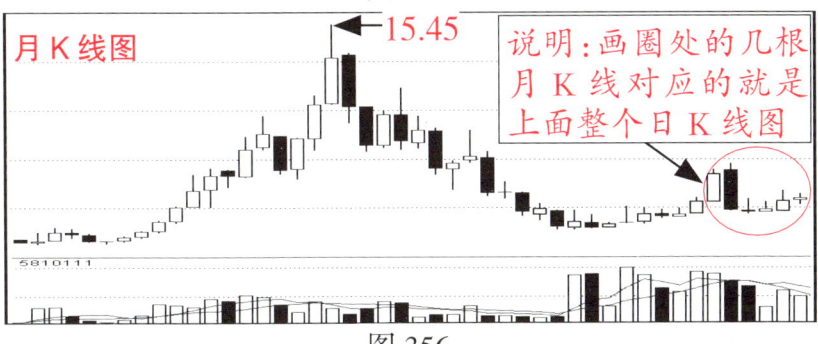

日K线图

说明：该股往后走势见后面图357

10日均线
5日均线　　30日均线

图355

月K线图　　15.45

说明：画圈处的几根月K线对应的就是上面整个日K线图

图356

答 选项：①立即卖出。理由：虽然从日K线图看，该股走势没有明显变坏，但从月K线图看，该股已经见顶，一根长阴线吞吃了前面一根大阳线（见前图356中倒数第5、第6根K线），这两根K线组成了顶部"穿头破脚"[注]的图形。这个图形，在前期该股15.45元见顶时也出现过，当时月K线图上出现了顶部穿头破脚的图形后，股价就出现了大跌，这次该股也很有可能重复前期见顶后的走势。因此，投资者应趁现在股价尚未大跌时立即卖出。（该股后续走势见下图）

此案例给我们的启发是：判断个股大趋势一定要看月K线。如果看日K线图看不出问题，但是看月K线图时却发现了问题，那么，就一定要根据月K线图的提示进行操作，这样就不会出现重大的投资失误。

果然，该股后来出现了大跌，这证明当时根据月K线的提示，采取立即卖出的选择是完全正确的

说明：这是前图355中最后一根K线(2009.12.30)

马钢股份（600808）2009.11.12~2010.7.5的日K线图 图357

【注】关于"穿头破脚"的特征、技术意义与相关实例，详见《股市操练大全》第一册第70~72页，第七册第42~53页，第八册第311页。

股市赢家自我培训测试题　No.113

考考你（K线实战技巧一题一练）

下面是某股1997年6月上市以来至2008年10月的月K线走势图。在这11年中,该股曾出现过3次大的头部(见图中画圈处)。那么,这3个头部如何识别呢？一位高手谈他的逃顶经验时说：只要记住一根K线,逃顶就能如愿以偿。

请问：什么K线有如此大的能耐,记住它就可以顺利逃顶了？你能解开其中的奥秘吗？

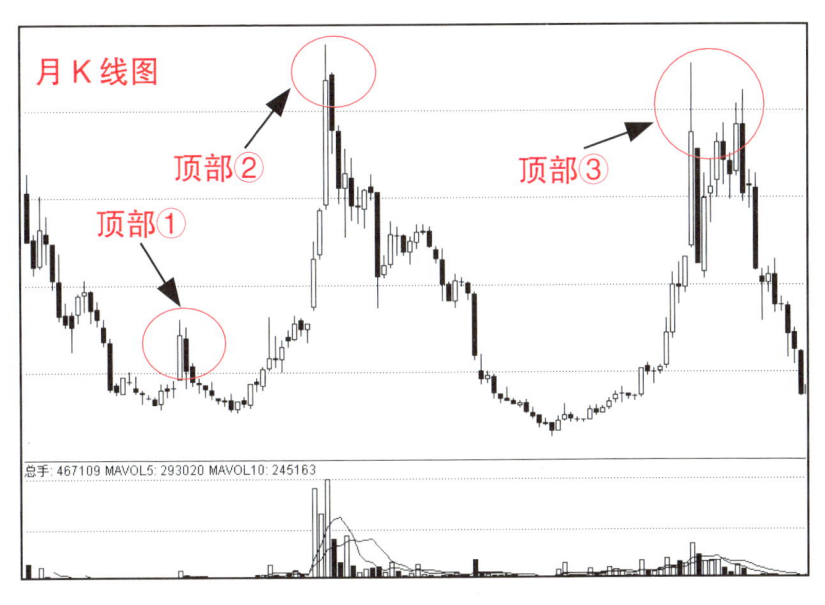

图358

答 这根 K 线就是月 K 线图中的"巨阳线"（巨阳线是指一个月涨幅超过 50% 的阳线）。在股价有了一定涨幅后出现的巨阳线，性质上是一种赶顶筑头的信号。

现在看下面这张图，该股上市 11 年来，出现过 3 次牛市行情（第一次是小牛市，第二、三次是大牛市），3 次牛市行情的顶部都是在拉巨阳线后出现的（见箭头 A、B、C 所指处）。因此投资者只要看到股价大涨后出现巨阳线，就马上看空做空，胜算率是非常高的。

（2001 年 5 月）B

（2007 年 5 月）C

（1999 年 6 月）A

说明：箭头 A 指的 K 线，当月涨 64%，箭头 B 指的 K 线，当月涨 50%；箭头 C 指的 K 线，当月涨 58%。这 3 根 K 线都是巨阳线

ST 轻骑 B(900946)1997 年 6 月~2008 年 10 月的月 K 线图　图 359

重要提示：据了解，该股上市以来的 10 多年中，一个月出现 50% 以上涨幅的巨阳线，总共只有 3 根。换一句话说，投资者只要看到巨阳线出现就马上做空，这 3 次大顶就都逃掉了。可见，在股价大涨后，见到巨阳线后即卖出，就成了高手逃顶的秘诀。

股市赢家自我培训测试题　No.114

考考你（K线实战技巧一题一练）

这是香港股市中一个很有名的股票，该图是它的月K线走势图。

请问：①图中箭头所指的是什么K线？②现在对该股应该是看空做空还是看多做多？③对该股的最佳投资策略是什么？它向我们提供了一条什么重要经验？（请说明理由）

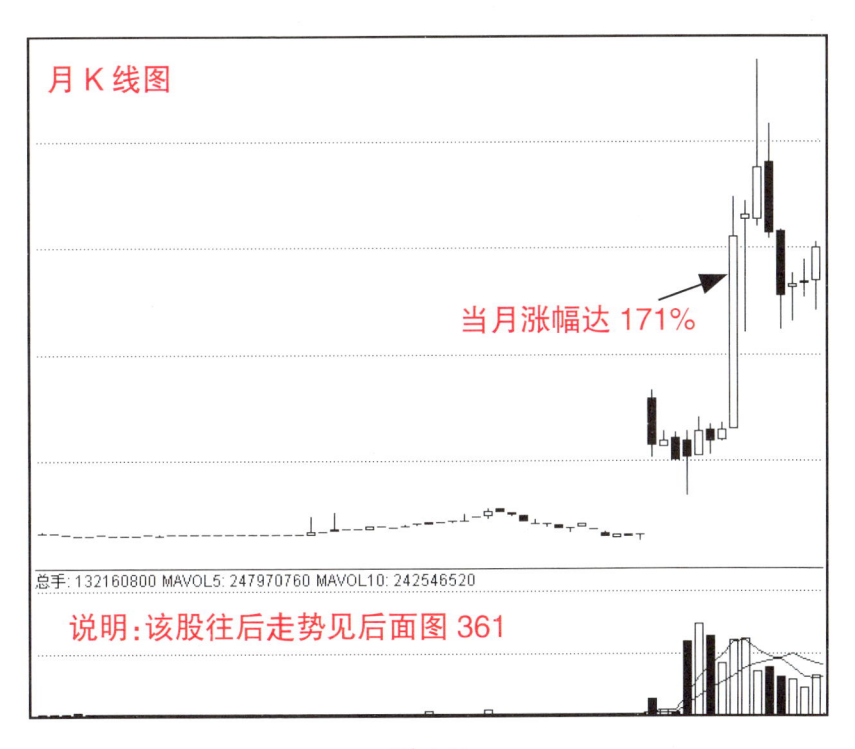

月K线图

当月涨幅达 171%

总手:132160800 MAVOL5: 247970760 MAVOL10: 242546520

说明：该股往后走势见后面图361

图360

答 ①图中箭头所指的K线为"巨阳线"[注]，因为该股当月涨幅超过100%，故又称为"超级巨阳线"。②超级巨阳线是赶大顶的信号,现在这根巨阳线的1/3已被后面的阴线所覆盖，表明行情趋势开始彻底转向，长期看跌已成定局。虽然它近3个月股价出现了回升,但这仅仅是一次技术性反弹而已,反弹后股价将继续呈现跌势,因此对该股必须看空做空。③考虑到超级巨阳线后,股价一旦转为跌势,这个跌势需要很长时间才能结束,且跌幅又非常大。所以最佳策略是:尽快卖出,远离该股,千万不要轻易去抄底(见下图)。

超级巨阳线,当月涨幅达到171%

142.50元 2000年2月

88.50元 2000年7月

说明:这是前图360最后一根K线,之后股价就出现了连续暴跌

1.84元 2009年11月

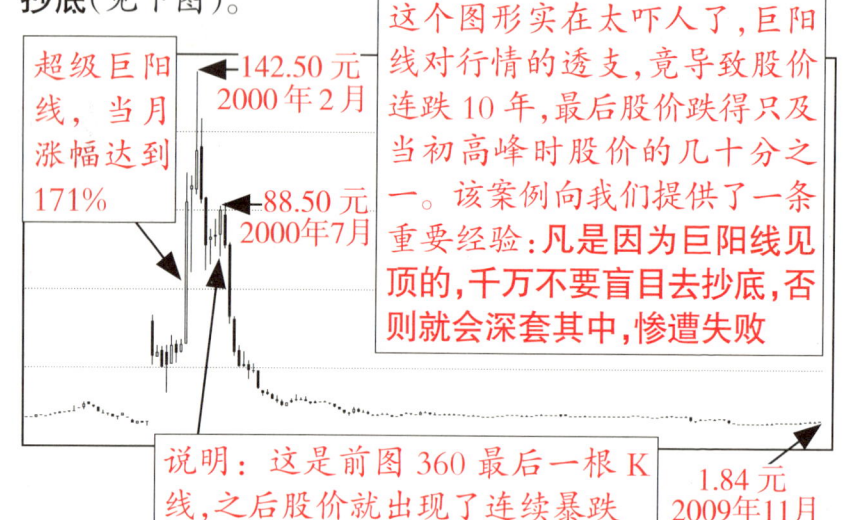

这个图形实在太吓人了,巨阳线对行情的透支,竟导致股价连跌10年,最后股价跌得只及当初高峰时股价的几十分之一。该案例向我们提供了一条重要经验:凡是因为巨阳线见顶的,千万不要盲目去抄底,否则就会深套其中,惨遭失败

港股电讯盈科(HK0008)1996年12月~2009年11月的月K线图 图361

【注】关于"巨阳线"的特征、技术意义与相关实例,详见《股市操练大全》第七册第119~122页,第八册第72~210页、第555~566页。

股市赢家自我培训测试题　No.115

考考你（K线实战技巧一题一练）

下面是某股的月K线图，图中箭头所指的这根K线，当月涨幅达到69.74%。

请问：箭头所指的是什么K线？它的技术意义是什么？看到这样的图形应该怎么操作？

月K线图

当月涨69.74%

说明：该股往后走势见后面图363

图362

答 箭头所指的K线当月涨幅超过了50%,称为"巨阳线",因为它是在低位出现的,技术上是看涨信号,故这根巨阳线又叫"多头型巨阳线"。(编者按:巨阳线的特征与相关实例,详见《股市操练大全》第八册第二章)

从图形上看,该股前期跌幅巨大(最大跌幅达到92%),后又在低位构筑了一个大平台,时间长达20个月(1根K线代表一个月),且成交量在放大,说明主力在大量吸筹。现在又在低位拉出了一根巨阳线,表明行情开始启动。投资者看到这种图形,应该意识到重大的投资机会到了,应积极加入,日后赢面很大(见下图)。

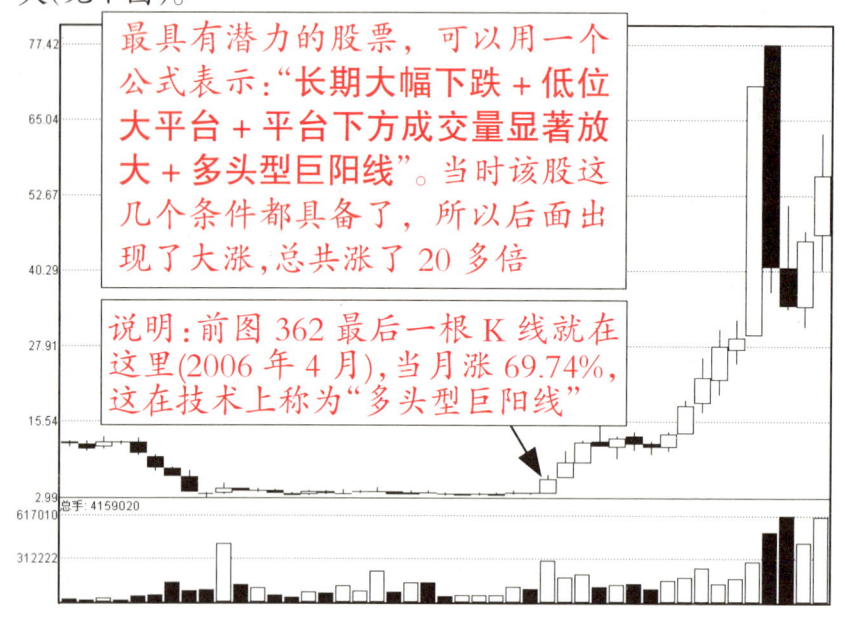

> 最具有潜力的股票,可以用一个公式表示:"长期大幅下跌+低位大平台+平台下方成交量显著放大+多头型巨阳线"。当时该股这几个条件都具备了,所以后面出现了大涨,总共涨了20多倍

> 说明:前图362最后一根K线就在这里(2006年4月),当月涨69.74%,这在技术上称为"多头型巨阳线"

辽宁成大(600739)2003年12月~2007年8月的月K线图　图363

股市赢家自我培训测试题　No.116

考考你（K线实战技巧一题一练）

下图是深圳股市某个股的月K线走势图。这张图中一共出现了5根"巨阳线"（见图中箭头A、B、C、D、E所指处），但它们的技术意义是不同的。据了解，某高手把5根巨阳线研究透了，就此掌握了主力的动向，踏准了该股上涨与下跌的节拍，最后获得了丰厚的投资回报（知情人说，高手在这个股票上就赚了10几倍利润）。

请问：什么是巨阳线？高手是怎样正确判断这些巨阳线，踏准行情节拍的？此事能给我们什么启发？

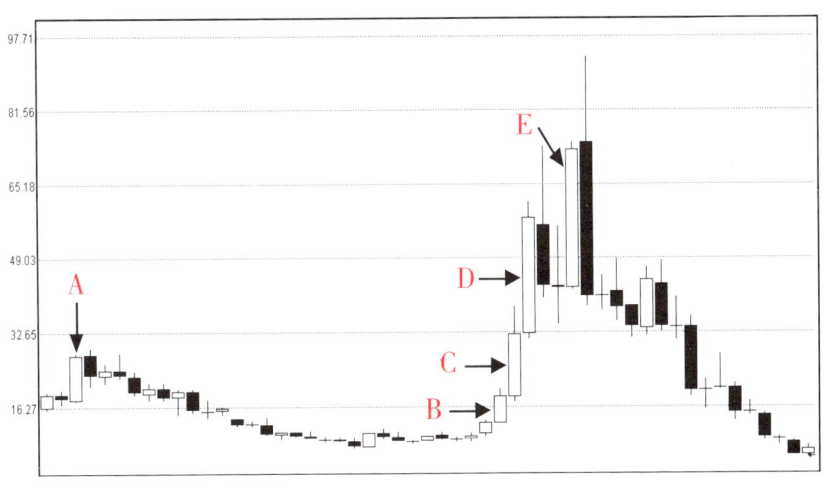

鑫富药业(002019)2004年7月~2008年11月的月K线图　图364

答"巨阳线"是比大阳线更大的一种阳线。在月K线图中,只有每月涨幅超过50%的阳线,才能称为巨阳线。巨阳线在性质上可分为"空头型巨阳线"、"观望型巨阳线"、"多头型巨阳线"3种类型。

高手判断箭头A所指的巨阳线为空头型巨阳线,理由是:该巨阳线出现后的第2个月就收了一根阴线,将巨阳线的1/3全部吞吃了。投资者见此情况,应马上卖出。高手判断箭头B所指的巨阳线为多头型巨阳线,理由是:**这根巨阳线是建立在"超跌＋长期平台盘整＋力克重要阻力位"的基础上的。这种形式的巨阳线往往蕴藏着重大的投资机会,必须紧紧抓住,立即跟进。**高手判断箭头C所指的巨阳线为观望型巨阳线,对它采取的策略是:只要股价继续在巨阳线上方运行,就继续持股观望。高手判断箭头D、箭头E所指的巨阳线为空头型巨阳线。理由是:**股价大涨后再出现巨阳线,是对行情的严重透支,这是在赶顶,后市可危。**此时的应对策略是:逢高卖出,不可恋战。事实证明,高手这样的判断与操作是完全正确的。

此事给我们最大的启发是:炒股必须认识巨阳线,必须对巨阳线的性质作出正确判断,这样就能摸清主力动向,踏准股市涨跌节拍,成为股市大赢家。

说明:因为本书容量有限,高手对这几种巨阳线的判断与应对策略,只能在此简单提一提(注:若要了解详情,可参阅《股市操练大全》第八册第194页～第210页)。

股市赢家自我培训测试题　No.117

考考你（K线实战技巧一题一练）

该股是一个次新股，下图是它上市以来走到今天的日K线图。有人认为该股跌势基本形成，现在应趁其反弹时卖出，如再继续对它看多、做多，风险极大。

请问：你同意这样的看法吗？（请说明理由）

日K线图

10日均线

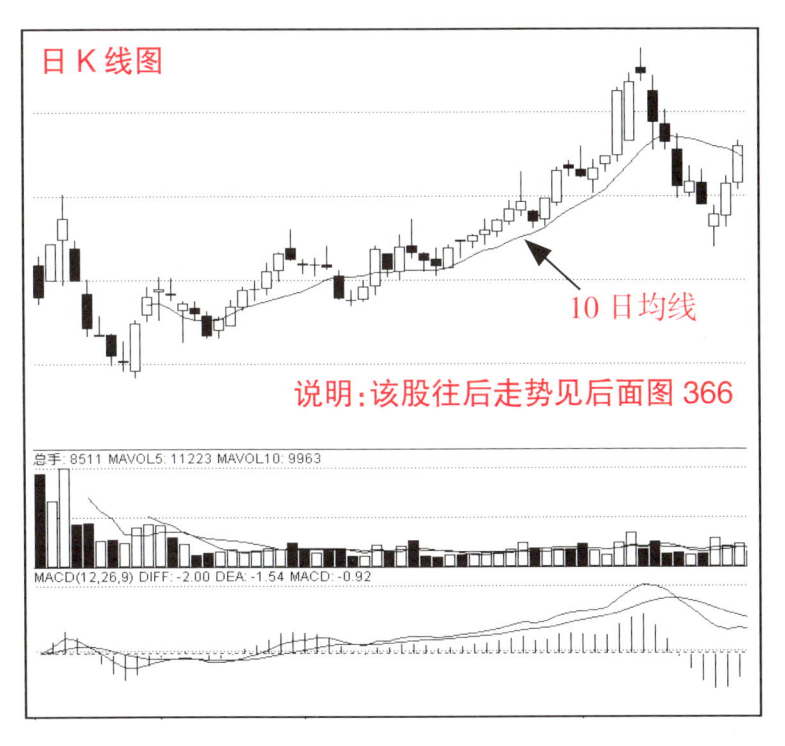

说明：该股往后走势见后面图366

图 365

答 我同意这样的看法。理由是：①图中最上方处出现了"黄昏之星"[注1]（见下图中画圈处）；②最上方处连续出现4根阴线（见前图中倒数第6根～第9根K线），构成了下跌4连阴；③10日均线已被击穿，出现弯头向下的走势；④MACD出现了死亡交叉[注2]。

结论：在这4重见顶信号的重压下，股价继续下跌的概率非常大，故应该趁股价反弹时马上卖出。

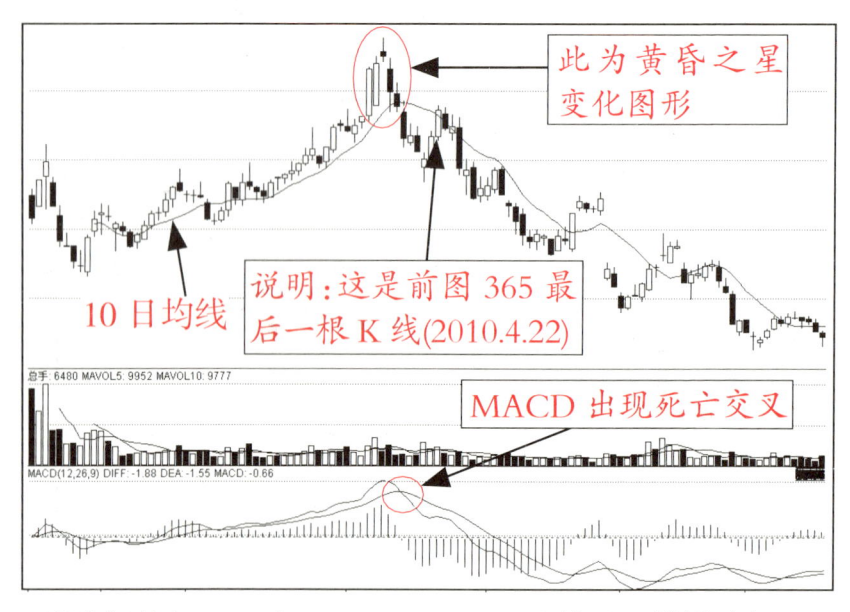

赛为智能（300044）2010.1.20~2010.7.16的日K线图 图366

【注1】关于"黄昏之星"的特征、技术意义与相关实例，详见《股市操练大全》第一册第64页～第66页，第七册第56页～第64页。

【注2】关于"MACD死亡交叉"的特征、技术意义，详见《股市操练大全》第二册第361页～第364页。

股市赢家自我培训测试题　No.118

考考你（K线实战技巧一题一练）

某分析师说,下面图中出现了两根跌停大阴线。从技术上说,第一根大阴线为下跌信号,经过连续下跌后出现的第二根大阴线为见底信号。近期股价回升,说明第二根大阴线已将做空能量充分释放,盘中做多力量开始崛起,现在正是买进做多的时候。

请问:这位分析师的观点正确吗?为什么?

日K线图

第一根大阴线,当日跌停

第二根大阴线,当日跌停

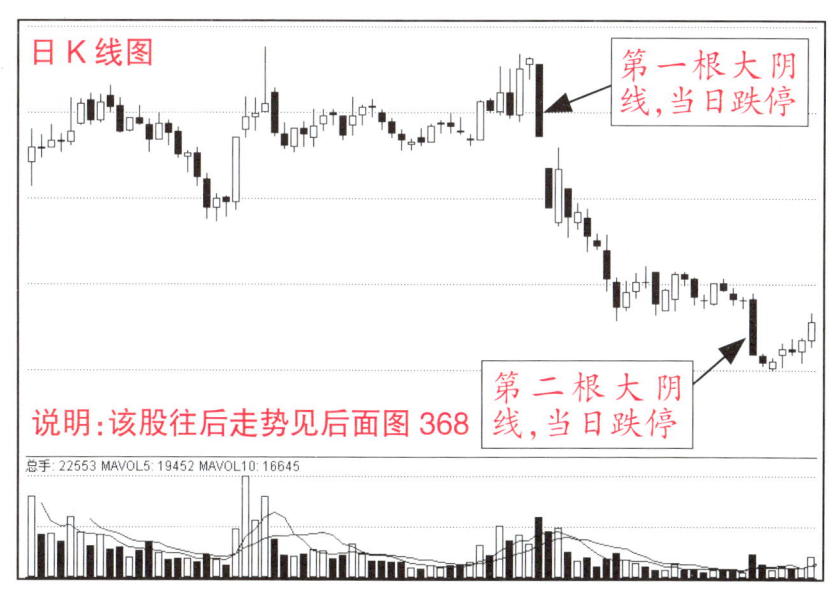

说明:该股往后走势见后面图368

总手: 22553 MAVOL5: 19452 MAVOL10: 16645

图367

答 错。在技术上,深幅下跌后出现的大阴线,确实是见底信号,但短期连续下跌并不等于深幅下跌,这两个概念是不能混淆的。另外,深幅下跌后出现的大阴线,当它作为见底信号出现时,成交量就会有反映。但反观该股,虽然近期股价回升,却未见成交量放大,因此,第二根大阴线仍然是一个做空信号。近期股价回升,只不过表明空方暂时在休息。鉴于盘中做空能量还很大,当时如果有谁听信该分析师的话,盲目看多做多,风险是非常大的。(该股后续走势见下图)

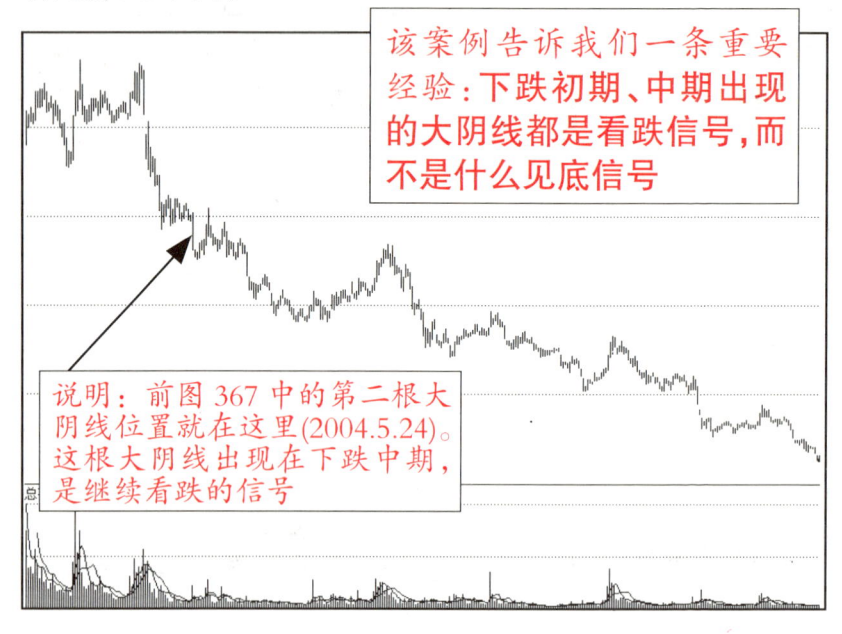

该案例告诉我们一条重要经验:**下跌初期、中期出现的大阴线都是看跌信号,而不是什么见底信号**

说明:前图 367 中的第二根大阴线位置就在这里(2004.5.24)。这根大阴线出现在下跌中期,是继续看跌的信号

敦煌种业(600354)2004.2.2~2005.7.18 的日 K 线图 图 368

股市赢家自我培训测试题　No.119

考考你（K线实战技巧一题一练）

虽然该股股价没有创新低，但已有人给它下了定论，说它是一个必跌图形，现在应该马上卖出。

请问：这个观点对不对？为什么？

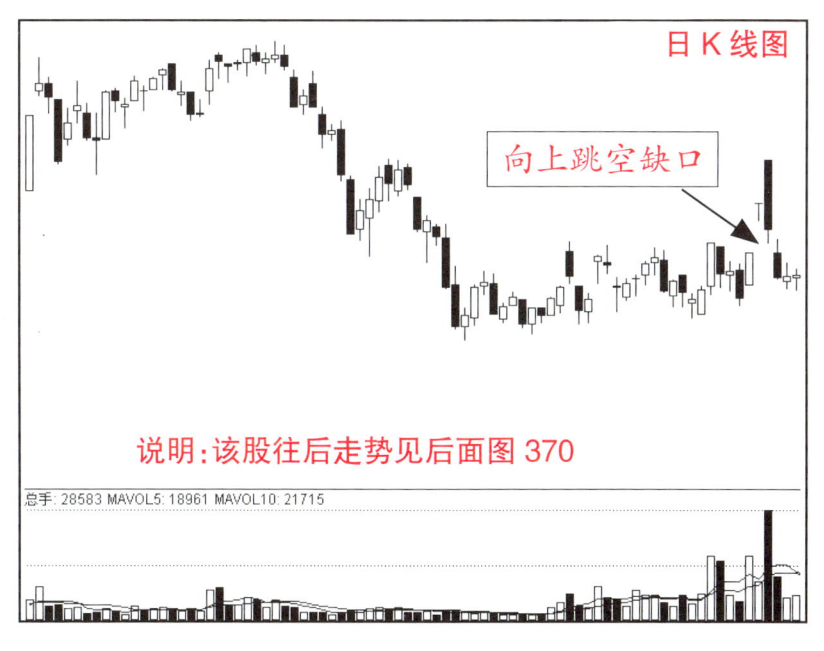

日K线图

向上跳空缺口

说明：该股往后走势见后面图370

图369

答 这个观点是对的(当然,必跌说得太绝对了,可改成下跌概率很大)。从图中看,该股后市确实非常严峻。理由是:①最后一根大阴线(见前图369中倒数第4根K线),吞吃了前面的一根T字线,这种形式的K线组合,称为顶部"穿头破脚"【注1】,这是看跌信号;②大阴线本身又是一个"高开出逃形"【注2】的形态,且下面成交放大量,说明主力在大量出逃;③前面的向上缺口已被完全封闭。在如此多的重要见顶信号重压下,该股走势向下已无悬念。

9.25元(2008.5.23)

穿头破脚,见顶信号

请注意:这个向上缺口,很快就被后面的阴线所覆盖(这在技术上称为"缺口封闭"),这是行情转弱的信号

这是前图369最后3根K线所在位置。当初如不在此卖出,损失就大了,该股后面又下跌了60%

成交量急剧放大,主力出逃迹象十分明显

三峡水利(600116)2008.4.29~2008.9.18的日K线图 图370

【注1】关于顶部"穿头破脚"的特征、技术意义与实例,详见《股市操练大全》第一册第70~72页,第七册第42~53页,第八册第311页。

【注2】关于"高开出逃形"的特征、技术意义与相关实例,详见《股市操练大全》第一册第132页~第134页,第八册第231页~第234页。

股市赢家自我培训测试题　No.120

考考你(K线实战技巧一题一练)

今天该股低开高走,全天振幅达到15.42%,最后以涨停板报收,成交放出了近期天量。有分析师认为主力拉高出货了,现在应该赶紧卖出。

请问:你同意该分析师的观点吗?(请说明理)

说明:该股往后走势见后面图372

日K线图

成交放出天量,当日换手率达到21.70%

图371

答 不同意。理由是：①图中最后 3 根 K 线是一个标准的底部"穿头破脚"【注1】K 线组合，这是一个看涨信号。②从图中最后一根 K 线看，该股当日跳低开盘，最后低开高走，收了一根大阳线。这根大阳线与前面的 K 线合起来又构成了"下探上涨形"的 K 线组合，这也是一个看涨信号。③如果在图中加上一根 55 日均线【注2】，就会发现该股两次回踩 55 日均线，都出现了止跌向上的迹象。目前 55 日均线已开始翘头向上，这又是一个看多的信号。综合起来看，该股上涨信号明确，同时又得到成交量放大的支持，因此现在不应该卖出，而应该积极跟进（见下图）。

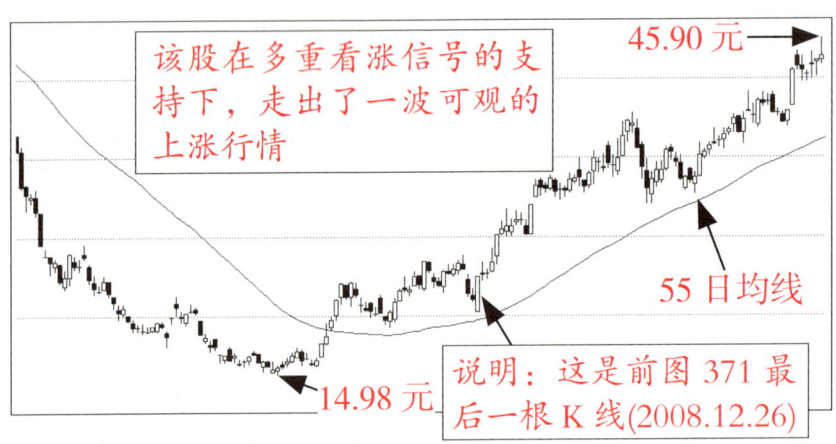

该股在多重看涨信号的支持下，走出了一波可观的上涨行情

45.90 元

55 日均线

14.98 元

说明：这是前图 371 最后一根 K 线(2008.12.26)

金凤科技（002202）2008.8.4~2009.4.21 的日 K 线图　图 372

　　【注1】关于底部"穿头破脚"的特征、技术意义与相关实例，详见《股市操练大全》第一册第 70 页～第 72 页，第六册第 45 页、46 页。

　　【注2】为什么要设置 55 日均线，以及 55 日均线的神奇作用，详见《股市操练大全》第八册第 447 页～第 451 页。

股市赢家自我培训测试题　No.121

考考你（K线实战技巧一题一练）

　　该股高位回落,在触及40日均线时,拉出了一根长下影线(见图中箭头A所指的K线)。有人说股价在40日均线处获得支撑,现在又连拉3阳(见图中最后3根K线),表明股价强势依旧,后市可继续看好。

　　请问:这个看法对吗？为什么？

日K线图

A

40日均线

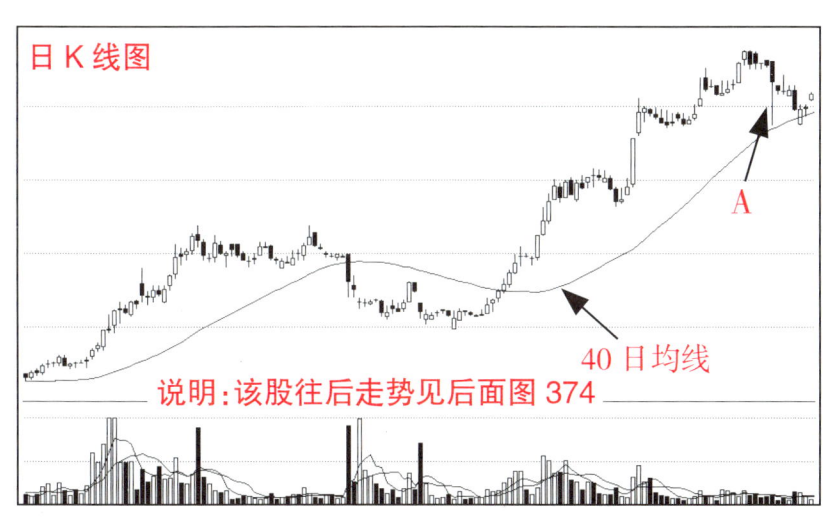

说明:该股往后走势见后面图374

图373

答 错。为什么说这样看法是错的呢？关键是当事人对箭头 A 所指的这根 K 线作出了错误判断。其实这根 K 线是一根吊颈线[注]。虽然它的下影线较长，表面上是触及了 40 日均线，使股价获得了支撑，但这仅仅是一种假象。因为吊颈线是一个重要的见顶的信号，**股价大幅上涨后出现吊颈线，日后下跌的可能性很大**。（该股往后走势见下图）

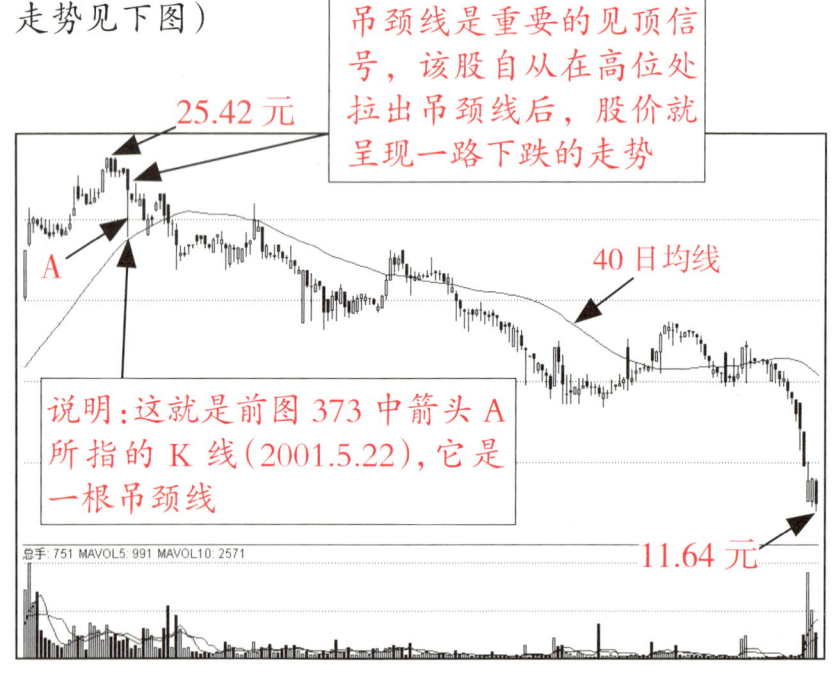

> 吊颈线是重要的见顶信号，该股自从在高位处拉出吊颈线后，股价就呈现一路下跌的走势

25.42 元

A

40 日均线

说明：这就是前图 373 中箭头 A 所指的 K 线（2001.5.22），它是一根吊颈线

11.64 元

桑德环境（000826）2001.4.9~2002.1.28 的日 K 线图 图 374

【注】关于"吊颈线"的特征、技术意义与相关实例，详见《股市操练大全》第一册第 29 页～第 31 页，第七册第 22 页～第 24 页。

股市赢家自我培训测试题　No.122

考考你(K线实战技巧一题一练)

有一位投资者说,主力的行为是可以捉摸的。图形看多了,当一些特征冒出来的时候,就知道主力要干什么了。比如,下面一张图形,我可以肯定地说主力出逃了,现在再不卖出,将来一定会后悔莫及。

请问:你同意这种看法吗?这位投资者凭什么说主力出逃了,其证据在什么地方?

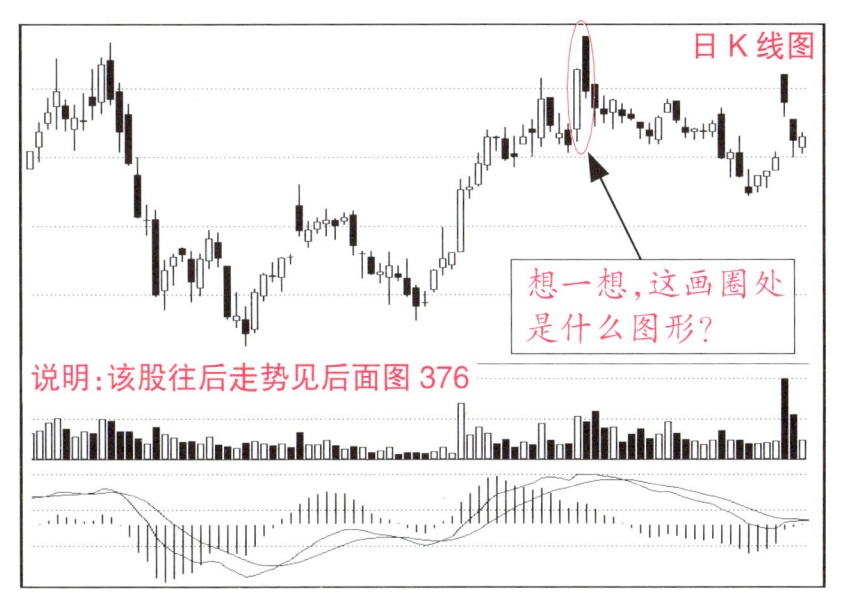

日K线图

想一想,这画圈处是什么图形?

说明:该股往后走势见后面图376

图375

答 这种看法是对的。首先图形看多了，这方面练习做多了，就会熟能生巧，知己知彼；其次主力出逃时，在图中确实会留下许多痕迹。比如，前面这张图中出现了以下几种现象：①高位出现了"乌云盖顶"K线组合；②MACD在前面已出现死亡交叉；③图中最后3根K线是一个"高开出逃形"的K线组合；④主力在施用高开出逃诈术时，成交放出近期天量。这些现象都是主力出逃时留下的痕迹，也是该股见顶的重要证据。可见，这样的图形几乎是一个必跌的图形，所以说及时卖出是对的（见下图）。

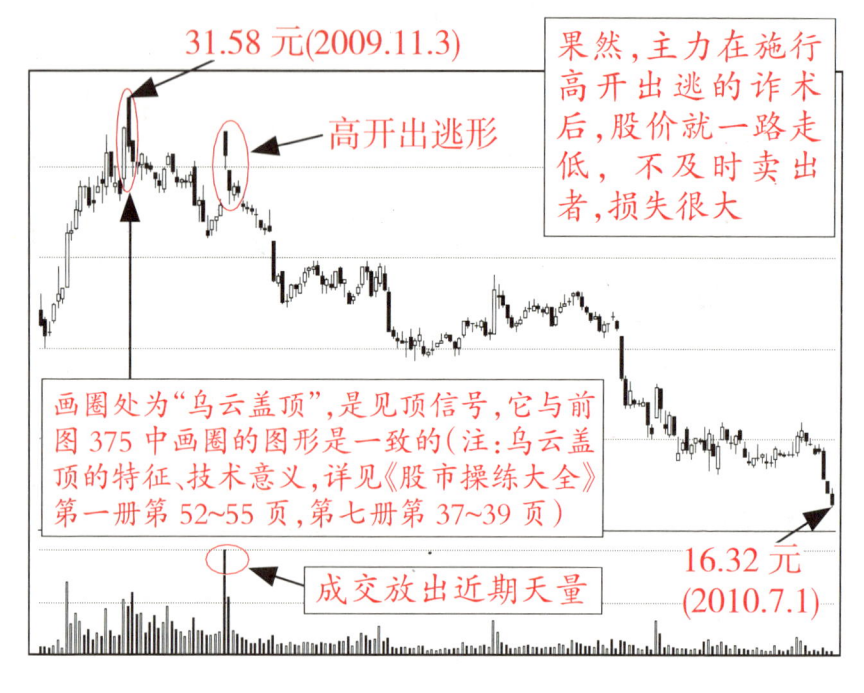

31.58元(2009.11.3)

高开出逃形

果然，主力在施行高开出逃的诈术后，股价就一路走低，不及时卖出者，损失很大

画圈处为"乌云盖顶"，是见顶信号，它与前图375中画圈的图形是一致的（注：乌云盖顶的特征、技术意义，详见《股市操练大全》第一册第52~55页，第七册第37~39页）

16.32元(2010.7.1)

成交放出近期天量

陆家嘴(600663)2009.9.28~2010.7.1的日K线图 图376

股市赢家自我培训测试题　No.123

考考你(K线实战技巧一题一练)

你认识图中画圈处的K线图形吗？甲认为，该图形出现说明局势已经变坏,应赶快卖出；但乙认为,出现这个图形,表明股价处于正常调整之中,尔后上升趋势仍将延续,现在可以积极地逢低吸纳。

请问:你同意谁的观点？为什么？

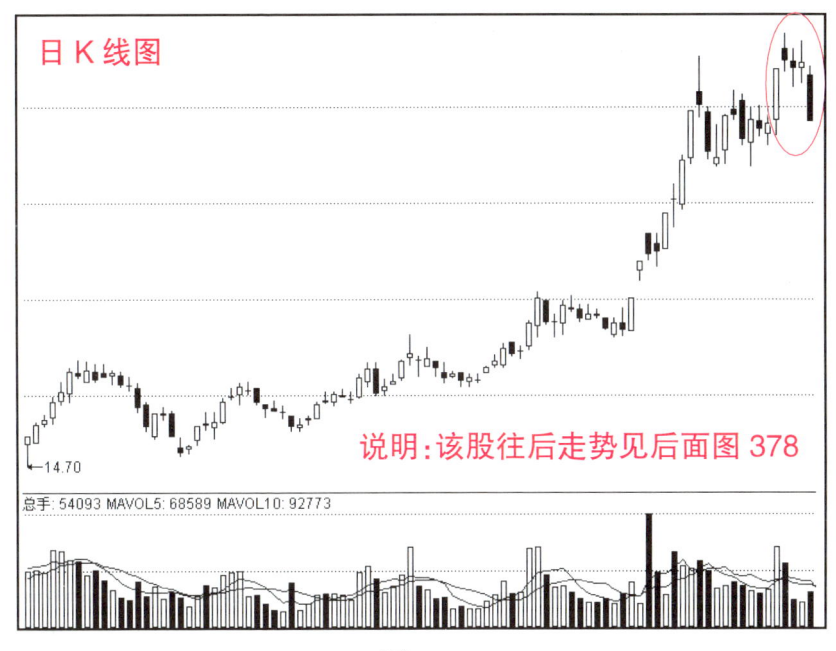

日K线图

说明:该股往后走势见后面图378

图 377

答 我同意甲的观点。图中画圈处的K线图形称为"塔形顶"【注】。在技术上，塔形顶是一个非常凶险的图形。塔形顶的图形像"门"字形，有人形容它像猛兽的血盆大口，投资者稍有不慎就会被它吞吃掉。另外，这个塔形顶"门框"中"横梁"的构造也与众不同，它是由3根"螺旋桨"K线并排形成的。螺旋桨是见顶信号，一下子冒出3根螺旋桨K线，真让人不寒而栗。**俗话说：君子不立危墙之下。"塔形顶"+"螺旋桨"就是一座大危墙，投资者应马上卖出为宜。**（该股往后走势见下图）

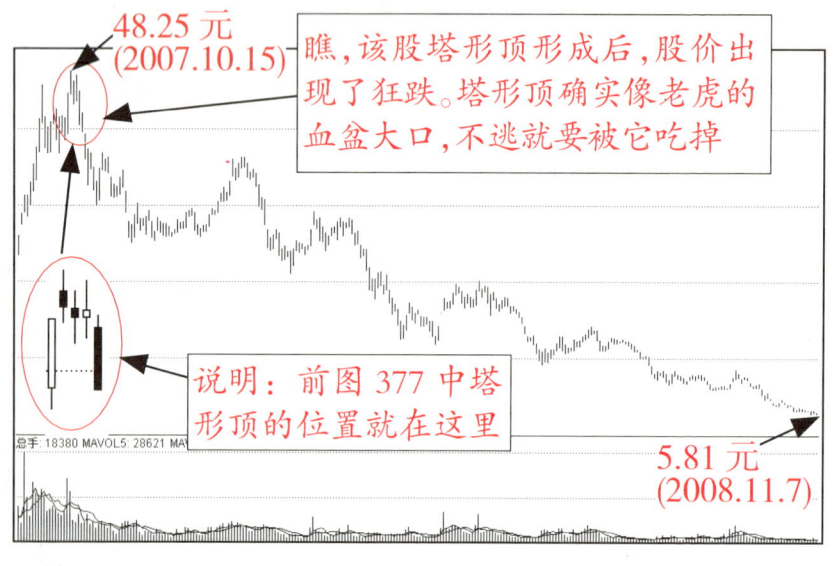

48.25元
(2007.10.15)

瞧，该股塔形顶形成后，股价出现了狂跌。塔形顶确实像老虎的血盆大口，不逃就要被它吃掉

说明：前图377中塔形顶的位置就在这里

5.81元
(2008.11.7)

豫光金铅(600531)2007.9.12~2008.11.7 的日K线图　图378

【注】关于"塔形顶"的特征、技术意义与相关实例，详见《股市操练大全》第一册第82页～第84页，第七册第68页～第74页。

250

股市赢家自我培训测试题　No.124

考考你(K线实战技巧一题一练)

该股前面连收2根大阴线,但今天却收出了一根中阳线,股价涨了5.19%。对该股走势,某分析师认为,因为该股已连续下跌,特别是昨天收了一根大阴线,技术上出现超卖,故空方有意放慢一下该股下跌的速度,修正一下技术指标,所以盘中才拉出了一根中阳线,但这仅仅是暂时让多方喘口气而已,股价很快就会重归跌势的。因此,投资者应该对该股继续看空做空,有该股的应马上卖出。

请问:这个观点对吗?(请说明理由)

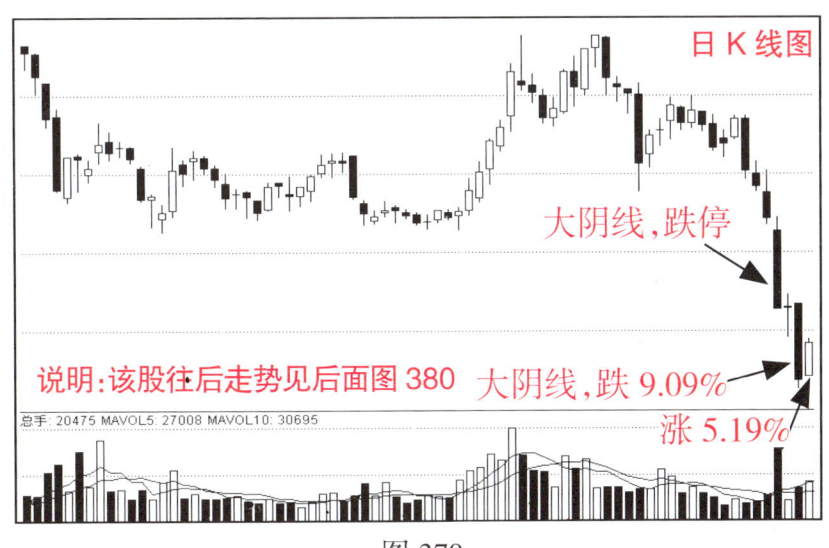

日K线图

大阴线,跌停

说明:该股往后走势见后面图380　　大阴线,跌9.09%

涨5.19%

总手: 20475 MAVOL5: 27008 MAVOL10: 30695

图379

答 该观点欠妥。因为昨天的大阴线[注1]不比寻常，它是在股价连续下跌后出现的。从技术上说，这样的大阴线不是继续看跌的信号，相反有可能是一个见底的信号。当然股价是否真正见底，要看这根大阴线后的K线走势。今天收了一根中阳线，且这根中阳线是嵌在昨天大阴线的中间，如此一来，两者就合成了"身怀六甲"[注2]的K线组合。从技术上说，在下跌途中出现的"身怀六甲"是见底信号，这样该股见底的可能性又增加了。从操作层面上来说，往后只要K线走势在"身怀六甲"的上方运行，投资者就可以积极看多做多，等待该股的上涨（见下图）。

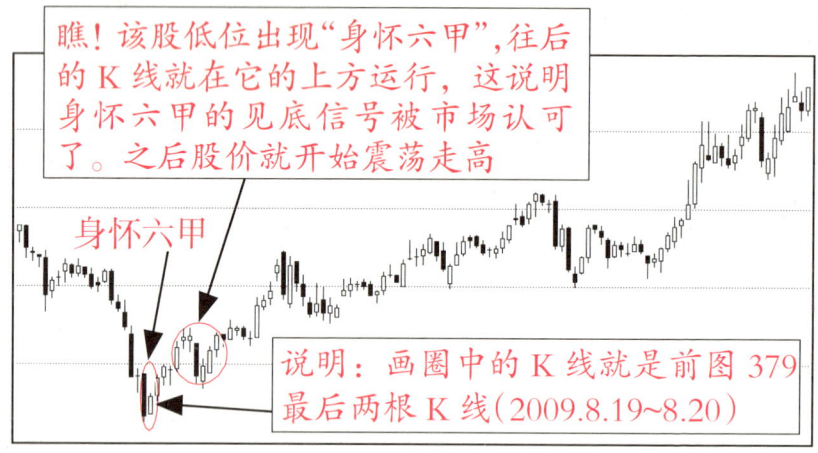

瞧！该股低位出现"身怀六甲"，往后的K线就在它的上方运行，这说明身怀六甲的见底信号被市场认可了。之后股价就开始震荡走高

身怀六甲

说明：画圈中的K线就是前图379最后两根K线（2009.8.19~8.20）

武汉凡谷（002194）2009.7.23~2010.1.18的日K线图　图380

【注1】关于"大阴线"的特征、技术意义与相关实例，详见《股市操练大全》第一册第23页~第27页。

【注2】关于"身怀六甲"的特征、技术意义，详见《股市操练大全》第一册第67页~第70页。

股市赢家自我培训测试题　No.125

考考你(K线实战技巧一题一练)

虽然该股仍在20日均线上方运行,且今天又收出了一根中阳线,但已有人看坏其后市,认为该股在此筑顶的可能性很大,现在应该趁早出局。

请问:你认为这种观点对吗?为什么?

日K线图

除权后留下的缺口

20日均线

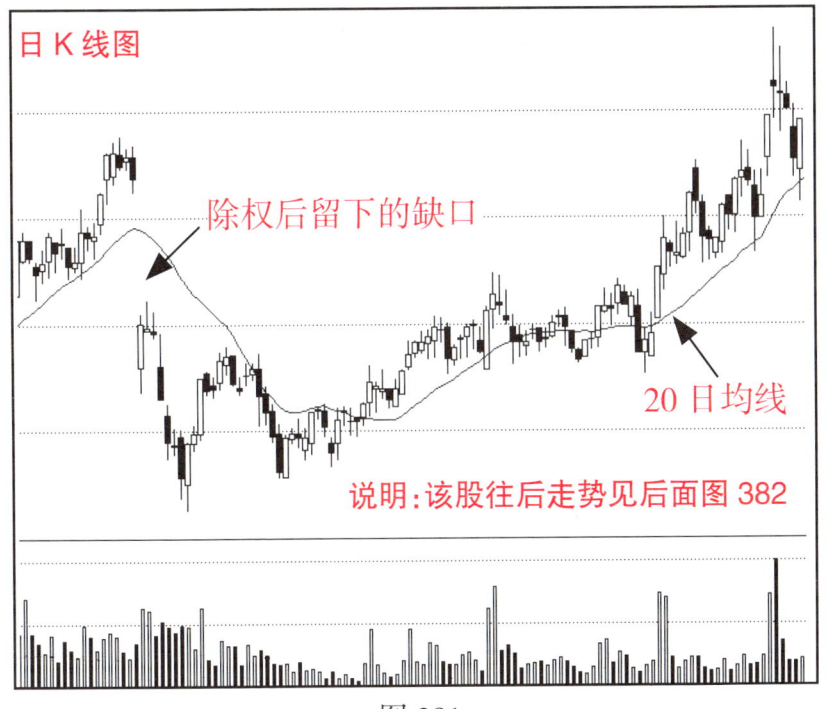

说明:该股往后走势见后面图382

图381

答 说该股在此筑顶的可能性很大，我认为这个观点是对的。理由是：①图最上方的2根K线（见图中倒数第4根~第5根K线），高手称它为"双星线"（意即K线都有上下影线），这是一个重要的见顶信号。而且这个双星线，一根K线是螺旋桨K线，一根K线是长十字线，它们本身都是见顶信号，因此该股在此见顶的可能性很大。②下跌时放出巨量，上涨时无量（前图中出现螺旋桨K线这天，成交量特别大，而在最后一天拉阳线时，成交量却很小），主力出逃迹象十分明显。③该股前期除过权，现在已填满权，主力出货的目标位已到。

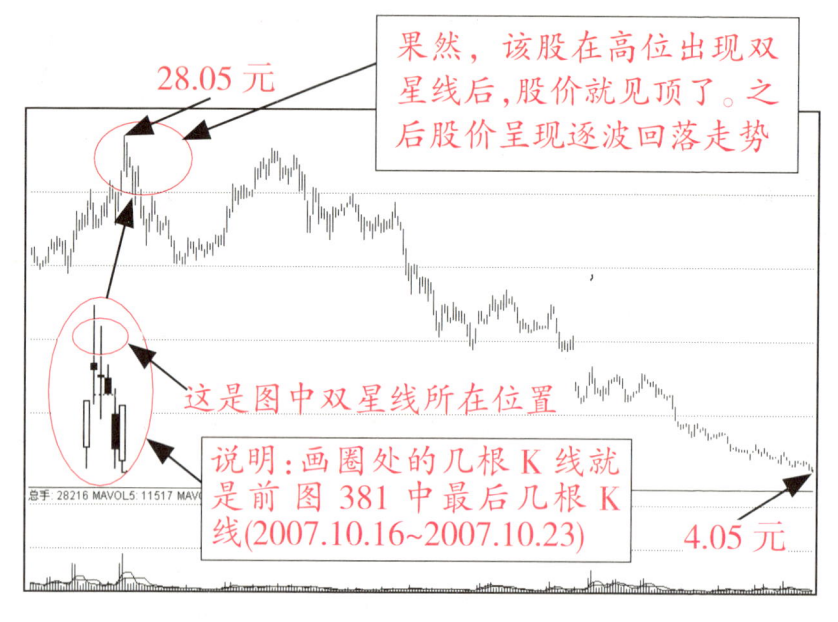

28.05元

果然，该股在高位出现双星线后，股价就见顶了。之后股价呈现逐波回落走势

这是图中双星线所在位置

说明：画圈处的几根K线就是前图381中最后几根K线(2007.10.16~2007.10.23)

4.05元

得润电子(002055)2007.8.24~2008.10.28的日K线图 图382

股市赢家自我培训测试题　No.126

考考你（K线实战技巧一题一练）

某报推荐该股时,作出了如下评论(见图中"重要提示")。推荐者认为该股前面的快速下跌是在进行一次有力度的洗盘,现在浮筹清洗完毕,股价在上升趋势线处止跌企稳,并出现了稳步上升的走势,一轮新的上涨行情正在展开,投资者可及时跟进做多。

请问:这样的判断是否正确？为什么?

日K线图

重要提示:①该股有业绩和题材支撑,沿上升趋势线上行,将成为主基调;②股价在上升趋势线附近徘徊时,买单如云

上升趋势线

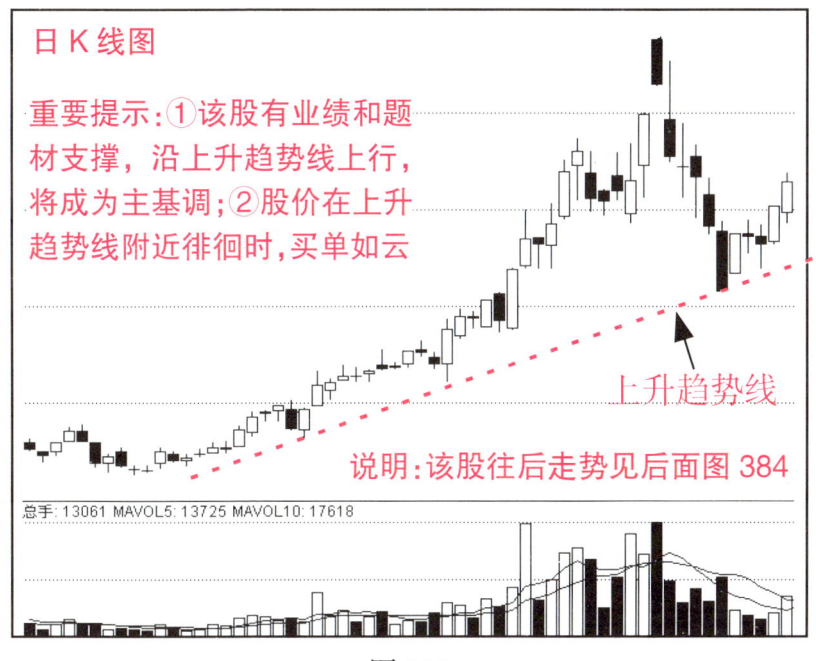

说明:该股往后走势见后面图384

总手: 13061 MAVOL5: 13725 MAVOL10: 17618

图 383

答 错。为何说它错呢？第一，股价在高位出现 6 连阴（见前图倒数第 6 根～第 11 根 K 线），筑头的可能性要远大于洗盘的可能性[注]。推荐者却一厢情愿地认为主力是在洗盘，这是不可取的。第二，股价快速下跌，跌到上升趋势线处企稳，这在技术上是常见现象，但不能凭此证明主力在洗盘。第三，股价在上升趋势线处止跌回升，而成交量却大幅萎缩，说明盘中缺乏主动性做多的力量。

综上所述，该股现在的上涨仅是反弹，且反弹随时会出现夭折，故应马上卖出。（该股往后走势见下图）

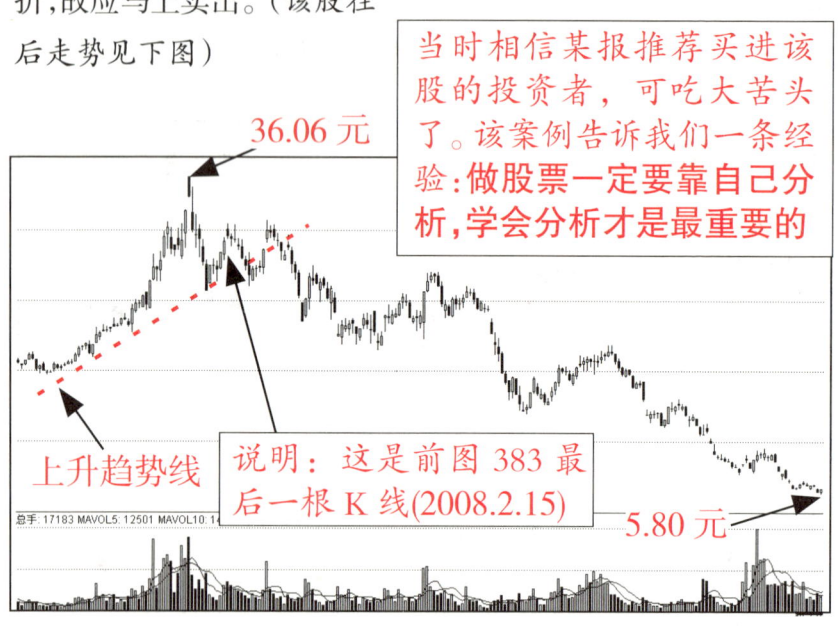

当时相信某报推荐买进该股的投资者，可吃大苦头了。该案例告诉我们一条经验：做股票一定要靠自己分析，学会分析才是最重要的

36.06 元

上升趋势线

说明：这是前图 383 最后一根 K 线(2008.2.15)

5.80 元

国投中鲁（600962）2007.11.15～2008.10.28 的日 K 线图　图 384

【注】股市中"下跌三连阴"已是一个重要的见顶信号（详见《股市操练大全》第一册第 139 页，第七册第 55 页～第 57 页，第八册第 226 页、227 页），故"下跌六连阴"见顶的可能性就更大。

股市赢家自我培训测试题　No.127

考考你（K线实战技巧一题一练）

下图是某股的周K线图。某分析师特别看好该股，以"放量上攻，后市可期"为题，在报上对该股作了大力推荐。

请问：你同意该分析师的观点吗？为什么？

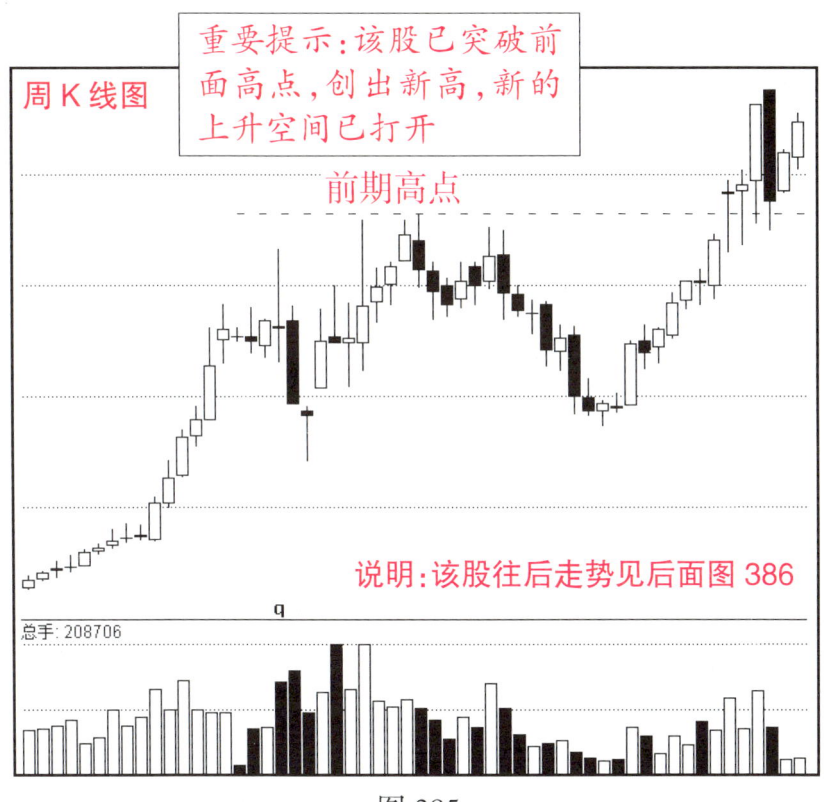

周K线图

重要提示：该股已突破前面高点，创出新高，新的上升空间已打开

前期高点

说明：该股往后走势见后面图386

总手：208706

图385

答 该分析师观点是错的。该股向上突破，是一个假突破。为什么说它是假突破呢？因为在向上突破时出现了一个"穿头破脚"[注]的K线组合（见下图中画圈处），这是一个典型的见顶信号。

另外，**创新高并非一定是新的上升空间被打开了，主力也经常会利用创新高进行诱多出货**（编者按：关于这方面的知识与相关实例，详见《股市操练大全》第七册第303页～第313页）。

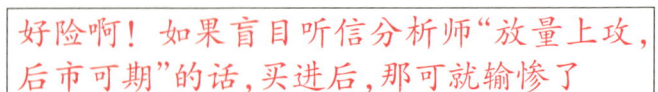

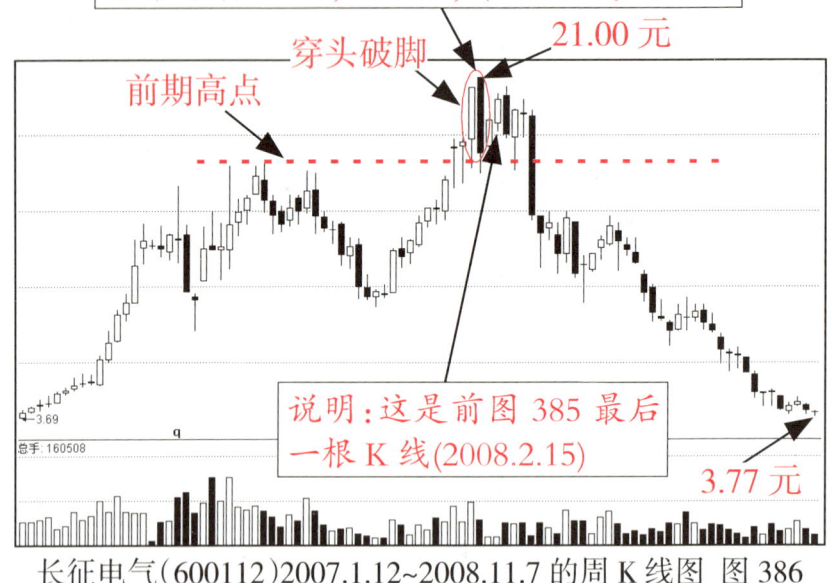

好险啊！如果盲目听信分析师"放量上攻，后市可期"的话，买进后，那可就输惨了

前期高点　　穿头破脚　　21.00元

说明：这是前图385最后一根K线(2008.2.15)

3.77元

长征电气(600112)2007.1.12~2008.11.7的周K线图　图386

【注】关于"穿头破脚"的特征、技术意义与相关实例，详见《股市操练大全》第一册第70~72页，第七册第42~53页，第八册第311页。

股市赢家自我培训测试题　No.128

考考你(K线实战技巧一题一练)

下图是沪市某大盘股的周K线图。请问:图中画圈处的K线图形是什么图形？投资者见到它应该怎么操作？（请说明理由）

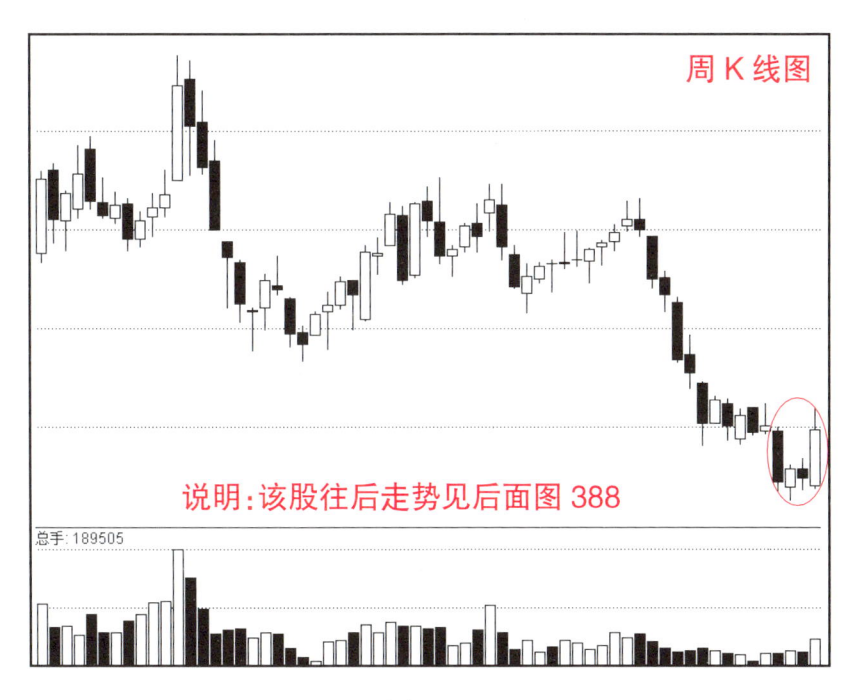

周K线图

说明:该股往后走势见后面图388

图387

答 图中画圈处是"早晨之星"[注]K线组合的一种变化图形。投资者见到它应该这样操作：①在周K线图中出现早晨之星（请注意，它不同于日K线的早晨之星，信号更强），此时就不能再盲目看空，应密切关注盘面的变化，注意下一步主力的动向。②早晨之星能否被市场认可，要看它后面的K线走势，马上重仓跟进还不妥当，只能试着做多。③如果后面K线走势在最后一根K线收盘价的下方运行，说明市场并没有认可这个早晨之星，此时只能观望；如果后面K线在最后一根K线收盘价的上方运行，说明市场承认了这个早晨之星，此时可积极跟进做多。（该股往后走势见下图） (2010.10.24)26.36元

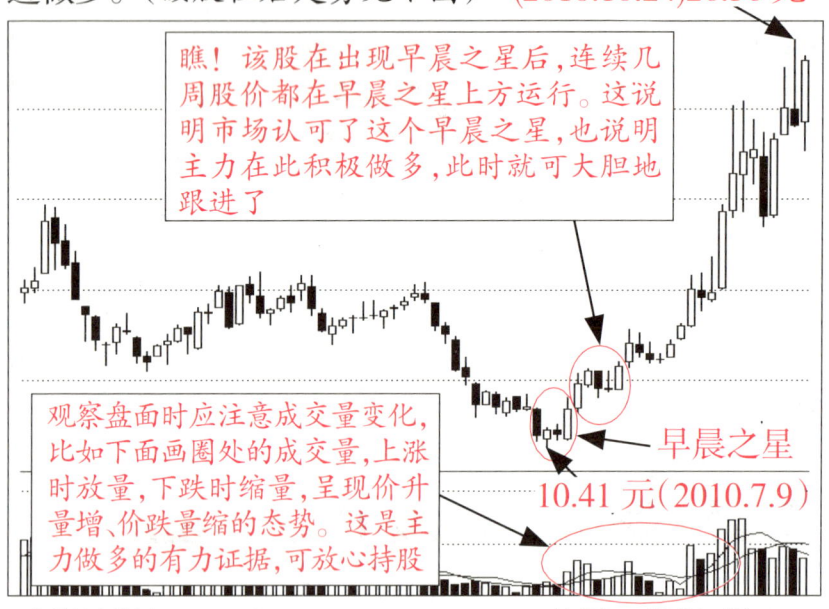

瞧！该股在出现早晨之星后，连续几周股价都在早晨之星上方运行。这说明市场认可了这个早晨之星，也说明主力在此积极做多，此时就可大胆地跟进了

观察盘面时应注意成交量变化，比如下面画圈处的成交量，上涨时放量，下跌时缩量，呈现价升量增、价跌量缩的态势。这是主力做多的有力证据，可放心持股

10.41元（2010.7.9）

早晨之星

中海油服（601808）2009.7.10~2010.12.31的周K线图　图388

【注】关于"早晨之星"的特征、技术意义与相关实例，详见《股市操练大全》第一册第62页~第64页，第六册第282页。

股市赢家自我培训测试题　No.129

考考你（K线实战技巧一题一练）

该股近期创出新高，之后又出现了冲高回落的走势。甲认为该股在此做头了，此时应马上卖出；乙不同意这种看法，认为股价在创新高的过程中，出现首次冲高回落是很正常的现象，这是主力在试盘，股价回落蓄势后，真正的创新高行情就会出现，因此现在应积极地逢低吸纳。

请问：你认为谁的观点正确？（请说出理由）

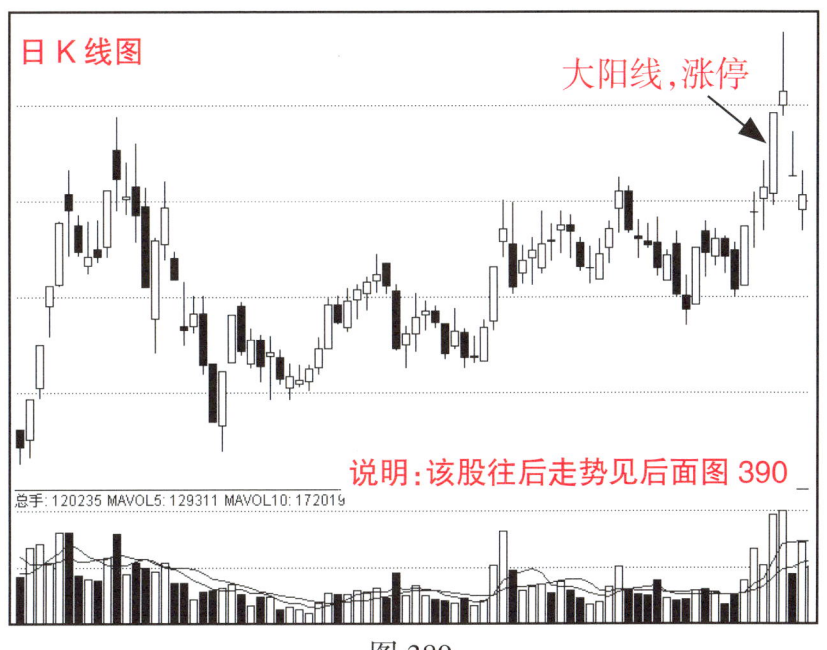

日K线图

大阳线,涨停

说明：该股往后走势见后面图390

图389

答 甲的观点正确。从前图389中的最后几根K线走势中可以看得很清楚,该股确实在此做头了。图中那根拉涨停的大阳线,性质是"高位大阳线",是掩护主力出货的,紧接着后面的1根K线是"射击之星",是见顶信号,右边倒数第2根K线是"倒T字线",又是一个见顶信号。创新高时连续出现3个见顶信号,而且成交量又呈现明显放大的态势,说明主力在出逃。再说利用创新高诱多出货是主力惯用的手法[注]。由此可以判断,该股确实在此做头了,后面必有一轮大的跌势出现,此时绝对不可以"逢低吸纳",而应该坚决卖出。判断错了就要吃大亏(见下图)。

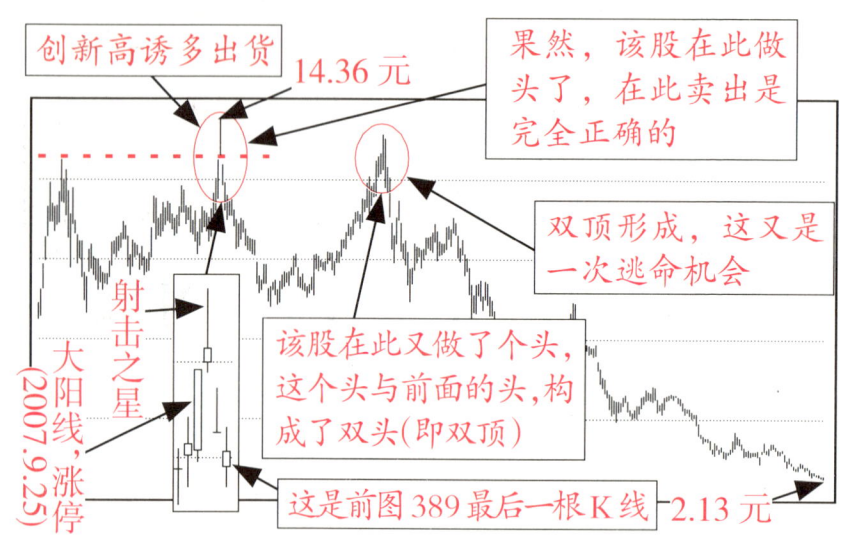

太极实业(600667)2007.6.6~2008.11.4的日K线图 图390

- 创新高诱多出货
- 14.36元
- 果然,该股在此做头了,在此卖出是完全正确的
- 双顶形成,这又是一次逃命机会
- 射击之星
- 大阳线,涨停(2007.9.25)
- 该股在此又做了个头,这个头与前面的头,构成了双头(即双顶)
- 这是前图389最后一根K线
- 2.13元

【注】关于主力利用创新高进行诱多出货的手法、特征,以及投资者应采取的对策等内容,详见《股市操练大全》第七册第303页~313页。

股市赢家自我培训测试题　No.130

考考你（K线实战技巧一题一练）

　　该股是市场热门股，走势十分强劲。小敏一直持股待涨，但现在他对该股后市感到担忧了。今天已经将手中的该股卖掉了一半。有人不解地问他，该股10日均线、30日均线都完好，为什么要把它卖掉？小敏回答：为了减少风险。他还说，如果股价继续下跌，跌破前面大阳线的开盘价，他就把剩下的一半筹码都卖掉。

　　请问：该股10日均线都没有跌破，现在卖出对吗？（请说明理由）

日K线图　　　　　　　　　　大阳线

10日均线

30日均线

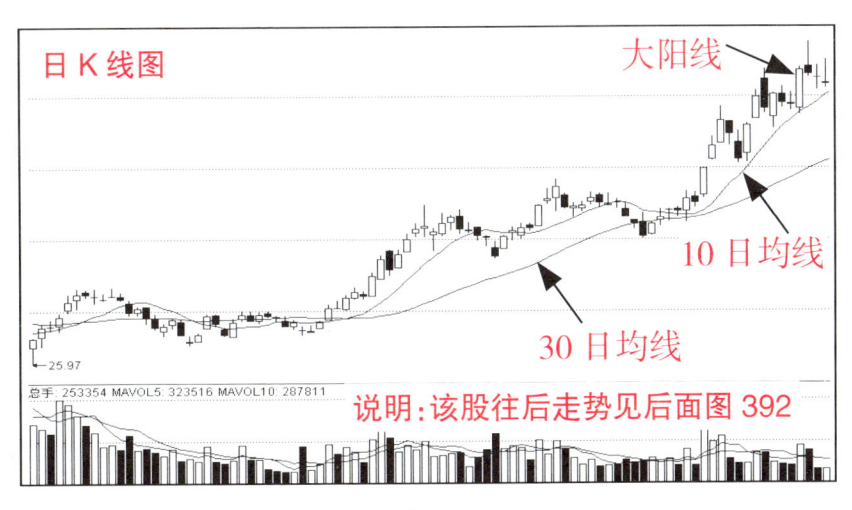

说明：该股往后走势见后面图392

图391

答 小敏操作是对的。虽然现在10日均线还在支撑着该股的股价，但图中最后3根K线已明确向人们发出了下跌信号。这3根K线有人称它为"三星线"（意即像三颗星），为重要的见顶信号（此三星线由"射击之星"、"十字线"、"倒T字线"3个K线见顶图形构成）。为了减少风险，小敏此时进行减仓是明智之举。另外，如果股价再继续下跌，跌破大阳线的开盘价，马上全线清仓，这也是对的，因为这根大阳线是"高位大阳线"【注】。一旦高位大阳线的开盘价被跌破，头部就基本上形成了。**经验证明：凡是因高位大阳线构成的头部，看均线已无作用，此时的10日、30日均线支撑几乎都成了纸窗户，一捅就破，所以必须抛空离场。**（该股往后走势见下图）

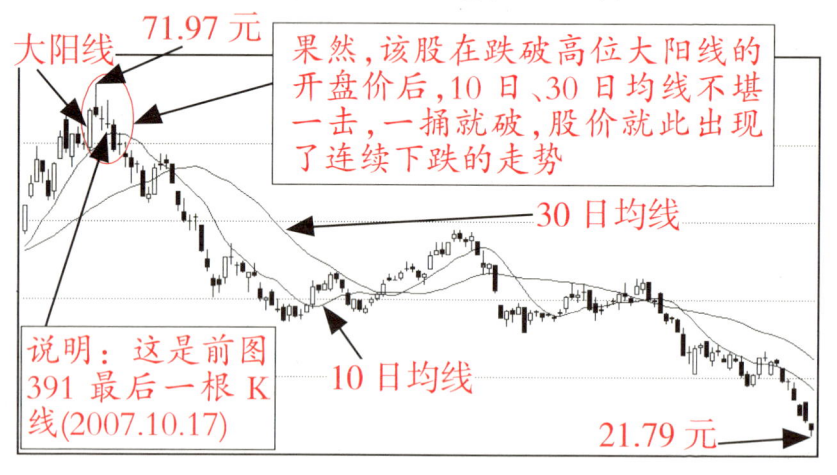

大阳线　71.97元
果然，该股在跌破高位大阳线的开盘价后，10日、30日均线不堪一击，一捅就破，股价就此出现了连续下跌的走势
30日均线
说明：这是前图391最后一根K线(2007.10.17)
10日均线
21.79元

中金岭南(000060)2007.9.20~2008.4.22的日K线图　图392

【注】如何识别"高位大阳线"，其特征、技术意义与相关实例，详见《股市操练大全》第八册第3页~第10页、第544页~第548页。

股市赢家自我培训测试题　No.131

考考你(K线实战技巧一题一练)

有一位投资者说,该股在低位出现了两根涨停大阳线(见图中箭头 A、B 所指处),这两根大阳线告诉我们很多信息,现在股价虽有震荡,但是震荡向上的趋势显现无疑,中线看涨已成定局。

请问:你同意这样的观点吗?(请说明理由)

日K线图

说明:该股往后走势见后面图394

图 393

答 我同意这样的观点。确实图中出现的两根涨停大阳线透露出了主力中线做多的坚定信心。箭头 A 指的一根涨停大阳线,在技术上称为"谷底大阳线",它起着定海神针的作用,当它出现后,股市下跌趋势就被扭转了过来。箭头 B 指的涨停大阳线,在技术上称为"低位大阳线"[注],它的出现进一步打开了股市上涨空间,奠定了该股总体向上的格局。另外,该股上涨放量下跌缩量,呈现价升量增、价跌量缩的态势,这也是看涨的一个重要理由。总之,只要该股在低位大阳线的上方运行,股价震荡向上是完全可以预期的(见下图)。

(2009.7.27)16.50 元

果然,盘中拉出谷底大阳线、低位大阳线后,该股就呈现了震荡向上的态势

A B

4.82 元
(2008.10.28)

说明:本图中箭头 A、B 所指的 K 线与前图 393 中箭头 A、B 所指的 K 线为同一 K 线

海亮股份(002203)2008.7.18~2009.7.27 的日 K 线图 图 394

【注】关于"谷底大阳线"、"低位大阳线"的特征、技术意义与相关实例,详见《股市操练大全》第八册第 23 页~31 页、第 536 页~541 页。

股市赢家自我培训测试题　No.132

考考你(K线实战技巧一题一练)

一位大户看了该股走势图后,以肯定的口气说,该股主力出逃了,明天必须全部清仓。有人认为大户言过其实,是在误导他人,因为目前该股走势很好,这两天连拉2阳,上攻态势明显,为何要匆忙出局呢?

请问:你同意谁的看法?为什么?

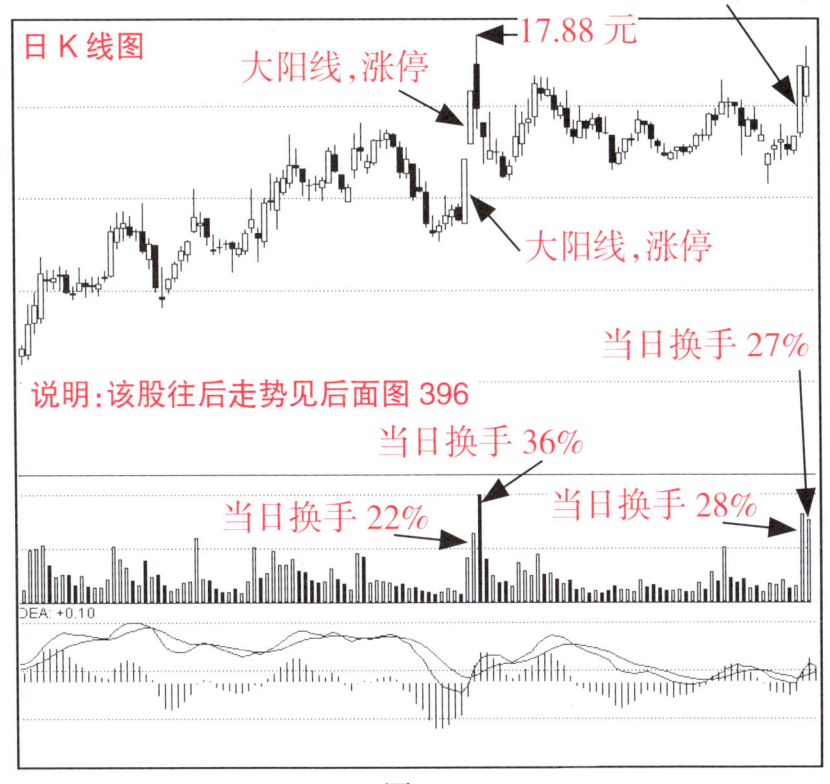

日K线图　大阳线,涨停　17.88元　大阳线,涨停　大阳线,涨停　当日换手27%　当日换手36%　当日换手22%　当日换手28%

说明:该股往后走势见后面图396

图395

答 大户的观点是对的。该股主力确实在大量出货,而且出货已近尾声,股价随时可能出现大跌。

理由是:图中出现的 3 根涨停大阳线扮演的都是做空角色,是典型的"高位大阳线"[注],其作用是掩护主力出货。从图中可以看出,该股拉出大阳线时,以及之后几天里,换手率奇高,成交放出巨量,但股价却是滞涨的。另外,在第 2 根大阳线与第 3 根大阳线之间,股价盘整了一个多月,下面的 MACD 出现一路下行的走势,它与股价走势呈现顶背离的格局,表明盘中做空能量在扩散。

经验告诉我们:涨势中出现"大阳线 + 高换手率 + 股价滞涨",即为股价做头信号,投资者见此情况应马上卖出,卖晚了就要吃大亏(见下图)。

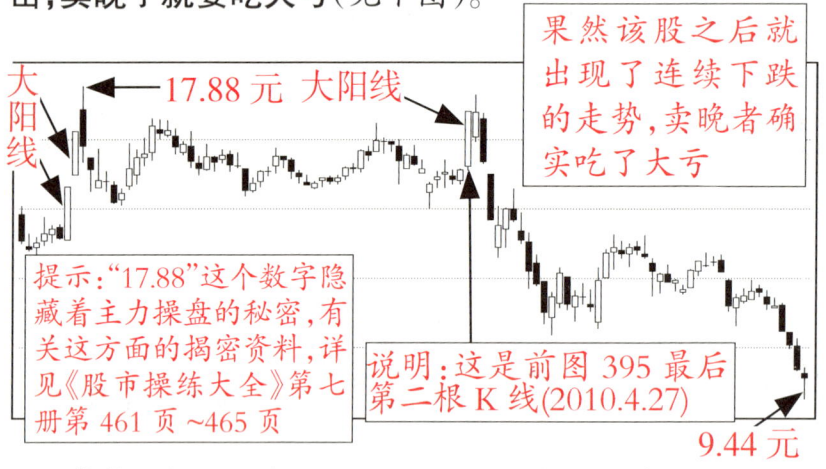

大阳线

← 17.88 元 大阳线

果然该股之后就出现了连续下跌的走势,卖晚者确实吃了大亏

提示:"17.88"这个数字隐藏着主力操盘的秘密,有关这方面的揭密资料,详见《股市操练大全》第七册第 461 页~465 页

说明:这是前图 395 最后第二根 K 线(2010.4.27)

9.44 元

西藏药业(600211)2010.1.26~2010.7.2 的日 K 线图 图 396

【注】关于"高位大阳线"的特征、技术意义与相关实例,详见《股市操练大全》第 8 册第 3 页~第 10 页,第 544 页~第 548 页。

股市赢家自我培训测试题　No.133

考考你(K线实战技巧一题一练)

有分析师说,该股主力已全线撤退,投资者务必马上清仓离场。

请问:这位分析师的观点对不对？为什么？

日K线图

大阳线,涨停

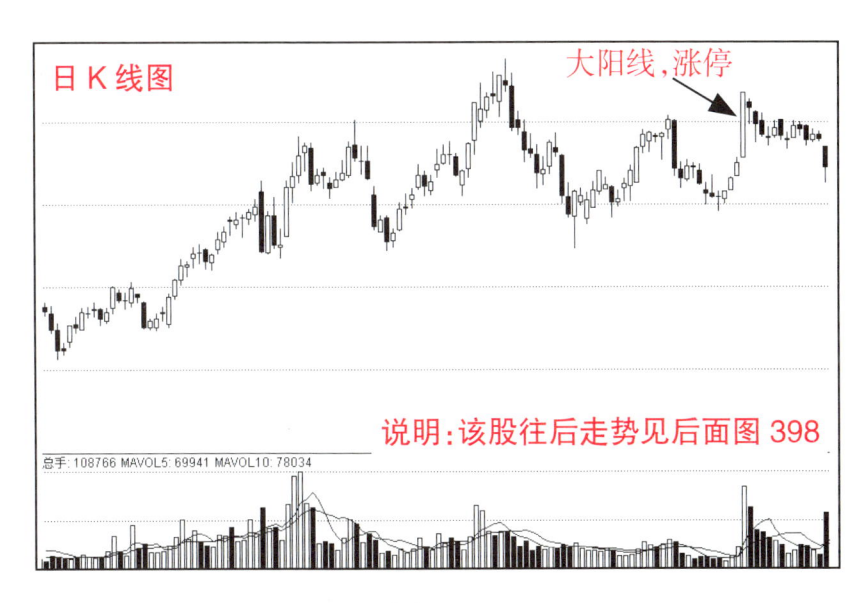

说明:该股往后走势见后面图398

图 397

答 这位分析师的观点是对的。那么，他是如何看出主力全线撤退的呢？这主要从图中一根大阳线（见图中箭头所指处）看出来的，该股拉出这根大阳线后，股价并没有往上走，相反却处于小幅盘跌的状态，且拉大阳线的当日是放巨量的，这说明主力利用大阳线在掩护出货[注]。在货色出得差不多的时候，主力就开始往下砸盘了。前图最后1根K线是阴线，它是跳空低开的，收盘价已跌破了大阳线的开盘价，这样跌势基本形成，所以投资者必须马上清仓离场，晚了就会造成很大损失（见下图）。

华星化工（002018）2009.11.16~2010.7.8 的日 K 线图　图 398

【注】如要了解主力利用拉大阳线出货的手法与应对策略，详见《股市操练大全》第六册第 3 页 ~10 页、第 449 页，第七册第 279 页 ~288 页。

股市赢家自我培训测试题　No.134

考考你（K线实战技巧一题一练）

下面两张图中的画圈处，当时都被认为是底部。但事后证明，图400中3个画圈处都是假底，而只有图399中画圈处才是真底。据悉，有两个小技巧可供你辨别真假底部作参考。现在请你说说看这是什么技巧？

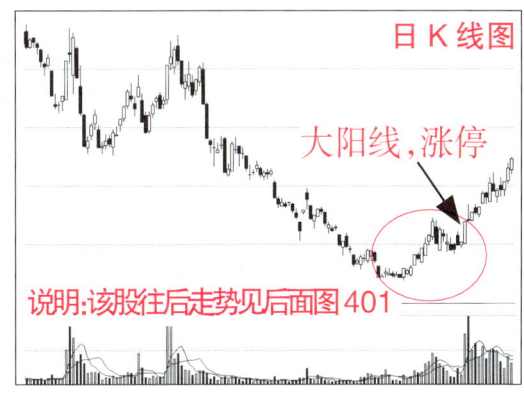

日K线图
大阳线，涨停
说明：该股往后走势见后面图401

图 399

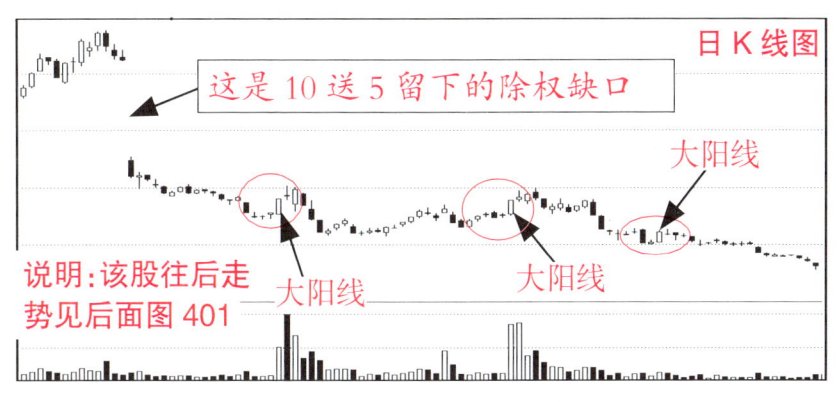

日K线图
这是10送5留下的除权缺口
大阳线
说明：该股往后走势见后面图401
大阳线
大阳线

图 400

答 识别真假底部的两个小技巧[注]是：

技巧一：看大阳线的开盘价是否能守住。守不住,被打穿的为假底;守得住,则为真底。比如,图400中涨幅超过9%的大阳线有3根,每一根大阳线的开盘价都被击穿了,所以画圈处的底部是假底(编者按:按照操作规则,一旦发现大阳线的开盘价被跌穿,应马上卖出);又如图399中画圈处有1根大阳线,在它出现后,股价就一直在它上方运行,所以图中画圈处的底是真底。

技巧二:看成交量是否持续放大。不能持续放大的为假底,如图400;能持续放大的为真底,如图399。

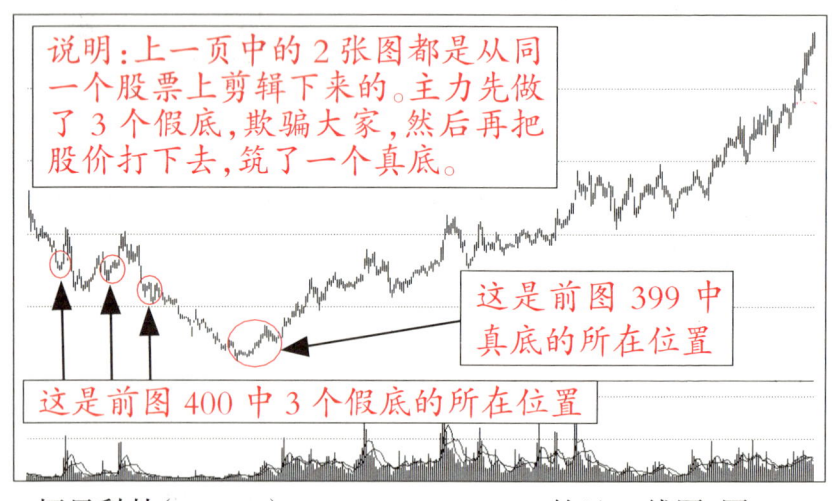

说明:上一页中的2张图都是从同一个股票上剪辑下来的。主力先做了3个假底,欺骗大家,然后再把股价打下去,筑了一个真底。

这是前图399中真底的所在位置

这是前图400中3个假底的所在位置

恒星科技(002132)2008.5.20~2010.1.18的日K线图 图401

【注】识底抄底是股市中一大难题。本书介绍的两个识别真假底部的小技巧,仅仅是识底抄底技巧中非常小的一部分。读者若要全面了解识底抄底的技巧,请详见《股市操练大全》第四册第79页~127页,第五册第317页~348页,第八册第452页~458页、第517页~533页。

股市赢家自我培训测试题　No.135

考考你（K线实战技巧一题一练）

有人说，虽然该股这几天股价出现回调，但股价仍站在30日均线之上，总的上升趋势未变，现在投资者可趁股价回调时积极加入。

请问：这样看法对吗？（请说明理由）

日K线图

大阳线，涨停

30日均线

10日均线

说明：该股往后走势见后图图403

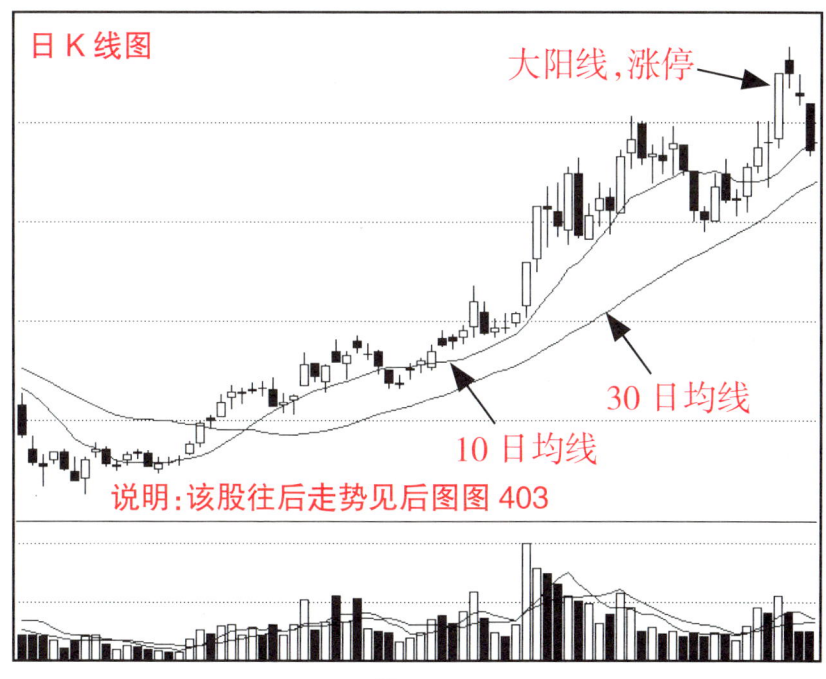

图402

答 这样看法不对,该股现在已出现明显的头部信号。理由是:①箭头指的K线是一根"高位大阳线"【注1】,现在大阳线的开盘价已被打穿,这是一个重要的见顶信号;②最后3根K线是"下跌三连阴"【注2】的变化图形,下跌三连阴也是一个重要的见顶信号。结论:在多重见顶信号打击下,该股见顶回落的可能性很大,因此现在不宜对它看多做多。(该股往后走势见下图)

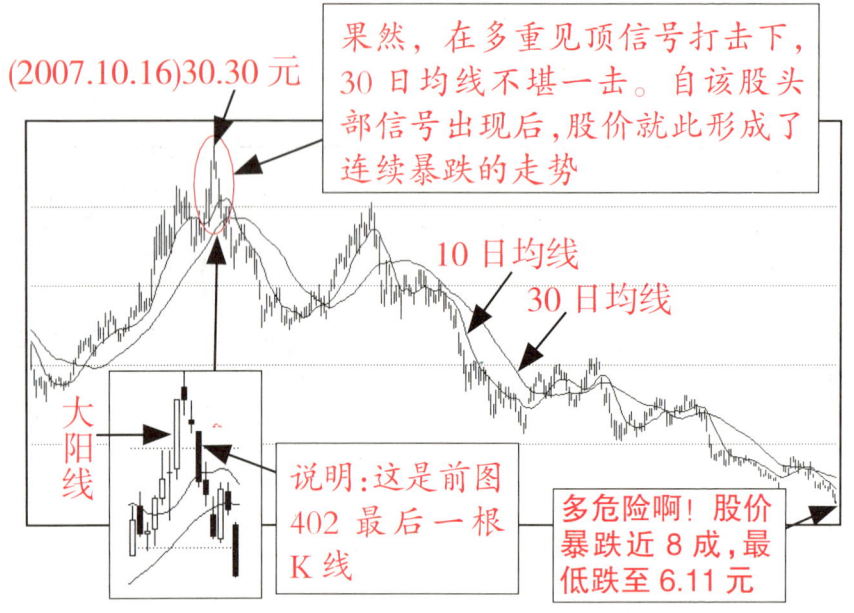

(2007.10.16)30.30元

果然,在多重见顶信号打击下,30日均线不堪一击。自该股头部信号出现后,股价就此形成了连续暴跌的走势

10日均线

30日均线

大阳线

说明:这是前图402最后一根K线

多危险啊!股价暴跌近8成,最低跌至6.11元

中化国际(600500)2007.6.28~2008.10.28的日K线压缩图 图403

【注1】如何识别"高位大阳线",其特征、技术意义与相关实例,详见《股市操练大全》第八册第3页~第10页、第544页~548页。

【注2】关于"下跌三连阴"的特征与相关实例,详见《股市操练大全》第一册第139页,第七册第55页~57页,第八册第226页~227页。

股市赢家自我培训测试题　No.136

考考你（K线实战技巧一题一练）

该股基本面很好。甲认为它现在调整已经到位，可以逢低吸纳了，但乙认为该股跌势未尽，大跌还在后面。

请问：你的看法如何？（请说明理由）

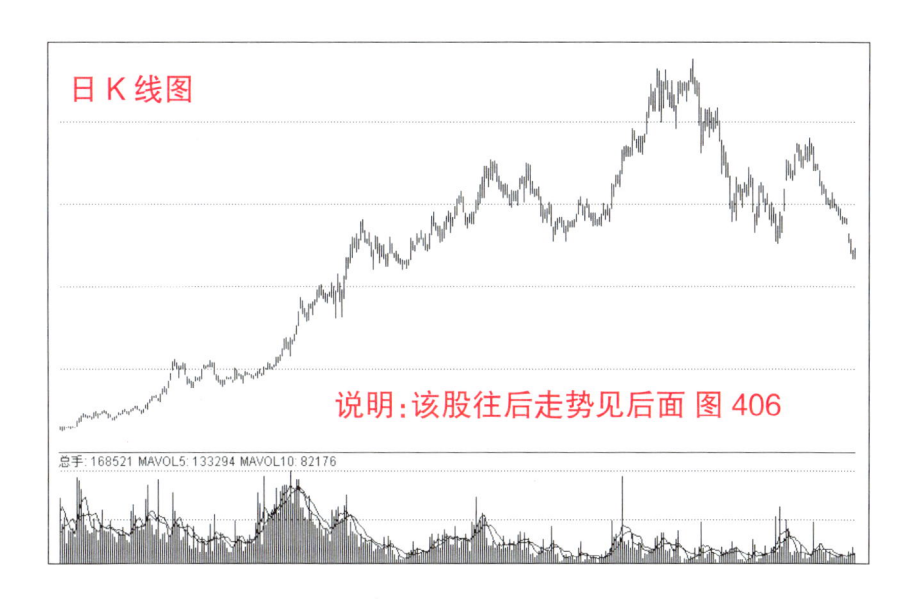

日K线图

说明：该股往后走势见后面 图406

图 404

答 确实如乙所说,该股跌势未尽,大跌还在后面。从前图看,主力巧妙地运用大型头肩顶形态在减仓,特别是头肩顶的头部构造时间长达两个月,使主力高价出了不少货。之后该股跌破头肩顶的颈线,说明主力出货的任务基本完成,下一步就会落井下石,后面股价大跌就势在必然。所以投资者应马上出局,越拖损失就越大(见下图)。

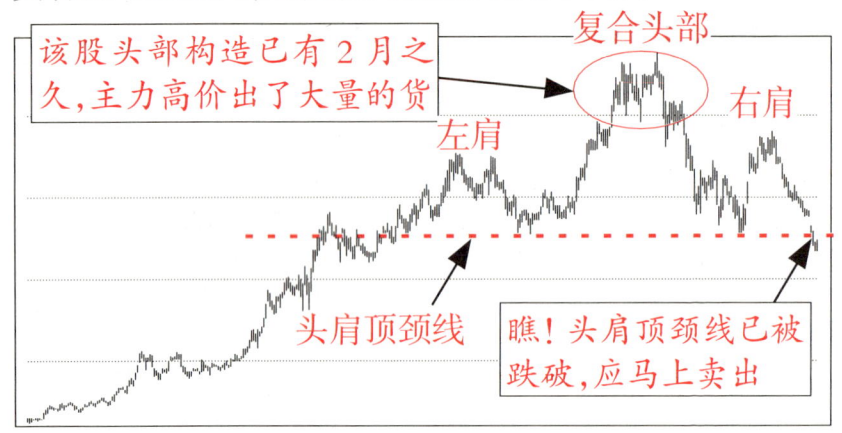

该股头部构造已有2月之久,主力高价出了大量的货

复合头部

左肩 右肩

头肩顶颈线

瞧!头肩顶颈线已被跌破,应马上卖出

格力电器(000651)2006.11.6~2008.6.13 的日 K 线图 图 405

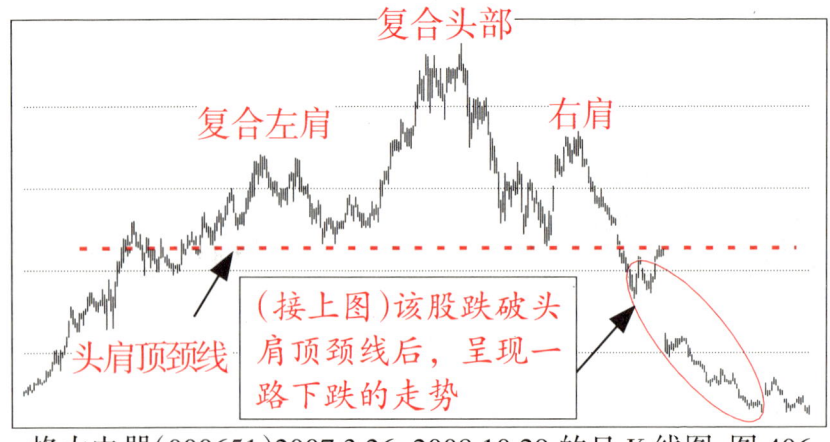

复合头部

复合左肩 右肩

头肩顶颈线

(接上图)该股跌破头肩顶颈线后,呈现一路下跌的走势

格力电器(000651)2007.3.26~2008.10.29 的日 K 线图 图 406

股市赢家自我培训测试题　No.137

考考你（K线实战技巧一题一练）

在研判技术图形时，要学会画颈线，颈线画好了，卖点或买点就能清晰地显示出来，这样操作就有了方向。

请问：下面是一个什么图形，它的颈线应该怎么画？买点或卖点应设置在什么地方？

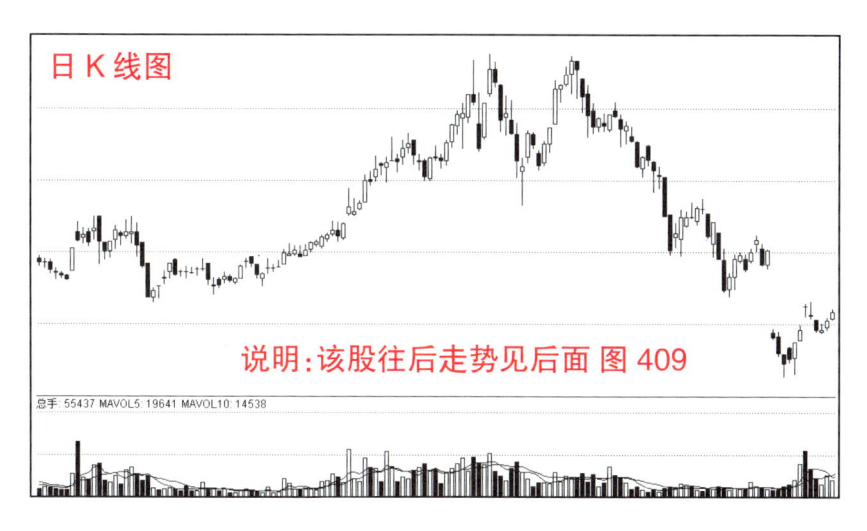

日K线图

说明：该股往后走势见后面 图409

图407

答 这是一个很标准的"双顶"图形,双顶的颈线画法见下图中的虚线,卖点设置见图中箭头所指处。

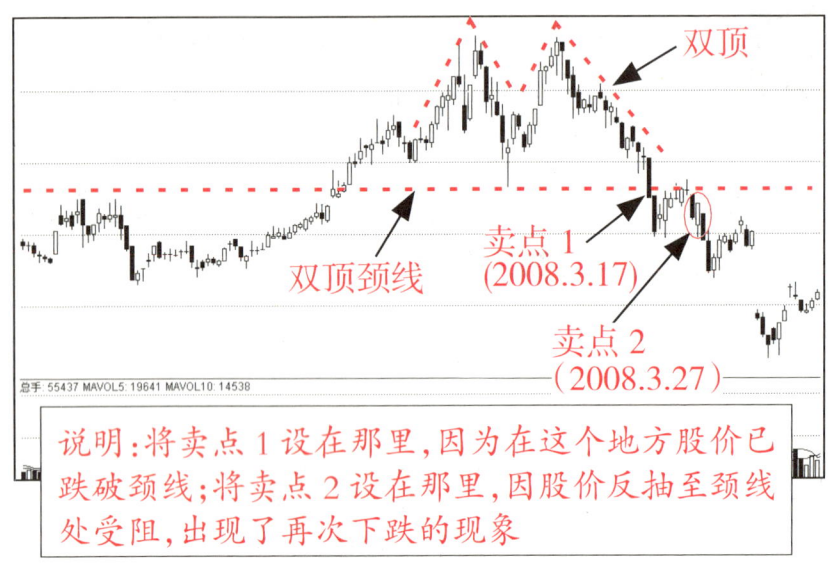

双顶

双顶颈线

卖点 1
(2008.3.17)

卖点 2
(2008.3.27)

说明:将卖点 1 设在那里,因为在这个地方股价已跌破颈线;将卖点 2 设在那里,因股价反抽至颈线处受阻,出现了再次下跌的现象

东信和平(002017)2007.9.19~2008.5.5 的日 K 线图 图 408

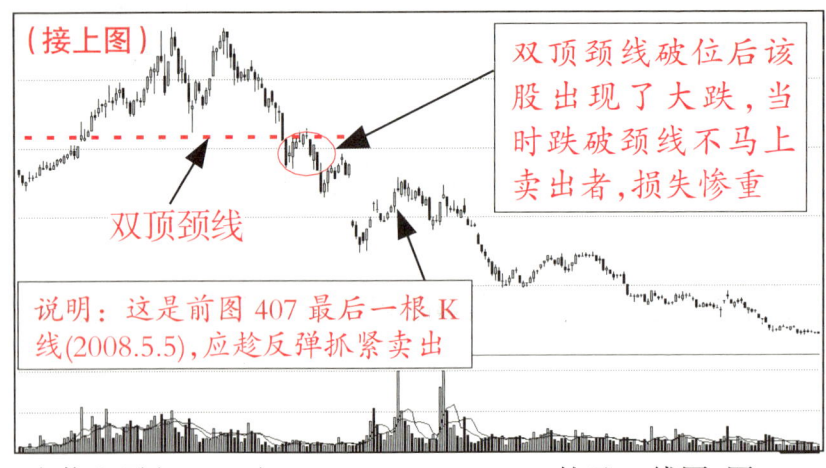

(接上图)

双顶颈线破位后该股出现了大跌,当时跌破颈线不马上卖出者,损失惨重

双顶颈线

说明:这是前图 407 最后一根 K 线(2008.5.5),应趁反弹抓紧卖出

东信和平(002017)2007.11.21~2008.11.4 的日 K 线图 图 409

股市赢家自我培训测试题　No.138

考考你（K线实战技巧一题一练）

老张听了某分析师的建议，在图中箭头A所指处买进了该股，但股价仅上涨了一天，就连拉了4根小阴线，有人对他说分析师是庄托，是骗你进去的，现在不逃就要在高位站岗放哨了。老张这下子慌了神，准备明天一开盘就全部卖出。

请问：这个人观点对吗？现在老张究竟应不应该卖出？（请说明理由）

日K线图

说明：该股往后走势见后面图411

图410

答 分析师有好有坏，如果不问青红皂白地就将分析师说成是庄托，这个观点肯定是错的。其实，这位分析师的建议并没有错，图中箭头 A 所指处确实是一个买点，其理由是股价突破"双底"颈线，并站在了颈线之上。而这几天股价回调，收出了 4 根小阴线，这是一种很正常的现象，可以理解为股价冲破双底颈线后的一次技术性回抽，但它并不改变该股中线向好的趋势。一般来说，回抽时股价回落只要能在颈线上方企稳，之后股价仍会继续上涨。因此，现在老张匆忙决定卖出是错误的，他将踏空后面的上涨行情。（该股往后走势见下图）

绿大地（002200）2010.3.3~2010.10.11 的日 K 线图　图 411

股市赢家自我培训测试题　No.139

考考你(K线实战技巧一题一练)

仔细观察下图,然后回答问题:①这是什么技术图形?②颈线应该怎么画?③颈线画好后,请用箭头标出它的几个卖点(如颈线破位后的卖点、反抽的卖点、反弹受阻的卖点)。

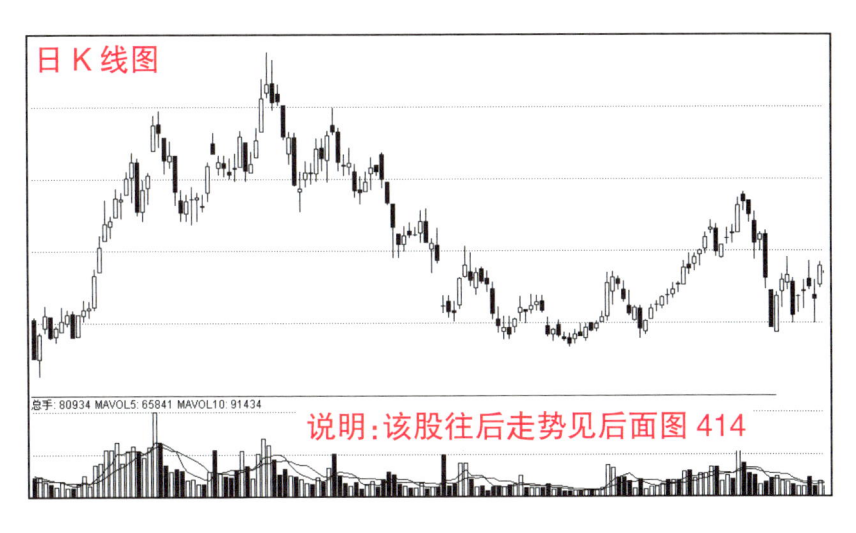

日K线图

说明:该股往后走势见后面图414

图412

答 ①这是"头肩顶"图形。②颈线画法见下图:它是一根略向上倾斜的斜线。③箭头 A 所指处是颈线被跌后的第一个卖点,箭头 B 所指处是颈线破位后反抽的卖点,箭头 C 所指处是该股反弹至颈线处受阻的卖点。

图中标注:头部、左肩、右肩、头肩顶颈线、日K线图、A(2007.10.12)、B、C

福星股份(000926)2007.7.5~2008.2.4 的日 K 线图　图 413

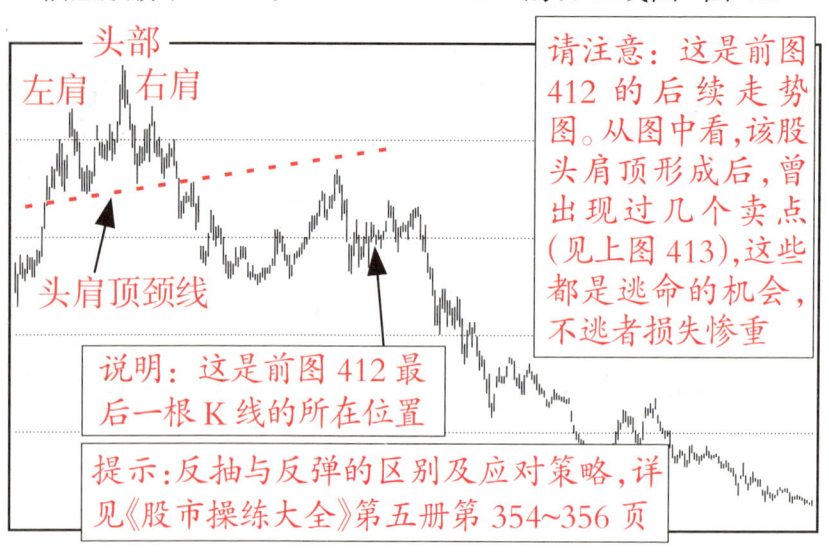

图中标注:头部、左肩、右肩、头肩顶颈线

说明:这是前图 412 最后一根 K 线的所在位置

提示:反抽与反弹的区别及应对策略,详见《股市操练大全》第五册第 354~356 页

请注意:这是前图 412 的后续走势图。从图中看,该股头肩顶形成后,曾出现过几个卖点(见上图 413),这些都是逃命的机会,不逃者损失惨重

福星股份(000926)2007.7.5~2008.11.7 的日 K 线图　图 414

股市赢家自我培训测试题　No.140

考考你（K线实战技巧一题一练）

某分析师说,该股走势很好判断,只要在图中画上一条线就知道现在绝对是看多、做多的时候,积极跟进日后必有厚报。

请问:你同意这样的看法吗?为什么?

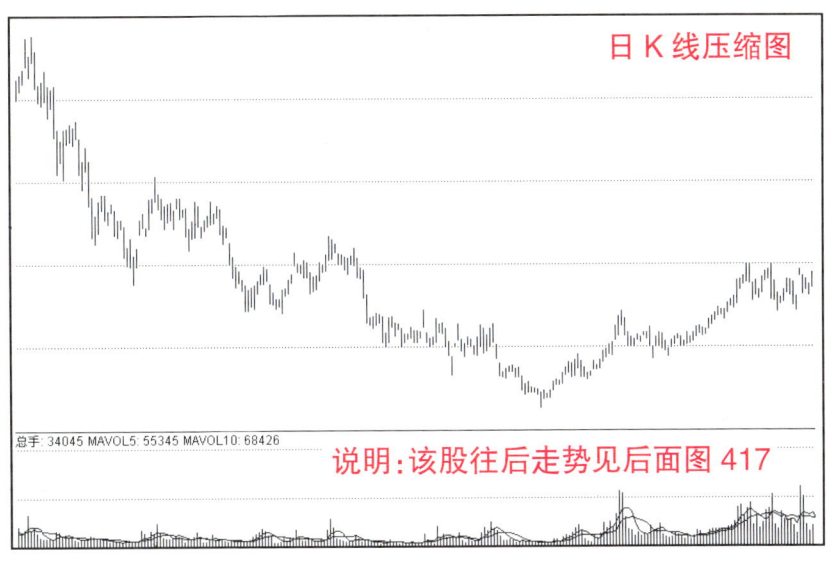

日K线压缩图

说明:该股往后走势见后面图417

图 415

答 我基本同意这位分析师的看法。但对"现在绝对是看多做多"的说法持保留意见(因为股市中没有绝对之事)。从前图中看,该股走势确实比较好判断,只要在图中加上一条直线(即画一条颈线),"头肩底"形态即马上显现出来,现在股价在颈线上方盘整,成交量温和放大,多方在此蓄势,应该是一个很好的买进机会(见下图)。

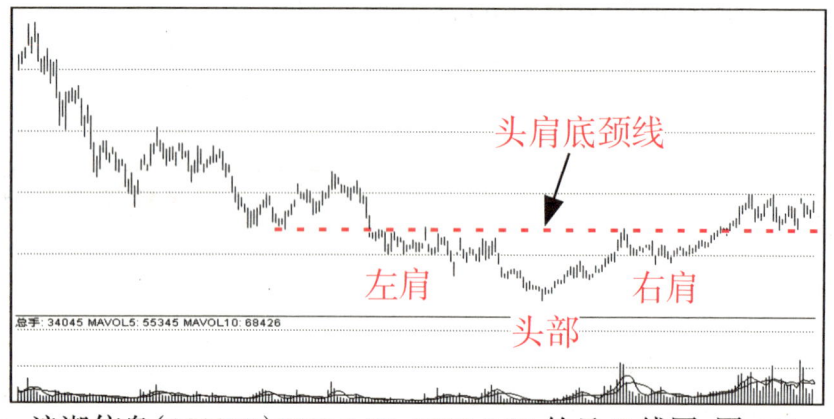

浪潮信息(000977)2008.2.27~2009.3.17 的日 K 线图 图 416

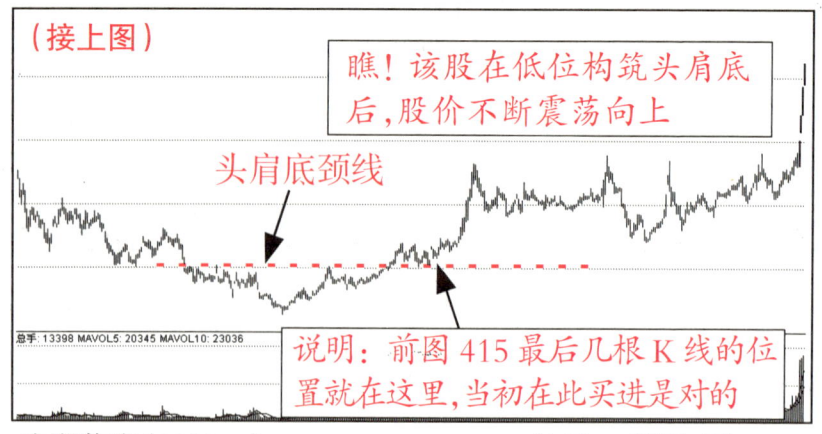

浪潮信息(000977)2008.3.26~2010.1.14 的日 K 线图 图 417

股市赢家自我培训测试题　No.141

考考你(K线实战技巧一题一练)

　　这是某股的周K线图。现在该股周K线出现了连拉5阳的走势,本周还出现了一个向上跳空缺口。面对该股的强劲态势,有人认为,该股经过一段长时间的蓄势,上攻动能已相当充沛,创新高指日可待,投资者应对它积极看多做多。但也有人持怀疑态度,认为该股现在的强劲走势是假的,是主力精心设置的隐阱,看多做多风险很大。

　　请问:你的看法如何?(请说明理由)

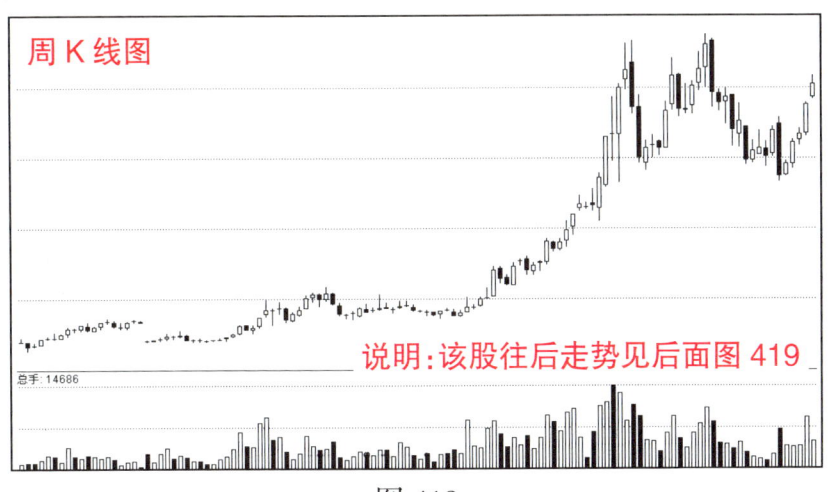

周K线图

说明:该股往后走势见后面图419

图418

答 判断该股近来出现的强劲走势,是真是假,不能凭主观想象,而要根据图形来说话。从图形分析看,该股构筑的是一个"扩散三角形"【注】走势(编者按:大家只要在图418中沿着两个高点画一条直线,再沿着两个低点画一条直线,就能看出它是一个扩散三角形的图形),这是一个非常重要的见顶信号。从表面上看,现在该股出现了连拉5根周阳线的强劲走势,但这里面暗藏杀机,因为该股整体上在扩散三角形里运行,大局已坏,小局再好(如周K线连拉5阳)也是假的。主力想以此迷惑大家,进行拉高出货,所以投资者不能看多,应逢高卖出。(该股往后走势见下图)

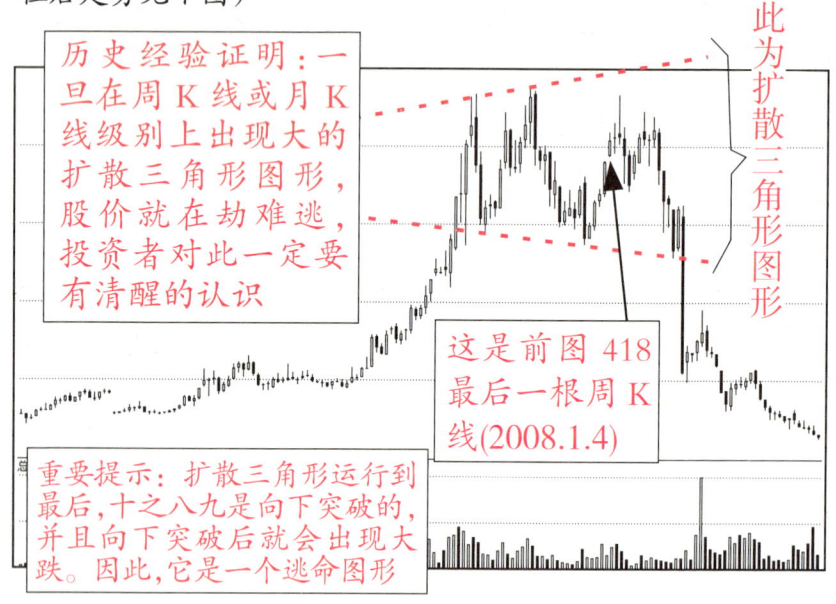

历史经验证明:一旦在周K线或月K线级别上出现大的扩散三角形图形,股价就在劫难逃,投资者对此一定要有清醒的认识

此为扩散三角形图形

这是前图418最后一根周K线(2008.1.4)

重要提示:扩散三角形运行到最后,十之八九是向下突破的,并且向下突破后就会出现大跌。因此,它是一个逃命图形

康恩贝(600572)2005.7.15~2008.11.7的周K线图 图419

【注】关于"扩散三角形"的特征、技术意义与相关实例,详见《股市操练大全》第一册第256页~259页、第296页,第七册第186页~187页。

股市赢家自我培训测试题　No.142

考考你(K线实战技巧一题一练)

该股盘整已有多日，有人认为久盘总不是好事，因为久盘必跌。所以现在应该对该股看空做空，赶紧卖出为宜。

请问：你同意这个观点吗？（请说明理由）

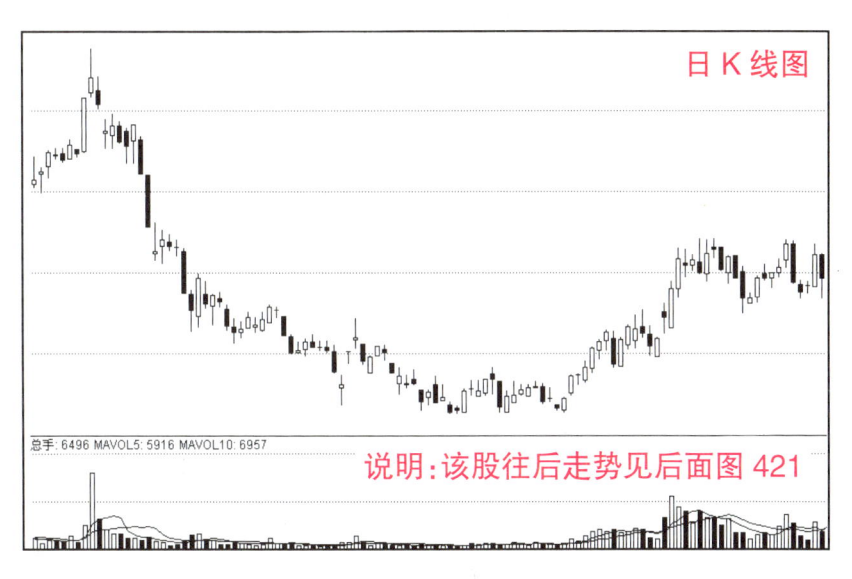

日K线图

说明：该股往后走势见后面图421

图 420

答 我不太同意这个观点。股市里确实有久盘必跌的说法，但是久盘之后，股价究竟是向上还是向下，要辩证地看。如果行情刚刚启动，久盘之后，统计下来还是向上的居多，这种情况下的久盘，可以看成为行情上升初期的一种洗盘行为。另外从技术上看，该股在低位构筑了一个"圆底"，在圆底上方又构筑了一个"矩形"【注】走势。目前股价在矩形内上下震荡，并没有出现向下破位的现象，显然此时盲目看空是不明智的。正确的做法是：静观其变，侍机而动。若发现股价突破矩形的上边线，就看多做多；若发现股价跌破矩形的下边线，就看空做空。（该股往后走势见下图）

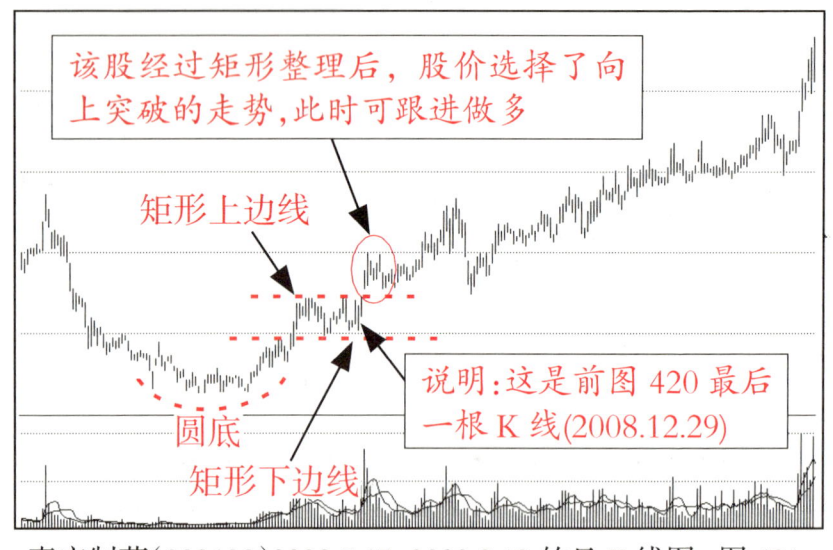

该股经过矩形整理后，股价选择了向上突破的走势，此时可跟进做多

矩形上边线

圆底

矩形下边线

说明：这是前图420最后一根K线(2008.12.29)

嘉应制药(002198)2008.7.17~2009.8.12的日K线图　图421

【注】关于"矩形"的特征、技术意义，详见《股市操练大全》第一册第282页~第284页。

股市赢家自我培训测试题 No.143

考考你（K线实战技巧一题一练）

有人说，该股每次回调低点都在抬高，且上涨放量，下跌缩量，说明其盘面被多方控制，后市可以积极看好。

请问：这个观点对吗？为什么？

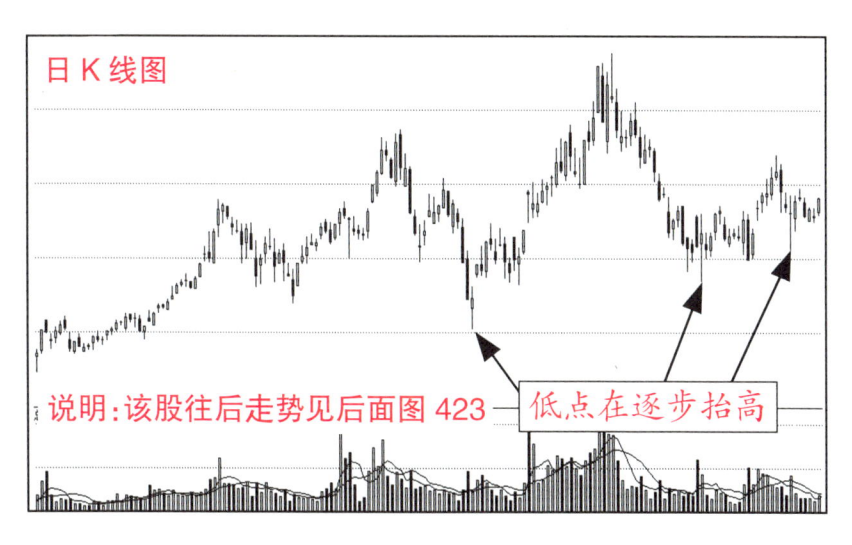

日K线图

说明：该股往后走势见后面图423

低点在逐步抬高

图 422

答 错。该股实际上在构筑一个"收敛三角形"[注]的图形(编者按:大家只要在图422中沿着两个高点画一条直线,再沿着两个低点画一条直线,就能看出它是一个收敛三角形的图形)。技术理论告诉我们:盘中出现收敛三角形走势,其后市向上或向下都有可能,关键要看股价最后选择向什么方向突破。如果选择向上突破,可看多做多;如果选择向下突破,就必须看空做空。有鉴于此,在突破方向尚不明确时,是不能盲目作出看好判断的。(该股往后走势见下图)

瞧,该股出现收敛三角形后,股价最终选择了向下突破。若当时盲目看好后市,跟进做多,那后面就输惨了

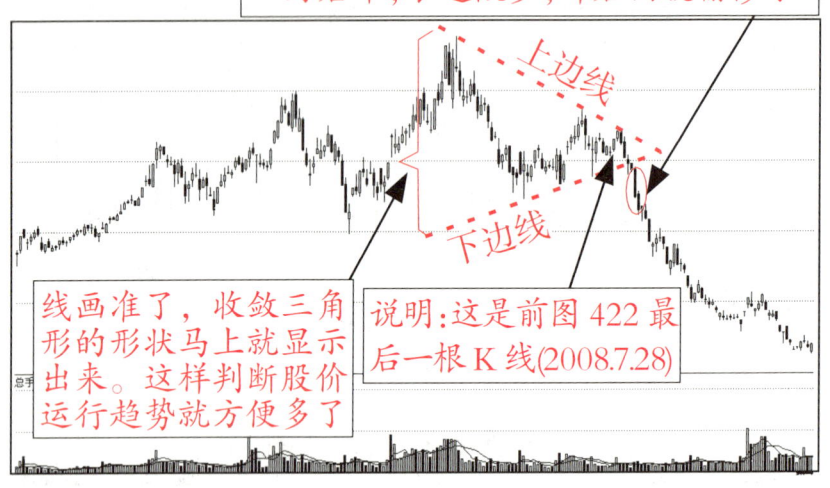

上边线

下边线

线画准了,收敛三角形的形状马上就显示出来。这样判断股价运行趋势就方便多了

说明:这是前图422最后一根K线(2008.7.28)

国际实业(000159)2007.11.13~2008.10.23的日K线图 图423

【注】关于"收敛三角形"的特征、技术意义与相关实例,详见《股市操练大全》第一册第259页、260页、第294页,第六册第57页~61页,第七册第184页、185页,第八册303页~308页、第501页。

股市赢家自我培训测试题　No.144

考考你(K线实战技巧一题一练)

有一位投资者一直看好该股的潜力,但就是要选择一个恰当的买进时机。现在他认为买进时机到了,他在图中箭头 A 所指处买了一批,后又在箭头 B 所指处进行增仓。

请问:你认为这位投资者这样操作对吗?(请说明理由)

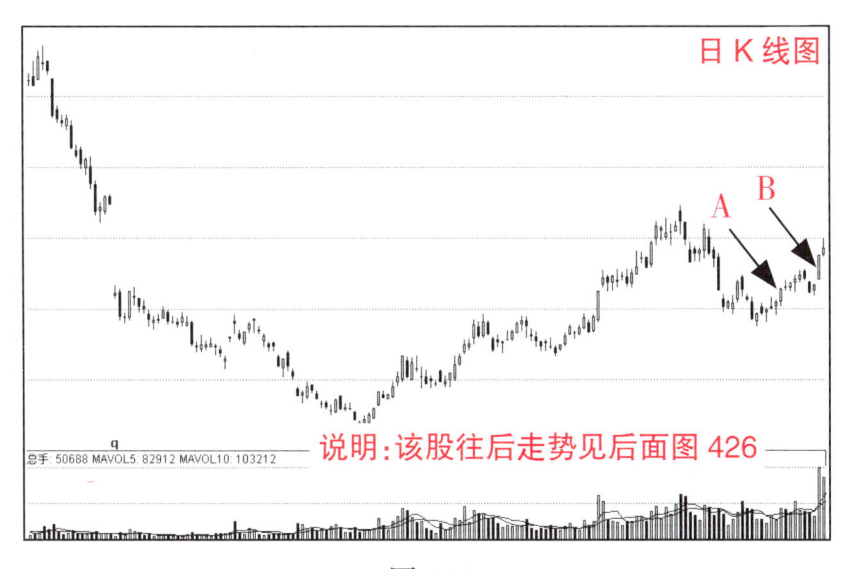

说明:该股往后走势见后面图 426

图 424

答 这样操作是对的。因为该股近来构筑了一个头肩底。头肩底颈线被突破后，股价向上冲了一下然后出现了回调,回调到头肩底颈线处止跌企稳,并再次出现了回升走势。从技术上说,这种现象称为突破颈线后的回抽,回抽结束再次向上就是一个很好的买点。该投资者先在此处买进了一批,然后又进行了增仓,在增仓处出现了一个跳空缺口,这是一个向上突破缺口,为积极的看多信号。因此,在此增仓安全系数很大。（往后走势见图426）

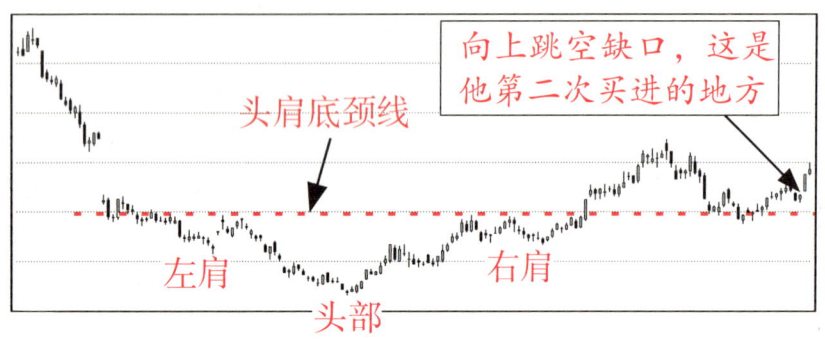

头肩底颈线

向上跳空缺口，这是他第二次买进的地方

左肩　头部　右肩

同方股份(600100)2008.7.22~2009.3.30 的日 K 线图　图 425

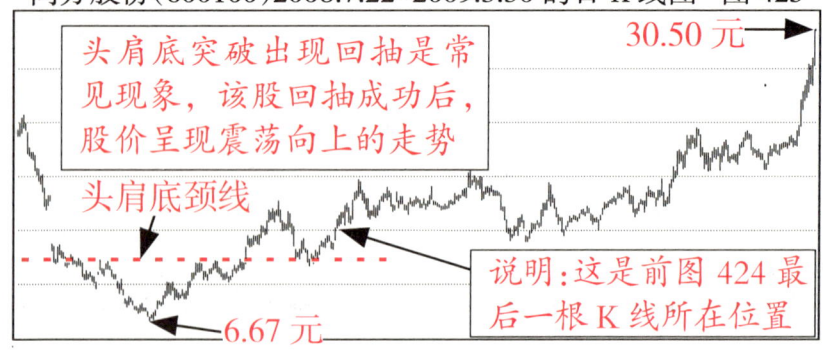

头肩底突破出现回抽是常见现象,该股回抽成功后,股价呈现震荡向上的走势

30.50元

头肩底颈线

6.67元

说明:这是前图424最后一根 K 线所在位置

同方股份(600100)2008.7.22~2010.4.28 的日 K 线图　图 426

股市赢家自我培训测试题　No.145

考考你（K线实战技巧一题一练）

某报一个大牌明星极力推荐该股，说它已经向上突破获得成功，现在应该对该股积极看好，及时跟进做多，日后必有厚报。

请问：这样的看法对不对？为什么？

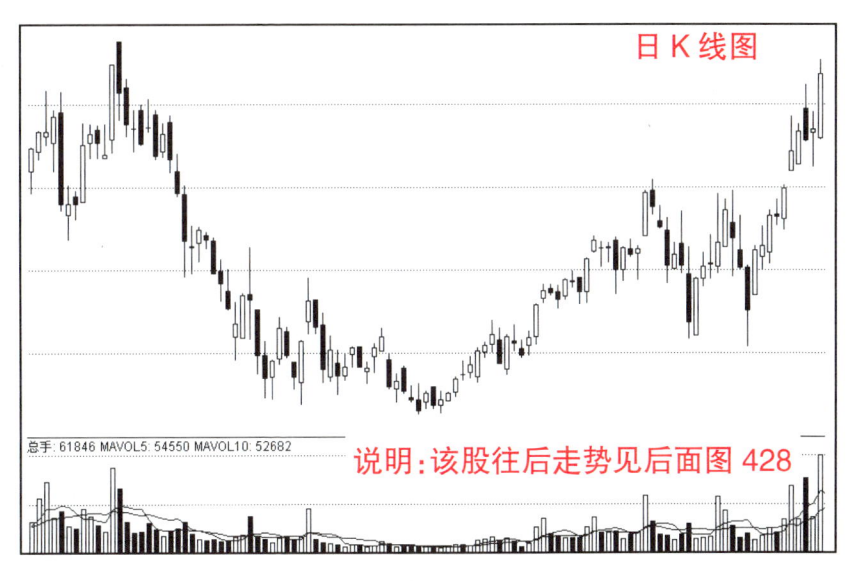

日K线图

说明：该股往后走势见后面图428

图427

答 错。从图中看,该股的股价还在前期高点之下,何来放量向上突破。现在媒体荐股非常随便,信口开河的现象屡见不鲜。因此大家对媒体荐股要留个神。

那么为什么会出现这种现象呢?说得轻一点,是荐股人水平有问题;说得重一点,或许荐股人与主力有某种利益上关系,比如主力要出货了,他们就来推荐。所以,无论谁推荐股票,都要经过自己的分析,如果一味盲从,风险很大。该案例就是一个证明。(该股往后走势见下图)

果然不出所料,该股在触及前期高点时就止步不前,屡攻不下后即掉头向下,股价出现了大跌。此案例给我们一个教训:股价在没有突破重要高点前,是不能轻易看多做多的,否则就要吃大苦头

← 16.30 元

说明:前图 427 最后一根 K 线的位置就在这里(2008.2.22)

4.21 元 →

成交量急剧放大,主力在此拉高出货

重庆港九(600279)2007.9.5~2008.11.7 的日 K 线图 图 428

股市赢家自我培训测试题　No.146

考考你（K线实战技巧一题一练）

某日,有一家证券报,以"否极泰来"为题,大力推荐该股。理由是:该股为次新股,在二级市场上尚未表现过。上市首日的29.81元,目前仍是历史的最高价,一年多来,该股从巅峰坠入深渊,一直跌到了9.68元的低谷。近期,该股二次试探低点9.68元获得成功,一个标准的W底呼之欲出。本周下半周放巨量攻打颈线,一轮新的上升行情正在展开,因此投资者可积极跟进。

请问:这样判断对吗?（请说明理由）

图中标注：日K线图；颈线；W底（双底）；9.68元；双底放巨量；说明:该股往后走势见后面图430

图429

答 错。错误①：推荐者将股价跌至 9.68 元称为低谷是不妥当的，其实在一轮大的跌势中，股价跌到何处是低谷，事先是不能轻易下结论的。错误②：股价尚未出现向上突破"双底"【注】（即 W 底）颈线的情况，怎么可以盲目判断它就是双底呢？错误③：只有股价成功地站在双底颈线之上，才可试着做多，现在颈线尚未突破，盲目跟进做多风险很大。（编者按：更多的内容详见《股市操练大全》第六册第 216～第 219 页）

瞧！这家证券报刊对该股的推荐完全错了。经验告诉我们：在"双底"颈线未被向上突破前，跟进做多，就会受深套之苦。这个教训一定要记住

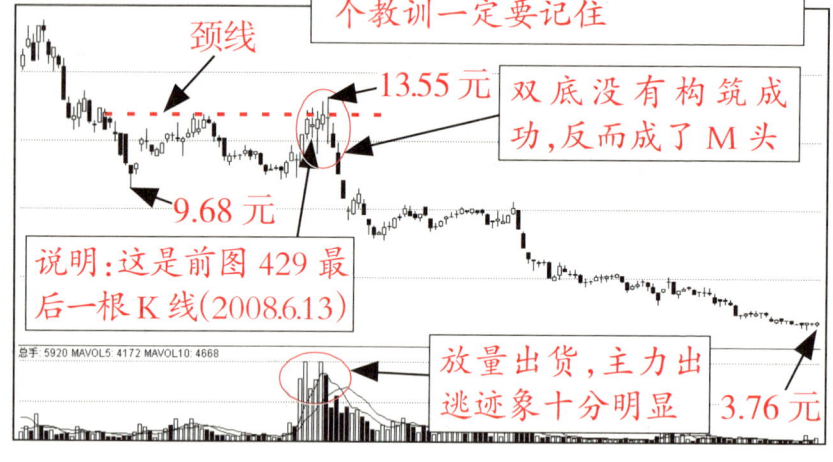

颈线

13.55 元

双底没有构筑成功，反而成了 M 头

9.68 元

说明：这是前图 429 最后一根 K 线（2008.6.13）

放量出货，主力出逃迹象十分明显

3.76 元

安纳达（002136）2008.3.19～2008.11.5 的日 K 线图　图 430

【注】关于"双底"的特征、技术意义与相关实例，详见《股市操练大全》第一册第 241 页～第 243 页，第六册第 53 页～第 56 页。

股市赢家自我培训测试题　No.147

考考你(K线实战技巧一题一练)

请看下面这张图的走势。有人认为,该股反弹已经结束,现在应该立马抛股出局;但也有人认为,这两天连续2根大阴线是主力在强势洗盘,洗盘结束后股价会继续向上,因此投资者仍可持股观望。

请问:你的看法如何?(请说明理由)

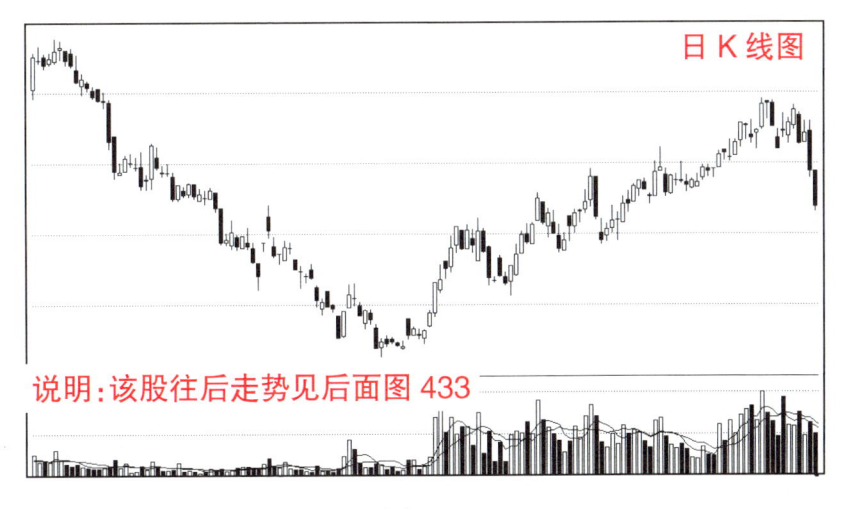

日K线图

说明:该股往后走势见后面图433

图431

答 判断该股走势，只要在图中加一根直线（见下图432），就可以看出该股在低位构筑了一个"头肩底"[注]。头肩底向上突破后，股价冲高回落，两次回抽都在颈线处企稳，然后股价再次返身向上。这两天收两根阴线，又一次在考验这根颈线。现在颈线未破，仍可持股观望，不宜盲目看空做空。（该股往后走势见下图）

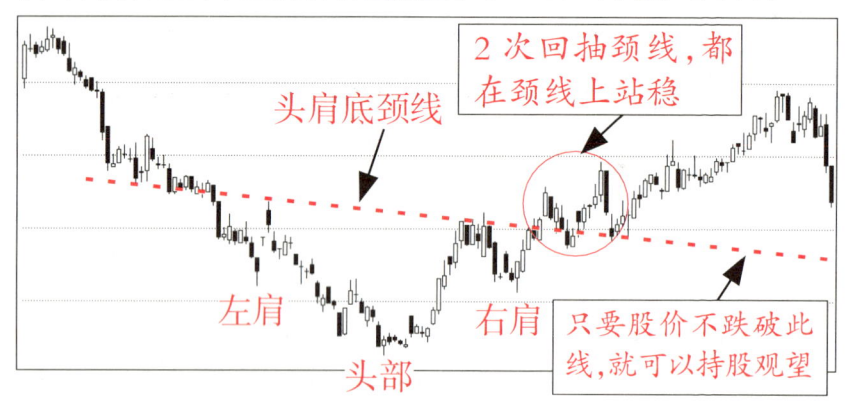

图中标注：
- 头肩底颈线
- 2次回抽颈线，都在颈线上站稳
- 左肩　头部　右肩
- 只要股价不跌破此线，就可以持股观望

海隆软件（002195）2008.7.21~2009.2.27 的日 K 线图　图 432

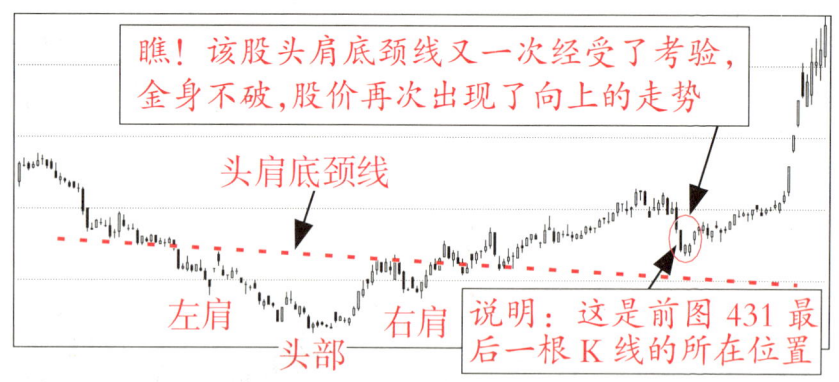

图中标注：
- 瞧！该股头肩底颈线又一次经受了考验，金身不破，股价再次出现了向上的走势
- 头肩底颈线
- 左肩　头部　右肩
- 说明：这是前图431最后一根 K 线的所在位置

海隆软件（002195）2008.7.21~2009.4.15 的日 K 线图　图 433

【注】关于"头肩底"的特征、技术意义与实例，详见《股市操练大全》第一册 236~238 页、292 页，第六册 78~85 页，第八册 256 页、337 页。

股市赢家自我培训测试题　No.148

考考你(K线实战技巧一题一练)

一位高手看了下面的图,以肯定的口气说,该股走势变坏基本上已成定局,有该股的投资者应马上卖出。事后证明,高手的判断完全正确。

请问:高手从什么地方看出该股走势变坏已成定局的?(提示:可从K线、技术图形上说明理由)

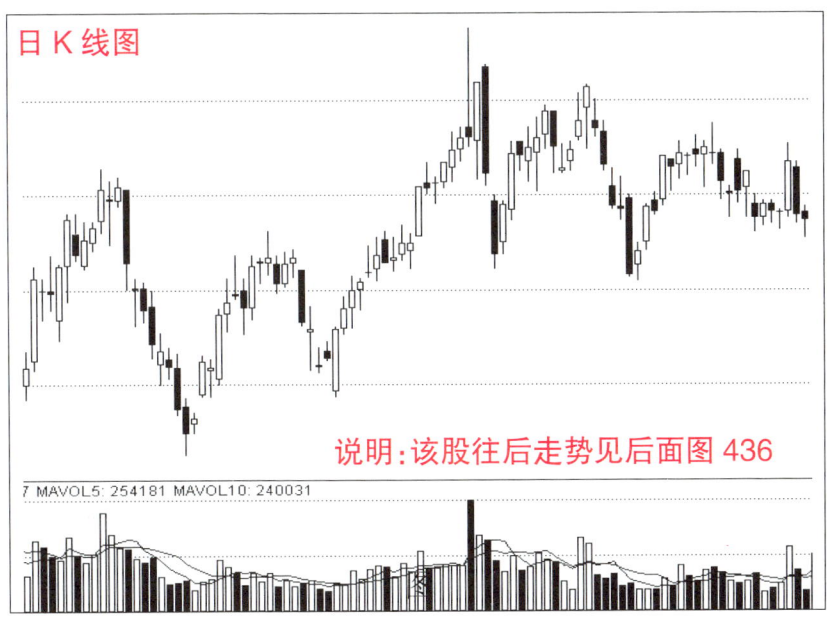

日K线图

说明:该股往后走势见后面图436

图434

答 该股走势变坏的理由是：①图上方出现了一根"射击之星"【注】，射击之星是见顶信号。这根射击之星上影线特别长，它压着后面的股价，使之抬不起头来。②"收敛三角形"的下边线已被跌破，下行趋势已很明朗，股价面临大跌的风险。（该股往后走势见本页图436）

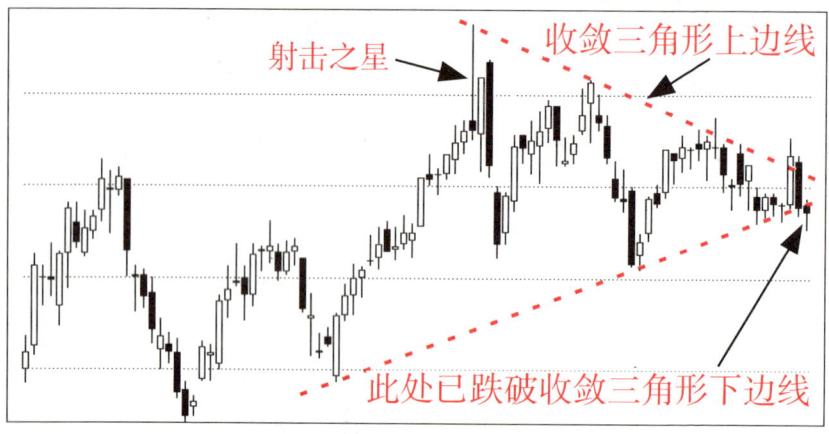

射击之星　收敛三角形上边线

此处已跌破收敛三角形下边线

马钢股份（600808）2009.9.2~2010.1.21 的日K线图　图435

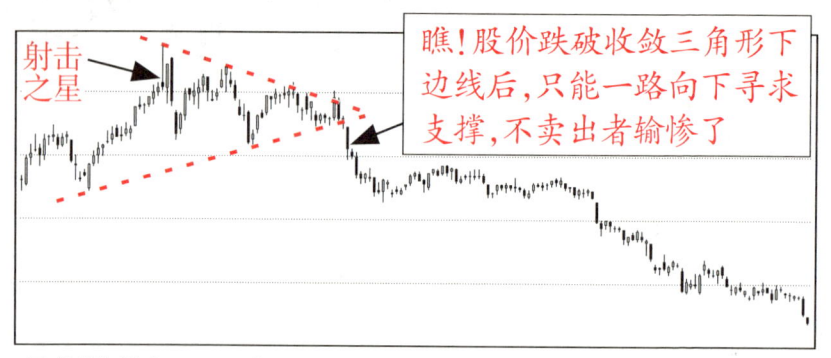

射击之星

瞧！股价跌破收敛三角形下边线后，只能一路向下寻求支撑，不卖出者输惨了

马钢股份（600808）2009.10.12~2010.6.30 的日K线图　图436

【注】关于"射击之星"的特征、技术意义与相关实例，详见《股市操练大全》第一册第33页～第35页，第七册第18页～第19页。

股市赢家自我培训测试题　No.149

考考你（K线实战技巧一题一练）

有人说该股主力前期是在震仓，成交放量，股价快速回落，但很快就出现了双针探底（编者按：双针探底，在技术上称为"平底"，平底为见底信号）的走势，之后股价就一路上扬，这说明主力刻意打压的目的是为了捡到便宜筹码，后市可看好，应及时跟进做多。

请问：你同意这种观点吗？为什么？

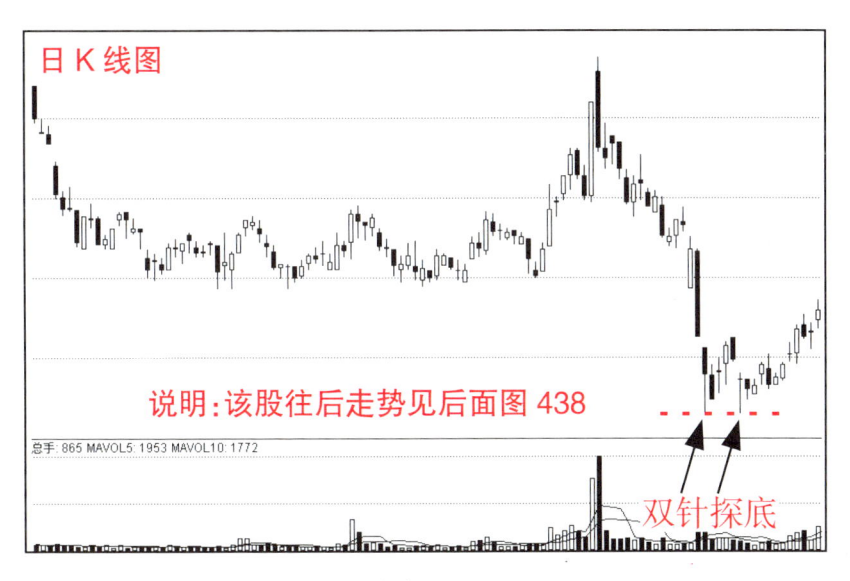

日K线图

说明：该股往后走势见后面图438

双针探底

图437

答 不同意,看图要学会抓主要矛盾。虽然该股在低位构筑双针探底即"平底"后,股价出现上扬,但该股前期一个大的"平台"【注】已被击破,这是一个非常严重的问题。按照"大管小"的原则,平台破位是大局,平底则是小局,大局坏了,小局再好也无济于事。该股前面放大量,说明主力在出逃。现在反弹已接近前面平台的底边线,这是卖点而不是买点。投资者应该看清形势,及时卖出,规避风险。(该股往后走势见下图)。

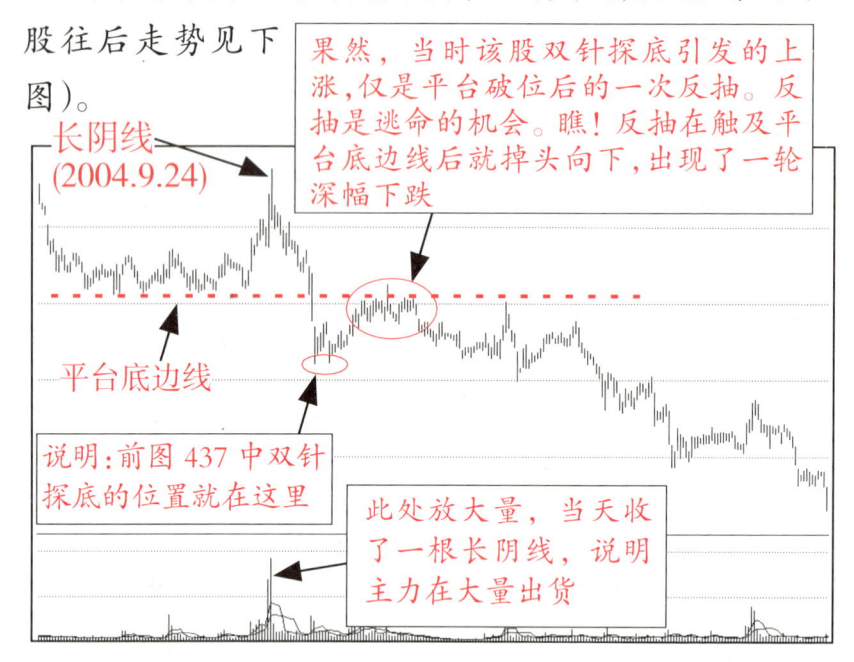

长阴线
(2004.9.24)

平台底边线

说明:前图437中双针探底的位置就在这里

果然,当时该股双针探底引发的上涨,仅是平台破位后的一次反抽。反抽是逃命的机会。瞧!反抽在触及平台底边线后就掉头向下,出现了一轮深幅下跌

此处放大量,当天收了一根长阴线,说明主力在大量出货

大成股份(600882)2004.6.3~2005.7.18的日K线图 图438

【注】关于"平台"破位的操作原则与相关实例,详见《股市操练大全》第八册第324页,第587页~591页。

股市赢家自我培训测试题　No.150

考考你(K线实战技巧一题一练)

　　看图识图是炒股的基本功。你看得出下面是一个什么技术图形吗？如果看出来了，请把它的颈线画出来，并在图中标明其买点或卖点在什么地方？（标明买点或卖点时请说明理由）

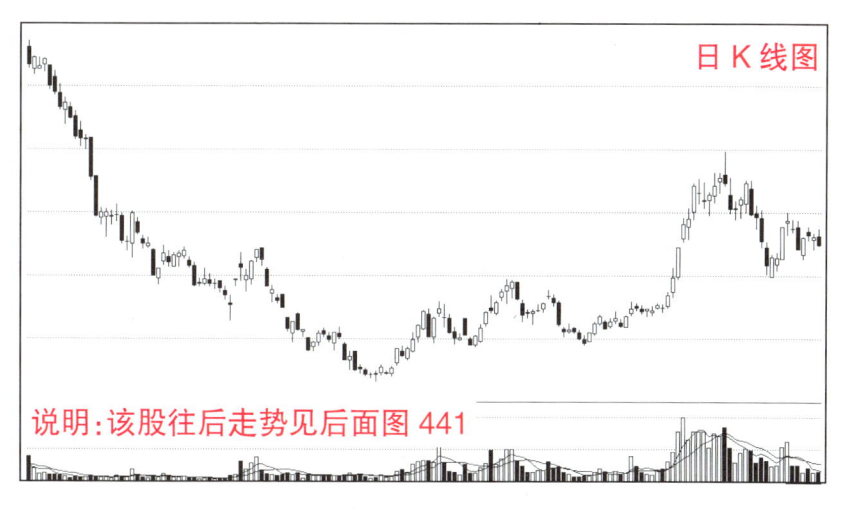

日K线图

说明：该股往后走势见后面图441

图439

答 这是一个"头肩底"图形。下图中箭头 A 所指处为第一个中线买点,理由是:此处头肩底颈线已被突破,中线趋势可看好。箭头 B 所指处为短线卖点,理由是:短期股价冲高后会有一个回抽动作(请注意:这仅仅是对短线操作说的,中线可以不理睬它)。箭头 C 所指处为第二个中线买点,理由是:股价冲高回落,在颈线上方止跌企稳,说明头肩底颈线被突破是有效的,日后股价会震荡向上。(该股后续走势见下面第二张图)

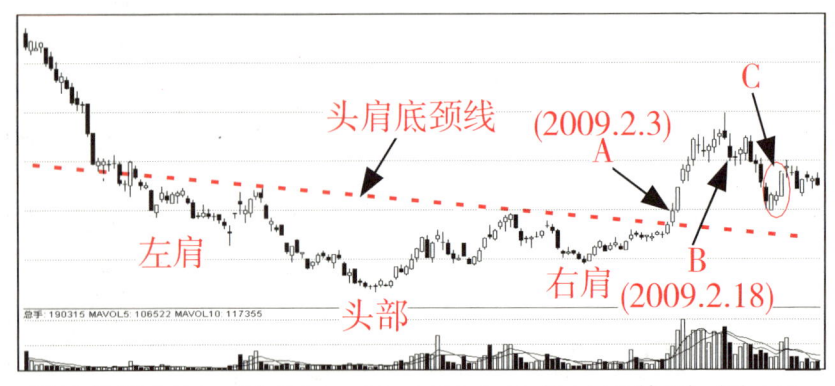

银鸽投资(600069)2008.7.23~2009.3.13 的日 K 线图　图 440

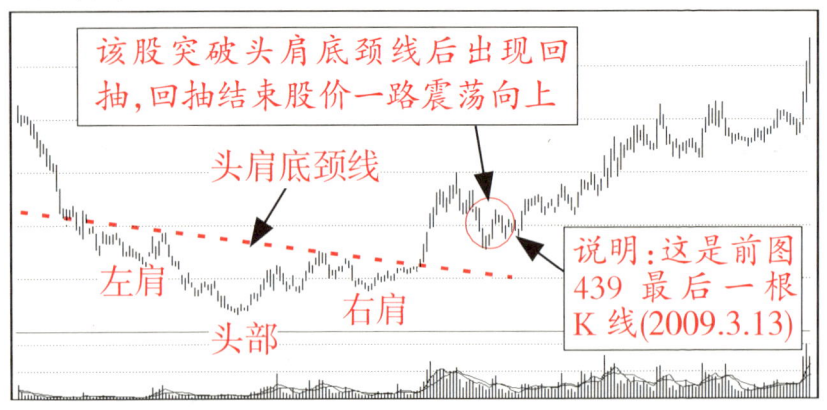

银鸽投资(600069)2008.7.23~2009.8.3 的日 K 线图　图 441

304

股市赢家自我培训测试题　No.151

考考你（K线实战技巧一题一练）

一位高手指着下面的图说,因为当事人把压力线画错了,他在图中箭头A所指处卖出,结果卖错了,之后就不敢再对该股看多做多,从而错失了该股后面的一段飚升行情,因此他心里一直感到十分沮丧。

请问:这位当事人画的压力线究竟错在什么地方?如果画对了,是否就能抓住该股后面的一段飚升行情呢?为什么?

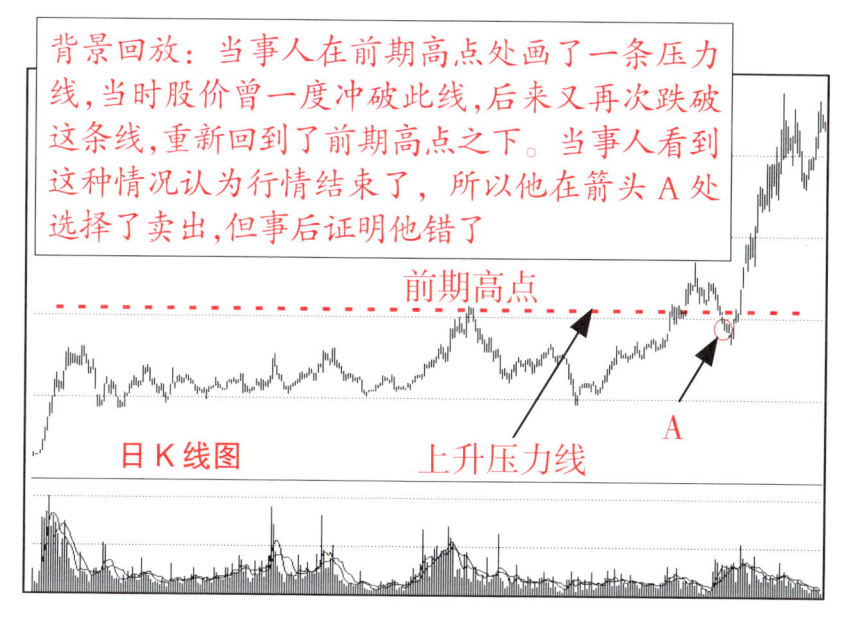

背景回放:当事人在前期高点处画了一条压力线,当时股价曾一度冲破此线,后来又再次跌破这条线,重新回到了前期高点之下。当事人看到这种情况认为行情结束了,所以他在箭头A处选择了卖出,但事后证明他错了

前期高点

A

日K线图　　上升压力线

图442

答 当事人为什么会把压力线画错了呢？原因是他没有看出该股走的是一个矩形走势。如果他看懂这是一个矩形图形，就不会把压力线画错了。

正确的画线方法见下图。线画对后，我们就能清楚地看出，该股长期来就是一个"矩形"走势。股价第一次冲击矩形上边线，即上涨的压力线失败后，在矩形箱体里又经过了一段时间的整理。股价第二次突破矩形上边线获得了成功。这个成功表现在股价突破矩形上边线后，冲高回落时，跌到矩形上边线处就止跌回稳，然后再发力掉头向上。这种现象在技术上称为"回抽"。回抽不但考验了矩形上边线突破的有效性，而且使股价上行变得更加扎实。看懂该图形的人就会在此处马上买进或持股待涨，这样就不会错失后面的飚升行情了。

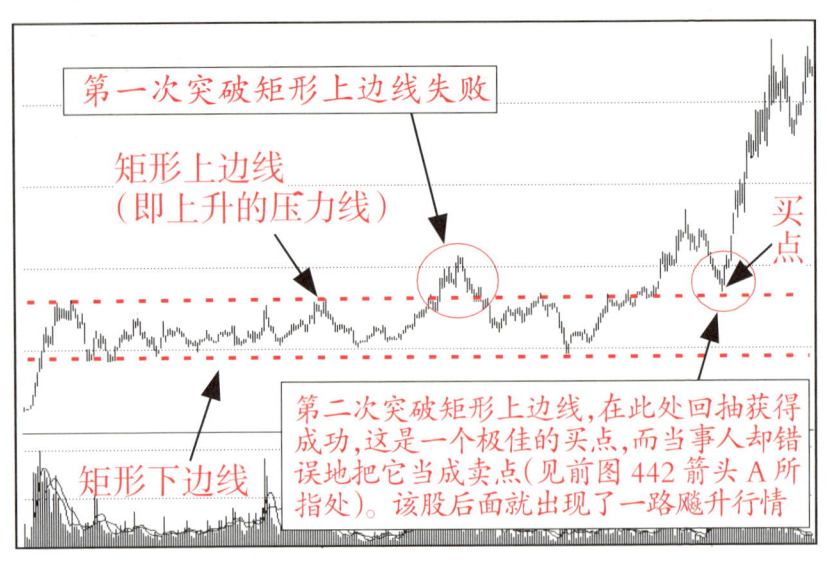

科大讯飞（002230）2009.7.6~2010.12.16 的日 K 线 图 443

股市赢家自我培训测试题　No.152

考考你（K线实战技巧一题一练）

某位老股民十分看好该股，因为其走势一直强于大盘。虽然该股最近受大盘暴跌的影响，在高位出现了震荡。但自它在高位构筑V形底后，现在股价已突破V形底颈线，表明它短期调整结束，新的上升行情即将展开。这位老股民建议大家对该股可及时跟进做多。

请问：这样的观点对吗？为什么？

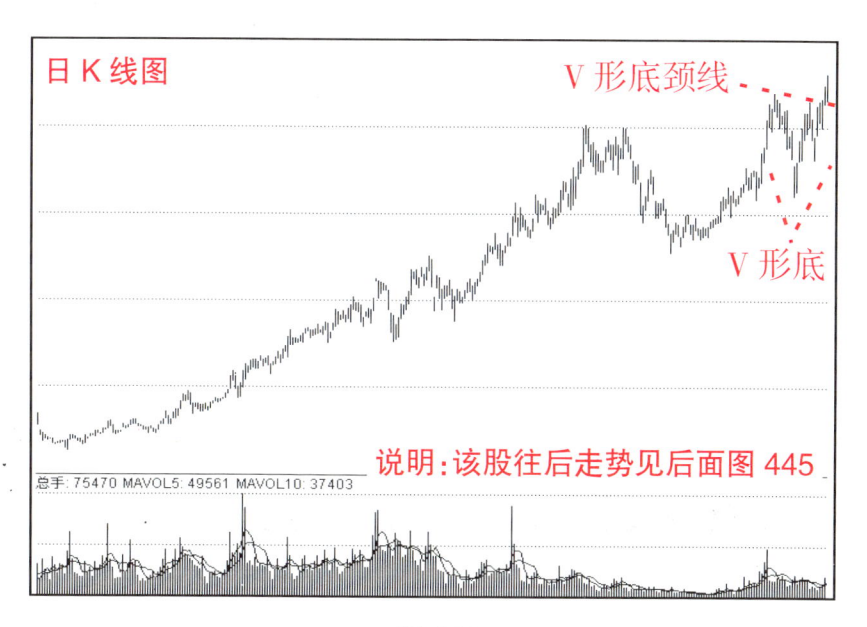

日K线图　　　　　　　　　　　　V形底颈线

　　　　　　　　　　　　　　　　V形底

说明：该股往后走势见后面图445

总手：75470　MAVOL5：49561　MAVOL10：37403

图444

答 错。其理由是：①"V形底"[注]一般都出现在低位（即只有在股价大幅下跌后形成的V形底，才有可信度），而在高位出现的V形底基本上都是假的。②大盘暴跌，说明大盘进入了空头市场。在空头市场中，个股创新高，往往是主力设置的多头陷阱。由此可见，此时对该股盲目看多、做多风险很大。（该股往后走势见下图）

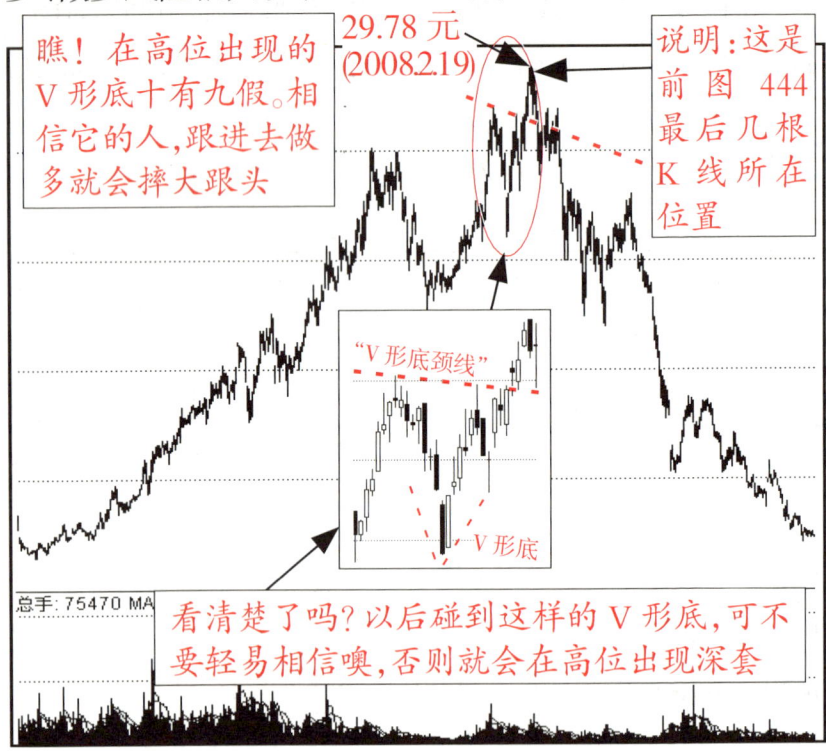

> 瞧！在高位出现的V形底十有九假。相信它的人，跟进去做多就会摔大跟头

29.78元
(2008.2.19)

> 说明：这是前图444最后几根K线所在位置

"V形底颈线"

V形底

总手：75470 MA

> 看清楚了吗？以后碰到这样的V形底，可不要轻易相信噢，否则就会在高位出现深套

哈空调(600202)2006.10.27~2008.10.28的日K线压缩图　图445

【注】关于"V形底"的特征、技术意义与相关实例，详见《股市操练大全》第一册第271页～第273页。

股市赢家自我培训测试题　No.153

考考你(K线实战技巧一题一练)

该股是一个优质股。股价上涨时不断出现小跌大涨的情况。因此该股近期下跌,很多人认为已经跌得差不多了,后面马上会涨上去的。现在仍应对该股逢低吸纳。

请问:你同意这种看法吗? 为什么?

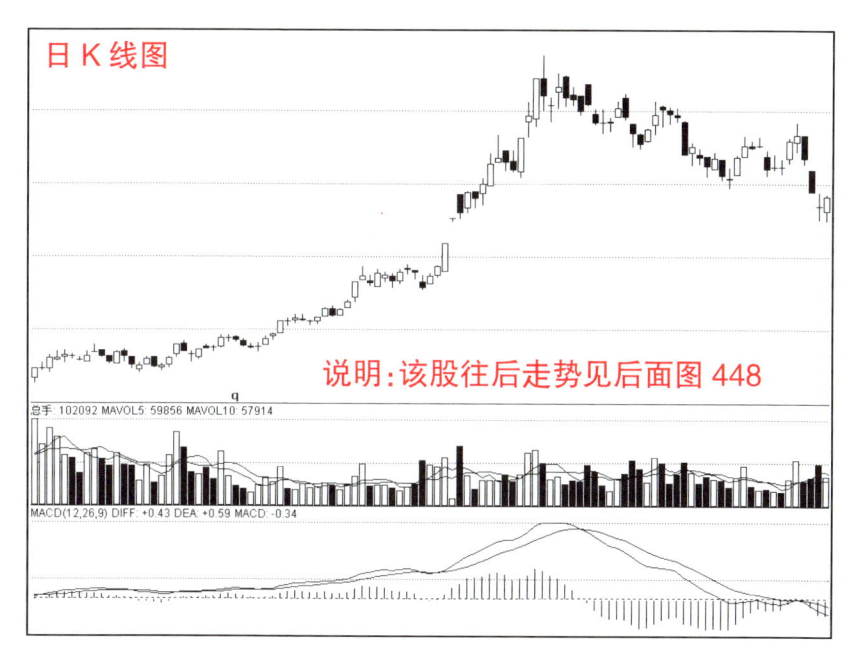

日K线图

说明:该股往后走势见后面图448

图446

答 不同意。因为再优质的股票也有见顶的时候。从图中看,该股正在构筑一个大的头部。理由是:①下降三角形的底边线已被跌穿;②出现了一个向下跳空缺口;③MACD 走到 0 轴之下。该股在多重看跌信号打击下,股价只能逐波走低。因此,持股者应放弃幻想,尽快出局。

159.60 元
向下缺口
下降三角形底边线
该处股价已跌破三角形的底边线
MACD 走到了 0 轴之下

中金黄金(600489)2007.6.6~2007.11.14 的日 K 线图　图 447

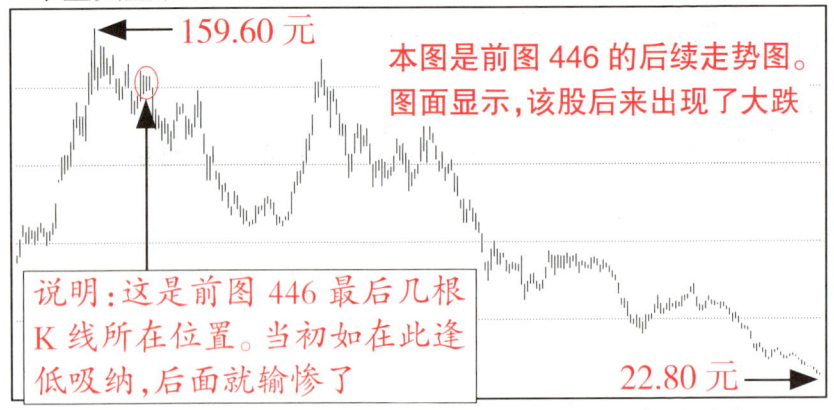

159.60 元

本图是前图 446 的后续走势图。图面显示,该股后来出现了大跌

说明:这是前图 446 最后几根 K 线所在位置。当初如在此逢低吸纳,后面就输惨了

22.80 元

中金黄金(600489)2007.8.3~2008.9.12 的日 K 线图　图 448

股市赢家自我培训测试题　No.154

考考你（K线实战技巧一题一练）

看图识图是炒股的基本功。有一位高手看了下面这张图，认为根据该图形的走势，现在跟进做多，胜算率非常高，事后证明高手的这个判断是完全正确的。

请问：当时高手作出这个判断的理由是什么？

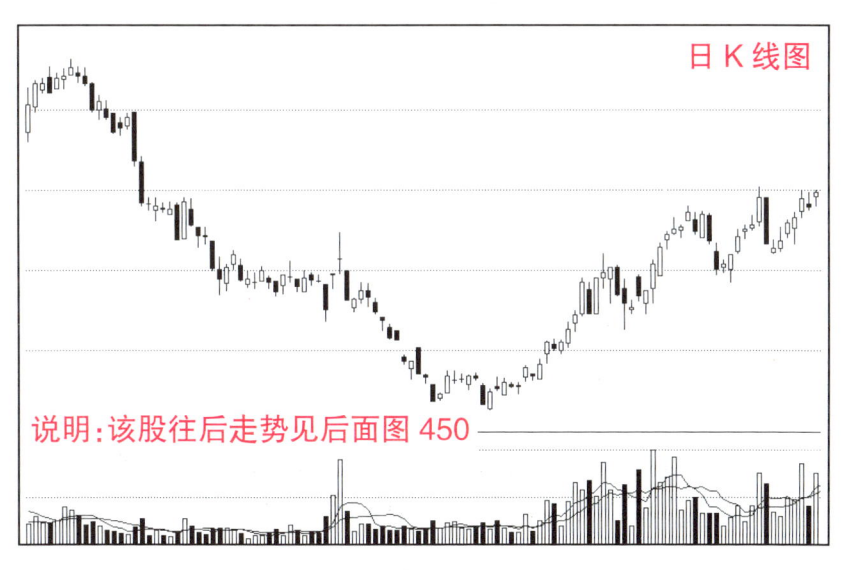

日K线图

说明：该股往后走势见后面图450

图449

答 高手看到该股在低位走出了一个明显的"圆底"[注]图形,而且这个圆底的颈线十分清楚(编者按:通常圆底的颈线很难辨别,但本图的圆底却可以画出一条清晰的颈线,这种情况较少见。圆底能画出颈线,给投资者识别圆底带来了很大的方便)。现在股价突破颈线经过回抽,已成功地站稳了颈线,且股价重心在上移。高手看到这个图形后,感到现在跟进做多,取胜把握很大。之后的事实证明,高手这个判断完全正确(见下图)。

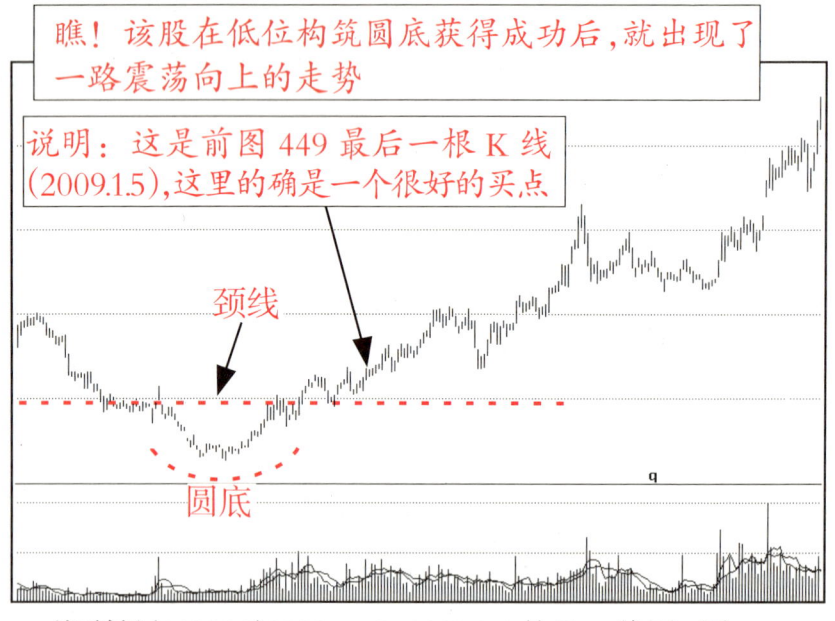

瞧!该股在低位构筑圆底获得成功后,就出现了一路震荡向上的走势

说明:这是前图449最后一根K线(2009.1.5),这里的确是一个很好的买点

颈线

圆底

海利得(002206)2008.7.18~2009.8.4的日K线图 图450

【注】关于"圆底"的特征、技术意义与相关实例,详见《股市操练大全》第一册第246页~第247页,第六册第67页~第69页、第228页。

股市赢家自我培训测试题　No.155

考考你(K线实战技巧一题一练)

有一位投资者说,学技术图形一定要活学活用,否则有些图形到你手里就无法分析了,即使有机会你也看不出来。比如,下面一张图看什么都不象,说它是头肩底,左边缺少一个右肩,说它是三重底,第三个底与第一、第二个底的大小过于悬殊,似乎也说不通。既然图形看不懂,自然就不会操作,但是如果你换一个思路,将原则性与灵活性有机地结合起来,问题就能迎刃而解。

请问:这个观点对吗？碰到下面的图形究竟该怎么分析？

图451

答 这个观点是对的,学技术图形一定要贯彻活学活用的原则。就好比说这张图,虽然它的形态这也不像,那也不像,如果我们换一个思路,把它看成一个缺少右肩的头肩底,问题不是就迎刃而解了吗(见图452)。投资者操作时,只要看到该股冲破颈线回抽后能够企稳,就可以大胆加入,这样赢利的概率是很大的(见图453)。

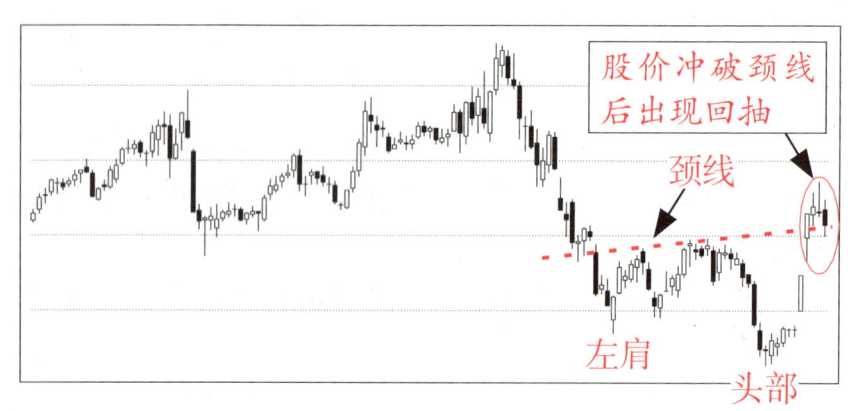

中信海直(000099)2009.12.23~2010.7.15 的日 K 线图 图 452

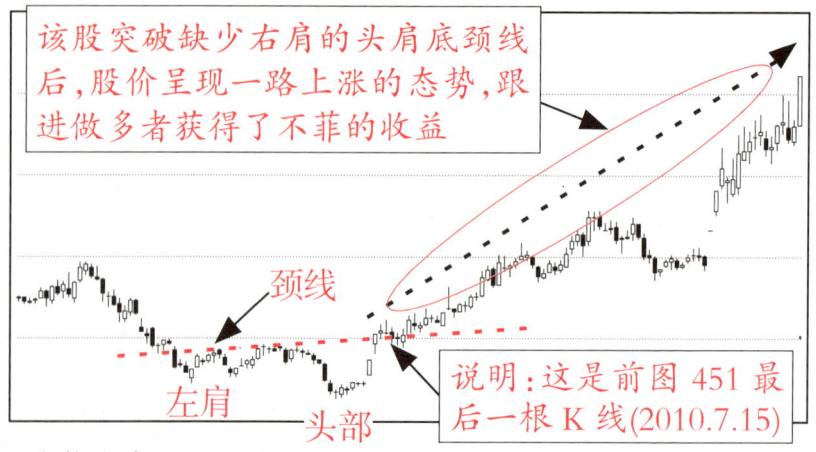

中信海直(000099)2010.4.6~2010.11.5 的日 K 线图 图 453

股市赢家自我培训测试题　No.156

考考你（K线实战技巧一题一练）

下面一张图是某指数的日K线走势图。当时该指数在向上走，一位投资者却说，该指数早在两个月前就已经向下破位了，后面都是逃命机会。现在有股票的股民应该趁大盘还在涨的时候赶快卖出，否则就会后悔莫及。

请问：这位投资者的观点对吗？他是从什么地方看出该指数在两个月前就已向下破位的？为什么现在一定就是逃命的机会呢？

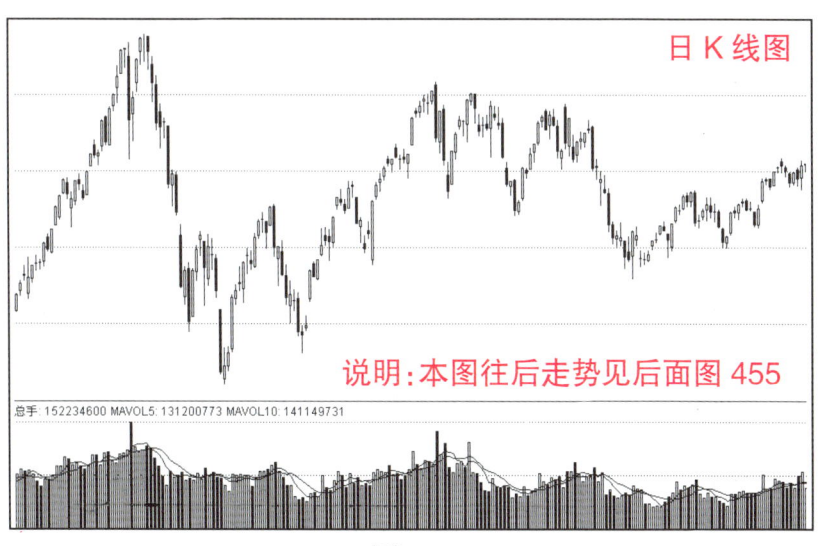

日K线图

说明：本图往后走势见后面图455

图454

答 这位投资者的观点是对的。前图是上证指数的日K线图。从技术图形上分析，当时上证指数是一个"收敛三角形"[注]走势。我们只要用虚线将收敛三角形的轮廓构画出来，马上就可以发现，上证指数确实在两个月前就已经跌破了收敛三角形的下边线。这表明大盘中线趋势已经变坏。当时之所以没有马上跌下来，原因就是主力手中的货还没有出完，这个时候确实是一个非常好的逃命机会。而看不懂技术图形的投资者，会被当时上证指数的上涨所迷惑，最后当大盘出现连续下跌时就感到后悔了（见下图）。

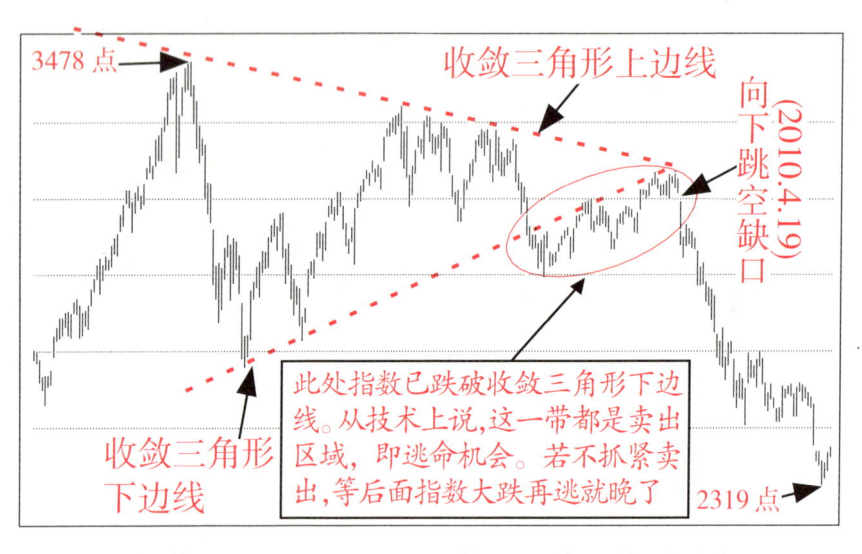

上证指数 2009.5.19~2009.7.9 的日K线压缩图　图455

【注】关于"收敛三角形"的特征、技术意义与相关实例，详见《股市操练大全》第一册第259页、260页、294页，第六册第57页~61页，第七册第184页、185页，第八册第303页~308页，第501页。

股市赢家自我培训测试题　No.157

考考你(K线实战技巧一题一练)

从图中看，该股在一轮快速冲高后出现了急跌，但股价很快形成了V形反转走势。有分析师认为，这是主力在发动新的上升行情之前的一次洗盘动作。

请问：这样的看法对吗？（请说明理由）

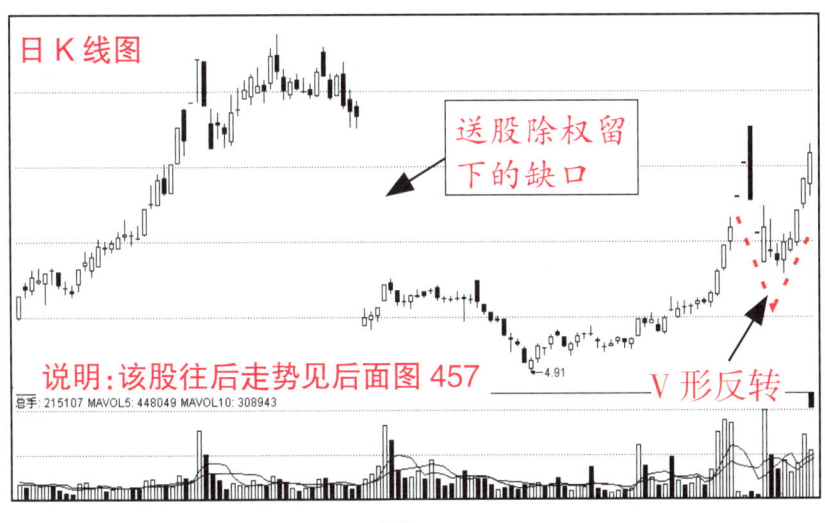

日K线图

送股除权留下的缺口

V形反转

说明：该股往后走势见后面图457

图 456

答 错。理由是：①V形反转，通常在股价连续下跌后出现，才有较大的可信度，而该股在高位形成的"V形反转"是一种技术骗线，很有可能是主力在有意诱多。②该股冲高时，一根大阴线吃掉前面2根涨停一字线，形成"穿头破脚"[注]图形，这是一个典型的见顶信号。③主力在该股除权后，冲高时放出天量，因视为主力在拉高出货。④送股除权的缺口已被填满，该股反弹的目标位已到(编者按：很多主力都把填满前期除权缺口作为股价反弹的目标位，一旦股价反弹接近除权缺口的上沿，主力就开始大量出货了，这条经验大家要记住)。综上所述，该股后市看跌的可能性很大(见下图)。

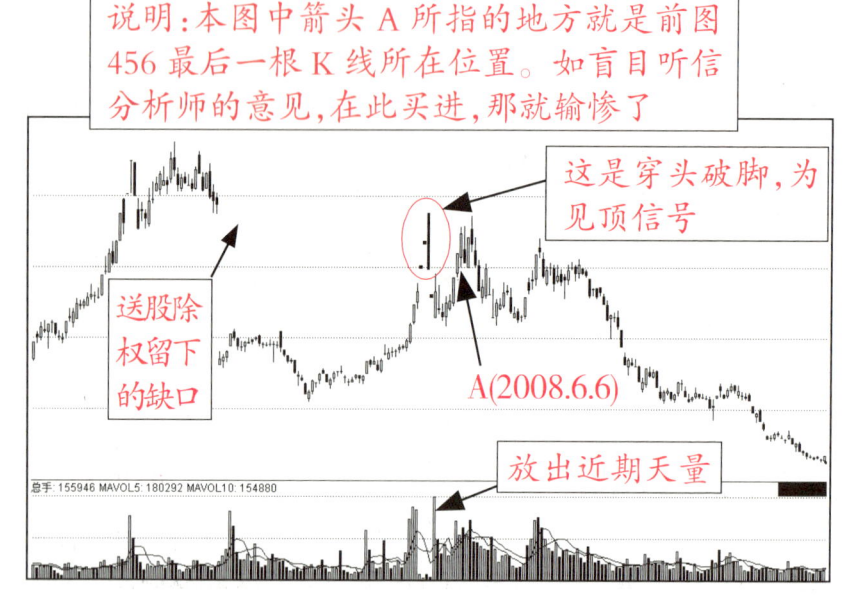

说明：本图中箭头A所指的地方就是前图456最后一根K线所在位置。如盲目听信分析师的意见，在此买进，那就输惨了

送股除权留下的缺口

这是穿头破脚，为见顶信号

A(2008.6.6)

放出近期天量

荣华实业(600311)2007.7.2~2008.11.7 的日K线图　图457

【注】 关于"穿头破脚"的特征、技术意义与相关实例，详见《股市操练大全》第一册第70页~72页，第七册第42页~53页，第八册311页。

股市赢家自我培训测试题　No.158

考考你（K线实战技巧一题一练）

下图中的个股连续3天收出阴线。有人认为这是下跌三连阴,是股价大跌的预兆,现在应该马上卖出。

请问:这样的看法对吗？为什么？

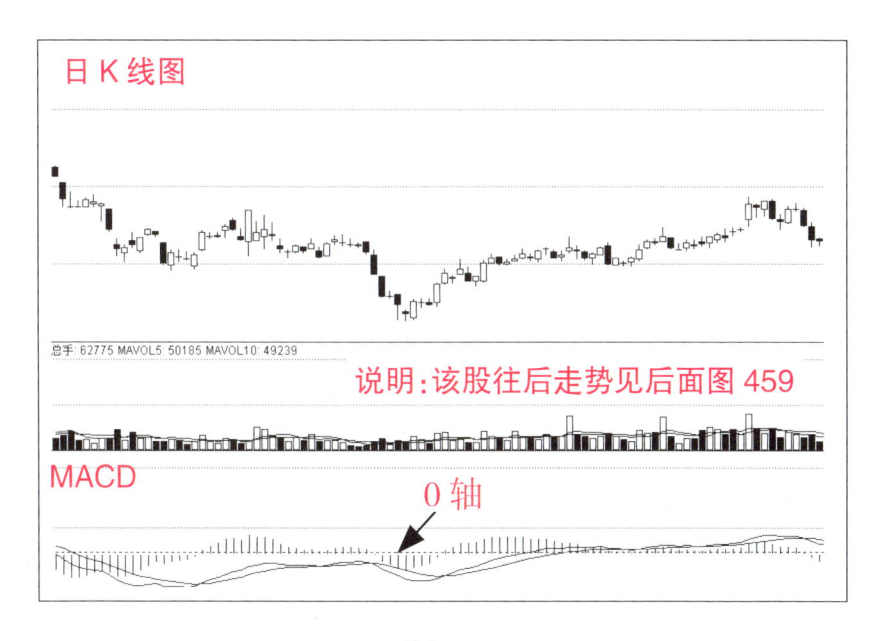

日K线图

说明:该股往后走势见后面图459

MACD　0轴

图458

答 这样看法是有问题的。理由是：①虽然该股连续收出了3根阴线，但阴线的实体在缩小，最后一根阴线，跌幅不到1%，且成交量很小，这和"下跌三连阴"的特征不相符合，故不能说它是大跌的预兆；②该股MACD在0轴上运行多日，这是一个做多的信号；③这个图形像在构筑头肩底的右肩（当然，在后面走势未走出来前，现在只是一种推测，故在下图"右肩"旁边打了问号）。

综合起来看，该股做多因素仍在，后市仍有希望，所以现在应继续持股观望，而不应该马上卖出。但是，若后面再出现大的阴线，或连续阴跌打穿了前面的平台，此时就应该卖出，规避一下风险（操作方法见下图中的说明）。

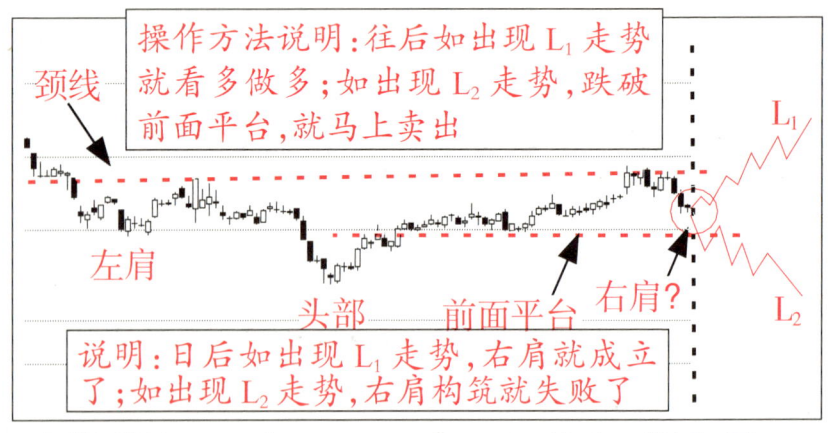

山煤国际（600546）2010.4.26~2010.9.17的日K线图　图459

后来的事实表明，当时该股确实在构筑头肩底的右肩，匆忙卖出的投资者都上当了，股价最终形成L_1的走势，并出现了大涨（图略）。

股市赢家自我培训测试题　No.159

考考你（K线实战技巧一题一练）

一位高手以肯定的口气说，图460走势非常严峻，现在有6个重要见顶信号罩在该股头上，它下跌已成定局。从长期趋势看，该股一定会跌得惨不忍睹。之后的事实证明，高手当时对该股的判断完全正确。

请问：当时有哪6个重要见顶信号罩在该股头上，你能一一把它们说出来吗？（编者按：因本书容量有限，这里面不包括对均线与成交量的分析）

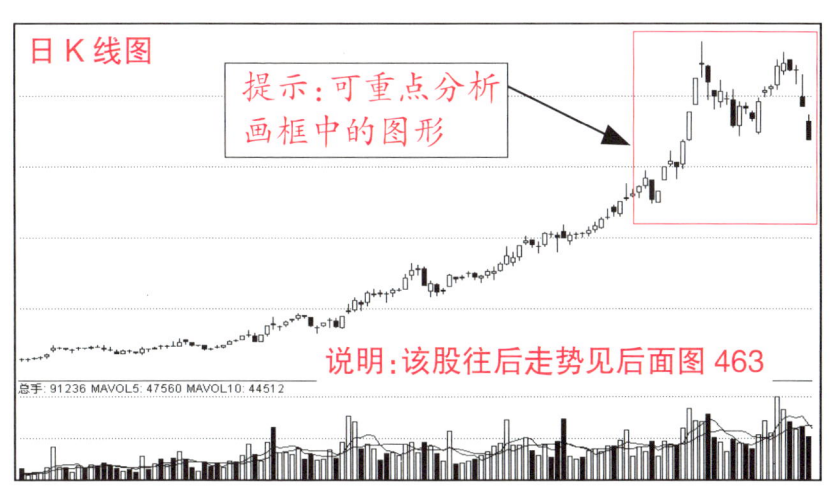

日K线图

提示：可重点分析画框中的图形

说明：该股往后走势见后面图463

总手: 91236 MAVOL5: 47560 MAVOL10: 44512

图460

答 这些见顶信号是：①跳空三阳线（见图461箭头A、B、C）；②高位长十字线（见图461箭头D）；③上升趋势线被跌破（见图461箭头E）；④射击之星（见图461箭头F）；⑤向下跳空缺口（见图461箭头G）；⑥双顶颈线被击穿（见图462箭头H）。

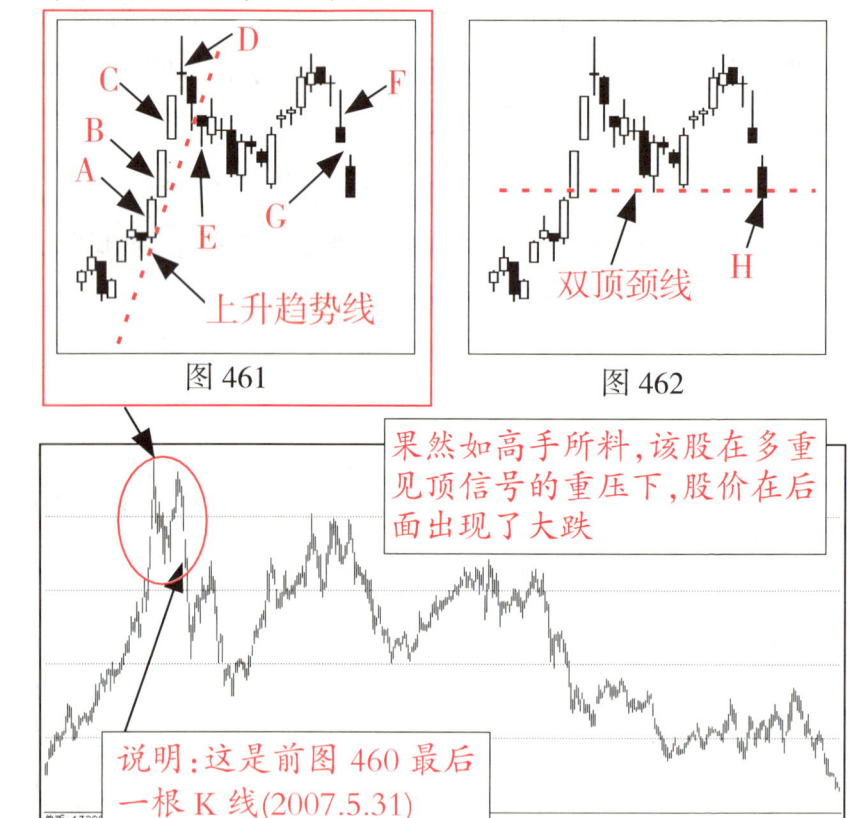

图461

图462

果然如高手所料，该股在多重见顶信号的重压下，股价在后面出现了大跌

说明：这是前图460最后一根K线(2007.5.31)

上海金陵(600621)2007.1.31~2008.11.6的日K线图　图463

股市赢家自我培训测试题　No.160

考考你（K线实战技巧一题一练）

一位高手说,分析好,大有益。下面这张图,究竟应该对它看多做多,还是对它暂时看多做多,或者逢高出局,一切都取决于对图中画圈处K线与技术图形信号的分析。若分析准确了,你就知道该怎么操作了。

现在请你试着分析该股后市会怎么样？并说明下一步应如何操作？

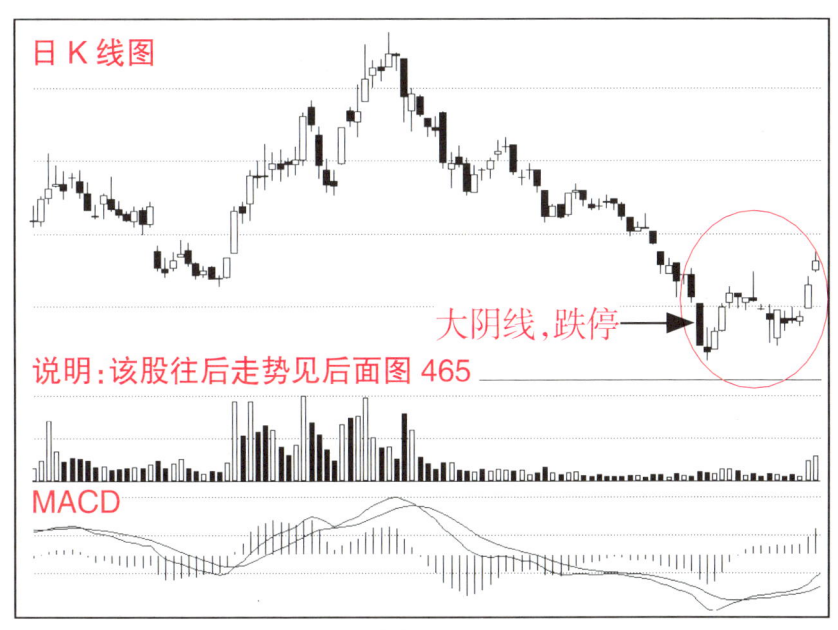

日K线图

大阴线,跌停

说明：该股往后走势见后面图465

MACD

图 464

323

答 从图中画圈处可以看出该股有9个看涨信号。这些信号是：①连续下跌后，出现跌停大阴线（见下图箭头A），为赶底信号；②紧挨着大阴线下面的是一根螺旋桨K线，这也是见底信号；③"大阴线+螺旋桨+右边两根阳线"，合起来就是一个"早晨之星"K线组合，这又是一个见底信号；④箭头B指的也是一根螺旋桨K线，同样为看涨信号；⑤箭头B指的K线旁边是一根低开高走的中阳线，这根中阳线+前面的螺旋桨K线，合起来为"穿头破脚"K线组合，这也是一个见底信号；⑥在低位连续出现两个向上跳空缺口，这是看涨信号；⑦"双底"的颈线被突破，这是最重要的看涨信号；⑧股价走高，成交量温和放大；⑨MACD红柱状线放大，低位出现金叉上翘的走势。盘中一下子出现9个看多做多信号，说明该股在低位积聚了强大的涨升动力，后市可看好，应积极跟进（见下图）。

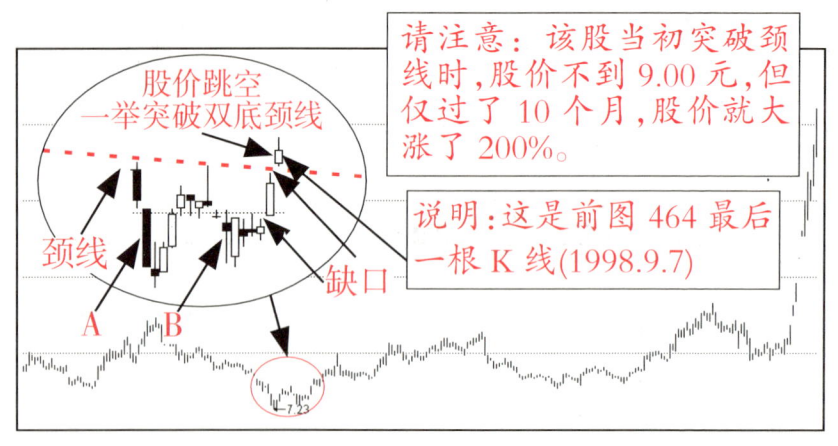

请注意：该股当初突破颈线时，股价不到9.00元，但仅过了10个月，股价就大涨了200%。

说明：这是前图464最后一根K线(1998.9.7)

股价跳空一举突破双底颈线

颈线

A B 缺口

广电信息(600637)1998.4.15~1999.6.2的日K线图　图465

股市赢家自我培训测试题　No.161

考考你（K线实战技巧一题一练）

下面2张图，反映的是同一个股票的K线走势，不过一张是它的周K线图，一张是它的日K线图。有人认为，该股短期回调，不改其中线向好的趋势，现在可以继续对它看多做多；也有人认为，该股已经见顶，现在应该马上对它看空做空。

请问：你同意谁的观点？为什么？

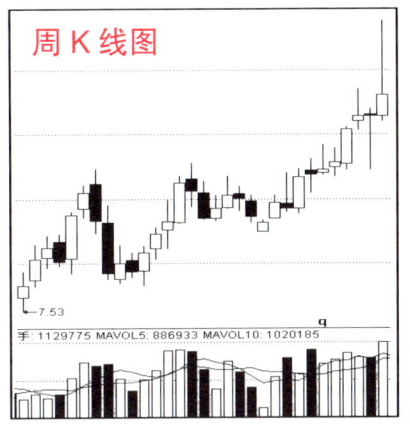

周K线图

图466

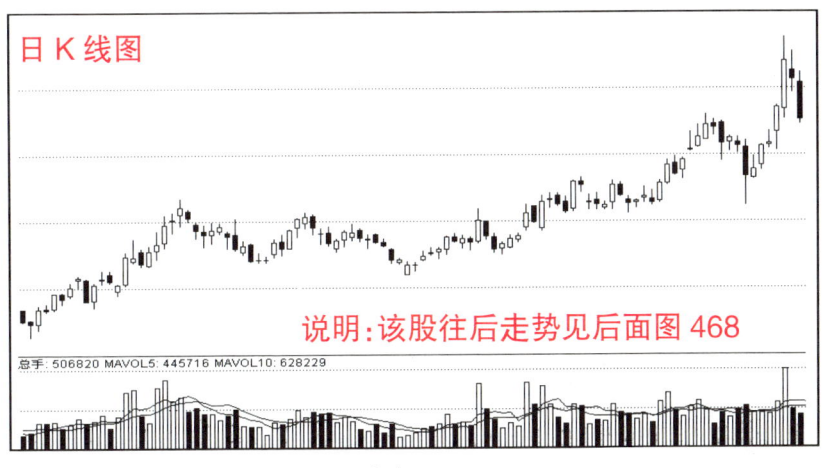

日K线图

说明：该股往后走势见后面图468

图467

答 认为该股已经见顶，现在应该对它看空做空的观点是对的。理由是：第一，日K线图上出现了3个明显的见顶信号：①近期出现加速上扬的走势（见图467中倒数第7根～第3根K线），加速上扬是股价见顶的一个信号；②出现了"身怀六甲"[注]的图形（见图467中倒数第3根、第2根K线）；③图467中最后一根K线是中阴线，它出现后，确认了身怀六甲见顶信号是有效的。第二，周K线图上也出现了明显的见顶信号。周K线图中最后一根K线是"射击之星"（见图466），为见顶信号。虽然这个见顶信号尚未被后面的K线所验证，但这根射击之星的上影线特别长，如此长的上影线，表示上档压力沉重，见顶可能性极大。（该股往后走势见下图）

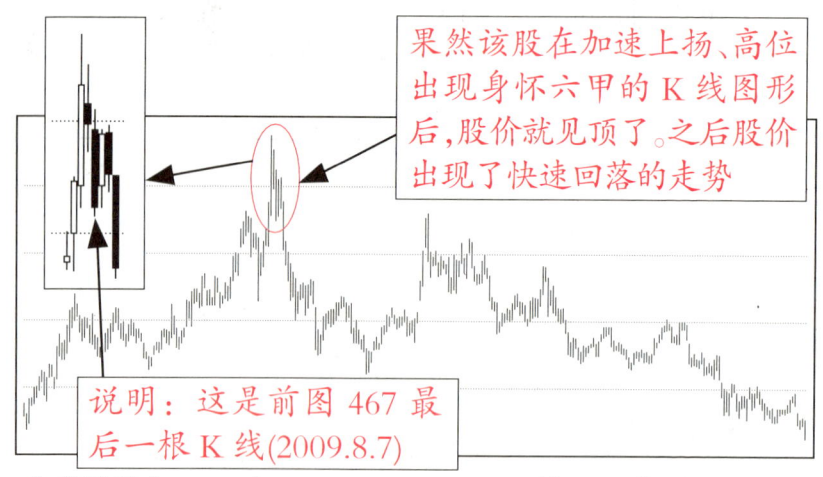

果然该股在加速上扬、高位出现身怀六甲的K线图形后，股价就见顶了。之后股价出现了快速回落的走势

说明：这是前图467最后一根K线(2009.8.7)

大秦铁路(601006)2009.3.13~2010.6.29 的日K线图　图468

【注】关于"身怀六甲"的特征、技术意义与实例，详见《股市操练大全》第一册第67~69页，第七册第34~36页，第八册第238~240页。

股市赢家自我培训测试题　No.162

考考你（K线实战技巧一题一练）

该股横盘多日后选择了向上突破,突破时升势凌厉,连拉出3个涨停板,第4日以涨停开盘,但高开低走,最后只微涨0.78%,K线图上收出了一根大阴线,成交放出天量,第5日收了一根小阳线,成交量一下子缩掉一半。面对这样的走势,老俞犯了愁。老俞在想:这根大阴线的出现,是主力在拉高出货呢,还是连续上攻后的一次洗盘,他想来想去想不明白。现在他手里有这个股票,接下来应该怎么操作呢? 老俞已经没有了方向。

请问:你有什么好的方法可以向他建议吗?

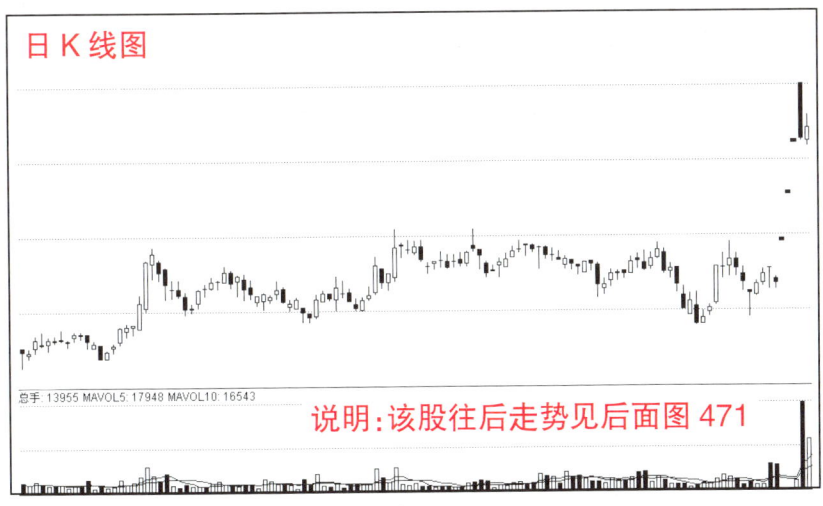

日K线图

说明:该股往后走势见后面图471

图469

答：我建议他看一下该股的周K线图（见下图470）。从周K线图可以清楚地看出，该股在低位构筑了一个大的头肩底图形，本周股价跳空高开，放量收出一根带有上影线的大阳线。这根大阳线已成功地站在头肩底颈线之上。从图形上分析，这根大阳线实体很长，而上影线较短，这说明盘中的做多动能远胜过做空的动能。头肩底向上突破时放巨量是很正常的，这是该股向好的一种表现，这并不是主力在拉高出货，相反主力积极做多的意愿反映得很充分。因此，只要该股往后能在这根大阳线的收盘价上方运行，后市继续上涨的可能性就很大。有鉴于此，建议老俞现在仍可看多做多，持股待涨（见图471）。

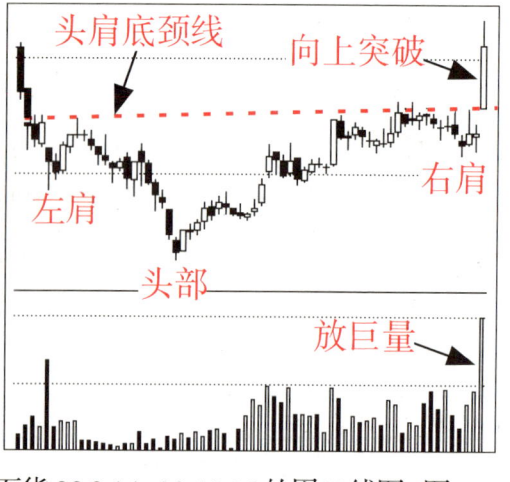

重庆百货 08.3.14~09.10.16 的周K线图　图470

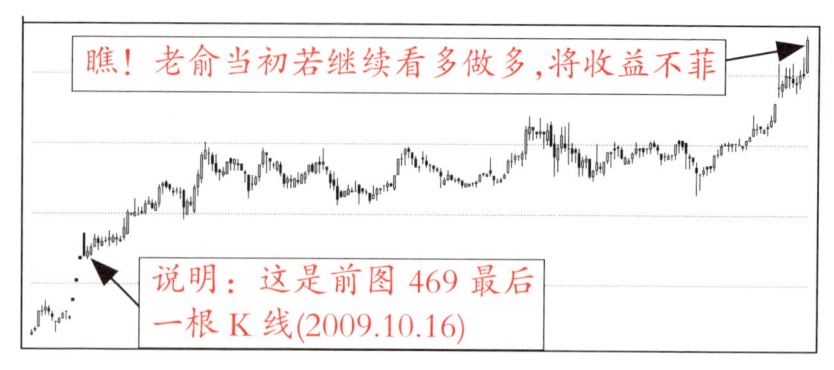

瞧！老俞当初若继续看多做多，将收益不菲

说明：这是前图469最后一根K线(2009.10.16)

重庆百货(600729) 2009.8.20~2010.8.17 的日K线图　图471

股市赢家自我培训测试题　No.163

考考你（K线实战技巧一题一练）

某分析师非常看好该股后市，并在报上作了大力推荐。他看好该股的理由是：①日K线图显示，该股除权后连续三日缩量重挫是主力的刻意打压，随后的几个交易日告诉了我们——低价区域放量震荡，典型的压价吸筹。②从周K线图上看，除权后的近2周以来，该股周均换手率高达40%左右，显然有超级主力趁其刚除权之际低价扫筹。连续两根低开高收的小阳线，显示多方士气高涨。③从近期喷发式放大的量能分析，该股上攻动力十足，由"小阳"演变成"长阳"只是时间的问题。

请问：这位分析师的观点是否正确？为什么？

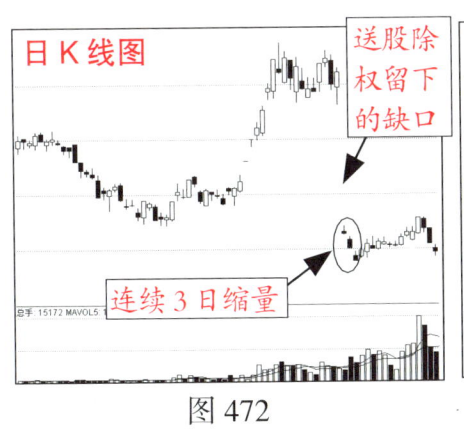

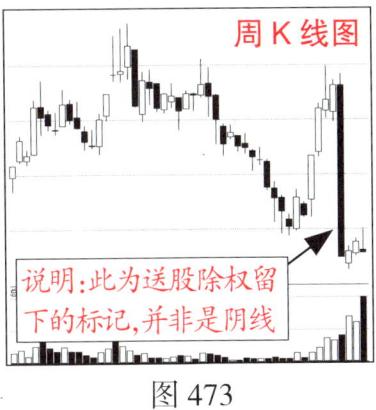

图472　（日K线图，送股除权留下的缺口，连续3日缩量）

图473　（周K线图，说明：此为送股除权留下的标记，并非是阴线）

答 错。理由是：①股价除权后放大量，以主力出货的情况居多，故不要轻易地认为是主力在吸筹(编者按：关于这方面的知识与案例，详见《股市操练大全》第七册第314页~第327页)；②日K线图上最后收的3根K线都是阴线，此为"下跌三连阴"[注]K线组合，是看跌信号。综上所述，对该股不宜看多、做多(见下图)。

此事给我们提了个醒：炒股要独立思考，不能人云亦云。比如，媒体推荐该股时，说得头头是道，其实仔细推敲后就会发现，很多理由都是站不住脚的。所以，炒股票要学本事，不盲从、不偏信，才是炒股的正道。

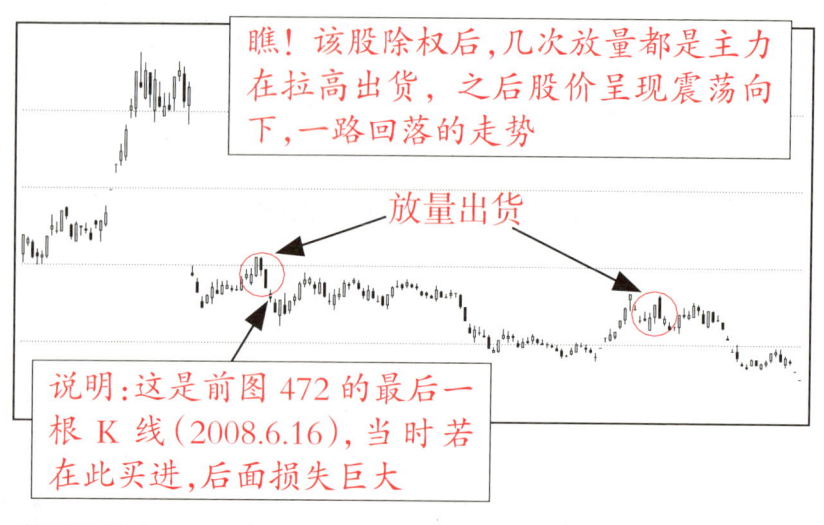

瞧！该股除权后，几次放量都是主力在拉高出货，之后股价呈现震荡向下，一路回落的走势

放量出货

说明：这是前图472的最后一根K线(2008.6.16)，当时若在此买进，后面损失巨大

海通证券(600837)2008.3.28~2008.11.24的日K线图　图474

【注】关于"下跌三连阴"的特征、技术意义与相关实例，详见《股市操练大全》第一册139页、第七册55页~57页，第八册226页、227页。

股市赢家自我培训测试题　No.164

考考你（K线实战技巧一题一练）

下面两张图是某股的日K线图与月K线图（最后截止的时间相同）。现在你有两种选择：①该股中长期走势没有变坏，可继续持股；②该股中长期走势已变坏，应尽快卖出。（请说明选择的理由）

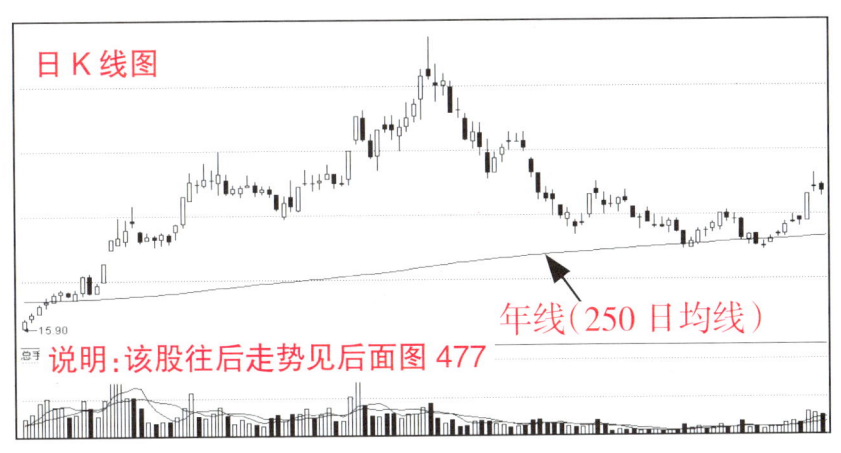

日K线图

年线（250日均线）

说明：该股往后走势见后面图477

图475

月K线图

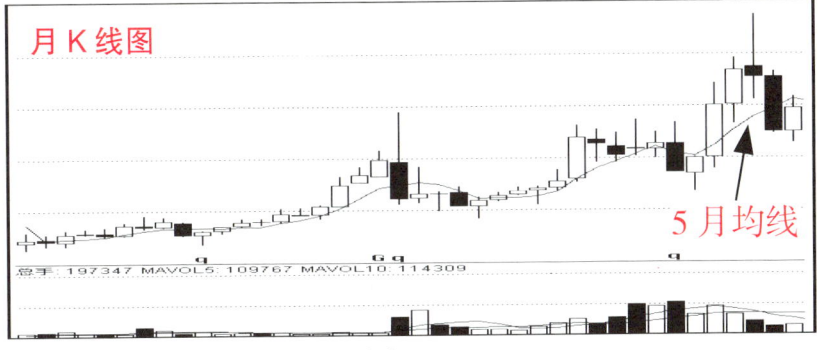

5月均线

图476

答 选择②。理由是：虽然从该股日K线图看，现在走势并不坏，股价跌到年线处，受到年线支撑并返身向上，走势并没有变坏的迹象（见前图475）。但从它的月K线图看，该股早已见顶。它最上面的是一根"螺旋桨"[注]K线（见前图476最后第3根K线），这是一个见顶信号，后面一根长阴线已跌到螺旋桨K线的下方，5月均线也被跌破，该股中长期头部正式确立。这个月拉出一根中阳线，在技术上是一次反抽，反抽后会继续下跌，因此，这是留给多方的一次逃命机会。如果此时再不出逃，将后悔莫及。（该股往后走势见下图）

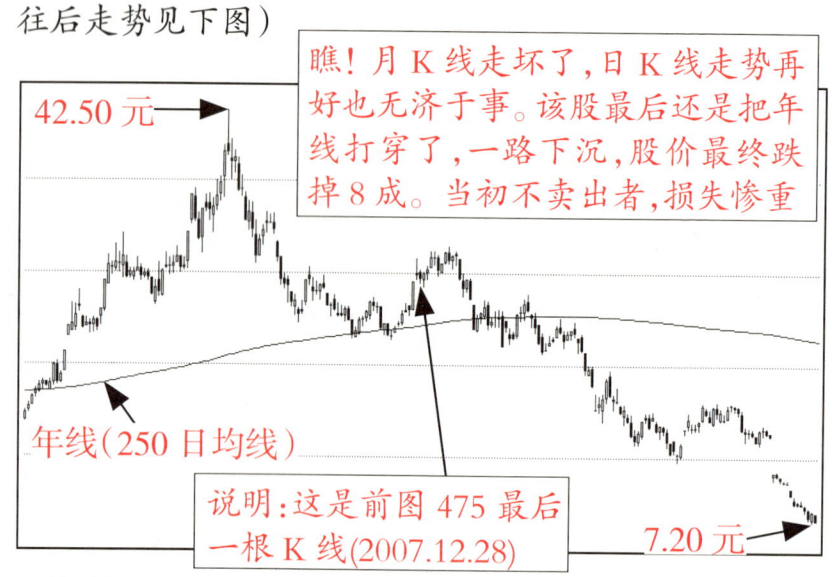

瞧！月K线走坏了，日K线走势再好也无济于事。该股最后还是把年线打穿了，一路下沉，股价最终跌掉8成。当初不卖出者，损失惨重

42.50元

年线（250日均线）

说明：这是前图475最后一根K线(2007.12.28)

7.20元

厦门钨业（600549）2007.7.19~2008.6.20的日K线图　图477

【注】 关于"螺旋桨"K线的特征、技术意义与相关实例，详见《股市操练大全》第一册第48页～第51页，第六册第17页~19页，第八册第570页～第573页,《股市操练大全》习题集第9页～第16页。

股市赢家自我培训测试题　No.165

考考你（K线实战技巧一题一练）

有人认为该股现在已突破下降趋势线，后市可以看好，因而可以对它积极看多做多。但事后证明这样的判断是错的，该股出现了大跌。

请问：你知道它错在什么地方吗？

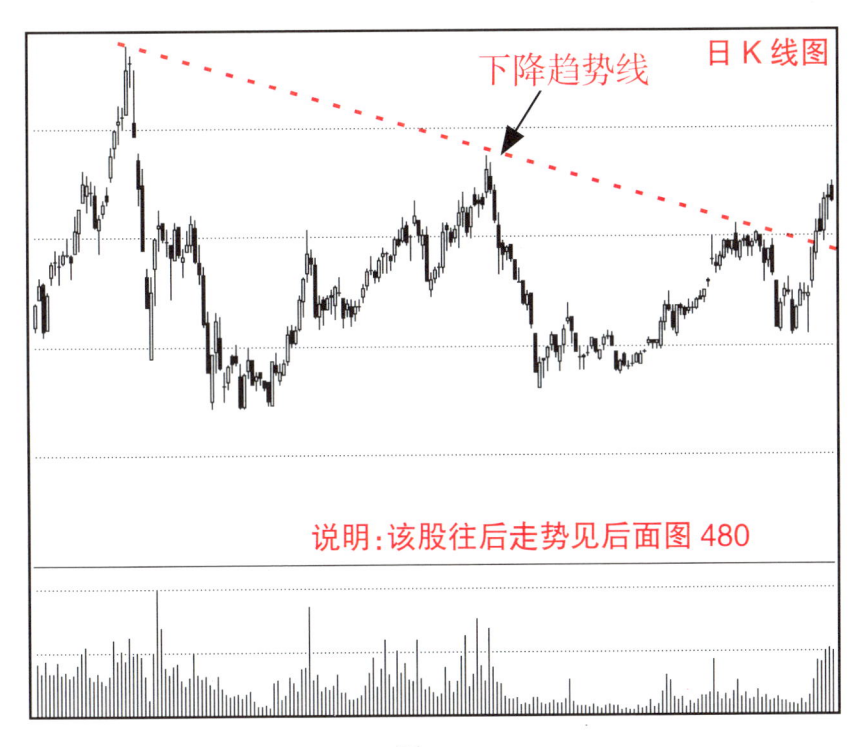

日K线图
下降趋势线

说明：该股往后走势见后面图480

图478

答 错在以下两个方面：①虽然该股向上突破了"下降趋势线"[注]，但只是刚刚突破，还没有形成有效突破，此时盲目看多风险很大；②更重要的是，该股同期的月K线图显示其股价早已见顶，现在日K线往上突破都是假突破，是在拉高出货。（该股往后走势见图480）

射击之星

说明：射击之星为见顶信号，之后几个月又出现了"下降三部曲"图形，这又是一个见顶信号。故从月K线图看，该股早已见顶。

下降三部曲

法尔胜 06.9~08.1 的月K线图　图479

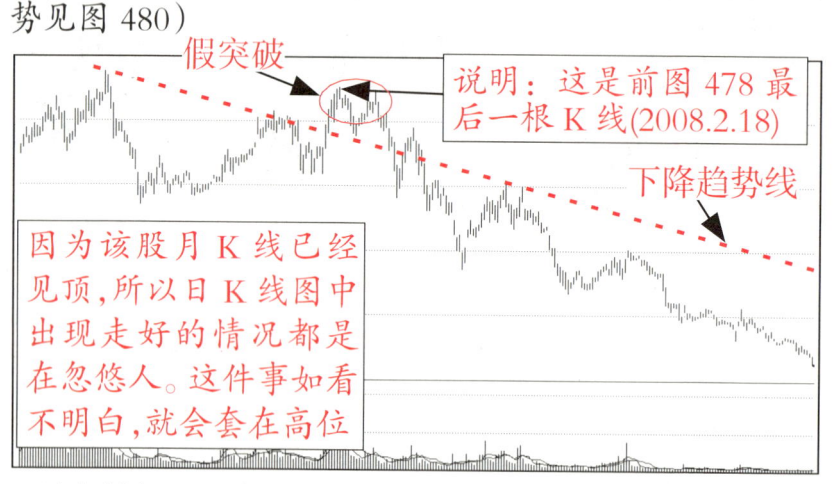

假突破

说明：这是前图478最后一根K线(2008.2.18)

下降趋势线

因为该股月K线已经见顶，所以日K线图中出现走好的情况都是在忽悠人。这件事如看不明白，就会套在高位

法尔胜(000890)2007.8.20~2008.11.4的日K线图　图480

【注】关于如何鉴别"下降趋势线"真假突破的问题，详见《股市操练大全》第八册第274页~第275页。

股市赢家自我培训测试题　No.166

考考你（K线实战技巧一题一练）

下面两张图属于同一个股票，图481是日K线图，图482是月K线图。这两张图最后一根K线的截止日期是完全相同的。

请问：从这两张图中，你能看出什么名堂吗？具体应该怎么操作？（请说明理由）

日K线图

图481

月K线图

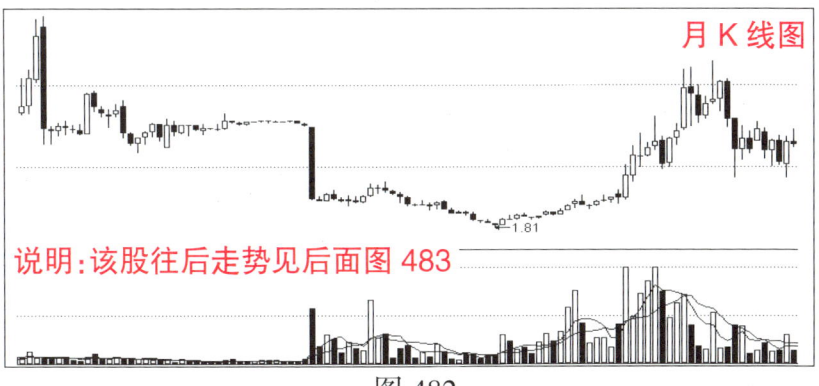

说明：该股往后走势见后面图483

图482

答 这两张图都是徐工机械(000425)的走势图,日K线图、月K线图都截止到2008年12月31日。

从日K线图看,该股仍处于调整之中,但从月K线图看,该股调整已有结束的迹象,现在就可以试着看多做多。理由是:月K线图中出现了一个非常明显的"平底"[注]K线图形(见下图画圈处),平底中两根月K线的下影线末端都处在同一水平线上,而且两者之间相隔了整整半年,这说明这个平底构筑是比较扎实的。从成交量看,月K线图中出现了明显的价升量增、价跌量减的现象,盘中做多力量强于做空力量。由此可以判断,该股调整基本到位,此时可以试着看多做多。如下月再收阳线就可以大胆买进,日后必有厚报。(该股往后走势见下图)

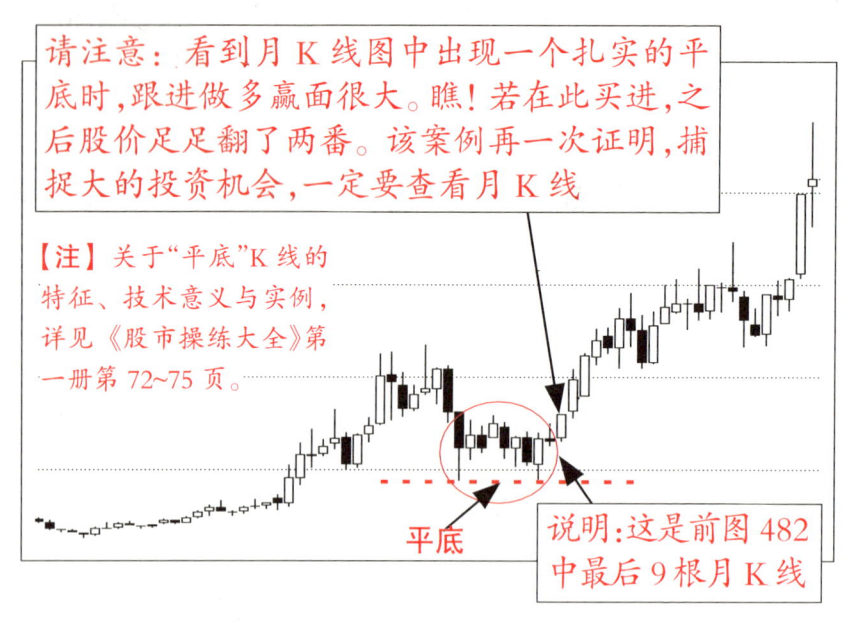

> 请注意:看到月K线图中出现一个扎实的平底时,跟进做多赢面很大。瞧!若在此买进,之后股价足足翻了两番。该案例再一次证明,捕捉大的投资机会,一定要查看月K线

[注] 关于"平底"K线的特征、技术意义与实例,详见《股市操练大全》第一册第72~75页。

说明:这是前图482中最后9根月K线

平底

徐工机械(000425)2005年3月~2010年11月的月K线图　图483

股市赢家自我培训测试题　No.167

考考你（K线实战技巧一题一练）

该股经过一段时间盘整后，新年后的第一天就出现了一个开门红，盘中拉出一根大阳线（当日涨幅达到9.00%），且成交量也随之同步放大，另外MACD也开始翻红，走到了0轴之上。因此，有人认为该股低位盘整后向上突破的态势十分明显，现在应该积极跟进做多。但营业部一位分析师查看了盘面后，否定了这个看法。他认为该股中长线走势已经变坏，现在当务之急应马上清仓离场。事后证明，这位分析师的观点是对的，果然，该股后来出现了大跌。

请问：这位分析师是从哪里看出该股要大跌的？

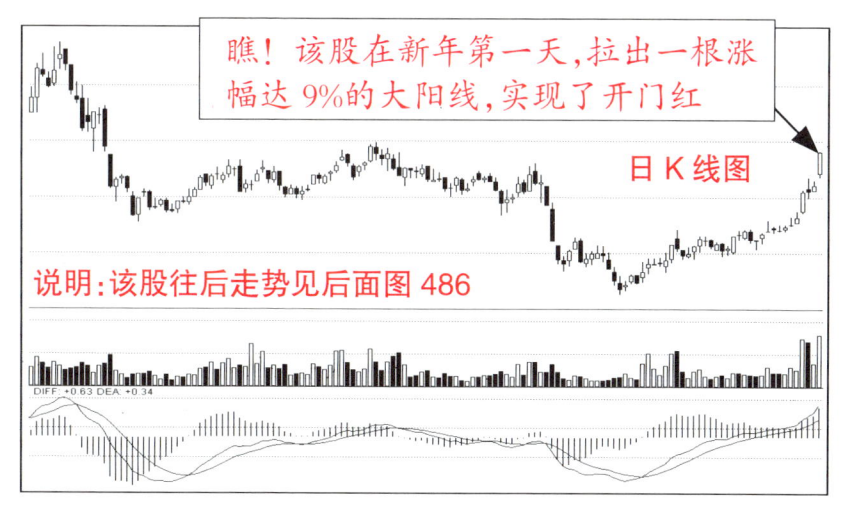

瞧！该股在新年第一天，拉出一根涨幅达9%的大阳线，实现了开门红

日K线图

说明：该股往后走势见后面图486

图484

答 这位分析师是查看了该股同期的月K线图后,判断该股走势变坏的。因为从月K线图(见下图485)看,该股在半年前已经见顶,一根大阴线将前面1根阳线完全吞吃,形成了"顶部穿头破脚"的走势。更为严重的是,该股这两年的月K线图是一个"扩散三角形"结构,这是一个大的头部图形,股价随时会出现大跌。由此可以推断,该股日K线上出现的新年开门红,一定是主力精心设置的陷阱,若盲目跟进,就会上当受骗。(该股往后走势见下图)

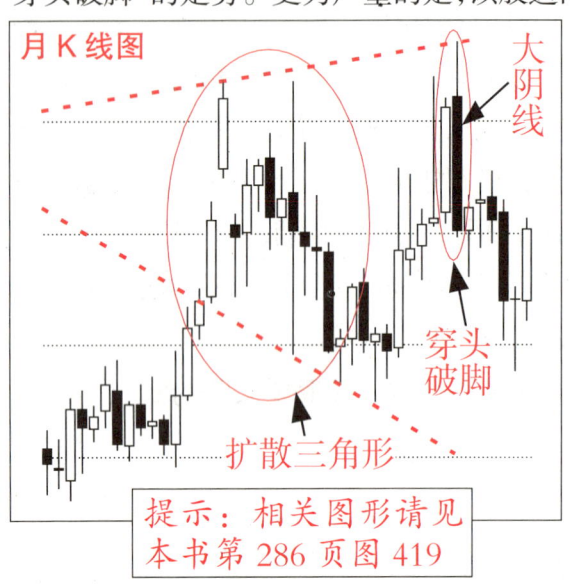

月K线图
大阴线
穿头破脚
扩散三角形

提示:相关图形请见本书第286页图419

航天电器(002025)04年7月~07年8月的月K线图　图485

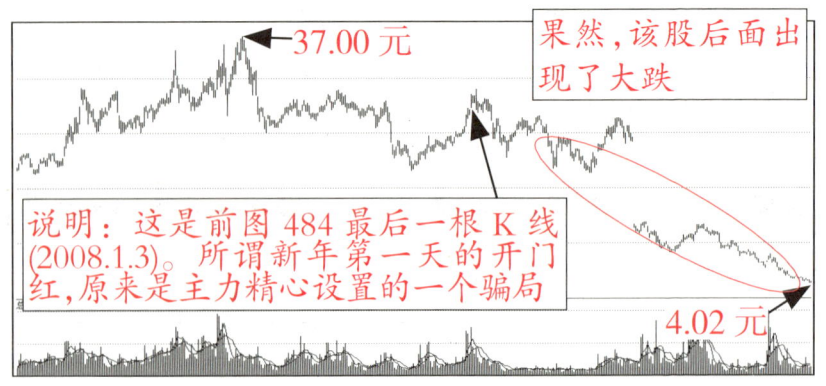

37.00元
果然,该股后面出现了大跌
说明:这是前图484最后一根K线(2008.1.3)。所谓新年第一天的开门红,原来是主力精心设置的一个骗局
4.02元

航天电器(002025)2006.11.23~2008.11.4的日K线图　图486

股市赢家自我培训测试题　No.168

考考你(K线实战技巧一题一练)

某分析师说,从日K线图看(见图487),该股下跌到年线(250日均线)处,受到年线支撑后返身向上,中间还出现了一个向上跳空缺口。这表明该股回调到年线已经到位,现在正在展开新一轮上涨行情。但有人看了该股的月K线图后(见图489),对分析师的观点提出了质疑。请问:你的看法如何？为什么？

日K线图

年线(250日均线)

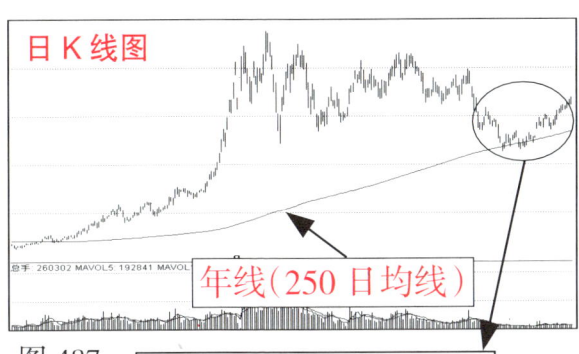

图 487

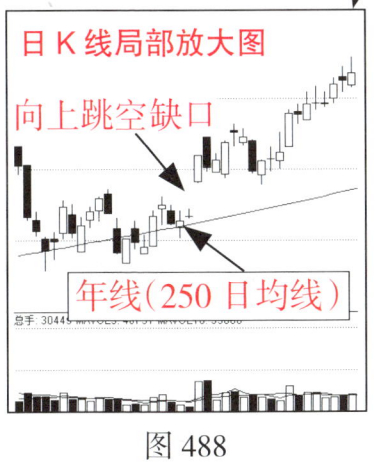

说明：下图为该股同期的月K线走势图

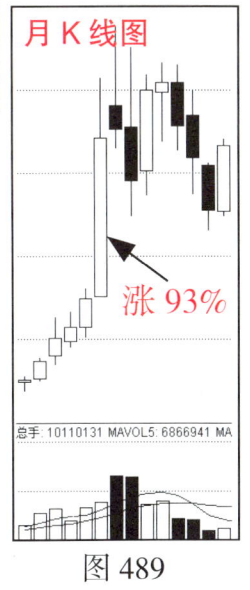

月K线图

涨93%

日K线局部放大图

向上跳空缺口

年线(250日均线)

图 488　　　图 489

答 有人看了该股月K线图后，对分析师观点提出质疑是对的。虽然分析师认为该股日K线回调到年线处，受到年线支撑，展开了一轮升势，后市可以看好。但从其月K线图看，该股走势向下已不可逆转。其主要理由是：①在月K线图中该股冲高时收出了一根射击之星，这是见顶信号，现在股价已跌到射击之星下方，市场认可了该见顶信号；②巨阳线的实体被后面的阴线所覆盖的部分超过了1/3。这是趋势向下的重要标志。综合来看，本月的月K线收阳仅是一次反弹，是留给多方的一次逃命机会，此时应马上卖出，规避后面大跌的风险（见下图）。

果然，该股当月反弹后，股价就掉头向下，出现了狂跌。所以当初日K线走好仅是一种假象

射击之星

巨阳线 涨93%

说明：这是前图489最后一根月K线的位置(2007年12月)

大众交通(600611)2006年11月~2008年12月的月K线图 图490

友情提示：分析走势，必须遵循大管小的原则。当月K线走势变坏时，日K线走势再好都无济于事，此时应根据月K线提示，赶快卖出。

股市赢家自我培训测试题　No.169

考考你（K线实战技巧一题一练）

你知道什么是缺口吗？缺口可以分为哪两大类型？每一大类型又可以分为哪几个小的类型？它们各自的技术意义是什么？

另外，请你说出下图中箭头 A、B、C 所指处的名称，及投资者见到它们应该怎么操作？

日K线图

图491

答 股市中的缺口，是指股价在交易过程中，出现了某一段价格没有任何交易的现象。从技术上说，这个没有交易的区域就称为缺口。比如，某股昨天以 10.00 元的最高价收盘，今天一早跳高开盘，第一笔交易为 10.30 元，之后全天高开高走，最终收盘价为 11.00 元。这样该股就在当天 10 元~10.30 元之间，留下了 0.30 元没有交易的向上缺口。通常，留下的缺口越大，信号就越强。如向上的缺口越大，上升的动力就越大；向下的缺口越大，下跌的动力就越强。

缺口可分为向上缺口与向下缺口两大类型。向上缺口又可分为向上突破缺口、向上持续缺口、向上竭尽缺口；向下缺口，则可分为向下突破缺口、向下持续缺口、向下竭尽缺口。这里需要注意的是，突破缺口、持续缺口、竭尽缺口（又称为衰竭缺口）的认定与技术意义是完全不同的[注]。

前图中箭头 A 所指的地方是向上突破缺口，投资者见到它，就应该意识到行情来了，此时应及时跟进，积极看多做多；前图中箭头 B 所指的地方是向上持续缺口，投资者见到它，可以继续看多做多，持股待涨；前图中箭头 C 所指的地方是向上竭尽缺口，投资者见到它，应该意识到行情快要见顶了，此时就不能再盲目看多了，而应该逢高减仓，离场观望（编者按：前面这张图是上证指数 2010.6.22~2010.11.9 的日 K 线图。果然，在向上竭尽缺口出现后不久，股价就出现了大跌，当时看到向上竭尽缺口及时卖出者都成了赢家）。

【注】因本书容量有限，无法展开。关于"突破缺口、持续缺口、竭尽缺口"的特征，以及它们各自的技术意义是什么，详见《股市操练大全》第一册第 274~第 279 页。

股市赢家自我培训测试题　No.170

考考你（K线实战技巧一题一练）

小唐一直看好该股的行业前景,但今天收盘前夕他把该股卖掉了。有人认为今天该股收的是阳线,且成交放出大量,市场做多势头高涨,小唐此时卖出很不明智。

请问:你的看法如何,为什么?

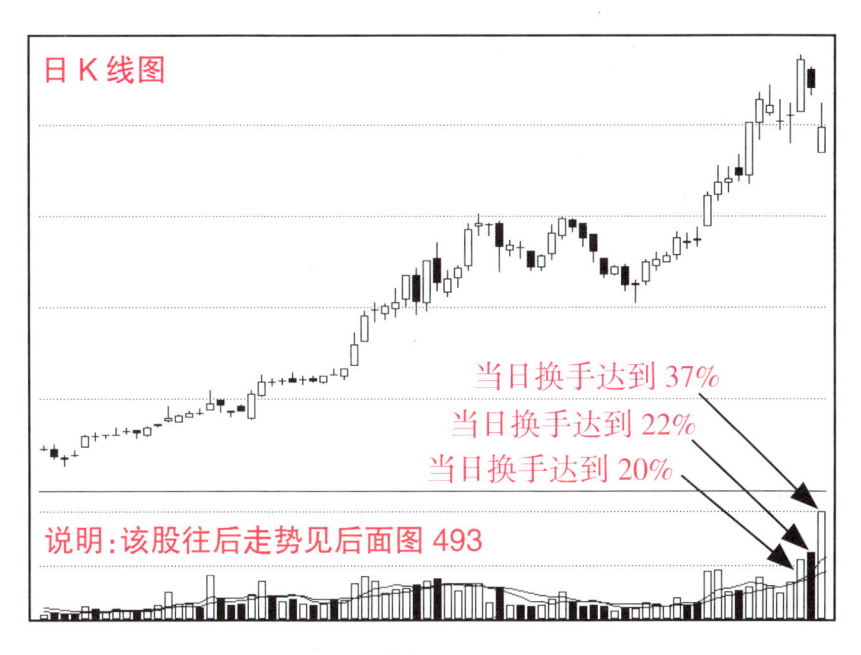

日K线图

当日换手达到37%
当日换手达到22%
当日换手达到20%

说明:该股往后走势见后面图493

图492

答 我认为小唐卖出是对的。因为该股做头迹象十分明显,且主力在大量卖出,此时不逃,又待何时呢?从图中看:①该股倒数第2根、第3根K线组合成了"身怀六甲"[注1]的K线形态,"身怀六甲"是见顶信号。②虽然今天该股收的是阳线,但股价是跌的,更重要的是它留下了一个缺口,这个缺口是向下突破缺口[注2],是重要的见顶信号。③最后3根K线都是放大量的,三天换手接近80%,高位出现如此大的换手,且股价又是跌的,肯定是主力出逃所为。综合起来看,该股趋势变坏已既成事实,聪明人当然会选择卖出。(该股后续走势见下图)

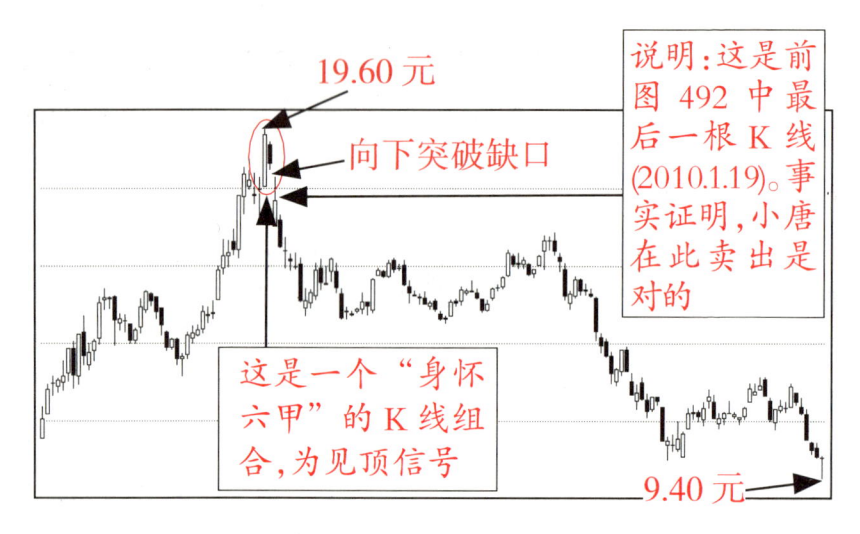

19.60元
向下突破缺口
说明:这是前图492中最后一根K线(2010.1.19)。事实证明,小唐在此卖出是对的
这是一个"身怀六甲"的K线组合,为见顶信号
9.40元

栋梁新材(002082)2009.11.16~2010.7.2的日K线图 图493

【注1】关于"身怀六甲"的特征、技术意义与实例,详见《股市操练大全》第一册第67~70页,第七册第34~36页,第八册第238~240页。

【注2】关于"向下突破缺口"的特征、技术意义与相关实例,详见《股市操练大全》第一册278页,第四册240页,第七册210、211页。

股市赢家自我培训测试题　No.171

考考你（K线实战技巧一题一练）

请问：这三张图的共同特征是什么？它们是什么图形？看到它们：A、立即卖出；B、继续买进；C、持股观望。你觉得应该选择哪一项？为什么？

图 494（日K线图）

图 495（日K线图）

图 496（日K线图）

答 这三张图的共同特征是左右两边都有一个缺口。这种图形称为顶部岛形反转,是一个十分凶险的图形。

应该选择 A。如果当时不及时卖出,后面就会面临大跌的风险(见下面图 497~图 499)。

注意:画圈处是一个标准的顶部岛形反转图形

缺口

这是前图 494 最后一根 K 线(2008.6.10)

瞧!顶部岛形反转出现后,上证指数从 3215 点一路狂跌到 1664 点,可见,当时若不及时卖出,损失有多么巨大

1664 点

上证指数 2008.4.7~2008.10.28 的日 K 线图 图 497

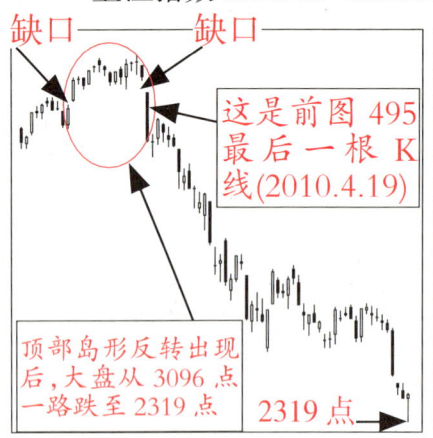

缺口　　缺口

这是前图 495 最后一根 K 线(2010.4.19)

顶部岛形反转出现后,大盘从 3096 点一路跌至 2319 点

2319 点

上证指数 2010.3.15~2010.7.2 的日 K 线图 图 498

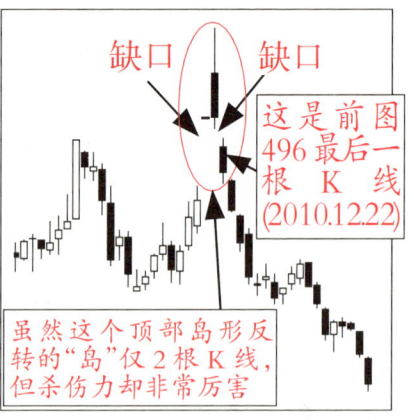

缺口　　缺口

这是前图 496 最后一根 K 线(2010.12.22)

虽然这个顶部岛形反转的"岛"仅 2 根 K 线,但杀伤力却非常厉害

上海梅林(600073)2010.10.28~2011.1.17 的日 K 线图 图 499

股市赢家自我培训测试题　No.172

考考你（K线实战技巧一题一练）

该股曾经是一个大牛股，它见顶后股价一路下跌。某分析师认为该股跌到这个份上已经见底了，他建议大家现在应该积极买进。理由是：①股价已跌掉70%以上，投资价值已显现；②下跌时成交量大幅萎缩，已处于地量水平；③已出现竭尽缺口（又称为衰竭缺口，这是最重要的见底信号）；④股价接近前面的低点，有可能构筑双底。

请问：这样的看法对吗？（请说明理由）

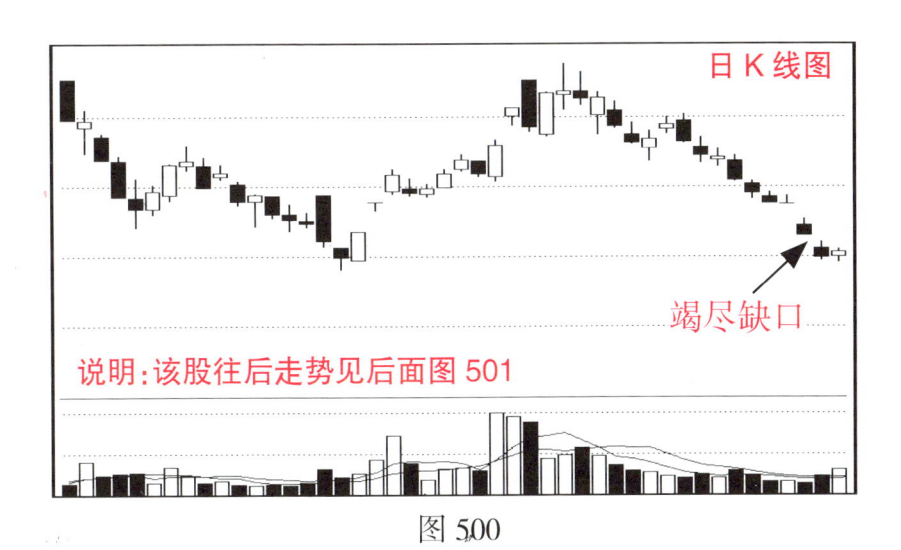

日K线图

竭尽缺口

说明：该股往后走势见后面图501

图500

答 错。错误①：股价跌掉70%，并不是见底的标志，熊市中股价跌掉8成、9成的比比皆是。错误②：地量后又会有新的地量出现，刚开始出现的地量很不靠谱，所以炒股七字经说："首次地量别急买"【注1】。错误③：这不是"竭尽缺口"【注2】（竭尽缺口不能以下跌第几个缺口为衡量标准），而是普通的下跌持续缺口，股价存在着继续下跌的动力。错误④：下跌趋势未尽时，讲双底是想当然。

更重要的理由是，该股正在构筑一个大的"顶部岛形反转"图形，这是一个很重要的见顶信号，故应马上卖出。

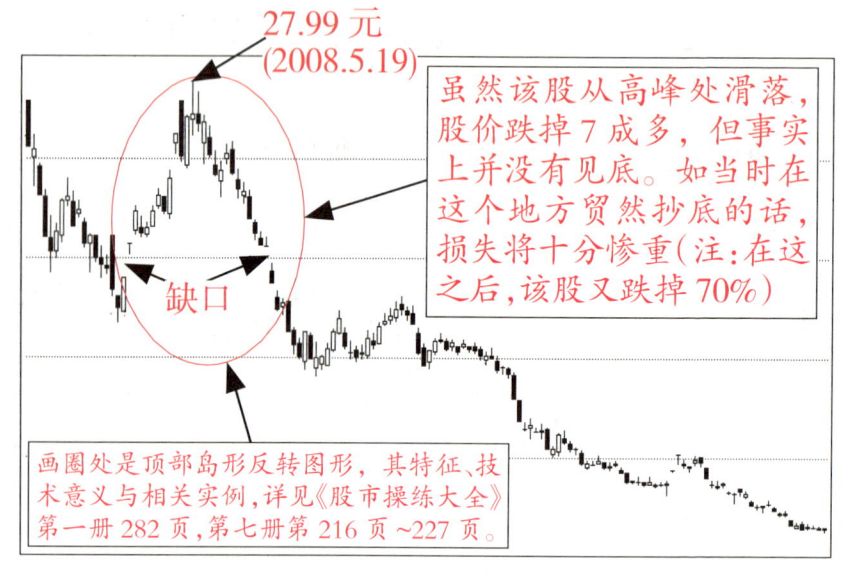

27.99元
(2008.5.19)

虽然该股从高峰处滑落，股价跌掉7成多，但事实上并没有见底。如当时在这个地方贸然抄底的话，损失将十分惨重（注：在这之后，该股又跌掉70%）

缺口

画圈处是顶部岛形反转图形，其特征、技术意义与相关实例，详见《股市操练大全》第一册282页，第七册第216页～227页。

中色股份(000758)2008.3.27~2008.11.4的日K线图　图501

【注1】"炒股七字经"是高手炒股的经验总结，内容十分丰富，全文详见《股市操练大全》习题集第1页～第7页。

【注2】关于"竭尽缺口"的鉴别技巧与相关实例，详见《股市操练大全》第一册第278页，第七册第211页～213页，第八册第333页～335页。

股市赢家自我培训测试题　No.173

考考你（K线实战技巧一题一练）

下图是某股的周K线图，虽然本周该股收了一根大阴线，但老田仍然非常看好该股的后市，因为他看到了一个非常有力的向上技术形态。他认为，只要这个技术形态不被破坏，他就不会止损出局。

请问：老田究竟看到了什么样的向上技术形态，致使他这样看好该股的后市？

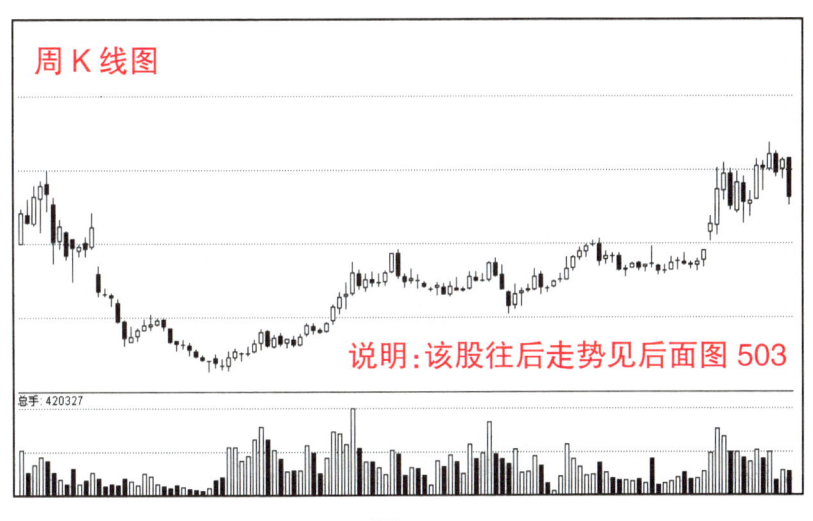

周K线图

说明：该股往后走势见后面图503

图 502

答 老田看到的一个非常有力的向上技术形态,是指图中出现了一个大的"底部岛形反转"[注]图形——"左边一个缺口,右边一个缺口,两个缺口处于同一个价格水平,缺口下面是一个很大的'岛'"(见下图)。底部岛形反转是一个重要的看涨信号,虽然本周收了一根大阴线,但它收在第二个缺口上方。这说明底部岛形反转的图形没有遭到破坏,所以老田仍然看好其后市。老田认为,若该股继续下跌,将该缺口封闭了,那就说明底部岛形反转失败了,此时就应该止损出局。可见,老田是一个聪明人,正反两方面的情况都想到了。这是值得赞赏的。

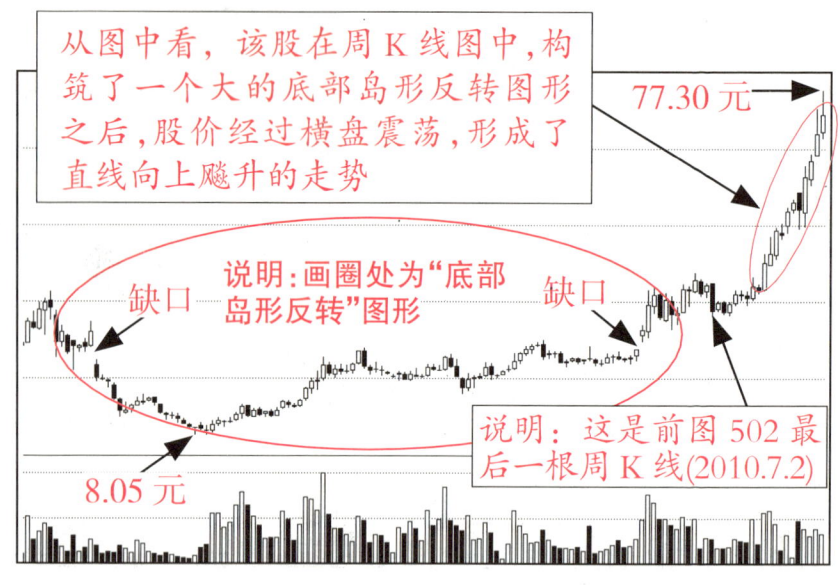

从图中看,该股在周K线图中,构筑了一个大的底部岛形反转图形之后,股价经过横盘震荡,形成了直线向上飚升的走势

77.30元

说明:画圈处为"底部岛形反转"图形

缺口　　　　　　　　　　缺口

说明：这是前图502最后一根周K线(2010.7.2)

8.05元

重庆啤酒(600132)2008.2.29~2010.11.12的周K线图　图503

【注】关于"底部岛形反转"的的特征、技术意义与相关实例,详见《股市操练大全》第一册第279页~第281页。

股市赢家自我培训测试题　No.174

考考你(K线实战技巧一题一练)

下面是一张个股的周K线图。请问：图中画圈处是什么K线图形？投资者见到它应该怎么操作？（请说明理由）

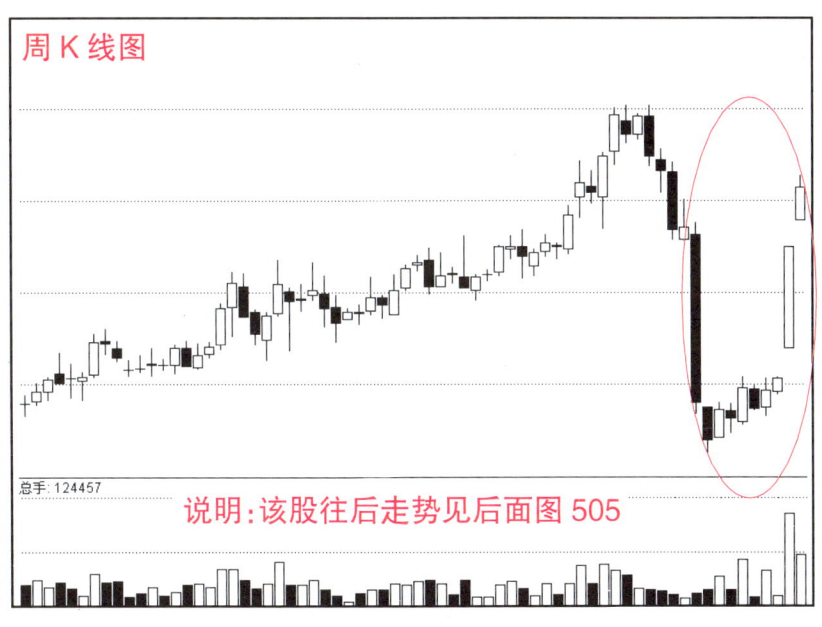

周K线图

说明：该股往后走势见后面图505

图 504

答 图中画圈处是"塔形底"[注]的变化图形。这个塔形底变化图形比标准的塔形底力度还要大。因为构成塔形底右边的大阳线,是以连续跳空的形式出现的,同时下面的成交量也出现了急剧放大的现象,这说明盘中做多力量十分强劲。投资者看到这样图形,可以胆子放大一些,跟着积极做多(见下图)。当然操作时,止损点也应该设好。止损点可以这样设立:当第二个向上缺口被封闭,减仓1/3;当第一个向上缺口被封闭,全部卖出。

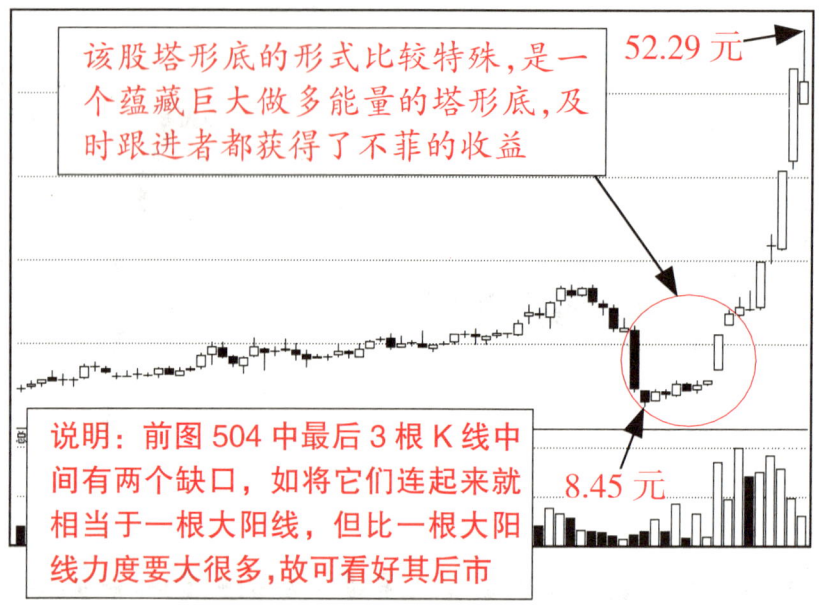

> 该股塔形底的形式比较特殊,是一个蕴藏巨大做多能量的塔形底,及时跟进者都获得了不菲的收益

52.29元

> 说明:前图504中最后3根K线中间有两个缺口,如将它们连起来就相当于一根大阳线,但比一根大阳线力度要大很多,故可看好其后市

8.45元

成飞集成(002190)2009.3.27~2010.9.10的周K线图 图505

【注】关于"塔形底"的特征、技术意义与相关实例,详见《股市操练大全》第一册第81页~第82页。

股市赢家自我培训测试题　No.175

考考你（K线实战技巧一题一练）

该股反弹至今，这两天见顶回落并放出了大量，有人认为这是反弹结束，新的下跌开始。也有人持相反的意见，认为这是主力在洗盘，洗盘后股价仍会继续上涨。

请问：你认为谁的观点正确？下一步应该怎么操作？

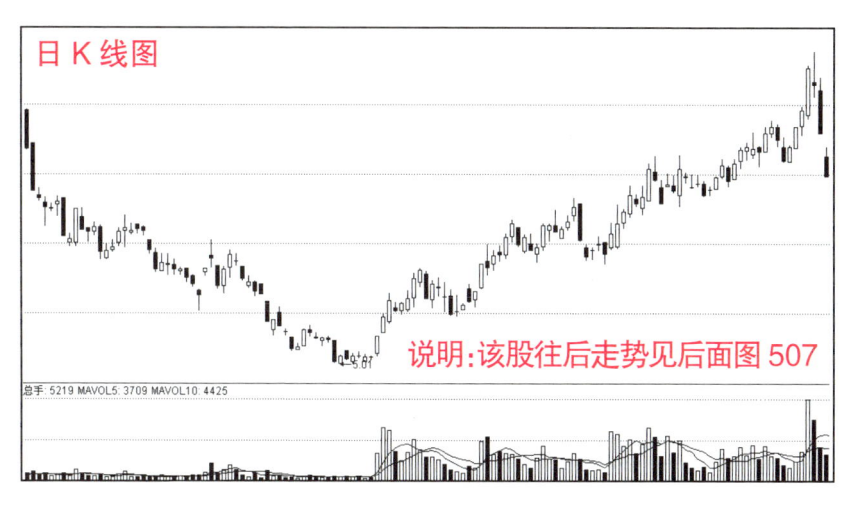

日K线图

说明：该股往后走势见后面图507

图 506

答 这两种观点都有问题。为什么呢？因为该股高位回落，究竟是反弹结束还是洗盘，现在很难下定论。判断该股往后走势有一个办法，在图中加一根"上升趋势线"[注]，然后观察股价的表现再作决定。通常，主力洗盘是不会让股价跌穿上升趋势线的。因此，从操作层面上说，只要上升趋势线守住了，投资者仍可对它看多做多，但是一旦上升趋势线被打穿了，那只能先把股票卖出，离场观望。（该股往后走势见下图）

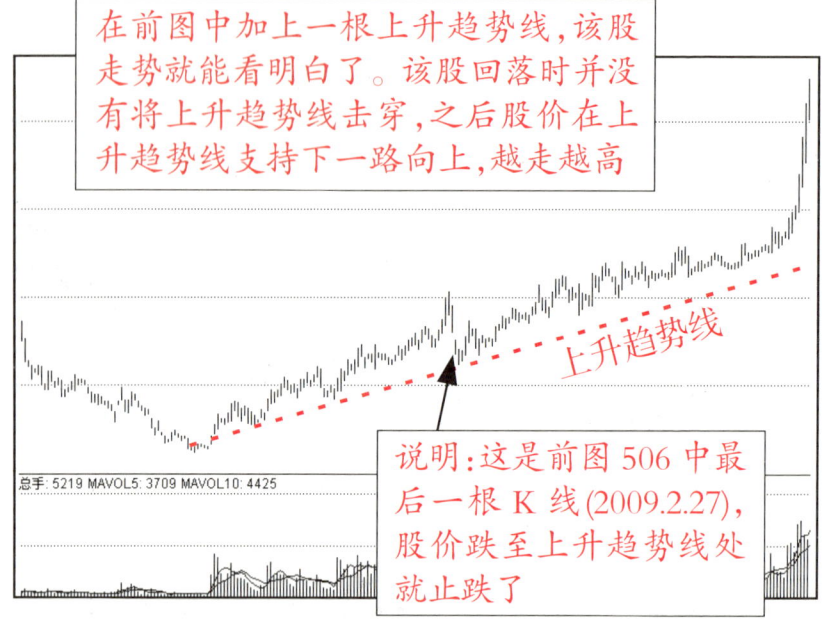

> 在前图中加上一根上升趋势线，该股走势就能看明白了。该股回落时并没有将上升趋势线击穿，之后股价在上升趋势线支持下一路向上，越走越高

上升趋势线

> 说明：这是前图506中最后一根K线(2009.2.27)，股价跌至上升趋势线处就止跌了

方正电机(002196)2008.8.8~2009.8.4的日K线图　图507

【注】关于上升趋势线的特征、技术意义与相关实例，详见《股市操练大全》第二册第236页～第237页，第八册第261页～第270页。

股市赢家自我培训测试题　No.176

考考你（K线实战技巧一题一练）

某报以"志存高远"为题，强烈推荐该股。推荐者认为该股有大比例送股的利好题材，目前股价在稳步上涨中，投资者可积极加入。

请问：你认为现在可以加入吗？为什么？

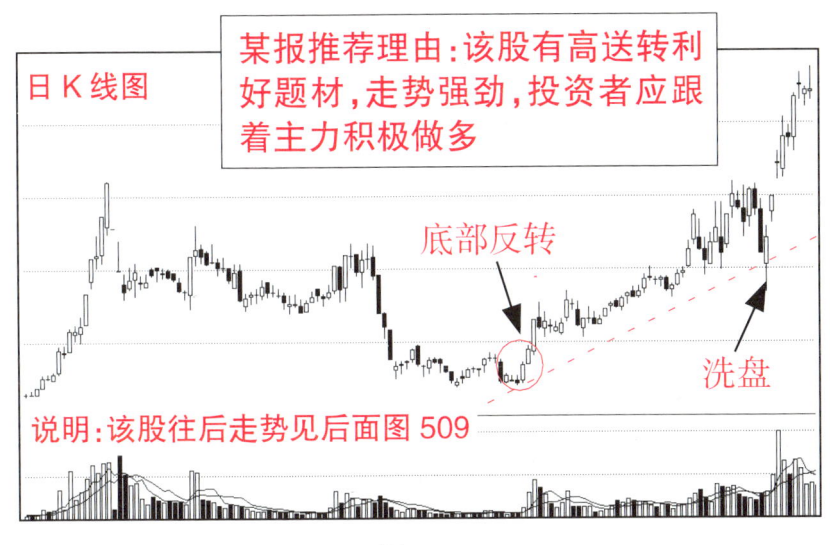

日K线图

某报推荐理由：该股有高送转利好题材，走势强劲，投资者应跟着主力积极做多

底部反转

洗盘

说明：该股往后走势见后面图509

图508

答 不能加入。大家一定要明白,该股在送股利好的消息刺激下,已经走出一轮强劲上升行情,但这并不表明该股后市就可以看好。因为这样可能会形成送股前"抢权"(即在送股前,闻讯送股利好,股价抢先向上飚升了),送股后出现"贴权"(即在送股后,股价不但没有填权,反而向下回落)的走势。类似这样的案例非常多。有很多主力就是用这种方法拉高出货的,业内人士将主力这种出货方法称为"抢权诱多出货法"【注】。有鉴于此,现在对该股不但不能加入,相反应该先卖出为宜(见下图)。

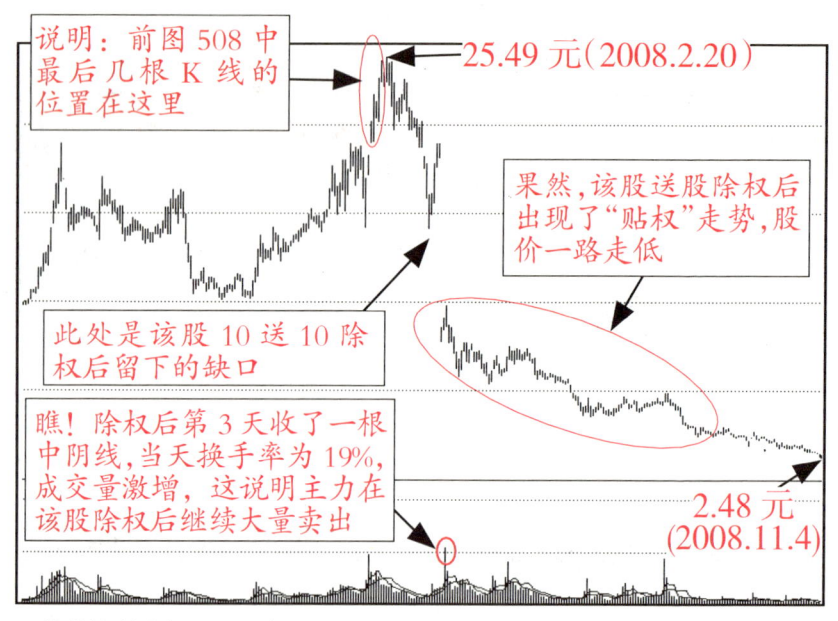

说明:前图508中最后几根K线的位置在这里

25.49元(2008.2.20)

果然,该股送股除权后出现了"贴权"走势,股价一路走低

此处是该股10送10除权后留下的缺口

瞧!除权后第3天收了一根中阴线,当天换手率为19%,成交量激增,这说明主力在该股除权后继续大量卖出

2.48元
(2008.11.4)

苏州固锝(002079)2007.7.18~2008.11.4的日K线图 图509

【注】关于主力如何利用抢权诱多出货的,有关这方面的知识、相关实例与应对策略,详见《股市操练大全》第七册第328页~第335页。

股市赢家自我培训测试题　No.177

考考你(k线实战技巧一题一练)

一位老股民看了下图后对大家说,该股主力出逃了,现在趁股价尚未大跌之时,应该赶快卖出。

请问:这位老股民凭什么判断该股主力出逃了？他的说法有道理吗?

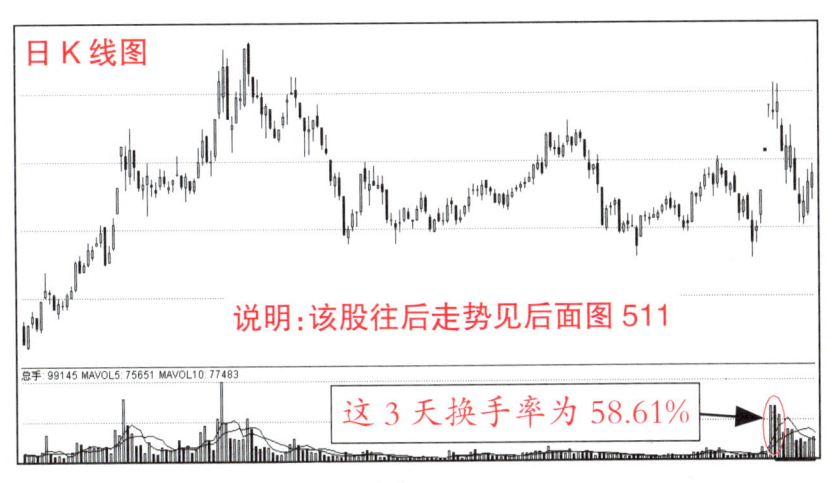

日K线图

说明:该股往后走势见后面图511

这3天换手率为58.61%

图510

答 在主力诸多出货手法中,"急涨急跌出货法"【注】是主力出货的最主要手法之一。据有关资料统计,急涨急跌后,股价深幅下跌的概率超过八成。因此,有经验的投资者,看到出现急涨急跌,就知道主力出逃了。这位老股民肯定是了解这方面情况的行家,才会作出这样判断的。大家一定要记住:"**急涨急跌＋成交量异常放大＝主力大甩卖**",此时必须马上卖出。(该股往后走势见下图)

> 瞧!该股急涨急跌后,股价出现了大跌。这说明急涨急跌是十分凶险的图形,看到它应该躲得远远的,否则就很可能遭受灭顶之灾。

> 说明:这是前图510最后一根K线(2008.4.8)。如当时不卖出,后面就亏大了

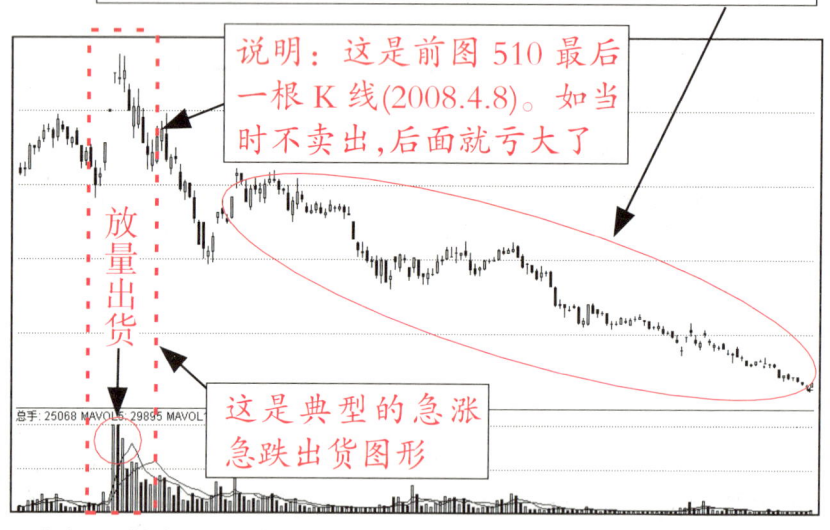

放量出货

这是典型的急涨急跌出货图形

广钢股份(600894)2008.2.25~2008.11.4 的日 K 线图 图511

【注】关于"急涨急跌出货法"的特征与相关实例,详见《股市操练大全》第六册第 269 页~270 页,第七册第 354 页~364 页。

股市赢家自我培训测试题　No.178

考考你(K线实战技巧一题一练)

看了下图后,有人认为该股已筑底成功,股价一路下跌的颓势已被多方扭转,今后股价将形成震荡向上的格局,但也有人不同意这种看法,认为该股颓势依旧,现在股价稍一冲高就受阻回落,就是一个证明。

请问:你的看法如何?(请说明理由)

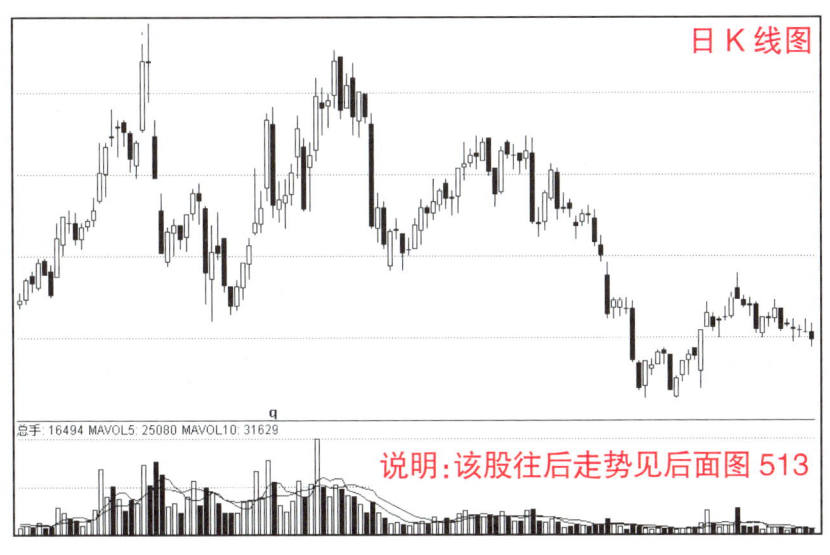

日K线图

说明:该股往后走势见后面图513

图512

答 对该股后市的判断，关键看其筑底时的K线见底信号（见下图，画虚线处为"平底"【注1】，画圈处为"底部穿头破脚"【注2】），能否经得起后面走势的考验。如果经受住了考验，该股就会形成震荡向上的格局；反之，则颓势依旧，后市堪忧。（该股往后走势见下图）

> 瞧！该股冲高回落时股价始终在"平底"、"底部穿头破脚"上方运行，这说明这两个K线见底信号经受住了考验。此时应对其走势看好，中线可积极做多。之后该股出现了震荡向上的走势，涨势惊人，仅仅一年多时间，股价就涨了10倍。

煤气化（000968）2006.7.13~2007.1.5的日K线图　图513

【注1】关于"平底"的特征、技术意义与相关实例，详见《股市操练大全》第一册第72页~第75页。

【注2】关于"底部穿头破脚"的特征、技术意义与相关实例，详见《股市操练大全》第一册第70页~第72页，第六册第45页~第46页。

股市赢家自我培训测试题　No.179

考考你(K线实战技巧一题一练)

仔细观察下图,你认为现在对该股应该怎么看？如何操作？(请说明理由)

日K线图

这5日换手率为59.2%

说明：该股往后走势见后面515

图514

答 该股走势很怪,应该是一个"老庄股"[注]。从图中看,该股见顶回落时,没有放量,说明庄家出货并不顺利,而真正出货的地方就是途中放巨量的地方(见图中下方画圈处),之后股价就一直处于无量横盘状态。这几天虽然连拉了几根阳线,但成交量始终无法放出,表明场外缺少跟风盘。如果这种情况延续下去,最后庄家肯定会支撑不住,股价必然会出现高台跳水的走势。有鉴于此,对该股后市应该看空,持股者应马上卖出。(该股往后走势见下图)

> 老庄股的最后结局就是高台跳水。大家要记住:在老庄股做空能量没有彻底释放前,老庄股是碰不得的。当时,如有此股票者应无条件地立即卖出

> 这5日换手率为59.2%,说明主力已逃掉部分筹码

> 说明:这是前图514最后一根K线(2002.9.4)

> 高台跳水

太钢不锈(000825)2002.3.4~2002.11.22的日K线图 图515

【注】关于庄股的特征、相关实例与应对策略,详见《股市操练大全》第四册第267~272页、第五册第267页、第六册第27页、第362~367页。

股市赢家自我培训测试题　No.180

考考你（K线实战技巧一题一练）

该股见顶后出现了大跌，如今该股除权后在低位构筑了一个平台，最近3天连拉3阳，并放出了巨量。有一些股评家认为，该股见底回升时成交量急剧放大，是"否极泰来"的重要标志，它表明主力做多意愿十分强烈，现在应积极跟进做多。

请问：这样判断对吗？（请说明理由）

日K线图

送股除权留下的缺口

说明：该股往后走势见后面图517

成交放巨量

图 516

答 错。股价除权后不久,在"低位"时突然放出巨量,多半是主力在诱多,投资者须高度警惕。如果放巨量后,股价重心不再上移,则可以肯定主力是在拉高出货(编者按:这是主力惯用的一种出货手法,相关知识与实例,可见《股市操练大全》第七册第 314 页~第 327 页)。此时投资者千万不能稀里糊涂地跟进做多,否则很容易被套在半山腰。(该股往后走势见下图)

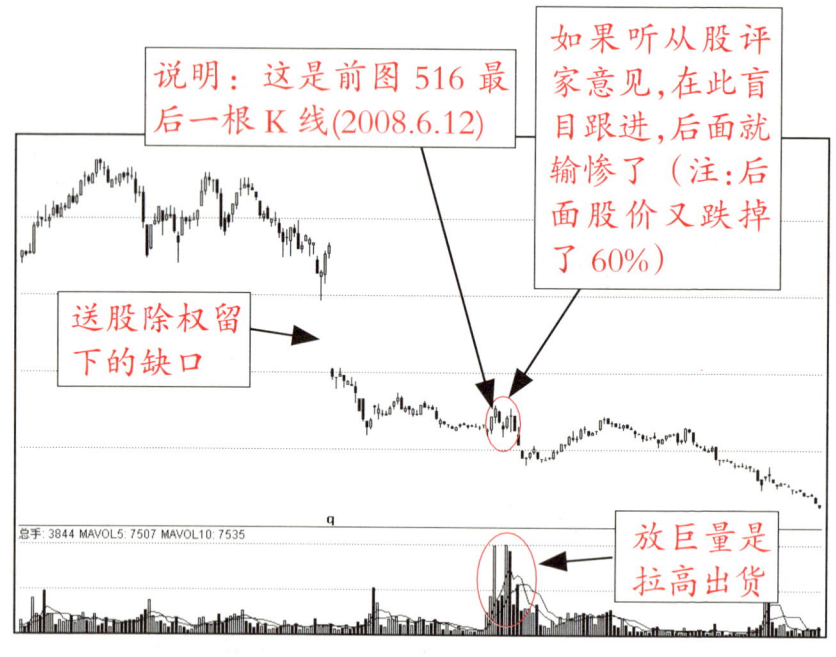

说明:这是前图 516 最后一根 K 线(2008.6.12)

如果听从股评家意见,在此盲目跟进,后面就输惨了(注:后面股价又跌掉了 60%)

送股除权留下的缺口

放巨量是拉高出货

鲁阳股份(002088)2007.12.5~2008.10.16 的日 K 线图 图 517

下 篇

K线与技术图形实战难点解析自我测试

阅 读 提 示

  本篇共有42道题目。读者在阅读本篇时会发现，本篇的题目与上篇、中篇的题目相比，不仅难度增加了许多，而且题目的深度也与前面不同，往往是一个大题目中包含着若干个小题目，小题目之间又环环相扣，层层深入，大有一种打破砂锅问到底的要求在里面。读者在阅读本篇与做题目时，眼光不能光盯在题目上，更重要的是，要关注股市高手在分析股市大势与选择股票时，在投资思路、投资策略上与普通投资者究竟有什么本质区别。当我们充分了解这些区别后，就能找到一条可以在股市中铸就辉煌战绩的赢家之路。

  请记住，股市高手是练出来的，而不是说出来的。无数事实证明：练则通，练则精。只要深入分析，认真做题，一步一个脚印，量变一定会引起质变。我们相信，无论是什么类型的投资者，按照这个路径走下去，即使不能成为股市高手，至少也可以接近高手，成为一个股市赢家。

  本篇自我测试题的评分标准（供参考）：答对全部题目的50%（即21题）为及格；答对全部题目的60%（即25题）为良好；答对全部题目的70%（即29题）为优秀。

  友情提醒：若做题下来发现成绩不佳，建议把《股市操练大全》一至八册中与之有关的内容再看上两遍，并注意加强这方面的练习。

股市赢家自我培训测试题　No.181

考考你（K线实战难点解析一题一练）

中石油（601857）"害人不浅"，上市后从48元一路狂跌，一直跌到9.50元才出现了一轮像样的反弹。小林之前一直被这个股票套着，他希望能抓住这轮反弹行情逢高出局，这样也可以减少一些损失。经过仔细计算，他把中石油的反弹目标位定在24元附近。但最后中石油仅仅反弹到16.50元就掉头向下，这使他又一次失去了逢高减仓、减少损失的机会。对此他很沮丧。他认为自己没有错，中石油的反弹目标位是根据黄金分割率计算出来的。后来他问了一位高手。高手听后作了分析，指出他犯了两个错误：①不会看图；②操作缺少灵活性。

请问：高手的批评对吗？反弹目标位究竟应该如何设置？操作的灵活性指的是什么？

中石油反弹目标位的设置，小林事先都作过精确计算，他到底错在哪里呢？

答 高手的批评是对的。反弹目标位应根据实际图形走势来设定,而不是凭主观想象。比如,中石油在9.71元见底回升,第一反弹目标位应该设定在16元附近,而不是设定在24元附近。因为从该股日K线图上看,反弹的最大阻力位就在16元~18元这一带。其理由是:①在这一带有一个向下跳空缺口(注:该缺口是2008年6月10日留下的);②该股发行价是16.70元,当初股价跌到发行价时,多方曾经护过盘,但最终还是跌破了发行价;③这一带是该股的密集成交区。综合这3点,该股反弹极有可能在此受阻。退一步说,即使当时的形势向好,股价要冲过这道阻力也决非易事,多空双方免不了在这一带展开激战。因此不论从什么角度考虑,应将该股第一反弹目标位设在16元附近,见到此价位先退出来是明智之举。

有人说,小林设置该股的第一反弹目标位是24元,也是有理论根据的。因为从该股整个跌幅来看,其0.382的黄金分割位的价格是24.57元[注]。如按黄金分割位计算,将第一反弹目标位设在24元附近,在理论上是说得过去的。但问题是:其实际走势图显示,9.71元反弹上来,第一道压力带在16元~18元,那么此时把实际走势放在一边,主观地凭黄金分割位计算它的反弹目标位就错了。

当然,我们也可以换一种思路来考虑问题,如果该股反弹冲过了16元~18元间的第一道阻力,此时再根据黄

【注】24.57元是这样计算出来的:9.71元+(48.62元-9.71元)×0.382=24.57元。(说明:48.62元是该股历史最高价格)

金分割率,将该股第二反弹目标位设在24元附近,这就比较合适了。经验告诉我们:"一个股票见底后出现反弹,究竟这轮反弹能走多远,事先是无法确定的,只能走一步看一步。一般来说,先看第一反弹目标位能否冲过去,冲过去了再看第二反弹目标位能否冲过去,如果又冲过去了然后再看第三反弹目标位能否冲过去。"有人问,那么如何确定反弹变成反转呢?这也是走一步看一步的,事先是无法确定的。通常,只有冲破前一轮下跌的最高点,反弹才有可能演变成反转。

从操作层面上说,投资者做个股反弹,在股价上升临近重大阻力位时,要学会主动退出。比如,中国石油9.71元见底反弹后,到了16元附近就应该先逢高减仓。等它冲过第一反弹目标位,再考虑下一个反弹目标位,这样操作就主动多了。而小林的错误,将第一反弹目标位的位置设制错了,从而失去了在16元附近主动减仓的机会,这是很可惜的。

又有人问:股价反弹目标位的设置究竟有哪些方法?怎样设置才符合实际呢?关于这个问题,因本书容量有限,无法展开,这里只能给大家提供一些线索。若要了解这方面的知识,请查看《股市操练大全》第五册第108页~114页、第362页~366页;《股市操练大全》第六册第201页~210页、第273页~276页、第330页~337页;《股市操练大全》第八册第214页"注2"、第459页~466页。

下面再来分析为何高手说小林的操作缺乏灵活性呢?因为在高手看来,预测虽然是需要的,但预测不能代替现实。当现实发生变化的时候,当事人就要跟着现实一起变,而不能死守预测中的一些目标位,否则就会出现重大失误。比如中石油,小林预测的反弹目标位在 24 元附近。虽然这个预测是错了,但问题还不大,如小林操作具有灵活性的话,事情就不会搞砸了。因为该股从 9.71 元反弹上来,在 16 元上方出现了一个明显的 K 线见顶信号——"尽头线"[注](见下图)。此时小林如能灵活地依照 K 线技术去操作,看到尽头线见顶信号就卖出,仍然可以达到逢高减仓,减少损失的目的。而遗憾的是,小林并没有这样做。此事给我们一个教训:**现实是第一位的,预测是第二位的。**预测一定要服从现实,操作时必须根据市场变化保持灵活性,唯有如此,才能在风险莫测的股市中求得生存发展。

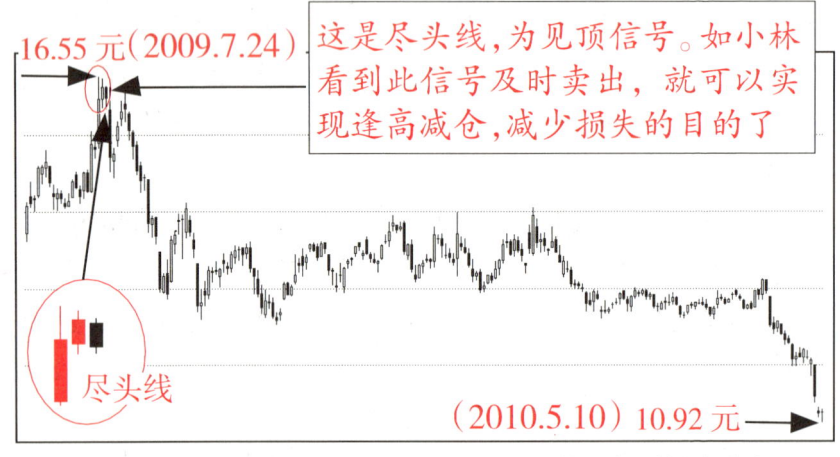

16.55 元(2009.7.24)

这是尽头线,为见顶信号。如小林看到此信号及时卖出,就可以实现逢高减仓,减少损失的目的了

尽头线

(2010.5.10) 10.92 元

中国石油(601857)2009.6.29~2010.5.10 的日 K 线图　图 518

【注】图 518 中的"尽头线"是尽头线的变化图形。关于尽头线的特征、技术意义与相关实例,详见《股市操练大全》第一册第 152 页～第 154 页,《股市操练大全》第八册第 572 页～第 575 页。

股市赢家自我培训测试题　No.182

考考你（K线实战难点解析一题一练）

对下面个股走势有两种不同的看法。甲认为,该股这3天连续收阴,形成了"下跌三连阴"的K线组合,下跌三连阴是重要的见顶信号,投资者应及时卖出,规避风险;乙认为,虽然该股最近3天的K线连续收阴,但该股向上的趋势已经形成,后市可以积极看好,投资者应积极看多做多。

请问:你认为谁的观点正确？为什么？

日K线图

连续三天收阴,难道是下跌三连阴,可要好好地想一想

说明:该股往后走势见后面图522

下跌三连阴

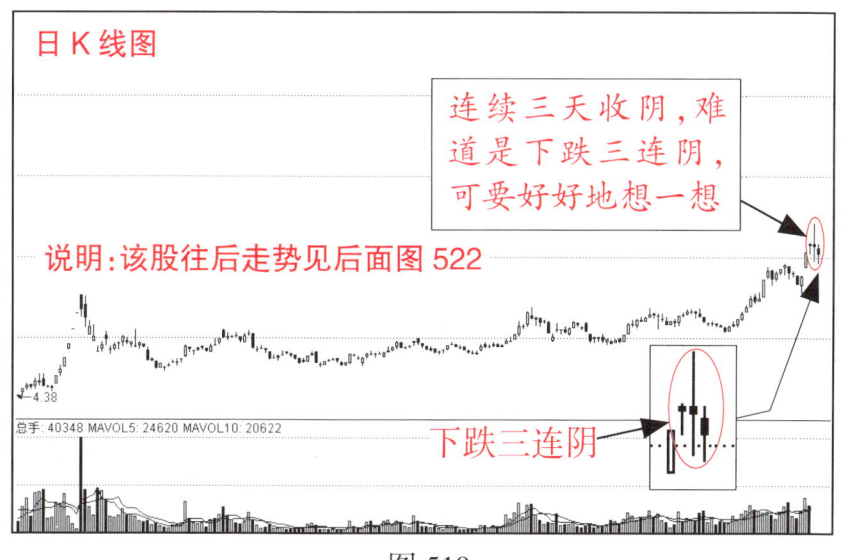

图519

答 我基本同意乙的观点。理由是：①因为该股已突破前期最重要的一个高点。突破后，股价冲高回落，回踩了这个高点，证明这个突破是有效的（见右下图）。然后股价跳空向上，出现了一个"向上突破缺口"【注】。虽然最近3天该股连收了3根阴线，但跌幅很小，股价仍收在缺口上方，总的趋势是向好的。②最后三根阴线跌幅很浅，连大阳线的1/3都未覆盖，它不符合"下跌三连阴"K线组合的特征，因此它不是下跌三连阴。结论：乙的看法是对的，但我对乙的观点也有一点保留意见。比如，即使看好后市也应该设立止损点，该问题乙未考虑，这是一个缺陷。

前期高点（2006.5.16）

（2007.1.29）缺口压力线

说明：本图是前图519的复制图，为便于分析，将该股中间盘整走势用"……"线代替，作了虚化处理

瞧！股价突破前期高点，并且回踩确认了突破是有效的，然后出现了一个向上跳空的突破性缺口

中孚实业（600595）2006.4.19~2007.2.1 的日K线图　图520

【注1】关于"向上突破缺口"的特征、技术意义与相关实例，详见《股市操练大全》第一册第275页，第四册第192页~194页。

其实,分析该股走势时,看看当时该股的周K线图,情况就更清楚了。从周K线图看,该股这几个月实际上走的是一个"收敛三角形"[注]走势。目前股价已突破收敛三角形的上边线,突破后,这一周虽然收了一根周阴线,但它的下影线很长,说明股价回抽时下档的支撑力度是很强的,故而后市行情可以看好。

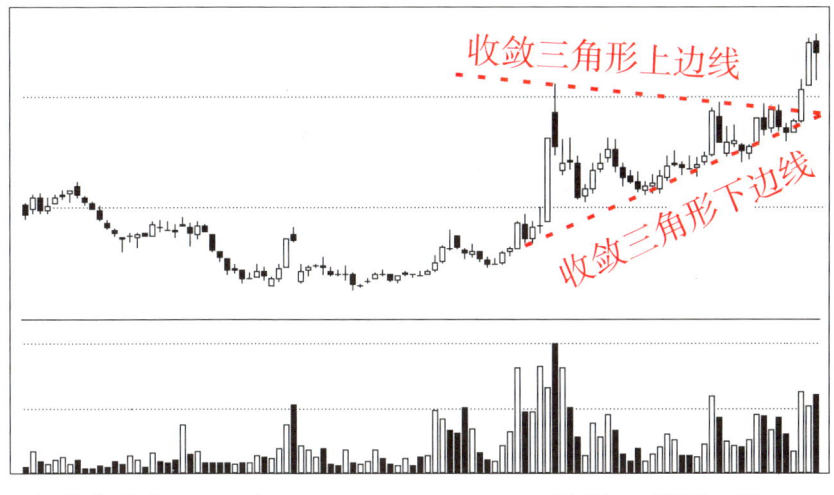

中孚实业(600595)2004.10.22~2007.1.26的周K线图　图521

事情过去了半年,该股在成功突破前期高点后,出现了一路飚升的走势,这给当时看好该股后市的投资者

【注】关于"收敛三角形"的特征、技术意义与相关实例,详见《股市操练大全》第一册第259页、260页、第294页,第六册第57页~61页,第七册第184页、185页,第八册第303页、308页、第501页。

带来了丰厚的投资回报(见下图)。

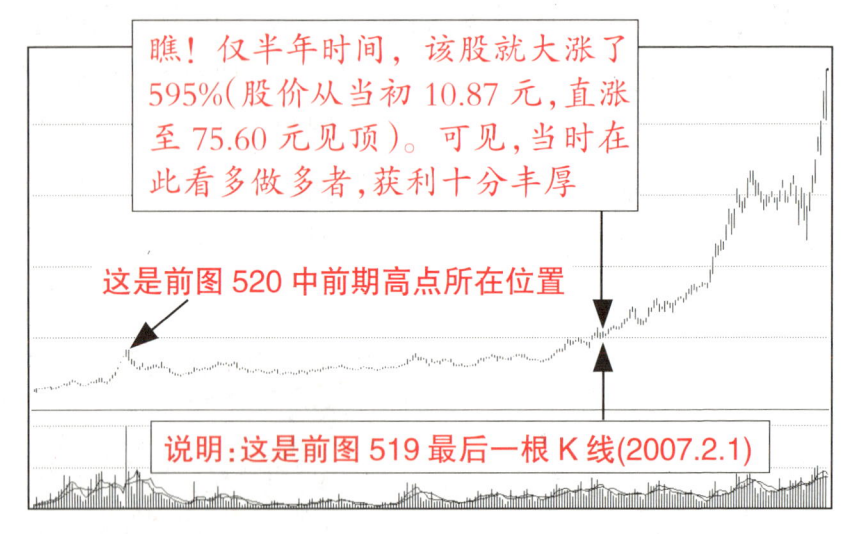

瞧！仅半年时间，该股就大涨了595%(股价从当初10.87元，直涨至75.60元见顶)。可见，当时在此看多做多者,获利十分丰厚

这是前图520中前期高点所在位置

说明:这是前图519最后一根K线(2007.2.1)

中孚实业(600595)2006.3.21~2007.6.14的日K线图　图522

这个案例向我们提供了几条重要经验。

经验一:日K线图显示,股价长期横盘后突破前期高点,然后再出现一个向上跳空缺口,这就是一个买点。

经验二:见到日K线图上出现买进信号,再通过周K线或月K线进行佐证，这样就为投资加了一个双保险,成功概率会大大提高。

经验三:收敛三角形构筑的时间越长,信号就越可靠。如果它选择向下突破,往往就会出现一轮较大的跌势;反之,如果它选择向上突破,往往会出现一轮可观的升势。

股市赢家自我培训测试题　No.183

考考你（K线实战难点解析一题一练）

某天收盘后，老方心里很激动，他持有的股票最近走势很好，这天股价跳空高开，收了一根中阳线（见下图中最后1根K线），成交量也跟着同步放大。他经过分析后认为，该股极有可能发动一轮新的向上攻势。于是，他决定下周再继续买进该股，重仓出击，等待好运降临。但让他没有想到的是，他下周买进该股后就未见该股有什么好的表现，后来想等一等，看看再说，结果越等套得越深，重仓出击变成了重仓深套。他不明白为什么该股走势后来会变得如此糟糕。

现在请你帮老方分析一下，他犯错误的主要原因是什么？

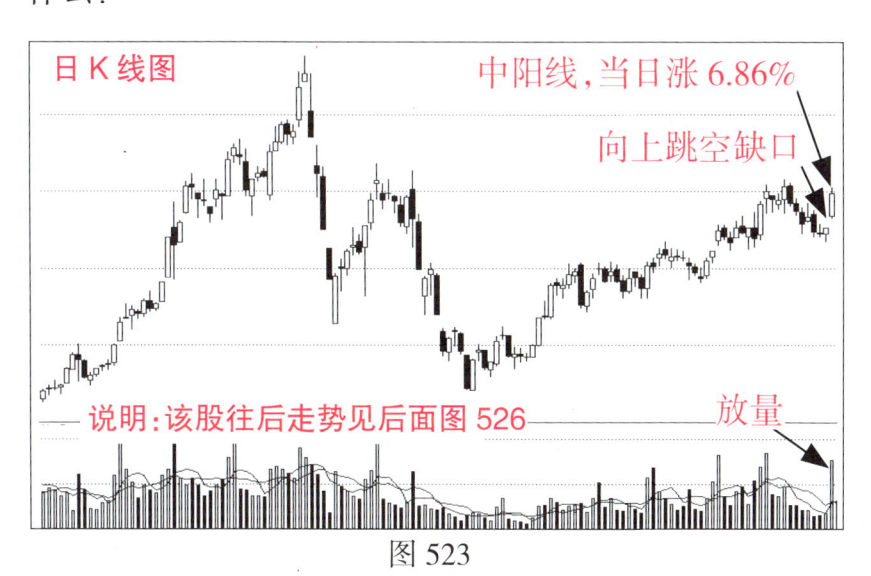

日K线图　　　　　　中阳线，当日涨6.86%
　　　　　　　　　向上跳空缺口

说明：该股往后走势见后面图526　　放量

图523

答 老方的错误，主要是忘了重仓一个股票，必须要在技术上找到看多做多的充分理由。这是一个原则，违反了就要吃苦头。老方从日K线图中看到该股近来走势很好，图中最后一天，股价跳空高开高走，收了一根放量的中阳线，因此，老方判断该股新的上涨行情即将开始，于是就重仓投资了该股。（编者按：其实，老方对该股日K线的分析也存在着偏见。比如，从日K线图看，虽然该股跳空高开，放量收阳，但股价并没有突破前期高点。在此情况下，他就贸然判断该股新的向上攻势开始了，这多少有点冒失）

现在暂且退一步说，老方对该股日K线分析是对的，找到了对该股看多做多的一些理由。那么，是不是就可以一锤定音呢？答案是否定的，因为作出重仓持有该股的决定，一定要问"家长"，即周K线、月K线是否同意。

"重仓一个股票，一定要看周K线图、月K线图"，这是赢家的一条基本思路。 下面我就以老方重仓的股票为例，对这个问题做一些探索。

先从该股的周K线图看，当时该股的走势并不乐观，它在前面已经见顶。头部是一组穿头破脚的K线组合（见下图524中画圈处），其中，穿头破脚中的一根大阴线，一下子就吞吃了前面几根阳线，这说明这个头部做空的份量很重，一般是很难逾越的。现在股价反弹，必定会在这个强大的头部面前受阻，这样我们就不能轻易地看好其后市，更不能轻言该股新的向上攻势就要展开。

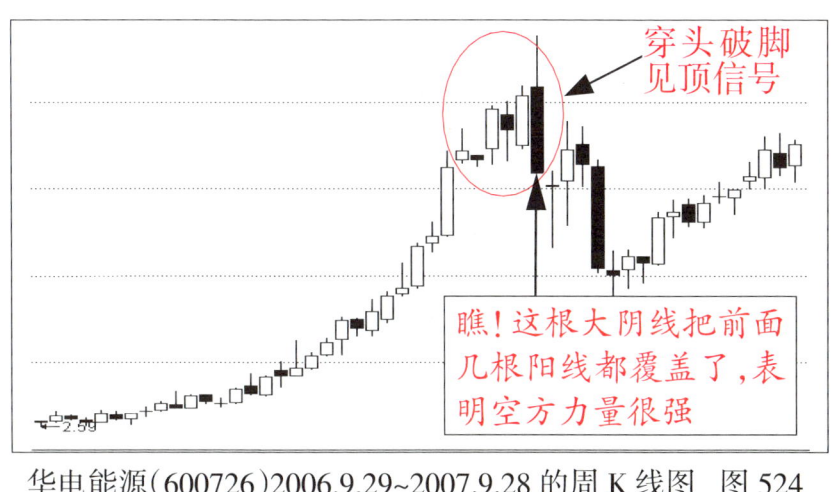

[图中标注:
- 穿头破脚 见顶信号
- 瞧!这根大阴线把前面几根阳线都覆盖了,表明空方力量很强]

华电能源(600726)2006.9.29~2007.9.28的周K线图　图524

再从该股月K线图看,它的问题就更加严重。因为该股的月K线图形是一个很典型的拉巨阳线出逃的图形,这几乎是一个必跌图形。为什么这样说呢?我们不妨再做一些分析。下图525显示,箭头A所指处是一根巨

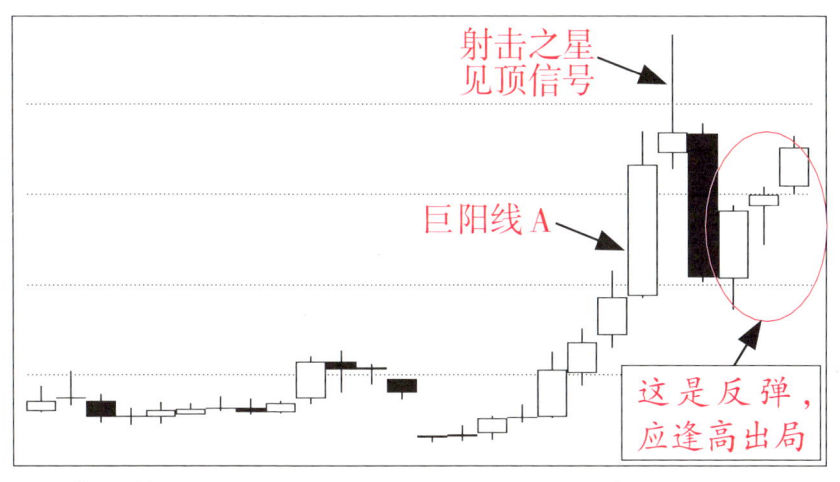

[图中标注:
- 射击之星 见顶信号
- 巨阳线A
- 这是反弹,应逢高出局]

华电能源(600726)2005.8~2007.9的月K线图　图525

377

阳线,第2个月该股冲高后,拉出了一根射击之星,随后一根大阴线将前面巨阳线吞吃大半。K线理论告诉我们,射击之星是见顶信号,巨阳线被吞吃大半更是一个重要的见顶信号。只要这两个见顶信号出现,之后的股价就一定会大跌。目前该股整个下跌趋势已定。月K线图里最后的3根阳线只能看成是一次反弹,投资者应趁反弹时赶快出逃,此时看多做多绝对是错误的,这方面的教训实在是太多了(编者按:投资者若要了解这方面的情况,请参阅《股市操练大全》第八册第185页~第187页)。

　　从这个案例中,我们可以获得一条重要经验:**看多做多一个股票,尤其是重仓一个股票,必须要在周K线图上,特别是月K线图上找到充分的看多做多理由。唯有如此,才能避免投资时出现重大的失误**(见下图526)。

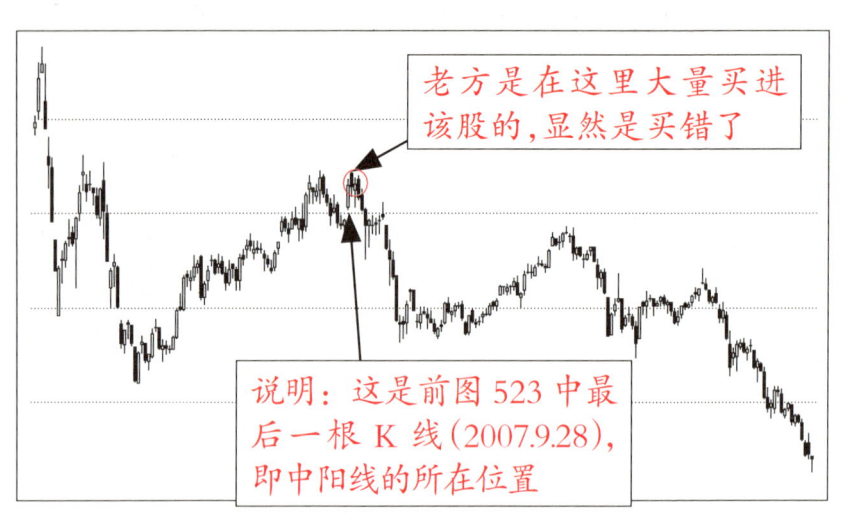

华电能源(600726)2007.5.25~2008.4.22的日K线图　图526

股市赢家自我培训测试题　No.184

考考你（K线实战难点解析一题一练）

　　下图是某股的周K线图。一位高手认真观察了该股的走势，并重点研究了图中的三个部位图形（见图中画虚线的框框），最后得出一个结论：该股日后必有一波大行情出现，现在行情已经启动，应马上加入。于是即日他就重仓杀进，一年多后该股竟然大涨了近20倍，让这位高手赚得钵满盆满。

　　请问：当时高手是怎么看出该股必有一波大行情，且行情已经开始启动的呢？此事能给我们什么启发？

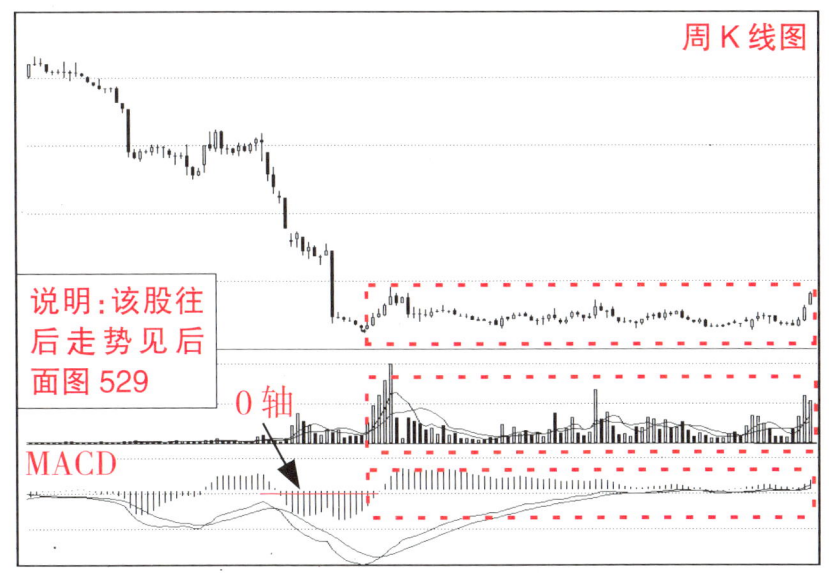

图527

答 据了解,高手是从以下 3 个方面看出该股必有一波大行情,并且判断行情已经开始启动了。

①**MACD 走上 O 轴,出现了少见的"卧龙翘头"的现象**。我们知道,MACD 运行区域分为上下两部分,中间一条线为 O 轴。MACD 在 O 轴上方运行,表示多方势力占优;MACD 在 O 轴下方运行,表示空方势力占优。高手发现该股周 K 线 MACD 显示了一种非常奇怪的现象,MACD 从 O 轴下方返身走到 O 轴上方,但到了 O 轴上方边沿线附近,MACD 就不往上走了,采取了一种就地卧倒的姿势,而这一卧倒,一下子就卧了近半年的时间,现在 MACD 出现了微微上翘的现象(编者按:要仔细观察才能发现,请见前图最后几周的 MACD 走势)。MACD 这种走势,技术上称为"卧龙抬头",卧龙抬头往往是大牛股启动的一个重要信号。因此有经验的投资者非常重视这样的信号。高手看到周 K 线图中 MACD 出现"卧龙抬头",自然非常兴奋,他意识到一次重大的投资机会来临了。这是高手看好该股的第一个理由。

②**"成交量扎堆,股价长期不涨",是潜力股的一个重要标志**。我们知道选股要选潜力股,因为潜力股要么不涨,一旦涨起来就会像大鹏展翅飞得很高。而潜力股的一个重要标志,就是在筑底时,长时间保持"成交量扎

堆,但股价始终在原地徘徊"的状态。出现这种现象,说明有新的增量资金加入,主力在里面悄悄地吸筹,而且进来的主力控盘能力很强,为了拣到大量便宜筹码,他们压着股价始终让它在低位徘徊。高手观察到,该股近一年来"成交量扎堆,股价长期不涨"的特征非常明显。这是高手看好该股的第二个理由。

③股谚云"横过来多长,竖起来就有多高"。据了解,该股自2000年末见顶后,到图中最后一根周K线出现时,股价已经连跌5年多,跌幅接近9成,下跌时间之长,跌幅之大,令人震惊。最近一年多时间里,股价一直处于低位横盘状态。从图形上看,构筑的是一个"潜伏底"[注](见下图528)。现在图中最后一根K线,已

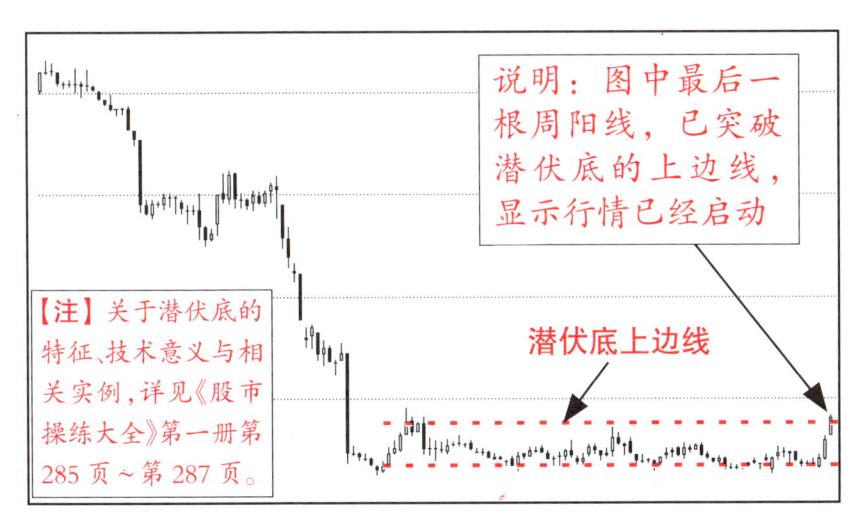

说明:图中最后一根周阳线,已突破潜伏底的上边线,显示行情已经启动

【注】关于潜伏底的特征、技术意义与相关实例,详见《股市操练大全》第一册第285页~第287页。

潜伏底上边线

辽宁成大(600739)2003.7.4~2006.4.14的周K线图　图528

突破潜伏底的上边线。从技术上来说,这是一个重要的买进信号。历史经验告诉我们,一旦潜伏底形成向上突破之势,其上涨的力度是非常大的,这恐怕是高手当时看好该股后市的一个最重要的理由。

该股后来的走势确实没有让高手失望,在高手买进后不久,股价就出现了大涨(见下图529)。

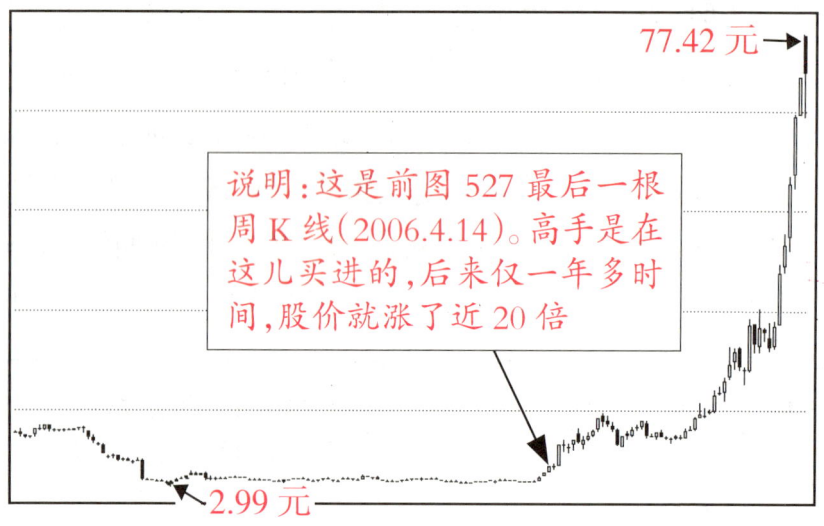

77.42元

说明:这是前图527最后一根周K线(2006.4.14)。高手是在这儿买进的,后来仅一年多时间,股价就涨了近20倍

2.99元

辽宁成大(600739)2004.1.2~2007.5.11的周K线图　图529

此事给我们的启发是:①选大牛股一定要看周K线或月K线图;②大牛股往往是从大熊股中转化过来的,除少数特殊情况(如基本面持续恶化导致退市的股票)外,选潜力股首先就要选被错杀的、跌幅巨大的个股;③潜伏底是最有可能诞生大牛股的摇篮;④最佳买点应设在潜伏底往上突破的地方;⑤一旦潜伏底往上突破成功,后市会有一波大行情。此时一定要学会捂股。

股市赢家自我培训测试题　No.185

考考你（K线实战难点解析一题一练）

　　蒋女士十分看好该股的行业前景,她一直在等待该股的买入时机。这个月收盘后,她把该股的日K线走势图（见下图530）与月K线走势图（见下图531）作了比较,最后制定了积极买进,中线持有该股的策略。有人问她,日K线图上已显示该股有滞涨迹象,如果该股反弹受阻,掉头下行,中线持股如何来控制风险？她回答说,现在该股滞涨是暂时的,中线向好格局已定。当然万一发生意外,她也会止损出局的。不过,她止损是参考月K线,而不是日K线。她认为只有当图531中最后一根月K线的开盘价被跌穿,她才会止损出局。

　　请问：蒋女士的投资思路与操作策略是否正确？为什么？这个案例能给我们什么启示？

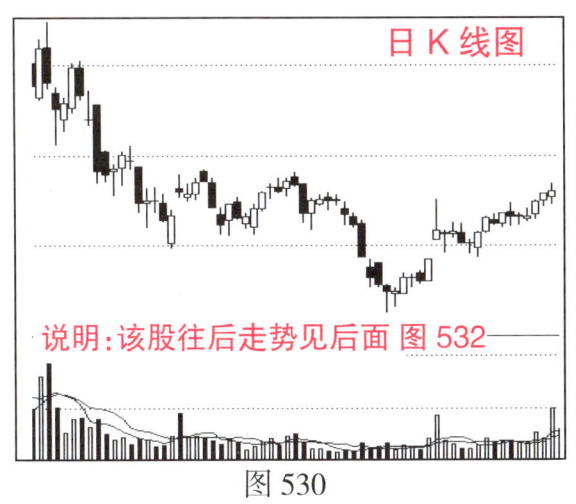

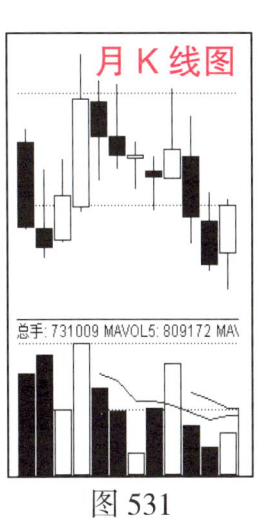

日K线图

说明：该股往后走势见后面 图532

图530

月K线图

图531

答 蒋女士的投资思路与操作策略基本上是正确的。蒋女士的投资思路是，通过基本面分析精选个股，用技术面锁定个股买卖时机。据了解，很多股市高手都是以这个思路进行投资的，实践下来效果很好，我相信蒋女士坚持用此思路进行投资，也一定会得到很好的回报。

蒋女士选择该股买入时机，主要是参考了该股的月K线走势。该股的日K线图显示，股价在低位出现了V形反转，但最后3根K线是"升势停顿"的K线组合，股价出现了滞涨的迹象。有人担心该股反弹会因此受阻，但蒋女士却信心十足，认为该股中线向好的格局已定。当然，蒋女士作出这个判断的主要依据是该股的月K线走势。我认为蒋女士自信是有道理的。因为从该股月K线走势看，它在连续下跌后，最后两个月股价出现了转机，这两个月的K线形成了"旭日东升"[注]的K线组合（见前图531中最后两根K线）。旭日东升是股价见底的重要信号。月K线跨度时间长，其见底信号的可靠性要远远强于日K线的见底信号。再说，该股月K线中的最后一根K线，是一根带有长下影线的中阳线，下影线长，说明股价在低位得到了强力支撑。如此一来，该股见底回升，中线

【注】关于"旭日东升"的特征、技术意义，详见《股市操练大全》第一册第55页～第56页。

向好的可能性就大大增加了。正因为蒋女士看到了这个情况,所以她才会推断该股中线向好的格局已定(见下图532)。

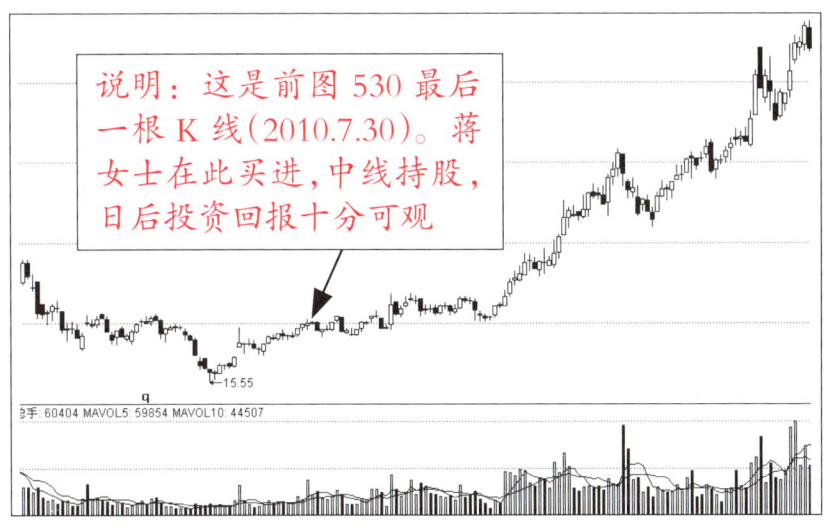

说明:这是前图530最后一根K线(2010.7.30)。蒋女士在此买进,中线持股,日后投资回报十分可观

天润曲轴(002283)2010.5.5~2011.1.7的日K线图　图532

蒋女士这个案例能给我们带来许多有益的启示。比如,判断个股大趋势,主要应该看月K线、周K线,而不是看日K线。要让日K线服从月K线、周K线的"领导",而不是倒过来,让周K线、月K线服从日K线。坚持这个投资理念,在股市中就不会迷失方向。蒋女士的止损策略也与众不同,她是在月K线图上设立止损点,而不是在日K线图上设立止损点,这是一个很独特,同时又是一种很实用的止损策略。在月K线图上设立止损点,

可以不为股价短期波动而烦恼，从而能更好地把握好中线投资机会，控制好中线投资的风险。如果将来真的出现了大行情，就可以避免因为短线止损过于频繁，而造成踏空后面中线大行情的失误。

当然，蒋女士的投资思路与操作策略也有其不足之处。比如，当月K线图中出现"旭日东升"K线组合，后面的K线走势会出现哪几种不同的情况，以及针对不同的情况应该采取什么不同的对策，蒋女士对这个问题没有考虑。另外，根据"买进要谨慎"的原则，就是中线持股也应该分批买进，这点蒋女士似乎也没有考虑。

说明：把握股市重大的投资机会，为什么一定要让日K线服从月K线，关于这个问题详细阐述，以及与之有关的操作技巧，请见《股市操练大全》第五册第2页~第68页。

股市赢家自我培训测试题　No.186

考考你（K线实战难点解析一题一练）

某分析师说，从表面上看，该股在构筑头肩底，但实际上主力在诱多。理由是：股价突破头肩底颈线时放出巨量，但很快又跌到了颈线下方，这说明该股突破颈线是假，其实是主力在拉高出货。现在主力又在玩弄花招，把股价重新拉到颈线上方，呈现一种横盘状态，以此来引诱投资者跟进。主力这一招是很毒的，大家不要上当，手里有该股的投资者应赶紧卖出。

请问：这位分析师的观点对吗？为什么？

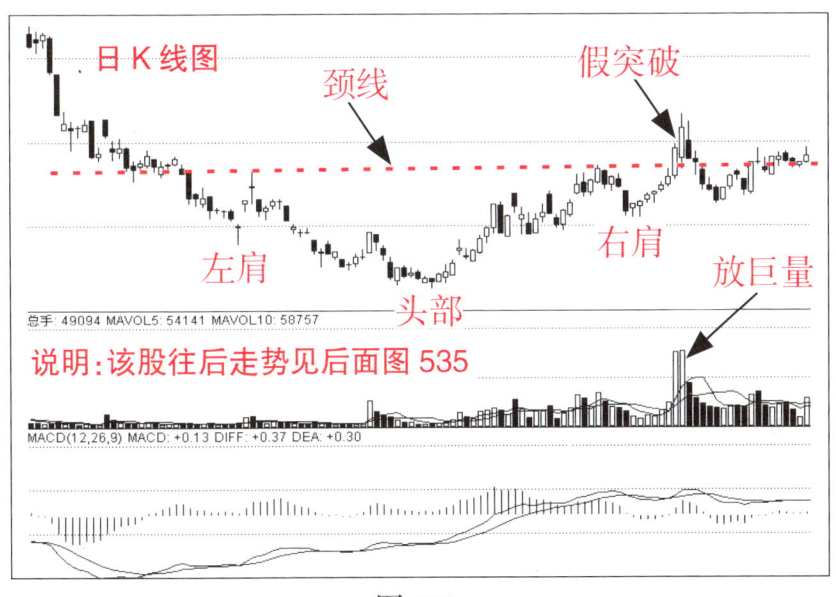

图533

答 这位分析师的观点是错的。虽然从技术上说,股价突破头肩底颈线后,回抽时不应该跌破颈线,但它却跌破了,因而给人有一种突破颈线无效的印象。但奇怪的是,股价跌破颈线后又很快地被拉到颈线上方。试想,主力真的要往下做,在拉高出货目的达到后,股价跌破颈线应该继续下行,现在为什么又让股价重新回到颈线上方呢?出现这个现象,难道不值得我们深思吗?这是其一。

其二,我们不妨从均线角度分析一下,主力究竟为何要这样做。现在我在原图中加上了40日、60日两条均线【注】见下图534)。此时大家就会发现,股价这次冲高回

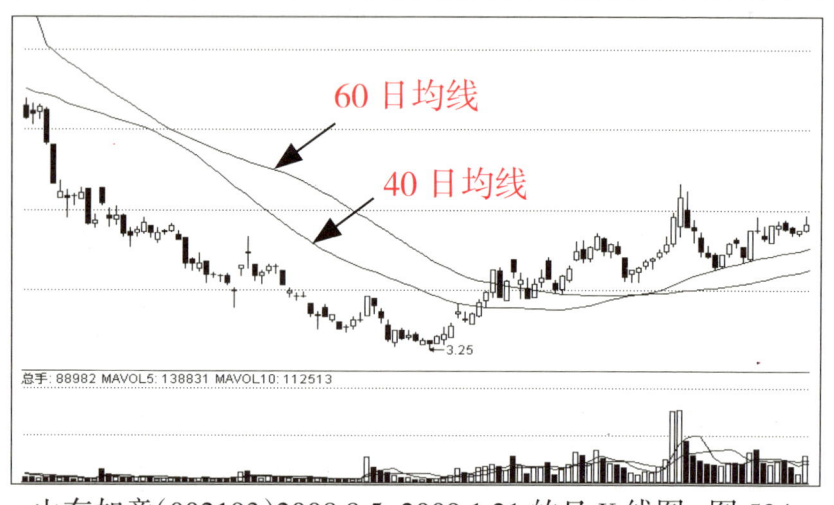

山东如意(002193)2008.8.5~2009.1.21的日K线图　图534

【注】40日均线相当于2个月均线,60日均线相当于3个月均线。据了解,有一部分主力是按照40日、60日均线的排列来运作股票的,所以,我们在分析图533时,增加了40日、60日均线来协助判断该股的运行趋势。

落,回调到40日均线处就止跌了。除了40日均线,下面还有一条60日均线在支撑着。在技术上,60日均线是股价强弱的分水岭,现在主力仅把股价打到40日均线,连60日均线都没有碰就收手了,且股价下跌时呈现价跌量减的状态。另外,图中40日均线与60日均线已形成黄金交叉,股价正依托40日均线、60日均线往上移动[注]。这些现象表明,主力打压股价是很有分寸的,均线形态向好,说明该股冲破颈线后的回调是主力发动上升行情前的又一次洗盘,而并非是拉高出货。

其实,**高手的看盘经验告诉我们,在分析图形时,不能光从自己的角度去思考,更重要的是要从主力的角度去想问题,这样你才能了解主力究竟想干什么**。比如,该股确实是在构筑头肩底,股价在突破头肩底时,主力发现跟风的人太多。为了减少日后上行压力,主力认为有必要在此洗一下盘。那么,如何让一些跟风的短线客出局呢?主力故意制造了一个突破颈线无功而返的假象,让股价再次跌到颈线下方,这样就可以逼使一些短线跟风盘出局,在短线跟风盘出局后,主力又将股价重新拉到颈线上方。在股市里以这种方式构造头肩底,过去曾多次发生过,该股主力这次只不过故技重演罢了。现在的主力,操盘方式越来越狡猾,我们想问题也应该复杂

【注】本卡主要介绍K线、技术图形方面的知识,有关均线知识,详见《股市操练大全》第二册第一章、第七册第三章。

一些,既要从自己角度想,又要从主力角度去想,知己知彼,才能识破迷局。

懂得图形的人心里应该明白,现在该股总的走势向好的脉络很清晰:①"头肩底"[注]构筑初步获得了成功,股价重返颈线之上;②股价正沿着40日、60日均线的依托,向上移动;③MACD在0轴上方移动已有一段时间。所以综合起来看,该股向上的动力远大于向下的动力,此时不应该盲目看空做空,而应该坚持看多做多,持股待涨。(该股后续走势见下图)

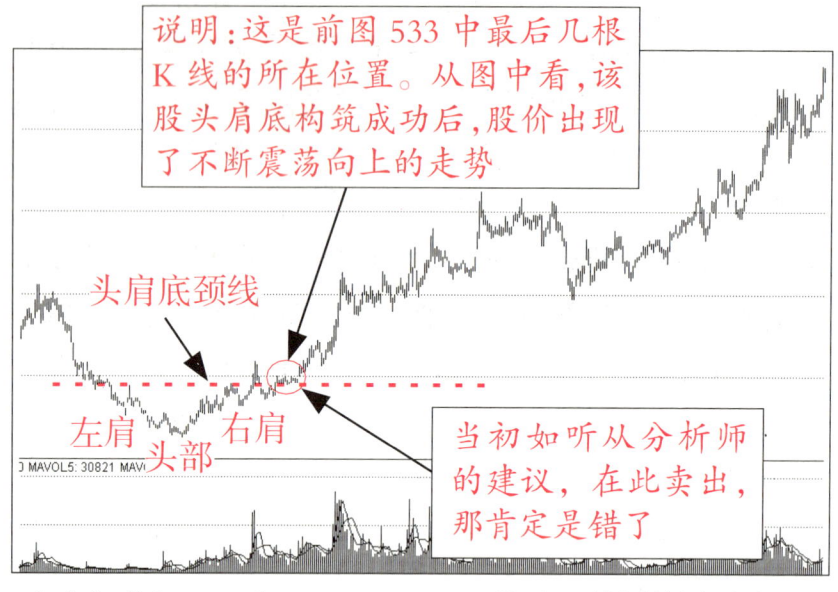

说明:这是前图533中最后几根K线的所在位置。从图中看,该股头肩底构筑成功后,股价出现了不断震荡向上的走势

头肩底颈线

左肩　右肩
　头部

当初如听从分析师的建议,在此卖出,那肯定是错了

山东如意(002193)08.7.3~2010.2.26的日K线压缩图　图535

【注】 关于"头肩底"特征、技术意义与相关实例,详见《股市操练大全》第一册第236~238页、292页,第六册第78~85页,第八册第256页。

股市赢家自我培训测试题　No.187

考考你(K线实战难点解析一题一练)

2010年11月12日,上海股市突然出现暴跌,1根160多点的大阴棒又将上证指数重新打到3000点下方。不过值得庆幸的是,大盘仅跌了几天就在2850点附近企稳,并出现了较长时间的横盘,一些权威人士认为,大盘调整已经到位。于是,一些投资者纷纷在此进行了补仓。但老张不为所动,他还是坚持自己的观点:大盘这次一定要跌到2677点下方才有可能见底。之后的事态发展,证明老张这次又判断对了。

事后,有人向老张请教看盘经验。老张笑笑说,其实,我也没有什么经验,只是受到《股市操练大全》第五册的启发而已。该书第105页上有一张图和现在上证指数的走势图很相似,我就是根据书上说的×××理论,判断当时的大盘不可能在2850点附近止跌,一定会跌到2677点下方的。

请问:老张说的×××,究竟是什么意思?为何根据它,老张就能判断出当时大盘非要跌到2677点下方才有可能见底,这里面究竟隐藏着什么秘密?

答 老张说的××××是"缺口必补"这几个字。《股市操练大全》第五册第105页上确实有一张图和2010年11月前上证指数的走势十分相似(见下图,框中的文字是书中的原话,未作删减)。

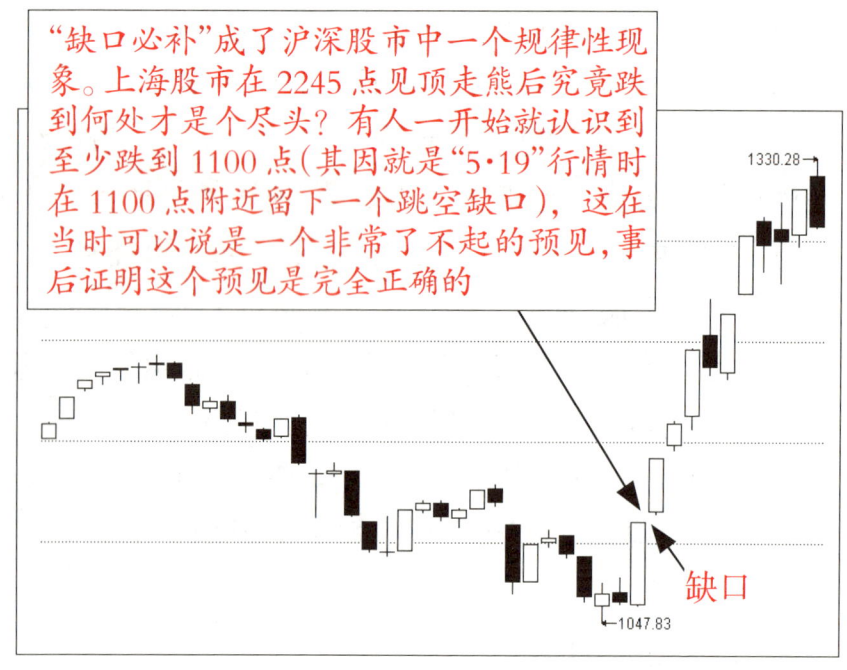

> "缺口必补"成了沪深股市中一个规律性现象。上海股市在2245点见顶走熊后究竟跌到何处才是个尽头？有人一开始就认识到至少跌到1100点(其因就是"5·19"行情时在1100点附近留下一个跳空缺口),这在当时可以说是一个非常了不起的预见,事后证明这个预见是完全正确的

上证指数 1999.4.1~1999.6.2 的日 K 线走势图 图 536

下面我们再来看 2010 年 11 月 12 日上证指数暴跌前的走势图(见下图 537),然后拿这张图与上面的图进行对照,大家心里就明白了。为什么老张当时会坚持认为,上证指数 2010 年年末的下跌,一定会跌到 2677 点下方,才有可能见底。

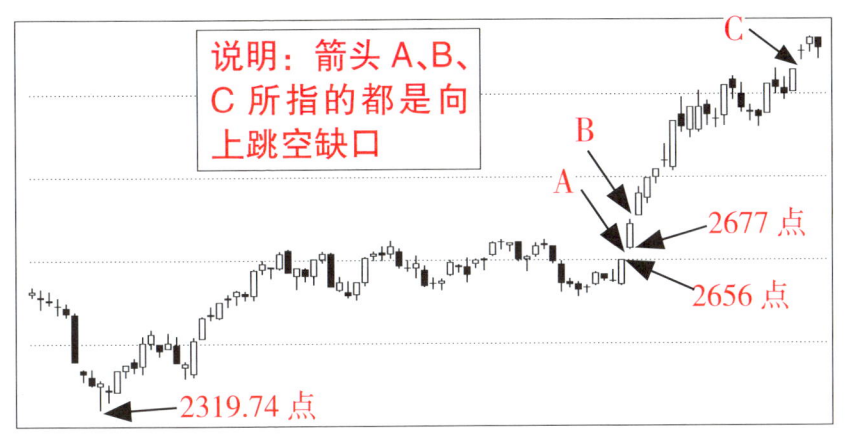

说明：箭头 A、B、C 所指的都是向上跳空缺口

2319.74 点
2656 点
2677 点

上证指数 2010.6.22~2010.11.9 的日 K 线图　图 537

　　原来图中箭头 A 所指的缺口，就是指 2656 点 ~2677 点这个缺口（编者按：该向上缺口形成的时间是 2010.10.8），按照缺口必补的理论，当时上证指数跌到 2677 点下方，将这个缺口补掉就是很自然的事情了。在中国股市，凡缺口必补，这几乎成了一个规律。无论是大盘或个股，当见顶回落形成下跌趋势后，若下方存在着以前上涨时留下的缺口时，空方总是不依不饶，一定要把它填补掉才善罢甘休。不仅如此，市场上也有一股习惯力量，认为回补缺口是市场趋势所然。在各种势力的驱使下，一旦下方存在着缺口就很难止跌。这恐怕就是熟知市场这一现象的投资者，在 2010 年 12 月，当大盘跌至 2850 点附近出现企稳迹象时，仍然看淡后市，认为大盘一定会跌至 2677 点下方的主要理由。事实证明他们看对了，这个经验值得其他投资者认真学习和借鉴。

　　有人说，技术分析中没有"缺口必补"说法。的确传统的技术分析并不存在这样的理论。我们知道，技术分析是从国外引进的,在海外股市中,并不存在着"缺口必补"的现象,那么自然也就不会有"缺口必补"的理论了。客观地说,"缺口必补"只是沪深股市中特有的现象[注]。

为什么缺口会必补呢?这恐怕与沪深股市过度投机,以及国人的炒股心态有密切关系,也许到了沪深股市与国际股市完全接轨了,投资者普遍成熟了,"缺口必补"的现象才会渐渐淡去。但是现阶段很难改变,它已经成了一种习惯性的力量。在股市中,习惯性的力量往往是很难抗拒的,作为一个聪明的投资者也只能顺势而为了。

有人问,缺口补掉了,那么跌势就见底了吗?这也不一定,在沪深股市里,缺口补完后股价继续下跌的情况并不鲜见。因此,一轮跌势何时结束,缺口是否被补掉,仅仅是见底的一个条件,但不是唯一的条件,归根结底,要看影响股价下跌的种种利空因素能否得到消化。因此,当缺口被补后,是否可以马上看多做多,一切还要看当时的形势来定。比如,在技术走势上,要看改变趋势的见底信号是否出现。因为只有见底信号出现了,一轮跌势才会宣告结束。

从投资策略上说,当一轮下跌把前面上涨时留下的所有向上缺口都补完时,大家可以这样操作:①激进型投资者可用少量资金抄底,等待反弹出现,但事先要设好止损点;②稳健型投资者仍需要耐心观察,等技术上出现明确的见底信号时才可以分批买进,看多做多。

【注】缺口必补,是指绝大多数缺口都会被补掉。但一些对全局起着重大影响的缺口,就不在此例。比如,上证指数中1994年8月1日、2005年7月22日、2008年11月10日留下的几个向上跳空缺口,至今都未补掉。

股市赢家自我培训测试题　No.188

考考你（K线实战难点解析一题一练）

这3张图的共同特征是什么？它们是什么图形？看到它们应该怎么操作？为什么？

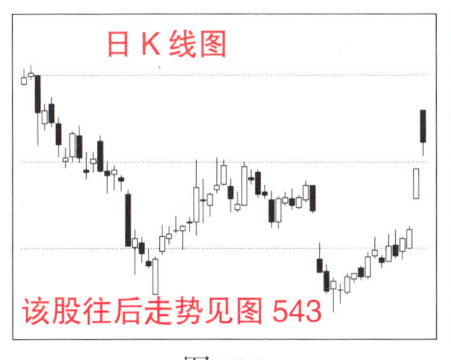

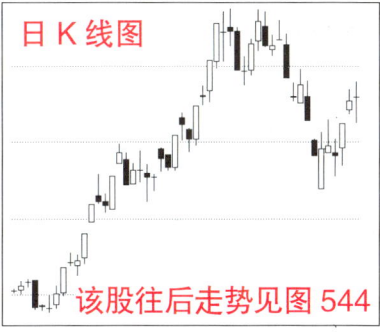

日K线图

该股往后走势见图543

图538

日K线图

该股往后走势见图544

图539

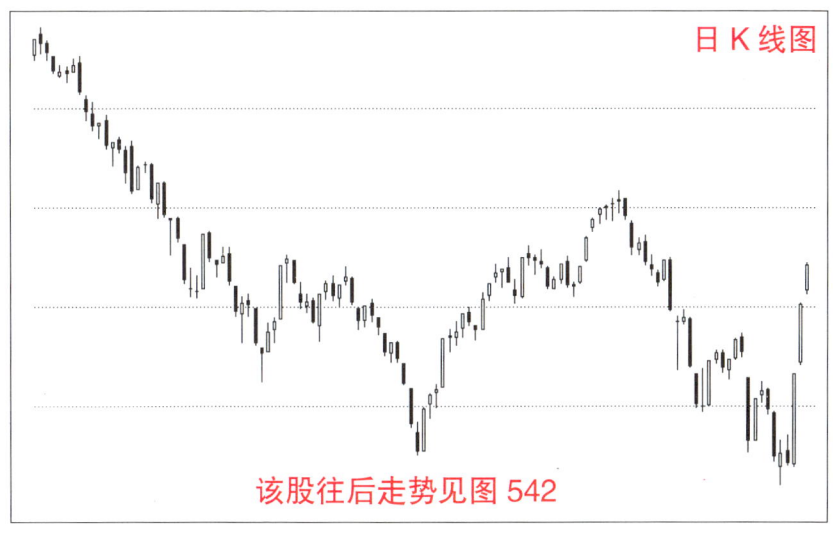

日K线图

该股往后走势见图542

图540

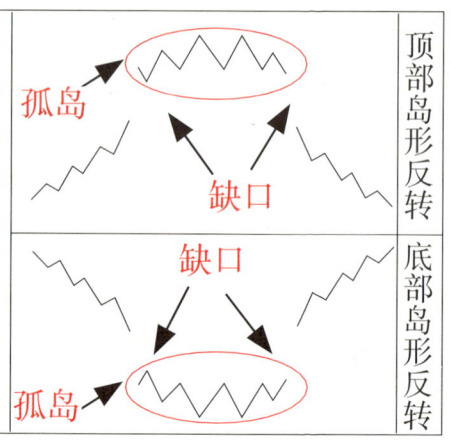

答 这3张图有个共同特征，即左右两边都有一个缺口，这种图形称为"底部岛形反转"。底部岛形反转图形与顶部岛形反转的图形正好掉了个头（见下图541示例）。虽然底部岛形反转是一个重要的见底信号，但根据股市下跌容易上涨难的规律，投资者在看到顶部岛形反转图形时可以马上看空做空，但在看到底部岛形反转图形时，只能将其列为看涨的一个重要条件，此时还要考虑别的因素，才能决定是不是做多，或先试着做多等等。

岛形反转示例　　　图541

| 说明 顶部岛形反转的"孤岛"在上（见右上图）；底部岛形反转的"孤岛"在下（见右下图）。 | 顶部岛形反转 |
| | 底部岛形反转 |

下面我们就结合题目中的3张图形进行分析，看看见到底部岛形反转时究竟应该如何操作？

一、可以马上看多做多的，如图540。因为当时上证指数在1510点（1997年5月12日）见顶后，跌至底部岛形反转出现时，大盘已下跌50%，调整的时间长达两年。而且底部岛形反转形成的阶段，成交量出现急剧放大的现象（编者按：当然还有其他看涨信号，这里就不展开了），此时跟进做多是有较大把握的，故应马上跟进（见下图542）。

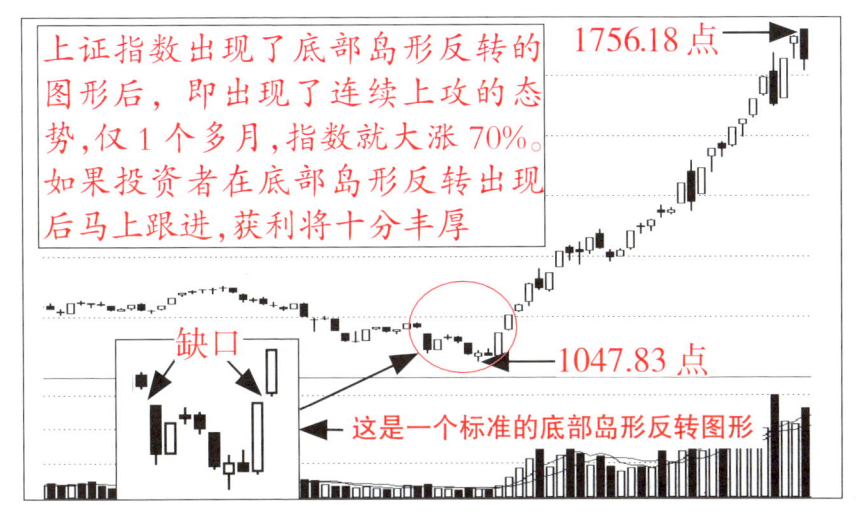

上证指数出现了底部岛形反转的图形后,即出现了连续上攻的态势,仅1个多月,指数就大涨70%。如果投资者在底部岛形反转出现后马上跟进,获利将十分丰厚

1756.18点

缺口

1047.83点

这是一个标准的底部岛形反转图形

上证指数 1999.3.17~1999.6.30 的日 K 线图　图542

二、可以试着做多的,如图538。虽然该股也是在连续下跌后出现底部岛形反转的(见图543中画A圈处),但当时的股价离开上一轮低点还有较大距离,这与上图跌至低位出现底部岛形反转是有区别的。另外,底部岛形反转出现后,股价上涨并不流畅,底部岛形反转的第二天,就收了一根放量的大阴棒,说明上方阻力还是比较大的。故而对它只能试着做多,另要设好止损位,并注意如出现滞涨现象,就应该及时退出(见图543中画B圈处)。

三、不宜做多,应继续观望的,如图539。虽然图中画圈处也是一个底部岛形反转图形,但这个底部岛形反转是出现在次高位。也就是说,它不是连续大幅下跌后形成的,而只是股价刚刚开始跌就形成了。(编者按:如果我们把该股走势图放大,就会发现这个底部岛形处在一个很

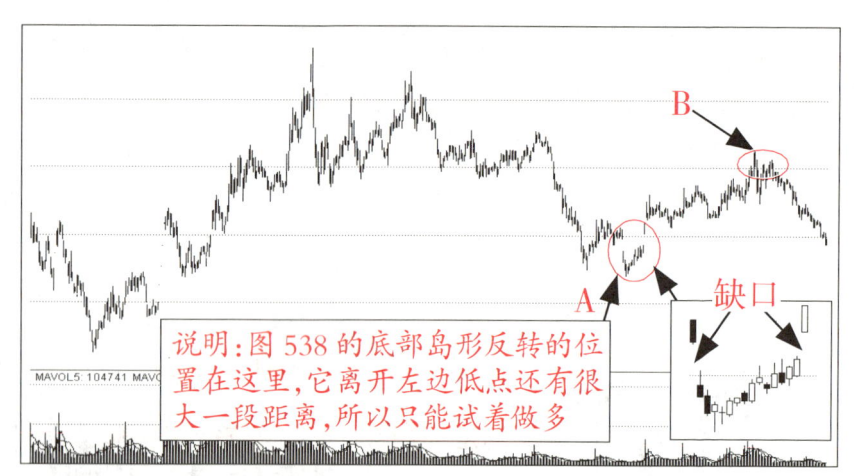

说明：图538的底部岛形反转的位置在这里，它离开左边低点还有很大一段距离，所以只能试着做多

爱建股份(600643)2008.8.27~2011.1.25的日K线图　图543

高的位置)，这样的底部岛形反转，仅仅是短线反弹而已，反弹后股价将继续下跌，因此它对中长线投资者来说不具备操作意义，此时只能持币观望(见下图544)。

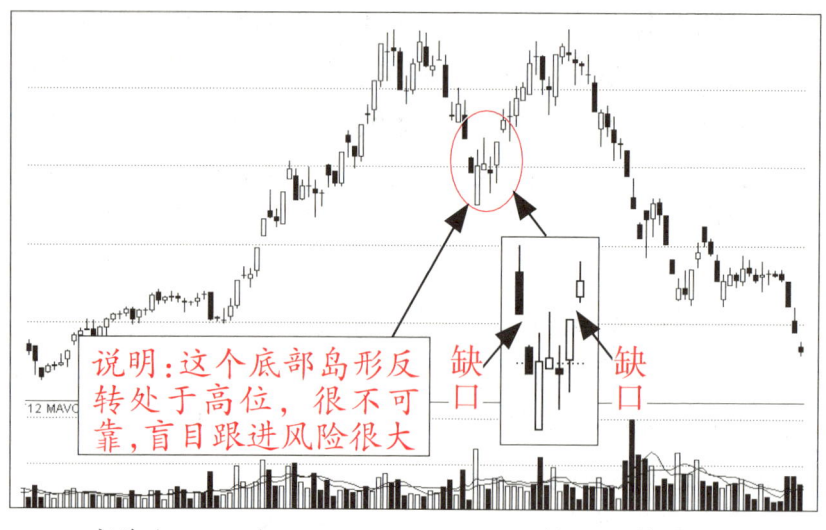

说明：这个底部岛形反转处于高位，很不可靠，盲目跟进风险很大

*ST高陶(600562)2010.7.1~2010.12.29的日K线图　图544

398

股市赢家自我培训测试题　No.189

考考你（K线实战难点解析一题一练）

在一次股市沙龙中,有人问某高手,听消息炒股有时赢利,有时吃套,该怎么办？这位高手说,消息可以听,但听了要分析,要学会用技术来锁定风险。高手认为无论消息来源多么"可靠",最后一关就是要用图形来鉴别消息的真假,把握好买点或卖点。接着高手为大家举了一个实例。高手说,2010年整个一年都有重庆啤酒（600132）的利好消息在市场中流传。那么,如何从图形上鉴别出消息的真假呢？高手介绍了自己看盘的一些心得体会,与会者听了深受启发。

现在请你根据下面这张图,猜猜看这位高手究竟说了些什么,使大家听了后感到深受启发的？

重庆啤酒（600132）2010年全年日线走势图　图545

答 高手说，图545的运行趋势很清楚,年初时,该股走的是一个下降三角形走势,最后选择了向上突破。此时如传来利好消息,我们可以相信它,因为行情确实启动了。有人问,他们怎么看不出它是下降三角形走势呢?高手耐心地向大家作了解释。高手说,我现在把前面图545中左边虚线框内的图形放大,并把时间再往前推一点,大家就能看出这是什么图形了(见下图546)。

重庆啤酒(600132)2009.8.6~2010.3.30的日K线图　图546

等大家看完后,高手说,从上面这张图看,该股当时这轮升势是从2009年8月20日起步的,到2009年11月23日见顶,然后进入了一个下降三角形整理阶段,2010年3月26日拉了一根放量的涨停大阳线。这根大阳线突破了下降三角形的上边线,标明新的行情启动了,这是一个买进信号。如果此时传来利好消息,我们就可以相信它,买进的话,应该是机会大于风险。

接下来,高手又给大家分析了该股后面的走势。高手说,该股主力采取了稳扎稳打的操盘策略,当下降三角形向上突破后,行情走了没有多远,就又进入了一个时间长达5个月的上升三角形整理阶段(见下图547)。

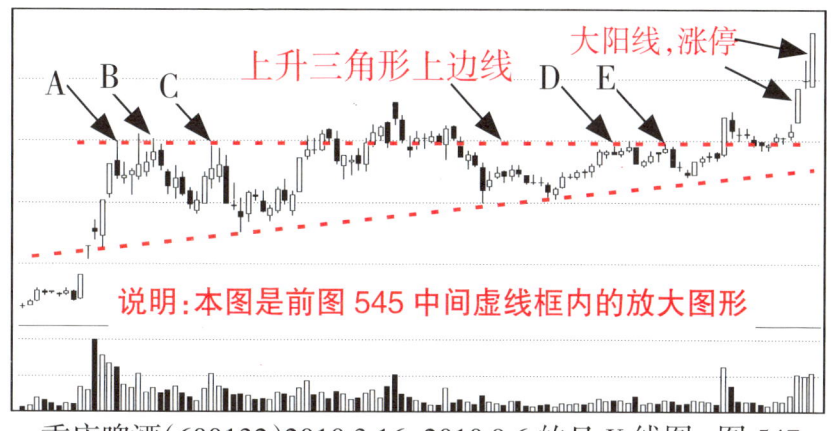

重庆啤酒(600132)2010.3.16~2010.9.6 的日 K 线图　图 547

高手指着上面的图说,这个图形有很多人看不懂,但只要在图中加上两条直线后,大家就能看懂了,这是一个上升三角形[注]图形。股价在向上突破时,主力连拉了2根涨停大阳线,这是一个积极的买进信号。如此时该股还有利好消息传来,我们仍然可以相信它,跟着主力看多做多。

接下来,高手又分析了该股后面的走势。高手指着下面的图548说,该股在经过上升三角形整理,选择向上突破后,

【注】画线时应注意,不能看到高点或低点就画,所画的线,接触的点越多,信号就越可靠。比如,这个上升三角形的上边线,一共触及了5个高点(见图中箭头 A~箭头 E 所指处),所以它是有效的。

股价上升速度加快了,形成了一条陡峭的上升通道。此时投资者应意识到,该股的主升浪出现了。虽然主升浪涨幅很大,但同时主力拉升后,也最有可能在这一阶段进行高位派发。可以说,这一阶段是利益与风险并存的最明显的阶段。

有人问,具体应该怎么操作呢？方法是：在该股上升时用通道来锁定其走势,只要跌破通道下轨线马上卖出。这样就不会在高位吃套了(见下图548)。

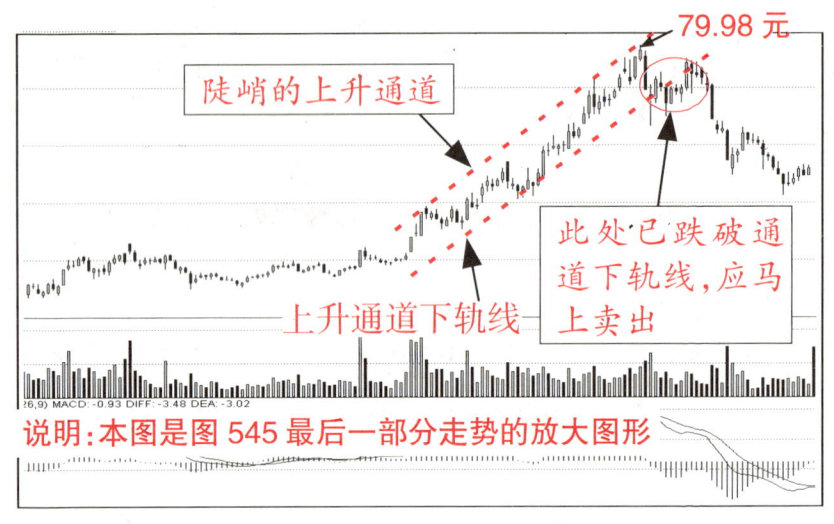

重庆啤酒(600132)2010.5.13~2010.12.31 的日 K 线图　图 548

高手说,该股这一轮行情,从最低处 8.05 元涨至 79.98 元,股价涨了 10 倍,主力在此发货获利非常丰厚。因此,从操作层面上说,该股主升浪初起时还能跟着看多做多,而到主升浪后期时就应该多关注风险了。此时若有什么利好消息传来时就不能相信了。在这当口,投资者一定要依据趋势操作,图形走坏,马上卖出,这是最佳的操作方法。

股市赢家自我培训测试题　No.190

考考你(K线实战难点解析一题一练)

(上接No.189)高手关于用技术来锁定消息股的一番分析,引起了很多人的关注。

有人向高手提出,主力在重庆啤酒上采取了一种稳扎稳打的策略,他们怎么看不出来呢?还有一个问题,即使了解到主力采取稳扎稳打的策略,对普通投资者的操作有何帮助?

另有人问,判断重庆啤酒头部有哪些方法,卖点应该怎么设置?

面对这些疑问,高手一一作了解答,大家听了很满意,觉得高手的解答,对日后实际操作有很强的指导意义。

请问:你知道高手是怎么解答大家心中疑问的吗?

这个题目不好猜啊!但我还是要试试。这可以检验自己炒股水平究竟怎么样!

答 高手是这样回答的,他叫大家看下面一张图。

重庆啤酒(600132)2008年~2010年的日线走势图　图549

高手说,从图中看,该股从8.05元涨到79.98元,涨了近10倍,总共运行了26个月。其上涨可清晰地分为三个阶段。第一阶段上涨后,盘整了12个月的时间;第二阶段上涨后,股价又盘整了5个月的时间。很显然,在第一、第二阶段上涨中主力不急于拉升,用大量时间进行盘整,采取的是一种稳打稳扎的策略,其目的就是用长时间的震荡盘整来消化获利盘,逼使前期套牢盘割肉出局,从而把股价打得更加扎实些。但该股第三阶段的上涨就不一样了,它不再稳扎稳打,而是连续上攻,中间不再有什么盘整,股价直攀顶峰。此时稳扎稳打已被连续上攻所取代。那么,主力为何要这样做呢?因为这个时候主力账面上的利润已十分丰厚,他们要急于兑现,实现胜利大逃亡。

有人问,研究主力操盘行为有意义吗?当然有意义。因为只有充分了解它,才知道怎么来对付它,其意义是:①当发现股价出现"上涨——长时间盘整——再上涨——再长时间盘整"时,就可以判断这稳扎稳打走势后面,将有一波连续上攻的行情出现。此时最佳策略,就是耐心持股,等待股价出现连续上攻时再卖出。②一旦稳扎稳打的股票转为连续上攻,其上攻的力度是很大的,上涨幅度也会超出人们的预期(仅仅2个半月,该股的股价就翻了一番)。因此,只要不出现明显的见顶信号,此时最佳策略,就是持股待涨,后发制人(等待出现见顶信号再卖出)。③稳扎稳打的股票转入连续上攻后,股价就会直奔顶峰而去,这中间一般不再会有什么盘整走势出现,更不会出现盘整后再继续向上的走势。因此,投资者一旦发现连续上攻的股票滞涨或出现掉头向下的现象,应及时卖出。

高手说,**很多股票的上涨都是这样一个模式:先稳扎稳打,后连续上攻,股价直接奔顶,行情很快结束。这是主力经常采用的一种操盘手法**。重庆啤酒主力是这样做的,其他很多主力也是这样做的。因此,当连续上攻行情走势出现时,大家就应该意识到,上涨行情已近尾声。有人问:连续上攻后奔顶,图形上能看出它的见顶信号吗?答案应该是肯定的。接着高手以重庆啤酒为例,分析了该股在2010年年末的图形,指出当时该股图形上出现了很多卖出信号。比如:①周K线图中出现长十字线;上升趋势线被跌破(见下图550)。②日K线图中出现双顶(见下图551)。股价跌破颈线后出现反抽,反抽至颈线受阻;MACD高位出现死亡交叉(见下图552)。这些信号都是判断该股的见顶信号,投资者只要抓住其中一个信号,及时卖出,就能躲开该股后面的大跌。(下跌图略)

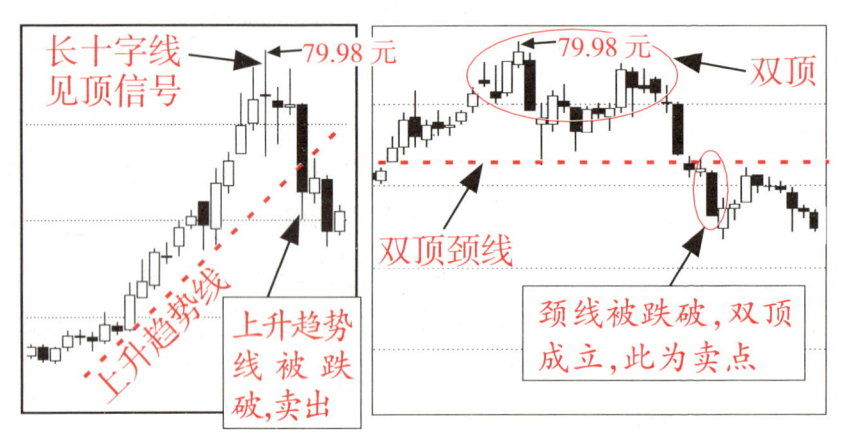

图550 重庆啤酒 2010.7.9~2010.12.31 的周K线图

图551 重庆啤酒 2010.10.29~2010.12.22 的日K线图

重庆啤酒(600132)2010.8.16~2010.12.31 的日K线图 图552

股市赢家自我培训测试题　No.191

考考你（K线实战难点解析一题一练）

（上接 No.190）高手对重庆啤酒的精辟分析，使听者受益匪浅。在2010年春节"迎新春话投资"的座谈会上，当这位高手出现时，很多人就围了上来，向他讨教炒股的经验。高手是个热心人，对与会者提出的问题一一作了解答，大家听了很满意。这些问题是：

①怎样看待题材股？

②题材股见顶后还有没有戏？

③重庆啤酒在见顶回落被腰斩后，最近出现了一轮强劲的见底回升走势，这种情况究竟是属于反弹还是属于反转？如果是反弹应该怎么操作？如果是反转又应该怎么操作？

请问：你知道高手究竟是如何回答，解开大家心中疑惑的吗？

我是个老股民，曾经在题材股上风光过，同时也在题材股上栽过跟头。我很想知道，操作题材股，如何才能趋利避险，现在高手真的能教我两招吗？

答 高手说,一提到题材股,有些人就很反感,认为它是一种投机现象。其实,投机、投资是股市里的两条腿,缺一不可。股市里如果没有题材,市场就缺乏吸引力,就会变成一潭死水。因此,股市若要有活力,必然有题材股炒作的现象出现,中外股市都是如此。但题材这个东西真真假假、虚无缥渺,很难捉摸,它往往"来也冲冲,去也匆匆"。沪深股市20年来,每年都会有题材股炒作行情,有人参与其中获益颇丰,有人参于其中损失惨重。当事人若要趋利避害,对题材股炒作就必须有个正确认识,特别是要把握好它的炒作时机,选准买点与卖点(编者按:关于这方面内容的详细解释与相关技巧,详见《股市操练大全第三册》第116页~第129页)。

高手对大家提出的题材股见顶后有没有戏是这样解答的:题材股见顶有两种情况,一种是上升途中的阶段性见顶,回调后再次上升时仍会创出新高,延续升势,直至行情走完。另一种是中长期见顶,回调后再次上升仅是反弹而已,反弹结束,延续跌势,直至下跌行情结束。因此题材股见顶后有没有戏,关键是要看这个顶究竟是属于上升途中的阶段性见顶,还是一轮上升行情已经走完的中长期见顶。如果属于前者,见顶后仍然是有戏的;如果属于后者,见顶后就没有戏了。

不过,大家要注意的是,即使题材股中长期见顶,后面没有戏了,那也是从中长线角度说的,但从短线角度说,它往往是有戏的,因为题材股中长期见顶后,大多数都会呈现一波一波的下跌态势,而每一波的反弹,对短线来说都是机会,有时反弹的力度很大,短线机会就更大。当然反弹后仍然会延续跌势,这就要求当事人有较高的短线炒作水平,如果没有这个水平,就尽量不要参与这种反弹。

高手对大家提出的重庆啤酒在见顶回落被腰斩后,最近出现的一轮强劲见底回升走势,到底是反弹还是反转的问题,作了如下解答:这一切都要看它的题材是真是假。如果它的利好消息[注1]实打实是真的,那么这轮见底回升走势就是反转行情,长线持股,必有厚报;如果它的利好消息是假的,或者里面有很多夸大的成分,那么这轮见底回升走势就是反弹行情,长线持股必输无疑,逢高出局就是对的。说老实话,除非你有内线,否则很难对其利好消息判断是真是假。因此,对中小投资者来说,比较可靠的办法还是根据图形进行操作。

我们来看该股日 K 线图(因版面挤,图略),重庆啤酒从 79.98 元跌下来,在 43.71 元处止跌,并走出了一波上扬行情,这是因为股价受到了 200 日均线的支撑[注2](编者按:该股 200 日均线下面还有 250 日均线。了解均

【注1】当时传闻该股涉足生物医药工程,正在研究市场上急需的一种新药,此药利润高、覆盖面广,可为上市公司带来巨额收益。

【注2】关于怎样用均线来锁定下跌空间,发现最佳买点的技巧,详见《股市操练大全》第七册第 128 页~166 页,第八册第 383 页~401 页。

线技巧的人,可及时抓住这个买点)。从技术上说,下跌时只要不跌破250日均线(年线),就不能断定行情就走熊了。因此,该股这轮见底回升走势是反弹还是反转,现在无法确定,这是其一。其二,假设是反转,那么前期79.98元的高点一定要被攻克,攻克后股价重心向上移动,才能确定其是反转走势。在这个情况没有出现前,是不能轻言说它是反转的。其三,在无法判断是反弹还是反转时,只能走一步看一步,而且思想上要有风险意识,先把它当成反弹来操作。有人问,这是为什么呢?

高手向大家举了一个实例。2007.10.11,中国船舶(600150)在300元见顶回落,出现了一波深幅回调,真跌到190元才止跌企稳,然后出现了一轮强劲的回升走势。当时该股也有很多利好传闻,有人把该股的这轮回升走势当成反转走势来看待,积极做多,但没想到的是,该股这轮升势在离前期300元高点仅一步之遥的地方(296.98元)就止步了,后面就出现了狂跌,一直跌到了30.58元才见底。可见,该股在190元的这轮回升走势是一个地道的反弹走势,而当时把它当成反转走势来看待的投资者,跟进做多损失十分惨重(图略)。

有鉴于此,大家对题材股见顶后的回升走势都应该先把它当成反弹来处理,只有等到从图形上能确定它是反转后,才可以积极看多做多。这样操作就不会犯方向性的错误,这是历史经验,请大家不要忘记。

股市赢家自我培训测试题　No.192

考考你（K线实战难点解析一题一练）

2010年10月开盘第一天，沪深股市中煤炭股集体启动，当日股价就出现了大涨，有很多煤炭类股票拉出了涨停大阳线。显然煤炭股的行情是可以期待的。其中有一位高手经过分析后锁定了阳泉煤业（注：该股原名为国阳新能）这个股票。后来的事实证明，这位高手眼光很准，在2010年10月这波行情中，该股是当时煤炭股涨幅最大的股票之一（涨幅超过100%）。

现在请你就该股2010年10月开盘第一天的分时走势图，与该股的日K线走势图作一次分析，说明当时这位高手为什么特别看好这个股票。

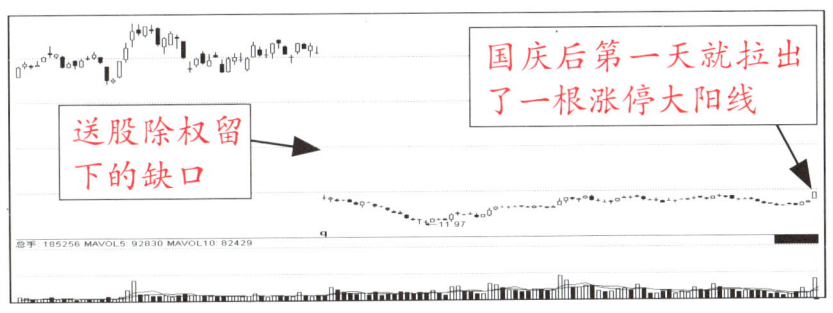

国庆后第一天就拉出了一根涨停大阳线

送股除权留下的缺口

阳泉煤业（600348）2010.3.29~2010.10.8的日K线图　图553

国庆后的第二天，当日开盘后不久，分时图上就出现了巨量封涨停的现象

阳泉煤业（600348）2010年10月8日分时走势图　图554

答 当时这位高手为什么特别看好阳泉煤业这个股票呢？主要有以下三个原因：

第一，从该股国庆后第一天分时图中可以看出，该股是当时煤炭股中最早封于涨停的，而且封涨停时成交量巨大（请注意：分时图显示，该股当日冲击涨停时，分时图下方突然冒出一些很长的垂直线，表明当时出现了蜂拥而入的抢盘现象）。据了解，当时该股封涨停时，盘口等候排队的买单，在所有煤炭股中位居第一。

从理论上说，当股票启动或向上突破时，封涨停越早，封涨停时等候买进的单子越多，说明盘中做多力量越是强大。这是高手当时看好该股的一条重要理由。

第二，该股在低位盘整的时间是煤炭股中最长的。经验告诉我们，股票在低位盘整时间越长，一旦股价往上突破，后市的潜力就越大。股谚云："横过来多长，竖起来就有多高"，说的就是这个道理。

第三，该股前面实施送股，除权后留下了一个很大的跳空缺口。从技术上说，一旦行情回暖，除权缺口越大，对股价向上牵引的作用就越大，市场往往会在填权效应的刺激下追捧该股，因而该股的走势一般要强于没有填权效应的其他煤炭股票。这也是高手当时看好它的重要原因。

综合上面这三条理由，所以国庆后第一天，高手特别看好阳泉煤业这个股票，并及时跟进，后获益颇丰。

股市赢家自我培训测试题　No.193

考考你（K线实战难点解析一题一练）

（上接 No.192）2010年最后几个月，高手在阳泉煤业这个股票上大获丰收，吸引了很多人的眼球。于是有人打听高手为何当时能选准阳泉煤业，而且出手之快（一看见盘面变化，马上就作出反应），出手之重（重仓追进），这种泼辣的操盘风格令人惊叹。知情人说：其实高手并不是一个短线投资者，他关注阳泉煤业这个股票已有很长时间，一年前他在阳泉煤业这个股票上就有过类似动作，最后同样是满载而归。据他了解，**高手操作股票有一个16字原则，即"锁定对象、长期跟踪、选准买点、重拳出击"**。这位知情人结合高手操盘的实例，对这16字作了详细解释，大家听了很受启发，连声叫好。

请问：你知道知情人对这16字原则是怎么解释的吗？此事对大家日后的操作有何启示？

噢！我明白了，高手之所以成为赢家，一个重要原因是，他们操作股票都有一个原则，而一些在股市中屡屡碰壁的投资者之所以成为输家，是因为做股票从来没有什么原则，随意性很大。这就是两者的根本区别。

答

知情人说：高手认为选股首先要看基本面，基本面向好的股票，才是选择的对象，而纯粹靠说故事的题材股，不是他考虑的对象。从这个意义上说，尽管高手操作时风格泼辣，但他本质上还是一个稳健型投资者。阳泉煤业这个股票是一个资源股，行业前景看好，公司经营出色，在他备选的股票池中，排名一直靠前。

知情人说：高手把准备买的股票锁定之后，并不急于买进，他要对它长期跟踪，选择一个恰当的机会买进。高手长期跟踪阳泉煤业后发现，主力操作该股时，在高位出货后会把股价打到很低的位置，挖上一个或数个"坑"时才会建仓，建仓之后也不会马上拉升，而是用长时期震荡盘整的方式来折磨持股人，等磨到很多人没有耐心离开该股后，主力才会向上拉升。

知情人告诉我们，在该股一路下跌、低位横盘时高手都不会进去。此时他会一直耐心地观望着，只有等到低位横盘后，股价选择向上突破时，高手才会进去。高手认为，在跟踪时耐心观察、等待时机是最重要的。

那么，什么时候是出手的最佳时机呢？高手认为该股向上拉升时就是最好的买进时机，这个机会抓住了，就能抓住该股的一轮大的升势，获利将十分丰厚。

高手说，当发现买进时机临近时，接下来就要找准买点，重拳出击了。比如，高手在2009年3月分两次买进该股，都是在选准买点后（特别是第二次）进行重拳出击的。第一次买进是在该股突破上升三角形，股价回抽至上边线企稳后买进的，第二次买进是在股价突破前面的高点时买进的。知情人告诉我们,高手在第二次买进时已有很大把握,买进的量很大,是名副其实的重拳出击(见下图555)。

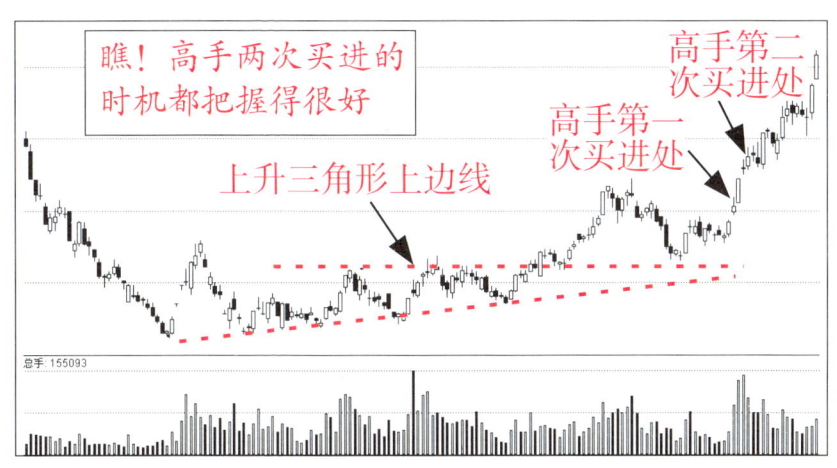

瞧!高手两次买进的时机都把握得很好

上升三角形上边线

高手第一次买进处

高手第二次买进处

阳泉煤业(600348)2008.8.4~2009.4.13的日K线图　图555

高手买进后,该股就呈现一路飚升的走势(见下图556)。显然高手这次"选准买点,重拳出击"又做对了,这

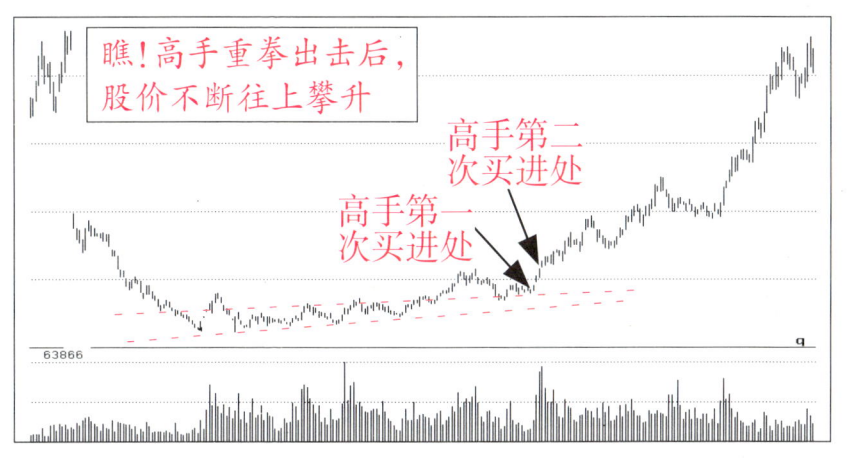

瞧!高手重拳出击后,股价不断往上攀升

高手第一次买进处

高手第二次买进处

阳泉煤业(600348)2008.6.23~2009.8.6的日K线图　图556

415

样他理所当然地获得了丰厚的投资回报。

　　知情人告诉我们,有人曾经问过高手,当该股买进时机出现时,其实该股已从低位向上涨了一段时期,此时的股价比起最低价已高了许多。高手回答说,这样的思想要不得,很多人做股票就是输在追求最低价上。但是最低价是回过头来才能看清楚的,在股市处于下跌趋势时,股票没有最低价,只有更低价。比如,当时你买进的时候认为股价已经很低了,但过了一段时间后会发现,这还是半山腰的价格。所以做股票不能追求最低价,这是其一。其二呢?虽然最低价出现后股价不跌了,但它什么时候涨上去是一个未知数。如果主力想在此慢慢吸筹,这个底就会筑很长时间,过早加入会被主力折腾得够呛。还有一个情况,有些股票筑底筑到最后失败了,股价越走越低。比如,主力资金链发生断裂,银行逼债,迫使主力抛股出局,这样就会造成股价暴跌,这个情况我们也必须考虑到。所以安全的做法,应该等到买进信号出现时再动手,这是赢家的思路,高手希望大家记住。

　　我记住了:看到买进信号再动手是赢家思路,追求最低价,盲目"抄底"是输家思路。

股市赢家自我培训测试题　No.194

考考你（K线实战难点解析一题一练）

（上接 No.193）有一位投资者对高手的"锁定对象,长期跟踪,选准买点,重拳出击"的选股理念提出了异议。

他认为既然锁定的对象是好股票,那么就应该像巴菲特持有可口可乐这个好股票一样,"一旦拥有,几十年不动",这样还用得着花那么多精力对它长期跟踪吗？

请问:你对这个问题是怎么看的？为什么？

> 这个问题讨论很有意义,我也经常被它弄得没有方向,不知所措。

答 中国的情况与美国不同，巴菲特持有可口可乐可以几十年不动，但在沪深股市里却做不到。就算你圈定的是一个非常好的股票，如果不问青红皂白的长期持有，风险也非常大。因为一是好股也会变坏，比如，1998年之前的四川长虹是好股，长期持有，获益颇丰，1998年后该股基本面恶化，长期持有，输得很惨。二是好股也会炒作过头，出现价值高估的问题。如贵州茅台是个好股票，但2007年因过度炒作，该股后来从230元跌至84元。可见，**即使圈定了好股，长期跟踪仍旧非常必要。长期跟踪，既可以帮助投资者了解主力的操作意图、操作习惯，抓住投资机会，找到合适的买点，还可以帮助投资者规避风险，找到合适的卖点。**

高手以阳泉煤业为例，介绍了他长期跟踪的收获。他发现，该股在拉升前，主力会在关键位置拉出若干根低位大阳线（有经验的投资者看到股价放量拉升，快速封于涨停，就知道买进机会来了），同样该股见顶时，主力也会在关键位置拉出若干根高位大阳线掩护出货。比如，下图557中出现了75元与72元的两个高点，这是该股2007年大牛市中形成的一个双顶头部。大家细看后就可以发现，该股两次冲顶时都是以大阳线掩护出货的。图中箭头A~箭头D所指的都是涨停或接近涨停的大阳线。这几根大阳线很有意思,箭头 A 与箭头 C 的大阳线是用来吊人气的,它们出现后,股价仍会继续向上冲一阵子,但这个"冲"是在掩护主力拉高出货,但到了箭头 B 与箭头 D 大阳线出现时,主力诱多出货已接近尾声,很快股价就掉头向下,大的头部这样形成了,之后股价就步入下跌趋势,越走越低。

阳泉煤业(600348)2007.8.6~2008.3.10 日 K 线图　图 557

除此之外,该股形成的几次阶段性头部时,主力也会习惯地利用大阳线赶顶,掩护其出货。比如,2009 年 8 月,该股出现了一个阶段性头部(见图 558 中画圈处),当时盘中拉了一根涨停大阳线,随后股价连连收阴,很快就击穿了大阳线的开盘价,并出现了一轮深幅调整的走势。

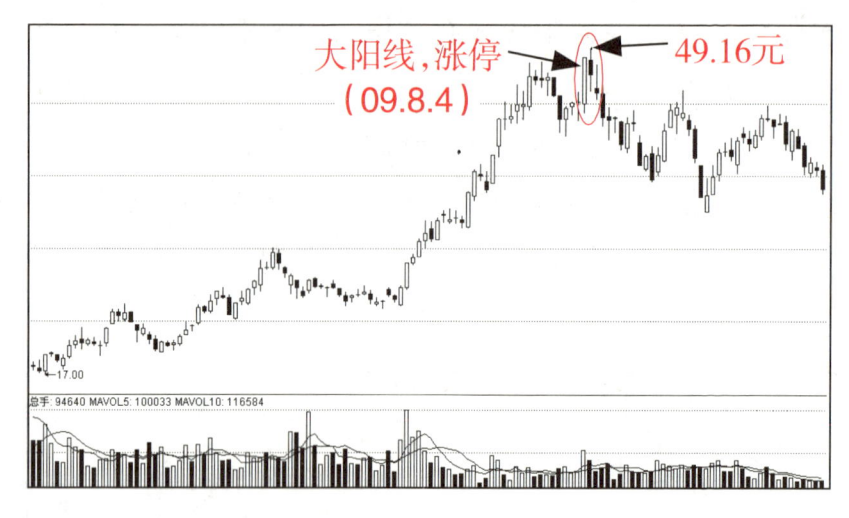

阳泉煤业（600348）2009.3.24~2009.9.28 日 K 线图　图 558

高手说，根据他的操盘经验，就凭大阳线出现后的 K 线表现，就能分析出阳泉煤业的主力在想什么，就能知道他们在玩什么花招，是拉升还是在出货。比如，**股价处于低位时，大阳线出现后，K 线连连收阳，甚至跳空高开，那么主力一定是在积极做多，此时跟进去必有赚头；反之，股价处于高位时，大阳线出现后，K 线上出现阴多阳少，甚至连连收阴，那么主力一定是在出货，此时卖出绝对不会有错。**如此操作，就能在该股上取得巨大成功。而这个成功只有通过对该股的长期跟踪、观察，才能水到渠成。如果临阵擦枪，不但摸不清主力的底细，反而会被主力忽悠进入他们的圈套，那时只有输钱的份儿了。

股市赢家自我培训测试题　No.195

考考你（K线实战难点解析一题一练）

（上接 No.194）俗话说：台上一分钟，台下十年功。高手屡次在阳泉煤业这个股票上大获成功决不是偶然的。高手对该股的长期跟踪，以及他认真学习的劲头，细致观察盘面的精神给大家留下了深刻的印象。看来做股票，就要向高手学习，最终才能成为赢家。

在向高手学习中，有人提出为何高手对盘面变化反应那么快？是凭经验还是凭我们尚不知道的什么东西在相助他。

《股市操练大全》培训中心的老师听了大家的反映后说，这个问题很有意思，搞清楚对我们如何向高手学习，以及如何提高操作水平都有很大的帮助，因此讨论一下很有必要。

请问：你能解开高手对盘面变化反应迅速的原因吗？如果你了解这个原因，那么就请你说说高手具体是怎么做的？

高手对盘面变化反应如此迅速，莫非有神人相助？这事值得探究。

答 高手对盘面变化反应快的原因是:首先,实战经验非常丰富,这是一个必要条件,但除此之外,迅速获取盘面变化的信息也是一个非常重要的条件。现在有了电脑证券软件,我们就要学会使用这个工具。高手对盘面变化反应快,是与他能熟练地使用这个工具密不可分。

经验告诉我们,投资者在操作时,对当天个股的涨跌、振幅、量比、成交等信息,能否在第一时间里获得是非常重要的。其实,查阅的方法也很简单,只要输入相应的数字就能快速获得这方面的信息。其方法是:查阅上海股市综合排名可按"81+回车",查阅深圳股市综合排名可按"83+回车",查阅沪深股市综合排名可按"80+回车"。通常只要对号入座,就能快速查到沪深股市中"今日涨幅、跌幅、振幅、快速涨幅、快速跌幅、量比、即时成交金额排名"等即时信息,高手了解这些信息,才会对盘面变化作出快速反应。这方面的看盘经验,投资者都应该学一学。

其实,高手不是什么神人,只是一个善于学习的普通投资者。高手能了解的,我们也一定能了解到。比如,高手在2009年3月重拳出击阳泉煤业这个股票时,他向我们列举了该股拉大阳线封涨停的当天,分时图上出现了两次大买盘、大抛盘的细节。这个细节现在是查不到了,但当时是很容易查到的(注:查

补遗:若要查阅香港股市的综合排名:使用"同花顺"软件者请按"89",使用钱龙软件者请按"891"。

阅方法是：屏幕上出现某股分时图时，只要按键盘左上角的"F1"，就可以清楚地显示出当日该股成交的明细表）。高手是个有心人，把该股当时的分时图与当天成交的明细表都"收藏"起来，作为资料进行研究。从这点可以看出高手重拳出击前，确实是做了许多细致的观察与准备工作。这是值得我们学习的。

知情人告诉大家，虽然高手重拳出击时只有短短的几十秒时间操作就结束了，但高手长期跟踪一个股票做了许多功课，很多人就不知道了。比如，只要盘中出现大阳线，高手根据大阳线出现时的背景、位置，就能八九不离十地判断出主力的意图，这可是一个了不得的操盘真功夫。而他为了学习这个真功夫，把《股市操练大全》一至八册中关于大阳线的论述都翻遍了，尤其是对第八册中讲到的高位大阳线、低位大阳线、反弹大阳线等各种大阳线的特征、技术意义都作了详细的学习笔记，并把大阳线的各种脸谱都记得滚瓜烂熟，所以在实战中，他对大阳线的真伪看得非常清楚。

知情人说，高手做的功课很多，除了学习书本知识外，对盘面观察也下了许多功夫。比如，他每天必做的一份作业，就是了解盘中哪些板块在领涨，领涨板块中的领头羊是谁[注]（编者按：

【注】查阅盘中哪些板块在领涨，领涨板块中的领头羊是谁，方法是：把同花顺软件打开，然后按"94+回车"，就可以把沪深股市中近200个板块、行业、地域中的股票排名，以及它们领涨个股的"代表人物"，查得一清二楚（注：没有安装同花顺软件的投资者，可通过"百度"等网站，输入"同花顺"关键词，登录同花顺官方网站，就可以免费下载同花顺软件使用）。

高手这样做,自然就比一般人能抢先知道什么板块、什么个股有启动迹象了,操作时就不会盲目,无针对性)。正因为如此,2010年9月末,他发现煤炭股有启动迹象,当时就买了一些阳泉煤业作埋伏,到10月开盘后发现该股正式启动,他就大胆重拳出击了。

> **友情提示**:在股市实战中,了解领涨板块非常重要。比如,在一轮反弹行情中,通常只有少数股票能走出一波像样的上升行情,而大多数股票处于微涨或不涨状态,所以做反弹一定要选好股票。精选反弹股票有三大原则:①超跌(跌幅越大越好)+低位放量+股性活跃+小盘或盘子适中的股票[注];②属于领涨板块(最好有几天连续领涨)的龙头股,即便不是龙头股也要选领涨板块中涨幅靠前的股票;③率先拉出大阳线,并于当日最早封于涨停的股票。在这三条原则中,第②条最重要。投资者若按这三条原则操作,做反弹就有收获。大家必须明白:其实不仅是做反弹,就是做反转行情,或在牛市中操作股票,也要紧紧盯住领涨板块,如此才能取得成功,获得丰厚的投资回报。

【注】一般来说,做反弹的资金都是留在股市里的资金(俗称存量资金)所为,如果有场外资金(俗称增量资金)源源不断地流入股市,那就不是什么反弹行情,而很可能是反转行情了。

经验告诉我们:存量资金的力量是有限的,故做反弹的主力,一般都会瞄准小盘股或流通盘不大的股票进行操作。所以作为普通投资者参与反弹行情,也要跟着主力思路去操作,这样才能提高投资的成功率。

股市赢家自我培训测试题　No.196

考考你（K线实战难点解析一题一练）

下面个股是沪深股市2010年的第一高价股,自它上市以来,一直在走上升通道。大盘跌,它不跌,走势非常坚挺。究其原因是:业绩好,成长性好,市场一致认为它有巨大的投资价值。虽然现在股价出现了小幅回落,但仍然站在10日均线之上,应该说该股的走势并不坏。不过,这时候有一位姓刘的老股民却认为该股见顶了,现在必须马上卖出,否则就要承担后面大跌的风险。

请问:你认为老刘的看法对吗？为什么？

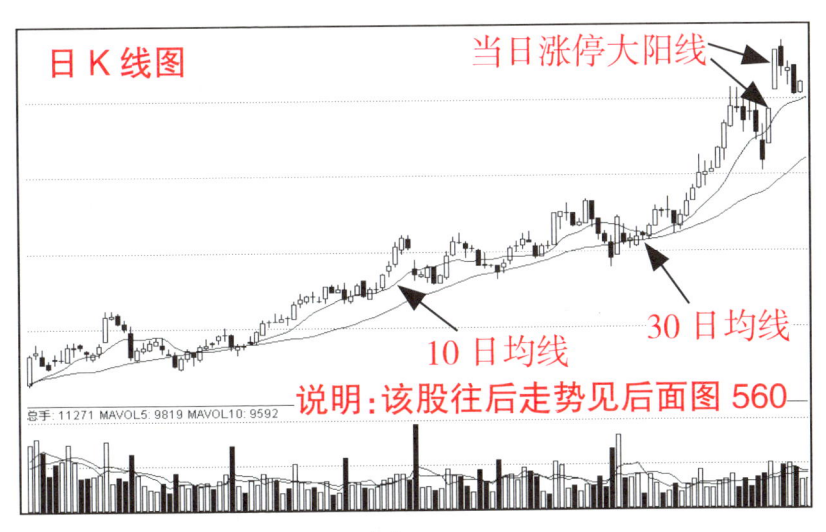

图559

答 老刘的看法是正确的。只要了解大阳线的特性,知道什么是"高位大阳线"的投资者,看到该股现在的走势,都会给他投赞成票的。

有人说,图559显示,现在该股仍站在10日均线之上,即使跌破10日均线,仍有30日均线支撑着,该股怎么会见顶呢?

其实,**这个观点是经不起推敲的,因为分析图形要学会抓主要矛盾**。比如,决定该股见顶的主要矛盾不在均线上,而在大阳线上。据查,该股上市以来从未出现过拉涨停的大阳线,这次连拉两根涨停大阳线非同寻常。从图形上分析,图中最后两根大阳线属于高位大阳线,现在第2根大阳线的开盘价已被跌破,主力利用大阳线进行诱多出货[注]的意图已经暴露。既然主力决定逃了,那么,该股下跌,破10日均线、30日均线就是早晚的事了,大跌还在后面,所以当时决定卖出是对的。(该股往后走势见下图)

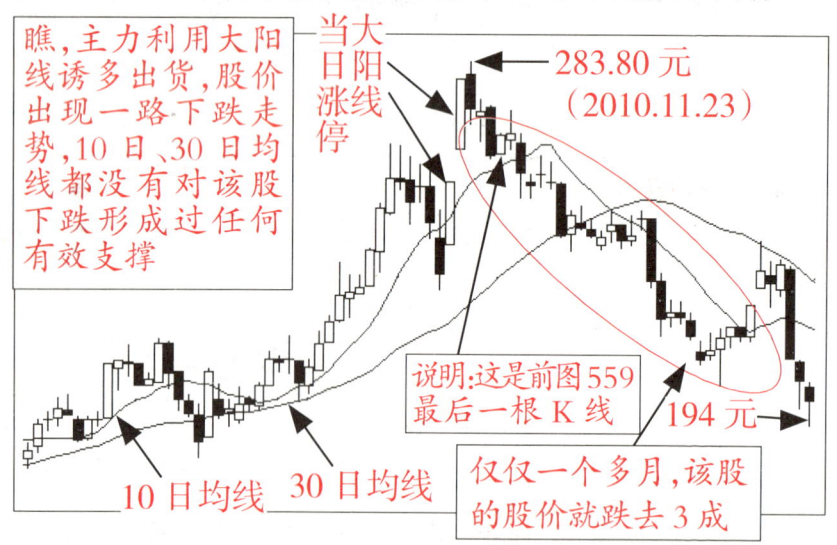

瞧,主力利用大阳线诱多出货,股价出现一路下跌走势,10日、30日均线都没有对该股下跌形成过任何有效支撑

当大日阳线涨停

283.80元 (2010.11.23)

说明:这是前图559最后一根K线

194元

仅仅一个多月,该股的股价就跌去3成

10日均线　　30日均线

洋河股份(002304)2010.9.9~2011.1.12的日K线图　图560

【注】关于主力如何利用拉大阳线诱多出货的具体手法与相关实例,详见《股市操练大全》第七册第279~288页,第八册第3~10页、第545页。

股市赢家自我培训测试题　No.197

考考你（K线实战难点解析一题一练）

（上接 No.196）老刘对 2010 年第一高价股头部的正确判断，引起了很多人的关注。有人向他请教，他坦诚地说，过去他看到盘中拉大阳线，总以为主力要往上发动行情了，追进去被套的现象时有发生，这让他很沮丧。后来他看了《股市操练大全》，才知道了大阳线里有很多名堂，主力就是经常通过拉大阳线进行诱多出货的。所以，他一旦发现图中出现"高位大阳线"或"反弹大阳线"时，就会高度警惕。

有人问，当时怎么知道这根大阳线是高位大阳线的呢？老刘回答说：有关这方面的知识与鉴别技巧，《股市操练大全》第七册、第八册都作了详细介绍。他建议大家去仔细看看，同时他也谈了自己判断高位大阳线的一些心得体会。老刘认为看主力是否利用大阳线掩护出货，要注意以下 4 个问题：①看大阳线后第二天的分时走势图会发生什么变化；②看大阳线后 3 天的 K 线走势图有何变化；③看大阳线的开盘价是否会跌破；④看当时的换手率大小。

这 4 个问题，老刘只是点了一下题，并没有展开。现在请你把这 4 个问题展开，并告诉大家应该怎么操作。

答 ①怎样看大阳线后第二天分时走势图呢？一般来说，如果主力拉大阳线的目的是为了做多，那么第二天分时走势就应该很强，至少不会很弱。依据这个道理，大阳线后的第二天，如果分时走势图出现十分疲软的情况就要引起高度警惕。比如洋河股份（002304），它在2010年11月22日跳空高开，拉出了一根涨停大阳线，其走势应该是很强的，但第二天的分时走势却很弱，股价从高点到低点跌幅超过5%，大阳线的一半实体都被覆盖，最后收盘时股价虽有回升，但还是收在当日均价线之下。分时图上出现这种情况，说明盘中做空力量很强，它反映出主力拉大阳线的目的不是在做多，而是在诱多出货。有经验的投资者，看到大阳线后第二天的分时走势图，在当天就会选择卖出（卖点设置见下图）。

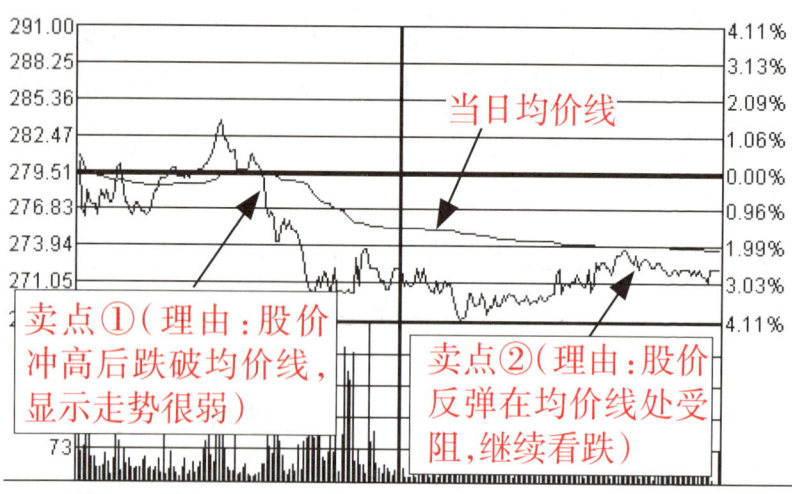

洋河股份（002304）2010.11.23的分时走势图　图561

②怎样看大阳线后的3天K线走势呢？一般而言，大阳线之后的二三天内K线出现什么走势，往往就会把主力的真实意图反映出来。如果主力拉大阳线的目的是做多的，就会有做多的脸谱图形出现；如果主力拉大阳线的目的是掩护出货的，就会有做空的脸谱图形出现。关于大阳线后的K线，是做多脸谱还是做空脸谱，大家不妨去看一份资料："大阳线分类看涨或看跌典型图谱150例"【注】。这份资料很珍贵，它几乎将主力拉大阳线后究竟是做多还是做空的秘密全部揭露了，实用性很强。比如，该图谱里面就有与当时洋河股份拉大阳线构筑头部的相似图形，所以，了解这个图形的投资者，一看当时洋河股份的走势就知道主力在利用大阳线诱多出货了。

③怎样看当时的换手率呢？通常，股价有了一定涨幅后出现的大阳线，有做头与继续推升股价向上的两种可能。那么，哪一种可能性大呢？换手率就是一个重要的参考指标。如果主力的目的是想继续做多，此时的换手率不会很高。**倘若这个时候发现换手率特别高，就可以马上判断出主力在利用大阳线进行诱多出货了**。投资者看到这种情况应及时卖出（见下图562）。

④**看大阳线的开盘价是否跌破**。经验告诉我们：主力究竟是不是在利用大阳线诱多出货，最后一把锁就

【注】此资料详见《股市操练大全》第八册第534页~554页。

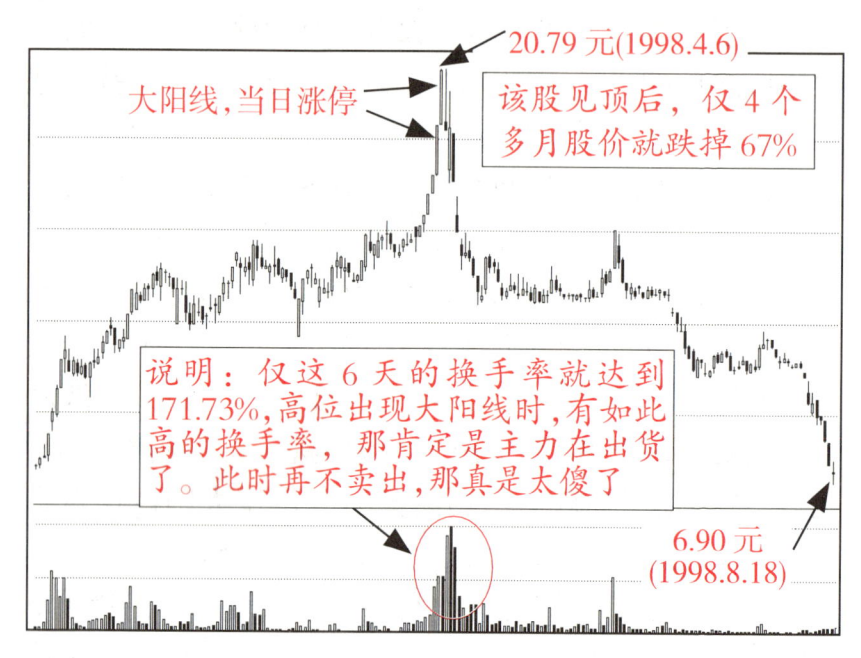

仁和药业(000650)1997.10.31~1998.8.18的日K线图 图562

是看大阳线的开盘价能否守得住。如果主力拉大阳线的目的是继续做多，他们就不会让后面的股价击穿大阳线的开盘价，反之，主力拉大阳线的目的是诱多出货，那么大阳线的开盘价很快就会被击穿。因此，当投资者看到大阳线的开盘价被打穿了，就不要再有什么幻想了，应该及时卖出，规避风险，否则拖着不卖，最后损失惨重，后悔就晚了。

股市赢家自我培训测试题　No.198

考考你（K线实战难点解析一题一练）

（上接 No.197）老刘对向他学习大阳线操作技巧的股友说，我请大家看几张图。下面有4张小图与1张大图，4张小图都是从1张大图上剪辑下来的，并进行了放大（目的是让大家看得清楚一些）。

请问：你看了这5张图究竟发现了什么？了解此事对你以后操作有何帮助。

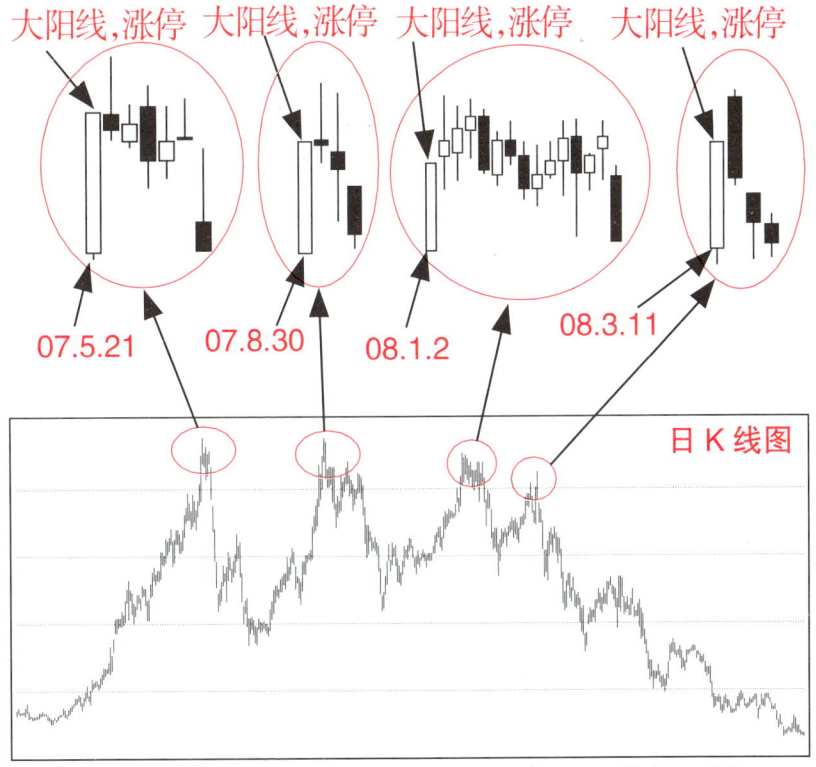

大阳线,涨停　　大阳线,涨停　　大阳线,涨停　　大阳线,涨停

07.5.21　　07.8.30　　08.1.2　　08.3.11

日K线图

电子城（600658）2006.12.1~2008.11.4 的日K线图　图563

答 仔细研究这5张图后,你就会发现该股几次处于高位时,主力出货的手法如出一辙,都是先拉一根涨停大阳线进行诱多,然后就在大阳线的掩护下悄悄地出货了。

此事给我们的启发是:主力出货往往有自己的习惯动作。投资者只要细心地观察,就能发现主力习惯于用什么手段进行拉高出货。比如,该股这4次头部,无一例外地都是先拉出一根涨停大阳线,之后股价就很快见顶了。投资者了解主力这个出货规律后,就有了应对之策,知道该怎么操作了。

其方法是:当发现股价连续上涨后,突然拉出大阳线,就要当心主力在拉高出货,这时不妨先逢高减仓。后面一旦发现大阳线的开盘价被跌穿,就应该全部卖出。

这里需要提醒大家的是:股价处于高位时,为了制造股价继续向上的假像,诱骗投资者在高位接盘,采用拉大阳线诱多出货[注]的主力可谓屡见不鲜。有鉴于此,投资者操作时要特别当心,千万不能被高位大阳线忽悠了,该卖出时应坚决卖出。否则,吃苦头的就是自己。

【注】关于主力利用拉大阳线诱多出货的具体手法与相关实例等内容,可详见《股市操练大全》第七册第279页~第288页,第八册第3页~第10页、第44页~第50页、第544页~第552页。

股市赢家自我培训测试题　No.199

考考你（K线实战难点解析一题一练）

（上接No.198）老刘对向他学习大阳线操作技巧的股友说：对盘中突然出现的大阳线，一定要高度关注。因为大阳线，特别是涨停的大阳线，一定是主力干的，普通投资者没有这个能耐。既然主力要拉大阳线，肯定有主力的意图。投资者只要把主力拉大阳线的意图摸清楚了，下面股价怎么走心里就有数了，这样操作起来胜算率就会大大提高。

为了说明这个问题，老刘给我们看了一张图。老刘说，图中箭头A、B、C所指的K线，都是拉涨停的大阳线，如果你能把这3根大阳线弄明白，主力的底牌自然就清楚了。

现在请你说说看，这3根大阳线是什么类型的大阳线？它们的作用是什么？主力拉这些大阳线究竟要达到什么目的？投资者见到它们具体应该怎么操作？

国凤塑业（000859）2010.4.12~2010.9.7的日K线图　图564

433

答 这3根大阳线性质是不同的。箭头A指的大阳线是"反弹大阳线",其作用是促使股价继续下跌,是看跌信号;箭头B指的大阳线是"谷底大阳线",其作用是扭转股价的下跌趋势,是见底信号;箭头C指的大阳线是"低位大阳线"[注],其作用是拓展股价上行空间,是看涨信号。

那么怎么判断出这些大阳线的性质呢?关键就是看大阳线后几天的股价走势如何。比如。箭头A、箭头B指的大阳线。虽然它们都是在下跌途中出现的,但箭头A指的大阳线出现后仅3天,股价就跌破了它的开盘价,这说明主力拉这根大阳线的目的是要进一步打压股价,这样的大阳线就是反弹大阳线。此时投资者就应果断卖出。而箭头B指的大阳线,是在股价深跌后出现的,并且在它出现后股价就没有再创新低(指收盘价),这说明主力拉这根大阳线的目的,是不想让股价再继续跌下去,主力要靠它来扭转下跌趋势,这样的大阳线就有见底的意思在里面,性质可定性为谷底大阳线。此时投资者就可以试着做多。再如箭头C指的大阳线,出现后股价重心在上移,显然,能够担当打开上升空间重任的大阳线,它的性质非低位大阳线莫属。此时投资者应顺势而为,跟着主力看多做多。

总之,主力拉大阳线的目的是什么,大阳线属于什么性质,一定要通过后面的K线验证才能确定,这是一个很重要的原则,投资者操作时千万不要忘记。

【注】关于"低位大阳线、谷底大阳线、反弹大阳线"的详细解释与相关实例,可参见《股市操练大全》第八册第23页~41页、第536页~552页。

股市赢家自我培训测试题　No.200

考考你（K线实战难点解析一题一练）

（上接 No.199）老刘对向他学习大阳线操作技巧的股友说，下面的个股对我们研究大阳线与主力的操盘行为有一定启示。接着老刘作了分析，大家听了觉得很有帮助。

现在也请你分析一下，看能不能说出个 A、B、C 来。

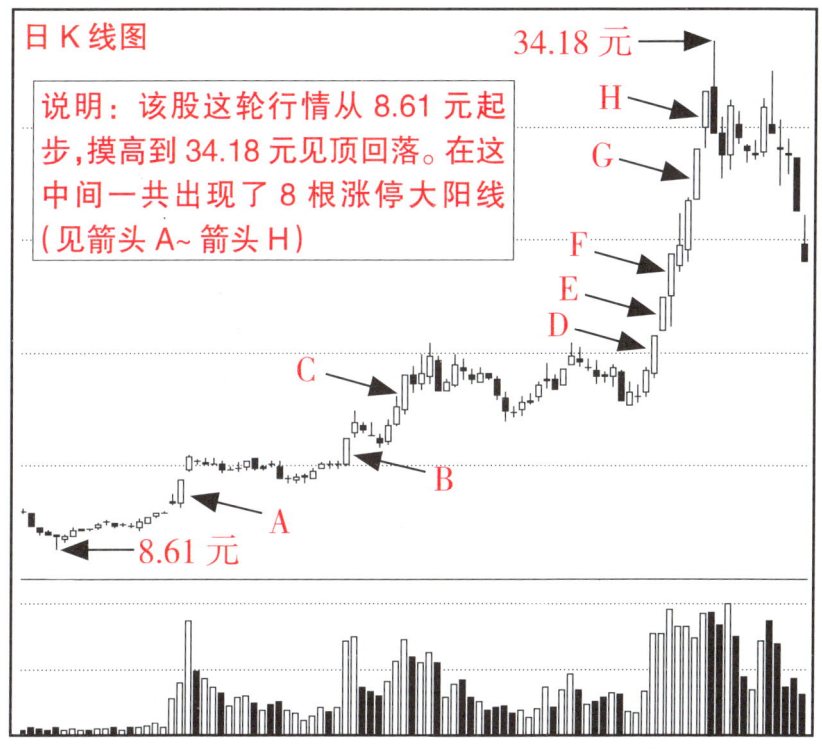

日K线图

说明：该股这轮行情从 8.61 元起步，摸高到 34.18 元见顶回落。在这中间一共出现了 8 根涨停大阳线（见箭头 A～箭头 H）

34.18 元

中钢天源(002057)2010.6.28~2010.11.17 的日K线图　图565

435

答 主力在运作这个股票时，其本上是靠大阳线来锁定其走势的。该股主力运作的模式是：首先拉一根涨停大阳线，然后让股价进行一段时期震荡盘整，将盘中浮筹清洗掉，接着再拉一根涨停大阳线，再进行一段时期震荡盘整，而且每次震荡盘整时，主力都对股价作了"有效控制"，即股价下跌(指收盘价)都没有跌破大阳线的最低价。这样经过连续3次"拉大阳线＋震荡盘整"，主力完成了对该股的边拉升边洗盘动作。到第4根涨停大阳线出现时(即图中箭头D所指K线)，该股就出现了连续逼空的走势，这是主力完成洗盘后的一次集中拉升，等场外跟风盘蜂拥而入时，主力就开始在高位往外发货了[注]。

　　了解主力这个运作模式后，投资者操作就有了方向。比如，在主力利用拉大阳线进行边拉升边洗盘时，只要股价(指收盘价)不跌破大阳线的最低价，就可以持股待张。待连续拉升时，一旦发现股价滞涨，就赶快逢高了结。还有一个办法，看到最后一根涨停大阳线(如箭头H所指的大阳线)开盘价被跌破了，就马上卖出，这样就能抢在主力大量出货前获利出局。

　　虽然这是一个不起眼的操作小技巧，但非常实用。今后如果碰到主力再利用这种方法进行操盘时，这个小技巧就有了用武之地。

【注】关于不同时期大阳线的特征、技术意义与操作技巧，详见《股市操练大全》第八册第3页～第71页，第534页～第554页。

股市赢家自我培训测试题　No.201

考考你（K线实战难点解析一题一练）

（上接No.200）老刘对向他学习大阳线操作技巧的股友说："虽然主力很狡猾，不好对付。但狐狸再狡猾总会露出马脚。如果你是有心人，仔细观察后就会发现，主力出货有时是非常有规律的。投资者只要了解这个规律，就知道该怎么操作了。"

现在请你分析下面一只个股，说说该主力出货有什么规律？这个案例让我们懂得了一些什么道理？

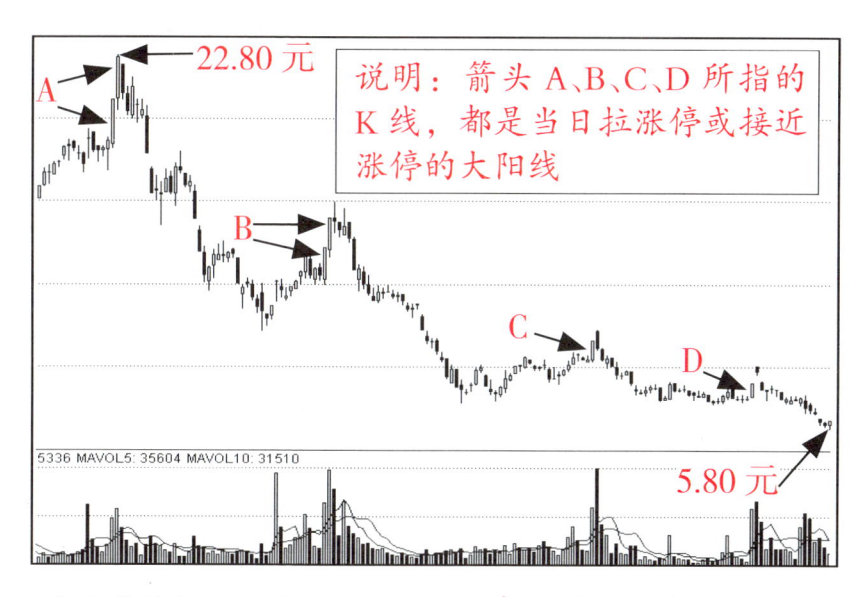

说明：箭头A、B、C、D所指的K线，都是当日拉涨停或接近涨停的大阳线

仁和药业（000650）2008.2.4~2008.10.20的日K线图　图566

答 该股主力出货的规律非常清晰——每次在高点出货时,使用的都是"拉大阳线诱多出货法"。

据了解,该股在上一轮牛市中,自2008年3月5日创出了22.80元高点后,就开始走熊,2008年10月28日最低跌至5.80元。该股上一轮牛市的高点是在连拉两根大阳线情况下出现的(见前图566箭头A所指处),这两根大阳线是在诱多,跟进者都套在高位。之后,下跌途中每一轮反弹,只要拉出大阳线(见前图466箭头B、C、D所指处),反弹就结束了。很显然,主力在这几个反弹高点出货时都采用了拉大阳线诱多出货的手法。

有人问,为什么主力不在箭头A这个区域把货都出完呢?其实大家有所不知,主力手中有大量的货,一下子是很难出完的,除少数特殊情况外,主力出货都会分几次进行。而且主力出货与一般投资者卖股票不同,他们只有在市场看好它的时候(也就是说,市场上有很多人想积极跟进来的时候),才能把手中的筹码顺利派发出去。那么,什么情况下"市场上会有很多人想积极跟进来"呢?最好的办法是拉大阳线。当股价拼命往上涨,甚至出现涨停的时候,有很多人就坐不住了,以为有什么利好消息,或者认为行情向上突破了,就会争先恐后地纷纷跟进,主力在这个情况下出货是最容易的。所以我们看到,每次主力利用高位大阳线,特别是利用反弹大阳线诱多出货时,成交量通常都会放得很大。

老刘说,我在调查中发现,有的投资者在高位逃出去了,但最后在抄底时又载了进去,而很多人载进去的一个重要原因,就是经不起反弹中大阳线的诱惑,当时跟进去时感到问题不大,但股价很快就掉头向下,等到出现大幅下跌后,才发觉上当受骗了。

因此,在下跌出现反弹时,看到拉大阳线就要长个心眼,要想一想主力在玩什么花招,仔细鉴别一下眼前的大阳线是不是"反弹大阳线"【注】,等看明白了再行动不迟。

老刘说,为了弄清楚反弹大阳线的欺骗性在什么地方,下面我请大家再看两个实例。

先看大盘的例子。上证指数在6124点见顶后,跌至4300点时,在利好传闻刺激下,2008年2月4日拉出了一根大阳线,当日涨幅达到8.13%(编者按:大盘涨8%的情况非常罕见,当日有几百家股票涨停)。这根大阳线诱惑性是很强的,一些在高位逃走的人又追了进去,之后发觉上当了。这根大阳线原来是一日游的反弹大阳线。

再看个股的例子。嘉应制药,该股在下跌途中出现了3次有一定力度的反弹,但每次反弹主力都使用了拉

【注】关于"反弹大阳线"的特征、技术意义与相关实例,详见《股市操练大全》第八册第32页~第37页、第41页、第548页~第552页。

上证指数 2007.7.20~2008.2.25 的日 K 线图　图 567

大阳线诱多出货的手法——拉一根涨停大阳线,第二天冲高回落,放大量,然后股价就绵绵阴跌,盘中这些拉涨停的大阳线都是反弹大阳线,此时应立即卖出(见下图)。

嘉应制药(002198)2007.12.18~2008.10.16 的日 K 线图　图 568

股市赢家自我培训测试题　No.202

考考你（K线实战难点解析一题一练）

（上接No.201）老刘研究大阳线，成效卓著，向他学习取经的人也越来越多。在一次座谈会上，老刘总结说："经过股市风风雨雨的投资者，会真切地感受到，在股市里赚钱并不是一件容易的事，因为中小散户的对手——主力太狡猾了。就拿大阳线来说，主力一会儿把大阳线打扮成天使，一会儿又让大阳线扮演成美女蛇，真真假假，把局外人搞得一头雾水。很多中小散户就是因为不识大阳线的真假，该做多时却做空了，该做空时却做多了，以致行情节拍完全踏错，来回打耳光，结果输得很惨。

不过现在好了，因为有一种方法对付主力的骗术非常有效，它事先就能看到主力出大阳线的底牌，知道主力每次拉大阳线的目的是什么。如此一来，主力再狡猾，再怎么用大阳线忽悠咱中小散户，大家都不用害怕了。

请问：你知道老刘说的是什么方法？它真的能看清主力出大阳线的底牌吗？（请举例说明）

事先就能看到主力的底牌，以前从未听说过。若此事是真的，那太好了，我一定要把这个事情弄清楚。

答 该方法被圈内人士称为"查档案看底牌法"。虽然主力很狡猾,在大阳线上搞了不少花招,但大阳线扮演成做多角色的图形特征与扮演成做空角色的图形特征迥然不同,这一点是无法改变的。现在有人把大阳线的典型图形搜集起来,并做了分类整理,这样就形成了大阳线图形的"档案"。有了这个档案,做股票就方便多了。今后主力无论拉什么大阳线,只要将当时大阳线的图形与大阳线"档案"库中的图形一对照,马上就会知道主力拉大阳线的意图是什么,主力出大阳线的底牌也就暴露无遗。这样的话,操作的主动权就掌握在自己的手中,主力再怎么用大阳线忽悠我们,都不会轻易上当受骗了。

为了说明这个问题,下面先请大家看两张图。看后请想一想该怎么操作(答案下面会揭晓)。

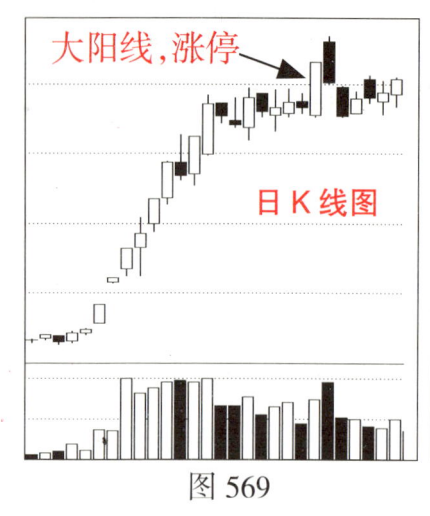

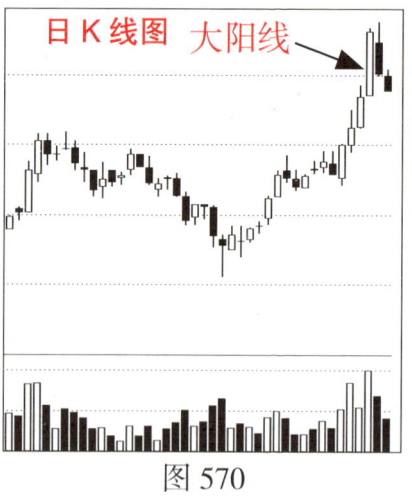

图 569

图 570

老刘说,当时市场对这两个股票非常看好,中小散户跟进者众多。但是当你查了大阳线图形的"档案"后，就知道主力此时拉大阳线的目的是在拉高出货，而决不是想把股价做上去。有人问，这从什么地方看出来呢？答案就是从图571这个图形中看出来的（编者按：该原始图形见《股市操练大全》第八册第553页图376）。在技术上，这就是典型的利用大阳线诱多出货的图形，看到它就应该马上卖出，此时凡是看多做多的投资者，都中了主力的圈套，被套在高位（见下图572、图573）。

图571

图572 阳泉煤业（600348）
2010.9.28~11.30 日K线图

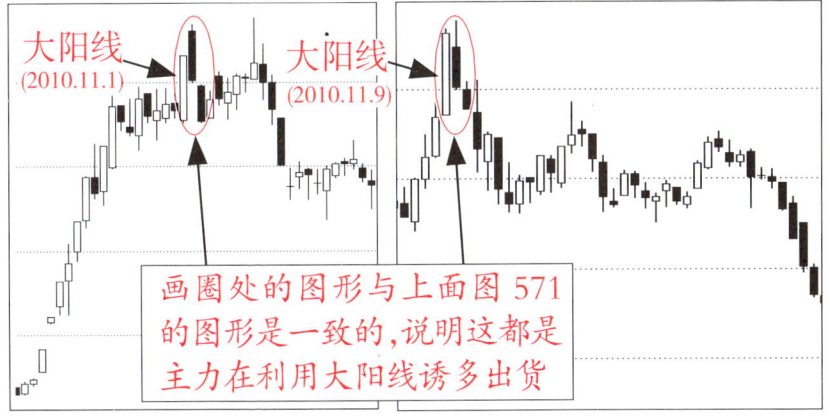

图573 海峡股份（002320）
2010.11.3~12.28 日K线图

画圈处的图形与上面图571的图形是一致的，说明这都是主力在利用大阳线诱多出货

据了解，在20年的沪深股市中，在上涨途中，出现像图571这样的图形，后面股价都出现了大跌。如刚泰控股（600687）在1997.4.16、中铁二局（600528）在2007.9.21、新嘉联（002188）在2008.6.5，都因为出现类

443

似图571这样的图形后见顶的。现在为了加深大家的印象，下面再请大家看一张图。

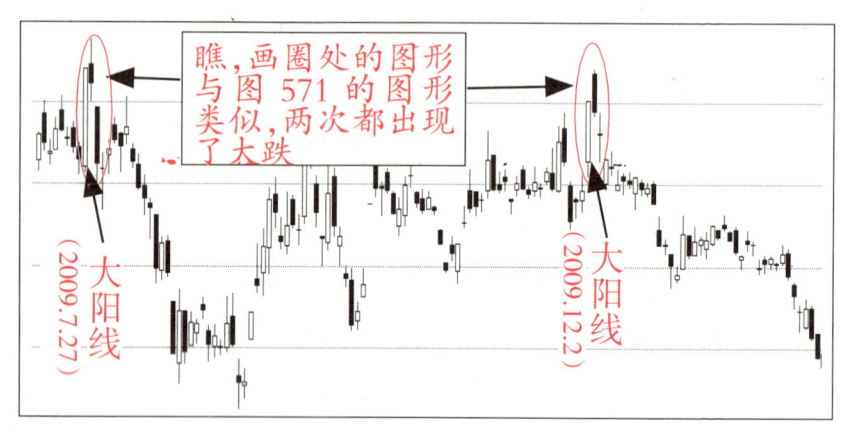

瞧，画圈处的图形与图571的图形类似，两次都出现了大跌

大阳线（2009.7.27）

大阳线（2009.12.2）

中金黄金(600489)2009.7.15~2010.1.27的日K线图　图574

看了上面这张图，大家更加会感到，只要盘面图形与"档案"里的图形基本一致，该跌的必然会跌，该涨的必然会涨。可见，"查档案看底牌法"确实很重要。有人问，大阳线图形的"档案"到哪里去查呢？老刘说，请大家不要急，《股市操练大全》作者想读者所想，经过长期追踪调查，化了大量的精力，撰写了一份关于"大阳线看涨看跌的150种脸谱图形"的研究报告(详见《股市操练大全》第八册第534页~554页)，这份报告很珍贵，将大阳线各种看多看空的图形基本上收集齐了，从而为大阳线图形建立了一个完整的"档案"。该报告有很大的实用价值，上面图571仅仅是它150个典型图例中的一个图，更多的图形需要我们去熟悉、去运用。历史将证明，谁在这方面下的功夫深，谁就能成为发掘大阳线档案的佼佼者，谁就能在股市中脱颖而出，成为股市赢家，甚至是大赢家。

股市赢家自我培训测试题　No.203

考考你（K线实战难点解析一题一练）

俗话说："会买是徒弟，会卖才是师傅"。逃顶历来是炒股人的一个心结。

例如，2007年10月沪深股市见顶就套住了无数投资者。但据了解，有一位高手却轻松逃过了这一劫。有人上门请教，高手给来人看了下面4张图，并对它们作了详细分析。来人听后恍然大悟，内心激动不已。

请问：这4张图是什么图？高手究竟是如何分析的？

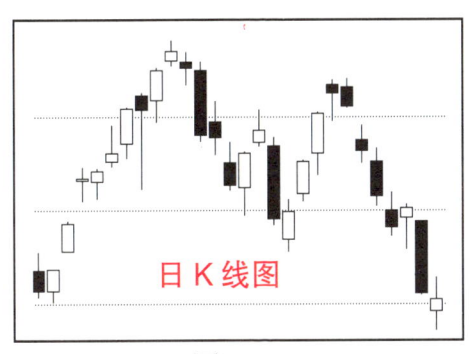

日K线图

图575

月K线图

图576

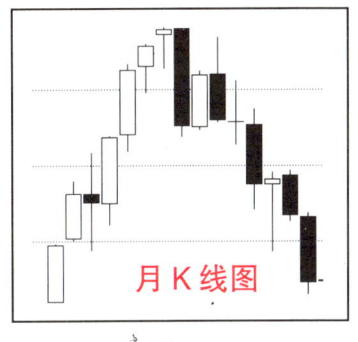

日K线图

图577

月K线图

图578

首先，高手对图575作了详细分析，他说该图是上证指数2007年10月摸高6124点时的日K线头部图形。当时图中有几个明显的见顶信号：①图中出现了吊颈线[注1]（见图579中箭头A），虽然股指没有马上跌下来，但过了几天就跌了下来，这说明吊颈线的见顶信号已被市场确认。②右边出现了一个向下跳空缺口。从性质上判断，这是一个"向下突破缺口"[注2]，该缺口出现后连续收阴，说明这个向下突破缺口已被市场确认，此时必须出逃。③当时上证指数构筑了一个"双顶"[注3]，图575中最后第二根K线是一根大阴线，它击穿了双顶的颈线（见图579中箭头B），这样上证指数的头部就正式确立了。

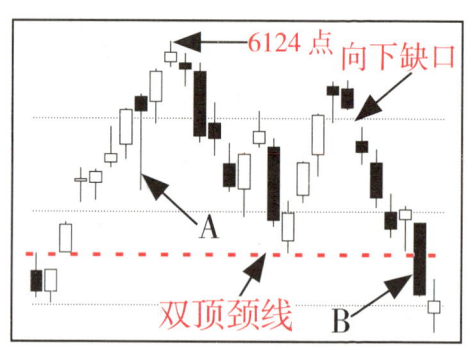

图579 上证指数07年9月26日~07年11月9日的日K线图

【注1】关于"吊颈线"的特征、技术意义与相关实例，详见《股市操练大全》第一册第29页~第31页，第七册第22页~第24页。

【注2】关于"向下突破缺口"的特征、技术意义与相关实例，详见《股市操练大全》第一册第278页，第四册第240页~第242页，第七册第210页、第211页，第八册第228页~第230页。

【注3】关于"双顶"的特征、技术意义与相关实例，详见《股市操练大全》第一册第244页、245页，第六册第74页~78页，第七册第167页~171页。

接着，高手对图576作了分析。他说，该图是上证指数2007年10月的月K线头部图形。图576显示，图中右上方出现的第一根大阴线，一下子吞吃了前面2根半阳线（第三根阳线被覆盖一半）。一阴吞两阳，是典型的顶部"穿头破脚"[注1]图形（见图580中画框处）。这根大阴线出现后，接着拉出了一根中阳线，但紧接着又是一根大阴线，两根大阴线中间夹着一根中阳线，是"两黑夹一红"[注2]的K线组合，这又是一个重要的见顶信号。

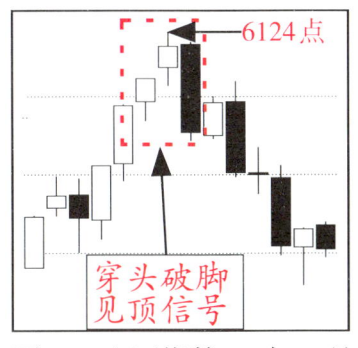

图580 上证指数07年4月~08年5月的月K线图

随后高手又指着图577说，该图是2007年10月深证成指的日K线头部图形。图577的几个见顶信号与图575差不

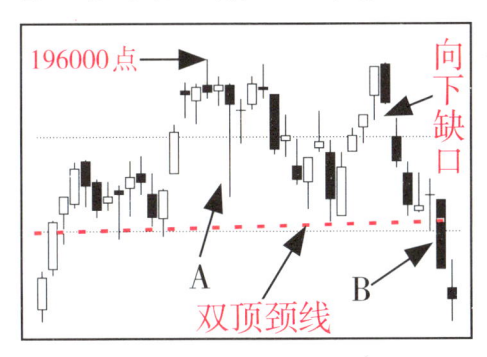

图581 深证成指07年9月12日~07年11月9日的日K线图

【注1】关于"穿头破脚"的特征、技术意义与相关实例，详见《股市操练大全》第一册第70页~72页，第七册第42页~53页，第八册311页。

【注2】关于"两黑夹一红"的特征、技术意义与相关实例，详见《股市操练大全》第一册第115页~第117页，第七册第55页、第56页。

多。它也是先出现一根吊颈线（见图 581 中箭头 A），右方也出现了一个向下突破缺口；图中同样是构筑了一个双顶，后双顶的颈线被一根大阴线击穿（见图 581 中箭头 B）。至此，当时深圳成指的头部正式确立。

最后高手分析了图 578，高手说，该图是 2007 年 10 月深证成指的月 K 线头部图形。图 578 最上方的一根大阴线，比图 576 中右上方的一根大阴线还要长。这根阴线一下子吞吃了前面 3 根阳线。可见，这个顶部穿头破脚（见图 582 中画框处）比当时上证指数中的顶部穿头破脚还要厉害，见顶是确凿无疑了。

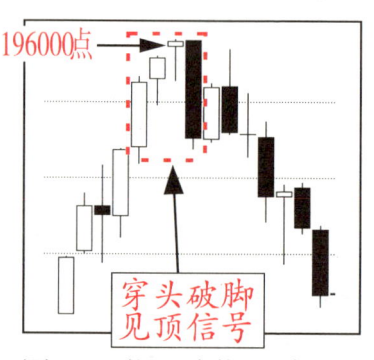

图 582　深证成指 07 年 4 月~08 年 6 月的月 K 线图

有人问：发现行情见顶应该怎么操作呢？高手回答说，此时只有一种选择，马上把股票全部卖掉，坚决止损离场。大家一定要明白，在大的头部确立情况下，任何犹豫不决，如继续持股观望，或止损不及时、不坚决的行为都是错误的。

这 4 张图分析结束后，高手对来人语重心长地说：逃顶一定要学好 K 线。就像 2007 年 10 月沪深股市见顶，无论从其日 K 线图中，还是从月 K 线图中，都能用 K 线见顶信号来锁定顶部。投资者在这 4 张图中，只要从一张图中看出问题就能在高位成功逃顶。可见，K 线的作用非常大，炒股时一定要高度重视。

股市赢家自我培训测试题　No.204

考考你（K线实战难点解析一题一练）

　　看过《股市操练大全》第七册——识顶、逃顶特别训练专辑的读者，对《股市操练大全》培训中心赵老师讲解的"主力（庄家）诱多出货手法"留下了深刻的印象，诸如，"拉大阳线诱多出货法"、"创新高诱多出货法"、"抢权诱多出货法"等，可谓招招见血，它将主力（庄家）在出货时所玩弄的阴谋诡计揭露得非常彻底，将投资者应该采取的对策也阐述得十分清楚，可以说每一种方法对实战都有很大的指导意义。

　　这次赵老师又要为《股市操练大全》广大读者介绍他的一个识顶"绝招"了。这个"绝招"实用性也非常强，听他介绍过的人，无不称奇。那么这是一种什么方法呢？赵老师在讲课前给大家留下了一个悬念——该方法与长跑比赛有密切关系。

　　现在请你沿着赵老师的思路，深入想一想这个识顶"绝招"究竟是什么方法？（最好能举例说明）

　　　　挺新鲜的，识顶逃顶竟然与长跑比赛挂起钩了，这个问题很有意思，我要好好琢磨琢磨。

答：其实，股价运行的方式在很多时候与长跑比赛十分相似，当长跑快要接近终点时，运动员会使出浑身解数，此时场上就会出现快速冲刺的现象。股价赶顶的情况也是如此，当股价在运行中，什么时候突然加速了，这个顶就快到了。在这一个阶段，股价涨得特别快，对投资者诱惑力非常大。但此时大家心里一定要明白，这是行情的最后一站，到点必须下车，否则就会沦为高位站岗的放哨人，这样亏就吃大了。下面请大家来看两个实例：

实例一：沙河股份。该股 2007 年 8 月见顶时，股价上涨出现加速现象，赶顶时连拉几根大阳线，最后在高位拉出一根螺旋桨 K 线，行情就此画上了句号（见下图）。

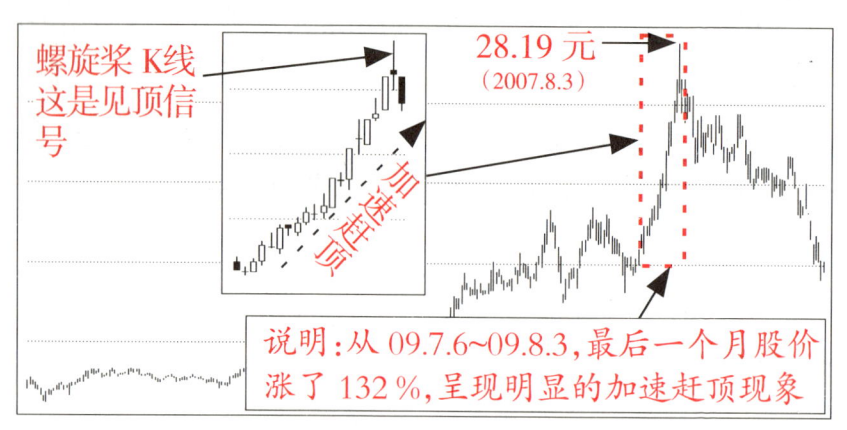

螺旋桨 K 线 这是见顶信号

28.19 元（2007.8.3）

加速赶顶

说明：从 09.7.6~09.8.3，最后一个月股价涨了 132%，呈现明显的加速赶顶现象

沙河股份（000014）2006.7.27~2008.2.1 的日线图　图 583

实例二：宜科科技（002036）。该股在 2010 年 4 月见顶前夕，股价出现了加速冲刺的现象，但很快行情就见顶了，一根长十字线为这轮行情画上了句号（见下图 584）。

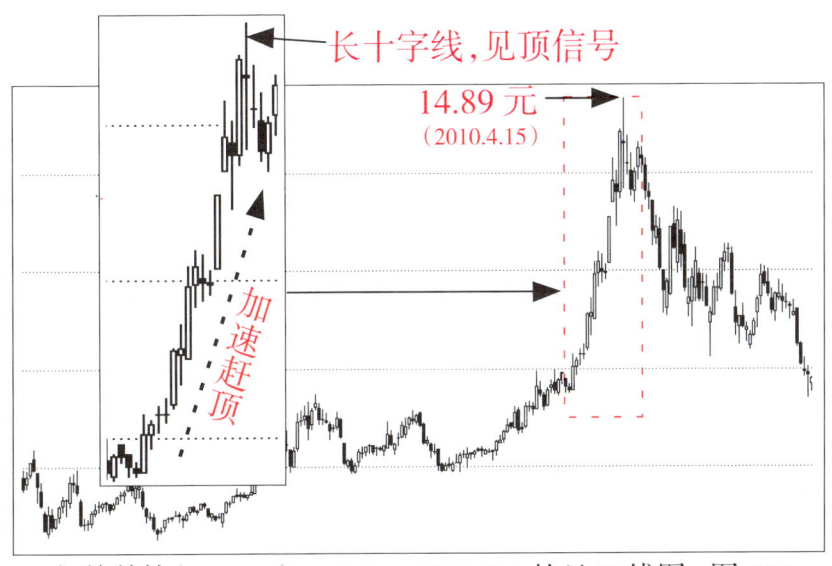

宜科科技(002036)2009.8.7~2010.7.2 的日 K 线图　图 584

在股市中,类似上面情况的个股例子很多(因本书容量有限,不宜多举)。这类股票赶顶时往往有以下几个特征:①最后一波的上涨,速度快、时间短(运行的时间,一般在一个月左右),而且越到后面速度越快,呈现一种加速上涨态势。②最后一波上涨的幅度特别大。比如沙河股份这个股票,这轮行情从 5.10 元起步一直涨到 28.19 元见顶,总共花了一年时间,其间一共出现过 3 波涨幅。但最后一波上涨的幅度最大,从 12.13 元一直涨到 28.19 元,涨幅达到 132.39%,时间只用了短短 21 个交易日。③最后一波赶顶时,大阳线特别多。例如沙河股份、宜科科技在最后一波上涨过程都拉出了几根涨停大阳线。④见顶时往往会出现一些标志性的K线见顶信号,如沙河股份见顶时拉出了一根"螺旋桨"K线,宜科科技见顶时拉出了一根"长十字线"。

有人问,这样的顶部属于什么性质?赵老师回答:一种是属于中长期见顶(编者按:中长期见顶,是指股价走到了一轮牛市的终点,见顶后股价就走熊了,新一轮牛市行情要等熊市结束后才会出现)。比如,上面介绍的沙河股份,它在上一轮牛市见顶时也是以加速赶顶的方式见顶的(2000年10月16日,该股摸高23.13元后一路走熊),之后股价连跌5年,大跌了80%才见底的(2005年7月12月,该股最低跌至4.52元);另一种是属于阶段性见顶,股价经过一段时期回调后,寻找到阶段性低点后再重新展开升势。但不管怎么说,无论这个顶部属于什么性质,加速赶顶后股价出现深幅调整是必然的,因此在它见顶时要赶快卖出,否则就会遭受重大亏损。

投资者在操作时一定要注意:对于加速赶顶的行情,在行情初起时参于是很有必要的,因为短期内升幅很大,持币的可马上跟进,持股的可继续持股待涨;在行情进入后期(这可以从时间上、升幅上进行测算)就要谨慎了,持币的不能再跟进了,持股的要注意逢高减仓;最后行情见顶,不论赢亏应马上卖出,因为这类股票要么不跌,一旦跌起来下跌速度就很快,卖晚了损失很大。

股市赢家自我培训测试题 No.205

考考你（K线实战难点解析一题一练）

下面是上证指数某阶段日K线走势图，甲乙两人对上证指数往后走势发生了激烈的争论。甲认为它后市形势岌岌可危，并提出了如下操作建议：①手中有股票者，第二天集合竞价时先卖出50%。②如第二天大盘低开低走，并且在开盘15分钟后，股价仍然没有回到昨天收盘指数上方，就将剩下的50%筹码全部卖出；如第二天大盘是平开，或高开，可继续持股观望，但若发现第二天大盘指数跌到昨天收盘指数之下，就必须将剩下的50%筹码抛光。

但乙认为甲是在故意吓唬大家，现在大盘走势很好（理由见下图585方框中的说明），马上跟进做多，后面必有大的收获。

请问：谁的观点正确？为什么？此案例能给我们带来什么启示？

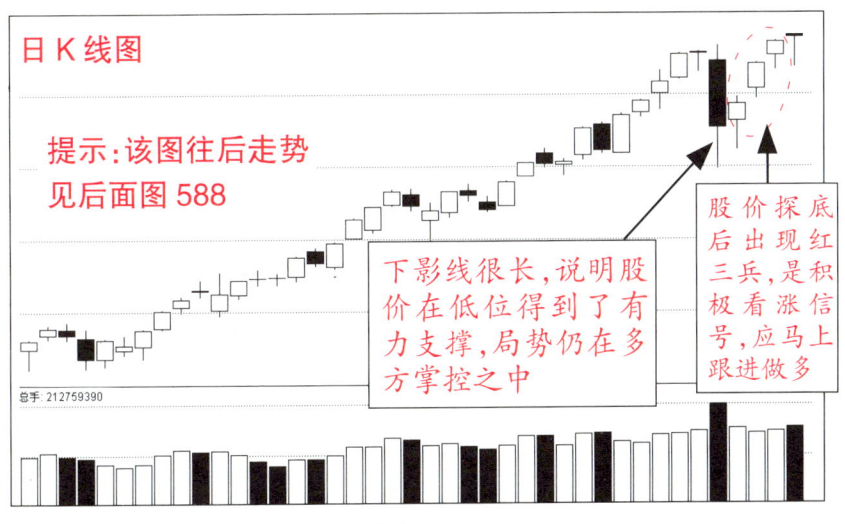

日K线图

提示：该图往后走势见后面图588

下影线很长，说明股价在低位得到了有力支撑，局势仍在多方掌控之中

股价探底后出现红三兵，是积极看涨信号，应马上跟进做多

总手：212759390

图585

答

甲对乙错。据了解,甲之所以感到当时股市形势很严峻,是因为他发现当时的上证指数走势与几年前的上证指数走势十分相似,很有可能正在构造一个"空方尖兵"[注]的图形(见下图586中画框处)。空方尖兵是一个重要的见顶信号,几年前的上证指数,就是因为出现了空方尖兵,尔后股市出现了一轮深幅调整。有鉴于此,甲才感到图585形势严峻。

我们现在把图585中的最后几根K线与图586中相关的K线作一个比较,就会得出与甲同样的结论。

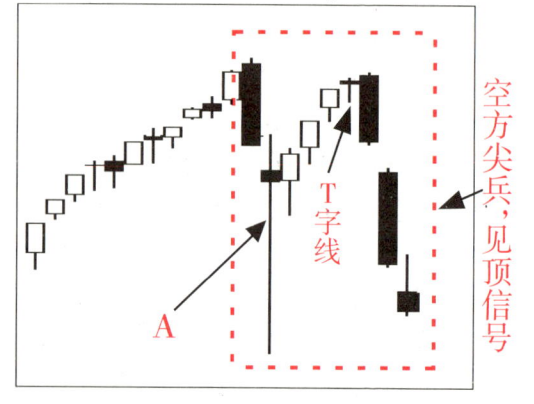

上证指数 2000.8.7~2000.9.1 日 K 线图 图 586

先看图585。图中倒数第5根K线是1根大阴线,下面有1根很长的下影线,而图586中也有1根比它更长的下影线(见图586中箭头A所指处)。之后,它们都连拉了3根小阳线,小阳线后面出现了一根T字线。图586出现了T字线后股价就马上掉头向下,并形成了连续暴跌的走势(见图587)。虽然图585出现T字线后,当时大盘的走势还没有出来,但图587暴跌走势已经给了充分提示。因此,在这种情况下,就应该把预防风险放在首位。所以,甲建议持股者第二天一开盘就应该先卖出50%筹码。

有人问,甲在操作建议中提出:"如第二天大盘指数是低开

【注】关于"空方尖兵"的特征、技术意义,详见《股市操练大全》第一册第119页、第120页。

低走的,在开盘后15分钟[注]就应该将剩下的50%筹码全部卖出",这是为什么呢?其实,懂K线的人知道,图585最后收的是一根T字线,在这种情况下出现的T字线多数为见顶信号。如果第二天股价是低开低走的,那么这根T字线的见顶信号就被后面的K线验证了,此时唯一的正确选择就是卖出。

另外,甲还提出:"如果第二天股价是平开,或高开,可继续持股观望;但若发现第二天大盘指数跌到昨天收盘指数之下,也必

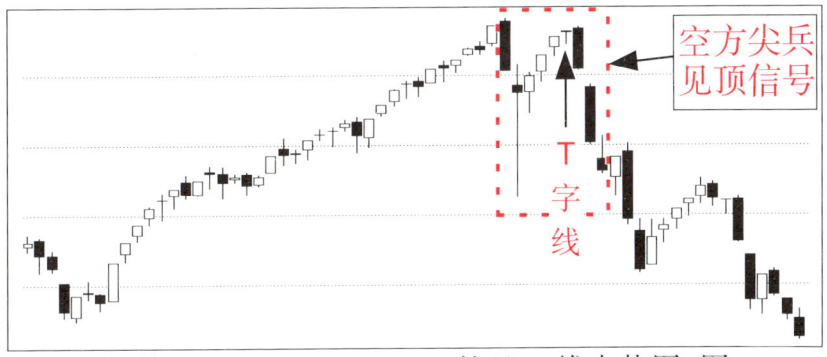

上证指数2000.6.28~2000.9.25的日K线走势图 图587

须将剩下的50%筹码抛光"。这又是为什么呢?因为虽然T字线为见顶信号,但T字线后,市场并不认可它的见顶信号,指数继续往上走的情况也是有的。因此,甲提议留一半筹码看看,但同时他认为这个"看"应该是有条件的,即第二天指数必须在昨天的收盘指数上方运行。但是,如果第二天大盘平开或高开后,指数只是短暂的往上冲一下,尔后又跌到了昨天的收盘指数之下,那就表明市场最终还是认可了T字线的见顶信号。在这种情况下,投资者也只能顺

【注】为何要把卖出的时间定在开盘后15分钟内,因为如果第二天大盘是低开低走的话,15分钟后指数仍没有回升的迹象,表明市场对昨天T字线见顶已经认可。这位高手认为,主力资金在这个时候只会做空而不会做多。既然大局已定,为了减少损失,投资者就应该及时卖出。

势而为,将剩余的50%筹码全部抛光。

以后的事实证明,当时甲对形势的判断与操作建议是完全正确的(见下图588),显然甲是看图识图的高手。

情况已经很清楚,乙的观点完全错了。那么,乙的观点错在什么地方呢?第一,他对K线基本图形还不了解(比如,"空方尖兵"这个图形的特征、技术意义,乙一无所知)。第二,股价大幅上涨后在高位拉出长下影线,是主力做空的试盘动作,不是什么下档有支撑的表现,后面主力还会继续杀跌。因此,这样的长下影线是大跌前的预警信号。这个问题看歪了必然会出大错。第三,只有在股价连续大幅下跌后筑底时出现的3根小阳线,才能称为红三兵。而图585中的3根小阳线,出现在高位,是主力杀跌前的诱多信号,乙却把它误认为红三兵,犯了张冠李戴的错误。

此事给我们的启示是:①历史有惊人的相似之处。当发现相同的图形出现时,应果断采取措施,提前做好布局。②操作计划要贴近实战,多想几种可能,并做到顺势而为。甲的操作建议为我们提供了重要的经验,应好好学习。

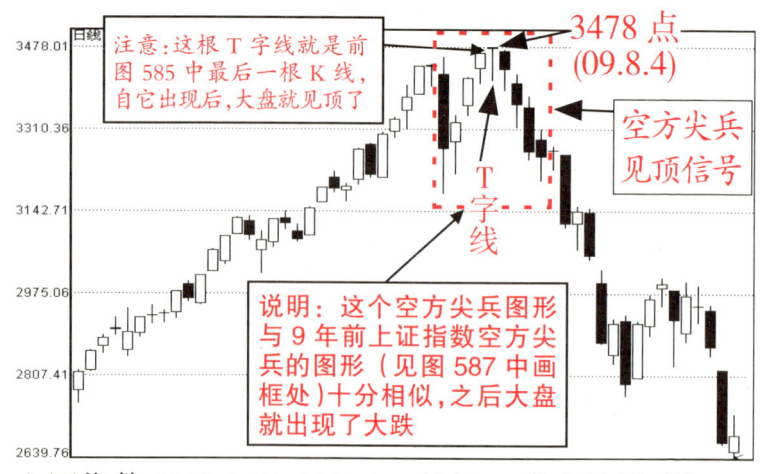

上证指数 2009.6.17~2009.9.1 的日K线走势图　图588

股市赢家自我培训测试题　No.206

考考你（K线实战难点解析一题一练）

有人认为，用K线见顶信号来识顶逃顶并不可靠，因为有时图中出现K线见顶信号，你把股票卖了，之后股价却不跌反涨，从而白白地把黑马放跑了，这会使你后悔不及。右边两张图中就发生了K线上出现见顶信号，但股价不跌反涨的现象。

请问：K线见顶信号究竟靠不靠谱，这两张图发生的现象应该怎么去解释？遇见这种情况，投资者应该如何操作？

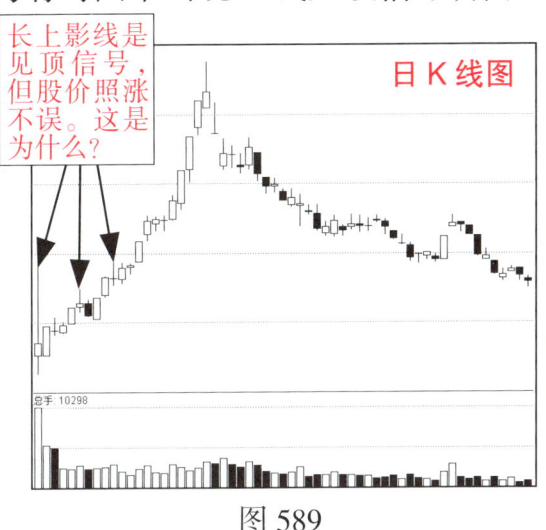

> 长上影线是见顶信号，但股价照涨不误。这是为什么？

日K线图

图589

> 为什么此处构成的"平顶"没有阻止股价上涨？

> 跌停大阴线是很强的见顶信号，但为什么股价还是继续上行呢？此事该如何解释？

日K线图

图590

答 从大的层面说，K线见顶信号肯定是可靠的，否则全世界股市、期市、汇市都在使用K线的情况就无法解释了。但从个人操作层面说，K线也存在骗线的情况，如明明是见顶信号，有时却被主力用作骗取中小散户筹码的一种手段了。主力为了扫清前进中的障碍，时常会用一些假的K线见顶信号吓唬投资者。像图589、图590中的个股在上升途中频频出现K线见顶信号，但股价却不跌反涨，这个时候的K线见顶信号就是一种技术骗线。

但是话说回来，K线见顶信号是假的，是一种技术骗线，它一般存在于日K线中（编者按：周K线，特别是月K线中出现技术骗线的情况较少），并且只有在股价处于上升趋势的初期、中期时才会出现，而一般不会出现在上升趋势的末期，或下跌趋势中。换一句话说，在股价上涨的初始阶段，或上涨的中间阶段，出现K线见顶信号，要当心它是一种技术骗线，因为此时主力的目的是要把股价做上去。而到了股价上涨的末期，主力的目的是要把手中获利的筹码进行兑现，此时K线见顶信号就是真的了，它表明上档存在着很大的抛压。至于股价进入了下跌趋势，主力的目的是想把股价打下去，等股价到低位再把它捡回来，此时K线的见顶信号也是真的。很多人不会用K线进行逃顶，就是因为对上面的道理不了解，或根本不知道，才会在使用K线上屡屡出错。

现在我们来看图589。该股当时是一个新股，上市第一天就出现了一根很长的上影线，之后上行途中，K线上又出现了2根长上影线，但这些长上影线都是假的见顶信号，原因是这些长上影线都出现在股价上涨的初期、中期。而该股上涨途中最后一根长上影线表示的见顶信号，却是真的，原因是这根长上影线出现在该股上涨的末期。大家看到该股在 96.50 元见顶，然后进入了下跌趋势，之后出现的长上影线都是实打实地表示上档存在压力，阴线也实打实地表示盘中存在着做空力量。可见，在股价进入下跌趋势后，K 线见顶信号都变成真的了，就不存在什么技术骗线的问题了。

　　有人问，碰到图 589 这种情况如何处理呢？这就要借助均线了。如在图 589 中加上一根 5 日均线，趋势就能看清楚，也好操作了。方法是：股价站在 5 日均线之上，就看多做多，当股价跌到 5 日均线之下，表明股价趋势向下了，此时就应该看空做空。如按此方法操作，一些投资者在图 589 上碰到的困惑就可以得到完美解决（见下图）。

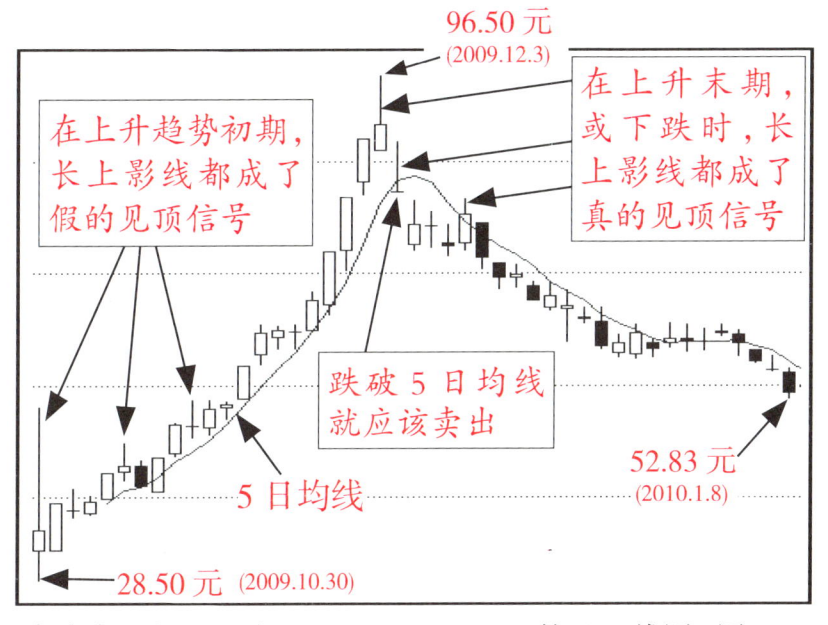

吉峰农机（300022）2009.10.30~2010.1.8 的日 K 线图　图 591

我们再来看图590。图中的平顶、十字线、跌停大阴线,这些都是K线见顶信号,但股价并没有因为它们出现了就掉头下行,反而是越走越高。显然这些K线见顶信号都是假的,是技术骗线。其实,要识别这些技术骗线也不难,只要在图中加上5日、10日、30日均线就可以锁定该股的运行趋势。图中加入这些均线后,大家就可以看出,该股这一段运行的是逐浪上升的走势。熟悉均线的人知道,股价在逐浪上升时,只要逐浪上升形的底线(该股逐浪上升形的底线是30日均线)不跌破,就持股待涨,看多做多。这样主力用平顶、大阴线等做技术骗线的阴谋,在你身上就起不到任何作用(见下图592)。

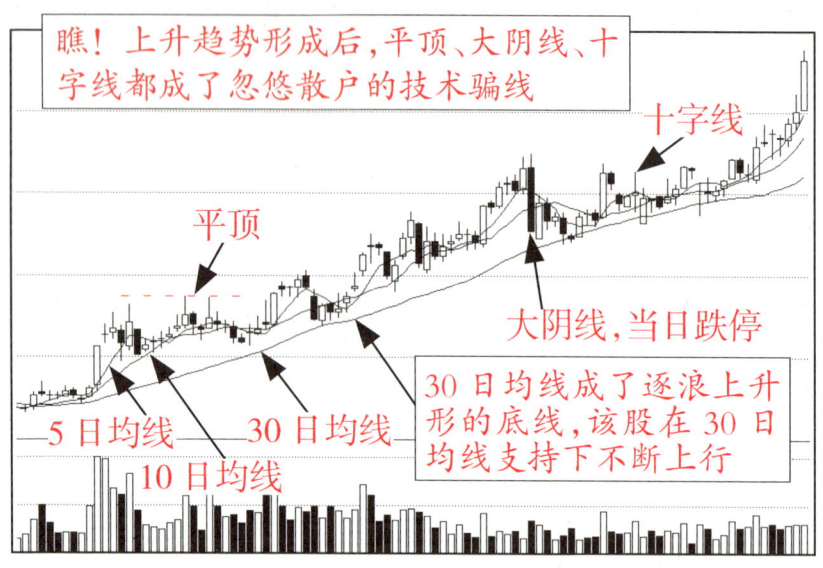

瞧!上升趋势形成后,平顶、大阴线、十字线都成了忽悠散户的技术骗线

十字线

平顶

大阴线,当日跌停

30日均线成了逐浪上升形的底线,该股在30日均线支持下不断上行

5日均线　30日均线
10日均线

潞安环能(601699)2006.11.20~2007.4.16的日K线图　图592

说明:本书容量有限,若要详细了解如何借助均线来判断股价运行趋势、识破K线中的技术骗线,有关这方面知识,请翻阅《股市操练大全》第二册第16页~22页、第60页~75页,第七册第128页~166页。

股市赢家自我培训测试题　No.207

考考你(K线实战难点解析一题一练)

在一次识顶逃顶研讨会上，一位高手语惊四座，对识顶逃顶作了全新的诠释。他说，能在头部出逃的称为高手；能在次高位出逃的称为中手；等走势明朗，技术破位后出逃的称为低手；连技术破位都不知道出逃的称为输手。随后高手以头肩顶为例(见下图593)阐述了他的观点。

另类头肩顶卖点示意图

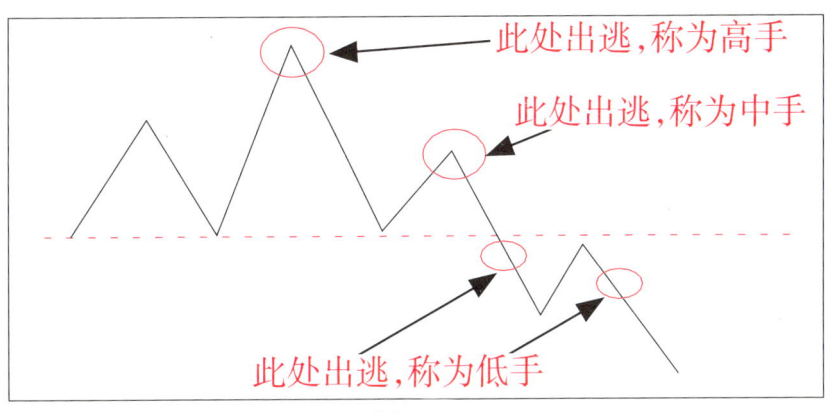

此处出逃，称为高手
此处出逃，称为中手
此处出逃，称为低手

图593

不过，这位高手认为，如要按他的方法去操作，成为一流的逃顶高手，必须具备三个条件。

请问：你认为高手说的究竟是一个新观点还是在故弄玄虚？它有无实用价值？他说的三个条件是什么条件？

答 我认为高手并不是在故弄玄虚，他的观点是有道理的，而且很新颖。传统的技术理论是把颈线作为一个特定标志的，即股价跌破颈线才视为看空的卖点（见下图594），而这种"在头部出逃称为高手；在次高位出逃称为中手；技术破位后出逃的称为低手"的观点，以前还没有听说过。这也许是高手在理论上的一种"创新"吧。

高手这个创新，是有它的实用价值的。如以头肩顶为例，在头肩顶头部处出逃，与在头肩顶颈线破位后出逃，股价就差了一大截。显然，在头部出逃的比在颈线破位后出逃的赢利要大得多。从这个意义上说，在头肩顶的头部成功出逃的称为"高手"，在头肩顶颈线破位后出逃的称为"低手"，道理上是完全说得通的。

传统的头肩顶卖点示意图

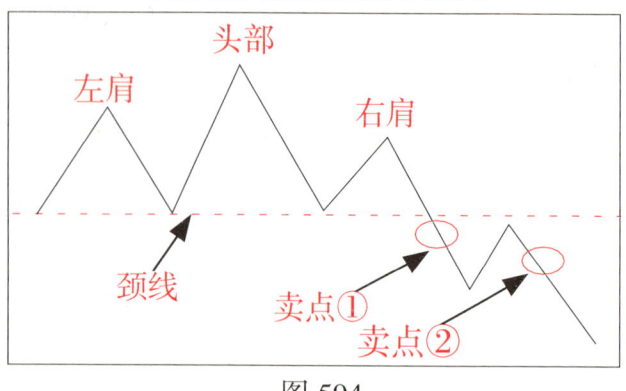

图594

当然，在实战中，真正要做到像高手说的能在头部出逃，是一件很不容易的事。它必须具备高手说的三个必备条件。

第一个条件，当事人对股价头部形成的机理必须非常熟悉。比如头肩顶,就要说出头肩顶究竟是如何形成的,它有哪些技术要素,等等。只有"知其然而且知其所以然"了,才能自觉地做到选择最佳的位置出逃。下面我们不妨回顾一下头肩顶究竟是如何形成的。

  首先大家要知道,头肩顶的特点是形态构筑的时间较长。按理说,主力出货应该是求快,因为耗时越长,则出货意图越易暴露,这样就会导致出货成本上升。按照这个逻辑推理,主力出货不应该选择头肩顶出货,但是当主力手中的货数量特别大,操作的个股又是大盘股时,情况就会发生变化。因为这个时候主力首先会考虑如何出货才能将手中的货出干净。鉴于用小的技术图形(如尖顶)进行出货,出货量太小,无法达到出货的目的,此时主力必定会采用在高位能把出货时间拉长的一种方式进行出货。于是就出现了头肩顶这样大型的出货技术形态。

  头肩顶包括三个峰、二个谷、一条颈线这些要素,在技术面上是强烈的见顶信号。当股价上升到一定高度,主力开始诱多,让市场形成惯性上冲,自己则悄悄派发,导致股价回落至头肩顶颈线附近,从而形成头肩顶的第一个"峰"(即头肩顶的左肩)。但此时主力并未完成派发,同时市场对后市还存在幻想,因此主力会借势推波助澜,让股价创出"新高",但主力是真出假进,借拉高出货,并非真的要推升股价,于是股价再次掉头向下,形成头肩顶的第二个"峰"(即头肩顶的头部)。第三个"峰",即头肩顶的右肩,对应的成交量最小,这时多头连受打击,有规律出现的大卖单已经引起了市场的警觉,市场形成了做空的合力,于是出现了股价跌破头肩顶颈线的现象。至此头肩顶宣告成立。

一般而言,当头肩顶形态成立后,意味着主力已完成出货任务,在以后相当长一段时间内将维持着低迷状况。所以,头肩顶破位后,投资者就不要对这些个股寄于幻想了,要作好它们长期下跌,跌幅超出市场预期的思想准备,不要轻易去抄底,以防套在半山腰。

第二个条件,当事人若要做到在头肩顶的头部出逃,就要对主力惯用的"创新高诱多出货法"【注】有深刻的了解。因为头肩顶的左肩形成后,接下来出现的创新高就是假的。因此,只有对真假创新高具有较强鉴别能力的投资者才能看清主力的意图,进而才能做对行情。

第三个条件,当事人一定要有丰富的实战经验。因为从技术上说,头肩顶框架形成后,在颈线未跌破前,还不能说它是真的头肩顶,也有可能是主力用它来吓唬大家进行洗盘的,这种情况在股市中时有发生(编者按:本书就举了这样一个例子,请参见本书第176页图294)。因此,在头肩顶颈线尚未跌破前就能确定它是头肩顶,判断是主力在有计划地大规模出货,这就要看当事人的眼力了。但要练就一双好眼力,练成一付火眼金睛,决非一日之功,只有经过长期的磨炼,积累了丰富的实战经验后才能如愿以偿。

【注】关于"创新高诱多出货法"的特征、技术意义与相关实例,详见《股市操练大全》第七册第303页~第313页。

股市赢家自我培训测试题　No.208

考考你(K线实战难点解析一题一练)

（上接No.207）在识顶逃顶的专题讨论会上，又有一位高手发表了自己的看法。他认为看到行情见顶信号出现了，这个时候再出逃，是被动出逃；而在行情见顶前夕，见顶信号还未出现时出逃，是主动出逃。他在十几年炒股生涯中，运用主动出逃法获得了巨大成功。他解释说，主动出逃就是止盈出逃。当然恒量止盈出逃也有一个成功标准的问题，即止盈卖出的价格离开后面实际见顶的价格，误差不能太大，越接近越好。比如，股市从1664点反弹上来，2000点、2200点、2400点、2600点卖出，都不能算成功，因为这轮行情是在3478点见顶的，只有在3000点上方止盈才算主动出逃获得了成功。据了解，这位高手的止盈出逃主要有三种方法，即"目标位止盈出逃法"、"创新高止盈出逃法"、"整数关止盈出逃法"，每一种方法都有大量成功的案例。

现在请你猜猜，这位高手的目标位止盈出逃法、创新高止盈出逃法、整数关止盈出逃法，究竟包含一些什么内容，它对我们的日后操作有何帮助。

答 高手说,"目标位止盈出逃法"的核心,一是要明确股价上涨的目标位在何处;二是到了这个目标位就要卖出。这两点做好了,目标位止盈出逃也就成功了。

高手告诉我们,股市里很多时候,上涨的目标位事先都能作一个大致的测算。现在以大跌后的反弹为例,第一反弹目标位可设定为"整个跌幅×0.382+本轮大跌的最低指数(或股价)",第二反弹目标位可设定为"整个跌幅×0.5+本轮大跌的最低指数(或股价)",第三反弹目标位可设定为"整个跌幅×0.618+本轮大跌的最低指数(或股价)"。

比如,2007年10月16日上证指数在6124.04点见顶,2008年10月28日上证指数最低跌至1664.93点,这轮大熊市总共跌去4459.11点。那么,1664点反弹的第一目标位就可以算出来了,即"4459.11×0.382+1664.93=3368.31点"。当股指上行到了这个第一反弹目标位就要止盈出局。因为到了这个目标位,指数见顶的可能性很大。

又如,一个底部构筑成功后,向上反弹的目标位也是可以测算的。这里举一个例子,上证指数在2010年5月~2010年9月期间构筑了一个头肩底,当指数冲过头肩底颈线向上突破时,就可以计算出它的第一反弹目标位应该是3053.34点(具体计算方法见下图595中的说明)。若指数到了这个点位就应该主动止盈出局,规避风险。

以后的事实证明,这两次上证指数反弹见顶的实际点位都越过了预计的反弹目标点位,但相差点位不大,止

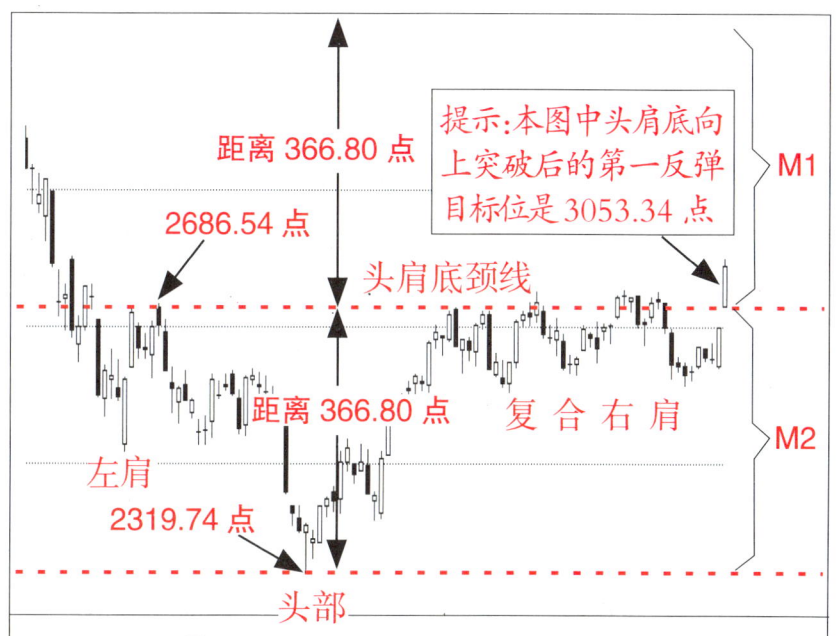

说明：①依据技术图形规则，无论是头肩底、双底，也无论是向上突破还是向下突破，M1的距离与M2的距离都是对等的。故而，图中头肩底向上突破后的第一反弹目标位是：2686.54点+366.80点=3053.34点；②另可参见《股市操练大全》第六册第355页图341

上证指数 2010.4.29~2010.10.8 的日K线图　图591

盈效果显著。如果有谁真的按目标位止盈法[注]卖出，那么，在2009年、2010年肯定能成为成功逃顶的大赢家。

接着高手向我们介绍了"创新高止盈法"。据他统计

【注】事先测算上涨目标位的止盈方法有很多，有些方法很实用。若读者要了解这方面详情，可参见《股市操练大全》第四册第309页、310页，第五册第108~114页，第六册330~334页，第八册459~466页。

2/3以上的个股一旦创出新高,行情很快就结束了,市场上只有不足1/3的个股创新高后,行情是得到延续的。另外,更重要的是,大部分个股首次创新高都会出现冲高回落的现象,甚至有很多个股在接近前一轮高点时就出现了掉头向下的走势。如东软集团(600718)。1997年6月自该股首次冲到45元后见顶回落后,45元这个高点就成了该股重要阻力位。之后,1998年3月该股摸高44元后见顶回落,1999年6月冲到46元见顶回落,2000年2月该股冲到53元后见顶回落,2007年9月该股涨至51元后见顶回落。试想,若有谁用创新高止盈法操作该股,在它每次上涨中,等股价接近45元这个高点时就主动减仓,创出新高后卖出,那么该股历史上几次大顶都会逃得非常漂亮。

最后,高手向我们介绍了"整数关止盈法"[注]。其方法是:当大盘指数(请注意,若是个股就看它的股价)头几次冲击整数关时,应主动卖出,规避风险。这个方法非常实用。远的不说,就拿2009年、2010年上海股市来说,大盘每次冲击3000点整数关时,只要采取主动止盈的策略,每次都是赢家,绝不会发生在高位被套的现象。

补充说明:主动出逃是一种很重要的技巧,更多的内容,详见《股市操练大全》第五册第178页、179页,第370页、371页。

【注】关于"整数关止盈法"的详细内容与相关实例,详见《股市操练大全》第四册第320页~第322页。

股市赢家自我培训测试题 No.209

考考你（K线实战难点解析一题一练）

（上接 No.208）一位投资者对高手的"创新高止盈法"并不认同，他认为这是在误导投资者，按此操作很可能会错失一段大行情。为了证明他的观点是对的，这位投资者拿出了一张某股的周K线图，他指着图说，如果按照创新高止盈出局，显然就放跑了这个大牛股。

请问：你同意这位投资者的观点吗？为什么？此事能给我们什么启发？

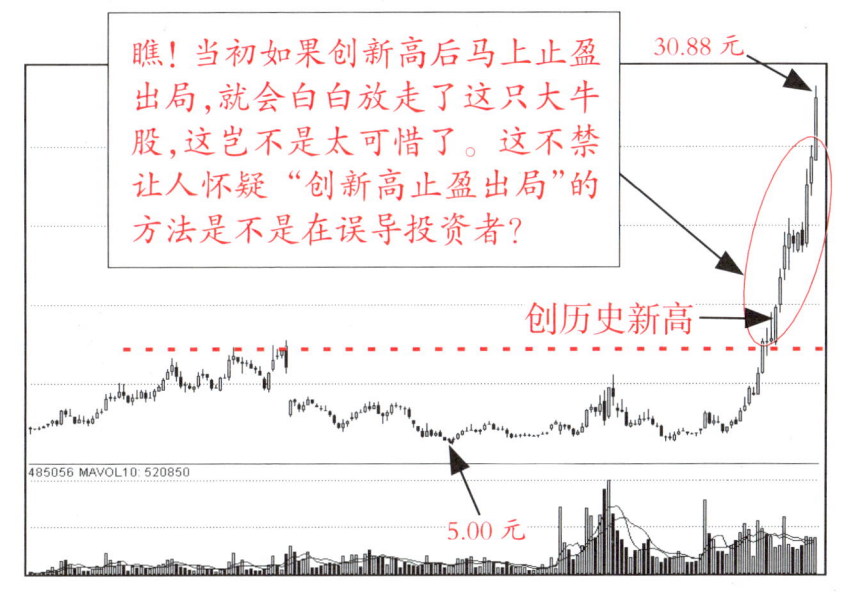

> 瞧！当初如果创新高后马上止盈出局，就会白白放走了这只大牛股，这岂不是太可惜了。这不禁让人怀疑"创新高止盈出局"的方法是不是在误导投资者？

30.88 元

创历史新高

5.00 元

锡业股份（000960）2003.8.22~2007.4.20 的周K线图　图596

答 尽管有此实例作证,但我还是认为这位投资者的观点是欠妥当的。因为高手已经声名,他的"创新高止盈法"仅适用于 2/3 的股票。这怎么能说高手在误导大家呢?在股市里,虽然有 1/3 不到的个股创新高后会延续升势,但这些个股毕竟在市场中占少数。试想,如果大家看到所有的个股创新高后都看多做多,那么结局肯定是输多赢少。从这点上看,高手的创新高止盈法并不是在误导大家,而是有其实用价值的。

但是话说回来,如图 596 的例子,创新高后就出局,确实是放走了一只大牛股。此事发生在谁的身上都会感到懊悔。其实,要解决这个问题也不是很难,方法是:第一,要学会正确区分真创新高还是假创新高。如果是真创新高,股价在突破前期高点后,会形成震荡向上或持续向上的走势;如果是假创新高,股价在突破前期高点后,则会出现滞涨、震荡向下或快速回落的走势(编者按:有关这方面的知识与操作技巧,本书后面有详细介绍,请参见本书测试题 No.214,第 485 页~第 488 页)。第二,知己知彼,百战不殆。"创新高诱多出货法"是主力惯用的手法。投资者只要把主力这种惯用手法的来龙去脉弄清楚,就知道在什么情况下股价创新高,是主力在利用它进行诱多出货,在什么情况下股价创新高,表明主力是在积极做多,想让行情继续延续下去(编者按:有关这方面的知识与技巧,详见《股市操练大全》第七册第 303 页~第 313 页)。总之,大家把这两个问题弄明白了,操作起来就有了明确方向,这样也就不会把大牛股放走了。

此事给我们的启发是:虽然创新高止盈法在股市实战中有重要作用,但也有它明显的局限性。其实,在股市中不仅仅是创新高止盈法有其局限性,其它任何操作方法都有它们的局限性。在股市里,适用任何环境、任何条件的方法是不存在的。因此,投资者一定要学会辩证地、有针对性地使用一些股市操作技巧,这样才能少犯一些错误,多创造一些赢利机会,从而在股市中把自己做强做大。

股市赢家自我培训测试题　No.210

考考你（K线实战难点解析一题一练）

识底抄底在股市中是一件很难的事。因为在股市中假底太多，抄底稍有不慎就会套在半山腰。但有一位高手抄底时却另有一套。据了解，虽然用他这套方法，抄底并不能保证绝对成功。但统计下来，成功概率可以达到7成。这个成绩在股市中已经是相当了不起的。

那么，这位高手抄底的另有一套究竟是什么方法呢？据知情人介绍，他的抄底招数主要有三方面的内容：①极限低点买入法；②"脚"踩"头"低点买入法；③历史低点买入法。

现在请你猜猜，高手这三个抄底"妙招"究竟是什么内容？它有何实用价值？

抄底不慎，套在半山腰的现象可谓屡见不鲜。如真有一种抄底好方法可觅，那太珍贵了。

一、极限低点买入法。 高手说,大盘的极限低点是能算出来的,但个股的极限低点计算就比较复杂。先说大盘,大盘下跌都是一波一波跌下来的,而每一波下跌的极限位置在20%~25%之间,因此当大盘一波下跌幅度超过20%时,投资者就要意识到机会可能来了。另外,对大盘走熊后总的下跌幅度也可以算出它的极限位,这个跌幅的极限位置就在70%~80%之间。这是为什么呢?因为大盘再怎么跌,跌幅超过80%的概率是非常小的。1994年大熊市,上海股市跌了79%,在最关键的时刻,管理层推出了三大救世政策,第二天股市就大涨33%(当时尚未实现涨跌停板),此后大盘就反转向上了。从国际上看,全球百年股市中,各国股市走熊的年份很多,但跌幅超过80%的仅发生过5次(编者按:该资料详见《股市操练大全》第七册第172页),这些跌了80%以上的股市都是因为当时所在国家或地区的政治、经济出了大问题,才导致这样结果。从我国情况来看,政治、经济都很好,就不大可能发生跌幅超过80%的超级大熊市。

高手说,依据这个理论,2008年,当沪深股市跌幅接近70%时,就可以判断股市进入底部区域了。虽然在当时,我并不知道股市究竟会跌到什么地方才是真正的谷底,但我知道这轮熊市最大跌幅不会超过80%,于是我在市场一片恐慌之际,开始逢低吸纳了。这一次操作我又获得成功。这说明极限低点买入法是一种很实用的操作方法,用它来抄底,胜算概率很高。

个股的下跌极限位置计算比较复杂。在股市里,一轮熊市下来,跌幅超过90%的,甚至退市的股票都有(如一些ST股票),但大多数股票跌幅都不会超过80%。因此,只要在股市中不是被过度炒作的,基本面很好的股票,跌幅超过60%就可以判断进入底部区域了,基本面一般的股票,跌幅超过70%也可以认为进入了底部区域。当然进入底部区域了,什么时候买还要看看当时的K线走势,从技术上找准恰当的时机,分批买进。

二、"脚"踩"头"低点买入法。这是什么方法呢?大家看下面图597就知道了。此图是中大科技的月K线走势图。该股在2010年1月摸高29.18元见顶,跌至2010年7月16.01元见底,然后就展开了一轮升势。从图中看,

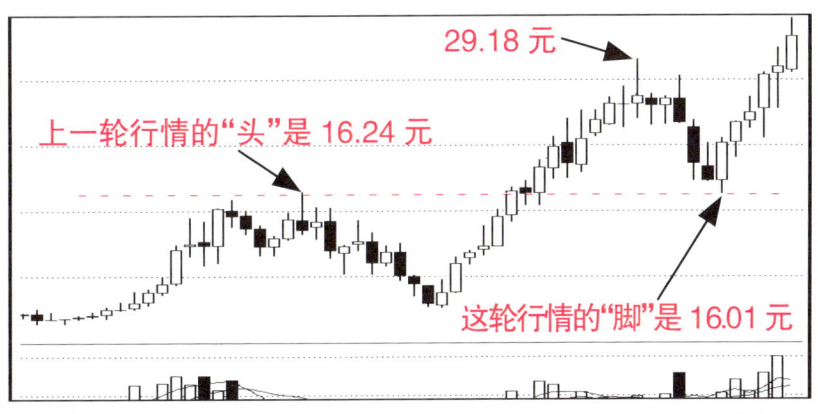

中天科技(600522)2006年5月~2010年12月的月K线图　图597

该股上一轮行情的高点在 16.24 元。我在这里打个比方，这轮下跌的最低点 16.01 元是"脚"，上一轮行情的高点 16.24 元为"头"，当"脚"踩"头"时就是最佳买入时机。

　　三、历史低点买入法。高手说，他发现很多股票跌下来，一旦见顶走熊，会跌跌不休。如果投资者在它下跌途中盲目买进或补仓，就往往会遭受深套之苦。因为这类股票涨起来很凶，一旦进入下跌趋势，跌起来也非常厉害，其走势就像过山车，哪里涨上来又会跌回到哪里。根据这个特点，当一些股票大跌接近前一轮行情最低点时，就是一个很好的买入时机（见下图 598）。

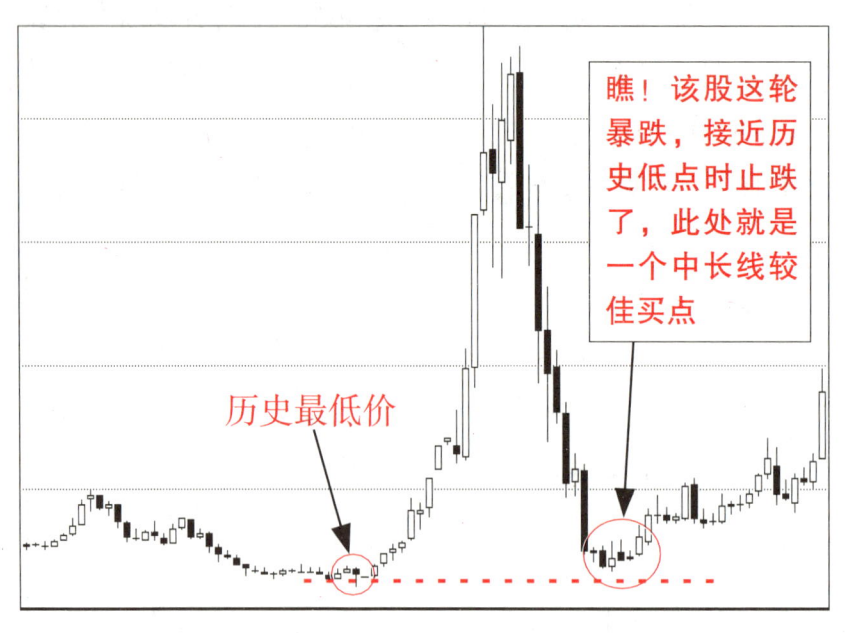

瞧！该股这轮暴跌，接近历史低点时止跌了，此处就是一个中长线较佳买点

历史最低价

南方航空(600029)2003 年 7 月 ~2010 年 10 月的月 K 线图　图 598

股市赢家自我培训测试题　No.211

考考你（K线实战难点解析一题一练）

"书中自有黄金屋"，老张对这条古训感受特别深刻。这里有个故事：2010年初夏，沪深股市遭受空方打击，指数连续下跌，市场一片恐慌。当时许多股评家看到了2000点，甚至认为上证指数将重新再考验1664点。而老张对股评一概不闻不问，他心里自有一杆称。某天，他看到股指向2300点靠拢，突然眼睛一亮，大胆炒了底。事后证明，他抄底抄对了，更令人惊奇的是，2010年11月，当上证指数冲破3100点后，他又将在抄底时买进的筹码全部卖出，在他卖出后的不久，上证指数掉头向下出现了暴跌。可以说老张在这轮行情中做得非常漂亮，几乎创造了一个完胜的记录。有人问他是怎么做到的。他回答很干脆，是看书得到的启发。下面他给大家看了一张图，他说答案就在这图中。

请问：你能从下面这张图中看出什么名堂吗？

> 一些精明的投资者凭借两条理由就预知了大盘跌至千点会出现一轮强劲的反弹。这两条理由是：①首次破千点整数关是做多信号；②通道下轨在千点附近

上证指数 2004.8.20~2005.8.17 日线压缩图　图599

答 这张图摘自《股市操练大全》第五册第 108 页。当时就有人问,2005 年夏天,上海股市走势十分严峻,市场陷入极度恐慌之中。但是,为什么有的高手能在上证指数跌到千点时,敢于大胆抄底,并且抄得非常准。书中就这个问题作了详细解答,并画了这张图。**其基本原理是,当上证指数在一个较大的下降通道里**[注1]**运行时,它的高点、低点都很明确。只要指数跌到下轨**(即它的低点)**,就是一个较佳的买点。**当时高手发现上证指数跌到千点的位置,就在通道下轨处,于是就大胆抄底了(当然还有别的买进理由,书中有详述,这里就不介绍了)。

这个案例给老张留下了深刻的印象,他发现 2010 年夏天的上证指数走势与图 599 特别相似,于是他也照样画了一张 2010 年上证指数通道运行图[注2](见图 600)。当上证指数跌到下轨处,快要接近 2300 点时,他感到这是一个低

【注1】通道有大小之分(时间越长,构筑的通道越大;时间越短,构筑的通道越小),通道越大,所选的买点或卖点的正确性就越高。因此,投资者分析行情时,应选择较大的通道作为坐标,选好买点或卖点,这样才能减少投资失误。

【注2】关于通道的画法、操作技巧与相关实例,详见《股市操练大全》第四册第 286~291 页,第五册第 88~91 页,第六册第 184~186 页。

点,于是就大胆的抄了底。事后证明这个底给他抄准了。

有人问,那么老张又是怎么知道2319点上来的这轮行情的顶在哪里呢?知情人介绍说,老张选择卖出的地方,也是依据通道进行操作的。

《股市操练大全》第四册以特别提醒的方式向大家详细介绍了通道的设置原理与操作方法(见该书第286页~291页)。书中原文中有这样一段话:股指第一次突破下降通道的上轨线,"**不仅在幅度上是有限的,在时间上也难以持久**",从大多数情况来看,股指首次突破下降通道的上轨线后产生的调整"**会相当猛烈**",所以投资者"**在股指(股价)走势第一次向上突破或冲出通道上轨线时,就应该看空、做空,卖出股票**"(摘自《股市操练大全》第四册第290页第1行~第6行)。这段话的意思说得非常明白,老张能在3100点上方果断卖出(见图600中最右边的画圈处),就是按照书中的指示进行操作的。果然,2010年11月上旬,上证指数在第一次突破通道上轨线后,没有多长时间就掉头向下,并出现暴跌。显然老张这一次又做对了。

讲到这里,大家终于明白了,老张说他对"书中自有黄金屋"的古训印象特别深刻,决不是一句空话,而是他内心的真实感悟。

老张认为,《股市操练大全》介绍了许多高手的成功操作经验,方法都很实用,这对他帮助很大。他体会最深的是,看书的时候就要把书中典型图形,重要的话都记在脑子里,真正到实战时就能派上大用场。

老张的成功,给了我们一个启发:只要认真学习,善于将前人的经验化为自己的行动,就能把握住股市的机会,从此与盲目炒股作彻底的告别。

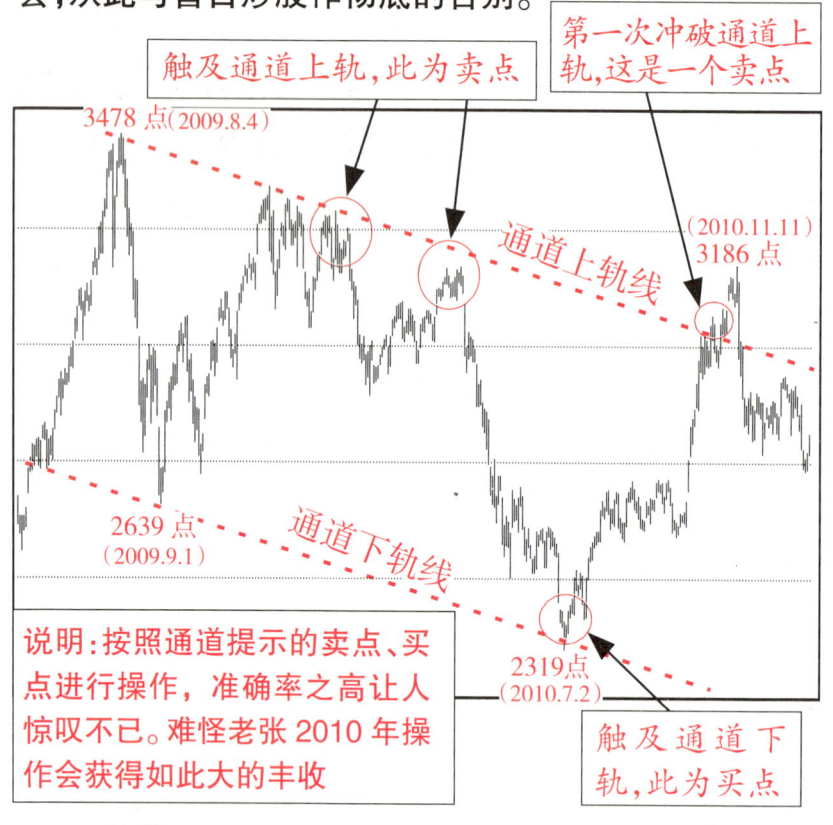

上证指数 2009.5.21~2010.12.31 的日 K 线压缩图　图 600

股市赢家自我培训测试题　No.212

考考你（K线实战难点解析一题一练）

（上接 No.211）老张的成功,引来很多人的关注。老张对向他取经的人说:炒股要有好的老师指导,一本好书就是你最好的老师。现在市场上股票书非常多,但真正好的不多,《股市操练大全》能发行200多万册,销量居全国首位（注：现在绝大部分图书发行量在5000册左右,能印上1万册的属少数）,说明很多人喜欢它。该书实战指导性很强,又通俗易懂,确实对我炒股帮助很大。

老张说,我有一个股票,这几年涨了几十倍（按该股的复权价格计算）,让我收益颇丰。有人问我是如何选中这个股票的。其实,当初为什么要选这个股票,为什么会长期看好它。这一切都是受《股市操练大全》的启发。书中的一句话"乱世XXX"与一张图给我的印象最深刻。当初我就是在这句话与这张图的指导下,选中这个股票的。

请问："乱世"后面3个字是什么字？哪张图又是什么图？你能把它们都说出来,并作一番合理的解释吗？最后请你说说该案例能给你什么启发？

答 这句话是:"乱世收黄金"。(原话见《股市操练大全》第五册第281页第22行)。

当时沪深股市里的黄金股价格都很低,书中就黄金的上涨原因作了精辟的分析,从而预见黄金股极有可能会出现一轮波澜壮阔的走势。为了说明这个问题,书中画了一张示意图(注:就是老张说的印象最深刻的一张图),形象地说明了黄金股能持续走好的根本原因(见右图601)。

山东黄金基本面多头排列示意图 图601

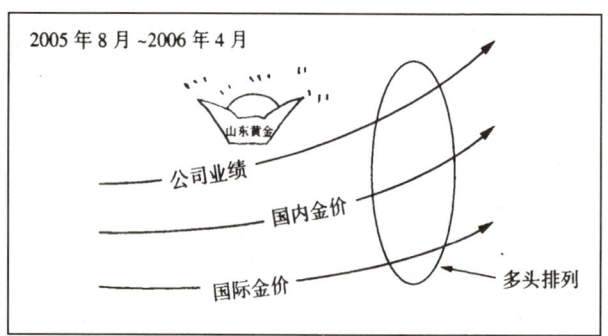

2005年8月~2006年4月

山东黄金
公司业绩
国内金价
国际金价
多头排列

(此图摘自《股市操练大全》第五册第285页)

时间一晃过去了5年,如果当初能够按照书中提示的"乱世收黄金"的思路,买黄金股的投资者,那肯定是大发了,老张就是其中的一位。他认真阅读了《股市操练大全》第五册,将乱世收黄金这句话记在脑子子里,落实在行动中,在股市里积极地对山东黄金看多做多,自然这几年就获得了惊人的回报。

该案例给投资者的启发是:看书时就要眼到、手到、口到、心到,将关键的话、关键的图记住,并用它来指导自己的行动,这样就能在股市中取得好成绩。

股市赢家自我培训测试题　No.213

考考你（K线实战难点解析一题一练）

　　做股票时间长了,你就会发现高抛低吸说起来容易,其实做起来非常难。很多人高抛低吸,最后都变成了高吸低抛,行情完全做反了,结果输得很惨。那么,高抛低吸难在哪里呢？难就难在对股价"高"与"低"的正确定位。比如,在什么情况下股价是处于高位了,在什么情况下股价是处于低位了。很多人都是一头雾水,答非所问。试想,连股价的高位、低位都区分不清楚,又怎么能够做好高抛低吸呢？

　　据了解,股市高手高抛低吸的成功率要远高于常人,原因就是他们对股价高位与低位的定位,有一套非常清晰的思路,很少出错。

　　请问:你知道股市高手是如何来区分股价的高位与低位的吗？这里面究竟隐藏着什么秘密？

　　唉！这几年高抛低吸把我搞得晕头转向,为何会如此呢？关键还是因为自己对股价高位与低位的定位,心里没个底。

答 股市高手对股价高位与低位的定位思路非常清晰。他们的全部秘密可以用两个"3"来概括。

第一,股价处于高位还是低位,必须参考三个方面的因素:①看其市盈率[注]的高低。如市盈率处于历史低位,则可视为低位;如市盈率处于历史高位,则可视为高位。②与同行业、同类型股票的股价进行比较。如股价远低于平均水平之下,就是低位;如股价远高于平均水平之上,则是高位。③看技术形态。如股价刚从底部形态走出来,可视为低位;如股价已上涨很长时间,特别是有了很大涨幅后,技术上呈现价升量缩或价平量增时,可视为高位。

第二,分析股价处于高位还是低位,必须注意以下三个问题:

(一)判断一个股票的股价处于"低位"还是"高位",**不能光看股价的高低,主要看股票本身的质地**。比如,2007年5月29日,贵州茅台(600519)的股价为109.22元,而同时有一大批题材类股票的价格在10元左右。那么,是贵州茅台的股价处于高位,还是这些题材类股票价格处于高位呢?答案很快揭晓。2007年5月30日,国家出台印花税调整政策,这对当时市场的过度投机行为是一个严重打击。随之题材股的股价纷纷回落,短短10个月,有不少题材股的股价遭到腰斩,10元跌到了5元、

【注】 关于市盈率的计算方法与操作策略,详见《股市操练大全》第三册第60页~73页,第五册第219页~221页,第八册第508页~515页。

4元,而贵州茅台的股价却不跌反涨,越走越高。那么,为什么会出现这种现象呢?其原因是:当时109元的贵州茅台的市盈率,比起那些10元左右题材股的市盈率要低得多,而贵州茅台的成长性又远胜过这些题材股。所以,按照股市中的评判标准,市盈率低、成长性好的股票,尽管它们的股价比较高,但仍然会被市场认为其股价处于低位;而市盈率高、成长性差的股票,尽管它们的股价很低,但照样会被市场认为其股价处于高位。

(二)投资者在依据市盈率、成长性分析股价处于高位还是低位时,应该注意当时的股市环境。因为在不同市场的环境下,股票的估值标准是不一样的。

比如,在牛市中,市场给予业绩优秀,且成长性预期良好的股票,合理的市盈率为三四十倍,当股价处于这个市盈率水平时,就可以认为它们的股价处于低位了;但是到了熊市,市场给予业绩优秀,且成长性预期良好的股票,合理的市盈率就会大幅降低,当它们的股价处于三四十倍市盈率水平时,这时候的市场就会认为该股股价处于高位了。所以,即使以个股的内在价值衡量其股价是处在低位还是高位,也要因时而异、因市(是牛市还是熊市)而异。

(三)股价究竟是处于高位还是低位,除了从股票的市盈率、成长性等基本面因素去评估外,有时还必须从趋势上进行判断。那么,如何从趋势上判断股价是高了还是低了呢?这里打一个比方。股价走势就像登山运动,当一个人从山下往上爬的时候,途中任何一个地方都可以看作是低位,因为他会越爬越高;但是,当一个人下山时,途中任何一个地方都可视为高位,因为他下山时会越走越低。做股票也是这个道理。

比如,曾经是沪深股市第一高价股的中国船舶(600150),2007年7月股价见到了150元。有人问,当时该股150元的股价究竟是高了还是低了呢?某高手答,当时该股的150元股价是低的。但很多人对此表示异议。事实证明,这位高手的看法是对的,因为该股当时还处在上升趋势中。此后,该股一直涨到300元才见顶回落。从理论上说,当时如果有人在150元买进,短短几个月就可以获利一倍,这应该是很大的收益了。但是在2008年3月,该股股价又见到了150元。此时该股150元的股价究竟是高了还是低了呢?同样是这位高手,态度却发生了180度大转变。他认为,此时中国船舶150元的股价太贵了。很多人听了很反感,认为高手的讲话简直是乱弹琴。为什么同一个股票,同样是150元的股价,这位高手过去认为它是低了,现在却认为它高了呢?这不是乱说一通,故意在混淆视听吗?其实高手的观点是对的,因为当时该股已处于下降趋势中。后来,果然不出高手所料,仅仅半年多时间,该股就从150元狂跌到30元(注:2008年10月,该股最低下探至30.58元),股价竟又跌掉80%。

可见,从趋势分析角度看,股价低了,不等于股价就是处于低位;股价高了,不等于股价就是处于高位,关键是要看股价处于什么趋势中。

(编者按:限于篇幅,这个问题只能说到这里。关于高抛低吸的更多内容,与高抛低吸的具体操作方法,详见《股市操练大全》第七册第505页~第513页)

股市赢家自我培训测试题　No.214

考考你（K线实战难点解析一题一练）

在一次股市座谈会上，一位老股民诉说了自己的苦恼。他说，在实际操作中最让他感到困惑的问题是，股价向上突破时如何辨别这个突破是真的还是假的，难度很大，自己在这方面有过太多的教训。比如，他说自己有好几次看到股票向上突破，或创新高时追了进去，结果被套在高位；同时，自己也有好几次看到股票向上突破，或创新高时卖出，原来希望卖出后股价会跌下来，但结果股价却一路涨了上去，从而错过了很好的赚钱机会。这位老股民说，关于这个问题，他捉摸了很长时间都理不出个头绪来。

请问，你有什么良策，可以解开这位老股民的困惑吗？（请举例说明）

唉，股市中很多东西都真假难辨，这位老股民的问题我也经常碰到。这个问题不解决，投资就很难获得成功。

答 确实每当股价向上突破，或创新高时，都面临着一种选择：它是真突破还是假突破，是真创新高还是假创新高。当事人如果选择错了，就会造成重大的投资失误。

那么，如何来辨别其中的真假呢？高手向我们提供了他们的看盘经验，这些经验是：

①**看向上突破的力度。如果是真突破，真创新高，其突破时力度往往是很大的**。比如，跳空高开直接跃过重要的阻力位，上涨时很快就封至涨停。如山煤国际（600546），2010年10月8日，在突破头肩底颈线时，以跳空高开拉涨停大阳线的方式，股价一下子就站到颈线之上，随后即出现了一轮飙升行情。如果是假突破，假创新高，其突破时力度就不是很大，即使拉大阳线，要么大阳线顶上出现较长的上影线，要么到尾盘快要结束时才勉强把股价封至涨停。如久联发展（002037），2008年1月股价向上突破创新高时，拉出的都是一些中、小阳线，中间还夹了一些阴线。那么，为何会出现这些现象呢？原来这个向上突破是假的，之后股价摸高24.20元后就一路下跌，最低跌至4.51元。

②**看危险区域停留的时间。**如果这个突破，或创新高是真的，就不会在危险区域停留很长时间，反之，停留

时间长的,就存在着假突破、假创新高的嫌疑。有人问,这是为什么呢?道理很简单,如果主力真的要往上做,一旦突破成功,就应该尽快脱离危险区域[注1],把股价拉高,这样才会形成向上的趋势,减少盘中的抛盘,并吸引更多的买盘,把股价推上去。反之,在危险区域长时间停留,股价滞涨,十有八九是主力在以假突破,假创新高为掩护,悄悄地进行出货[注2]。

③**看震荡盘整的时间**。在股市上,遇到重大阻力位,主力不会马上让股价突破这个重要阻力位,他们会通过股价长时间的震荡盘整,积蓄了相当多的做多能量后,才会引领股价向上突破。这个可以从技术图形上加以鉴别。比如,重庆啤酒(600132),它在2009年、2010年两次蓄势向上突破时,前面都经历了长时间的震荡盘整(可查看本书自测题No.190)。相反,在向上突破前,蓄势盘整时间短的个股,在冲击重大阻力位,向上突破,或创新高时,失败的概率就相当高。

④**第一次向上突破或创新高,以假的居多**。那么,这又是为什么呢?这主要是主力操盘行为所至。通常,主力

【注1】股市上有个"有效突破"的概念。有效突破的标准之一,就是股价突破颈线、下降趋势线或创新高后,必须要站在颈线、趋势线或前期高点3%以上的地方。有了这个标准,危险区域就容易理解了,股价向上突破或创新高后,低于3%的地方就是危险区域。

【注2】相关实例详见《股市操练大全》第七册第303页~313页。

看到重要阻力位,准备向上突破或创新高时,他们有个试盘的习惯,看看市场上有何反映,尔后股价又会跌下来再进行震荡整理。有时这种情况会发生多次,直到主力多次试盘,感到没有问题后,才会真正地向上发动攻击。比如,2006年下半年清华同方(600100),出现了多次向上突破无功而返的现象(其实,这些都是主力在试盘),直至2007年1月,主力才真的发力突破重要阻力位,把股价拉了上去。有鉴于此,当个股首次往上突破或首次创新高时,可采取先退出观望的策略(编者按:对突破前经过长时间的盘整,突破时力度又非常大的个股,可另当别论,此时仍可持股观望,但要设好止损点)。

⑤看是不是有效突破。股价向上突破是不是真的有效,在技术上有一个标准,即突破后股价必须高于阻力位的价格在3%以上,并且站稳的时间要超过3个交易日。如达不到这个标准,以假突破、假创新高的居多。此时就要提高警惕了。

> **友情提示**:关于如何区分真假突破,高手向我们提供了十分有用的经验。现在原则讲清楚了,关键在行动。若讲的与做的不一样,再好的经验与原则都了成空话。因此下一步就看你怎么行动了。

股市赢家自我培训测试题　No.215

考考你（K线实战难点解析一题一练）

（上接 No.214）下面 2 张图都出现了向上突破的现象。请问：这个突破是真突破还是假突破？为什么？如何操作？

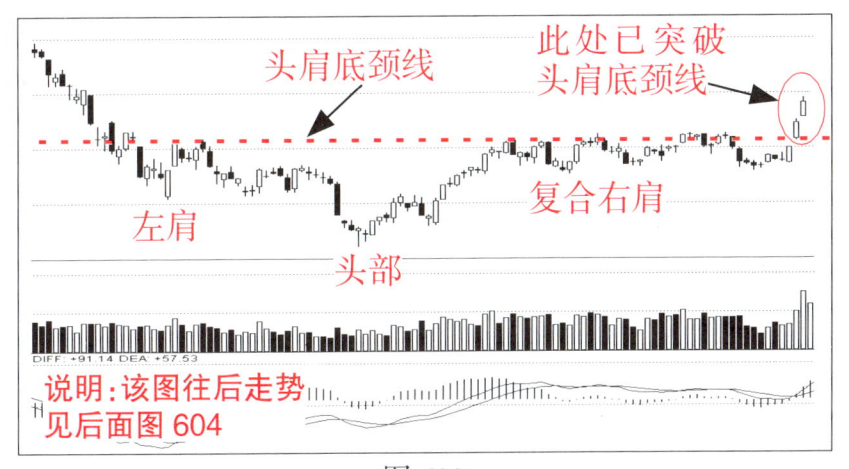

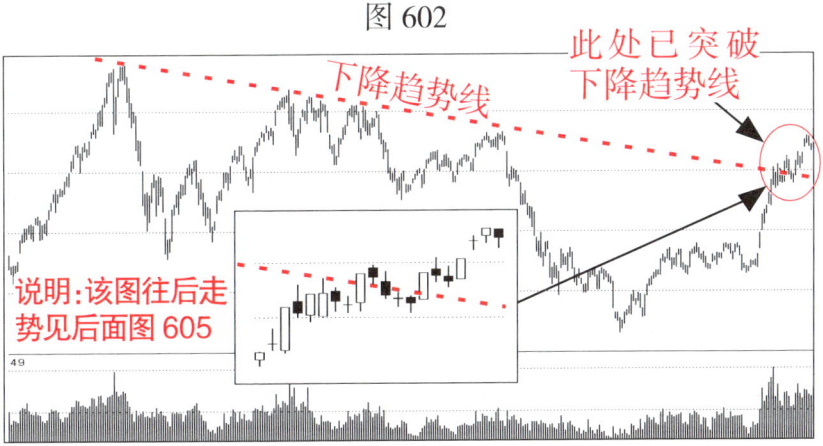

图中标注：
- 头肩底颈线
- 此处已突破头肩底颈线
- 左肩
- 头部
- 复合右肩
- 说明：该图往后走势见后面图 604

图 602

图中标注：
- 下降趋势线
- 此处已突破下降趋势线
- 说明：该图往后走势见后面图 605

图 603

答 在上一道题中,高手向大家介绍了鉴别向上突破是真是假的看盘经验。虽然当时这个看盘经验是针对个股说的,其实,这个经验对大盘也同样适用。

前面两张图都是上证指数的日 K 线走势图。其中一张图向上突破是真的,另一张图向上突破是假的。那么,如何才能看出他们的真假呢?下面我们就来作一些分析。

先看图 602。从图中看,当时上证指数在低位构筑了一个头肩底。图中画圈处已突破了头肩底的颈线,这是一次真的向上突破。判断它是真的向上突破的理由是:首先,头肩底向上突破时,指数出现连续跳空,成交量不断放大的现象,这说明当时向上突破的力度非常大。其次,这个头肩底构筑的时间已有 4 个多月,头肩底的右肩是复合型右肩,这个复合型右肩构筑的时间超过了两个月,MACD 始终在 0 轴上方运行,这说明当时指数出现盘整,主力不是在出货,而是为向上突破做蓄势准备。再有,该图显示,当时上证指数突破头肩底后,指数连续向上,迅速脱离了危险区,形成了向上的趋势。突破时成交量迅速放大,上升力量很强。根据高手判断真假突破的看盘经验,可以判断出当时上证指数头肩底突破是真的向上突破,此时马上跟进做多是一种明智的选择。果然,在这之后上证指数出现了一轮快速上涨的行情(见下图 604)。

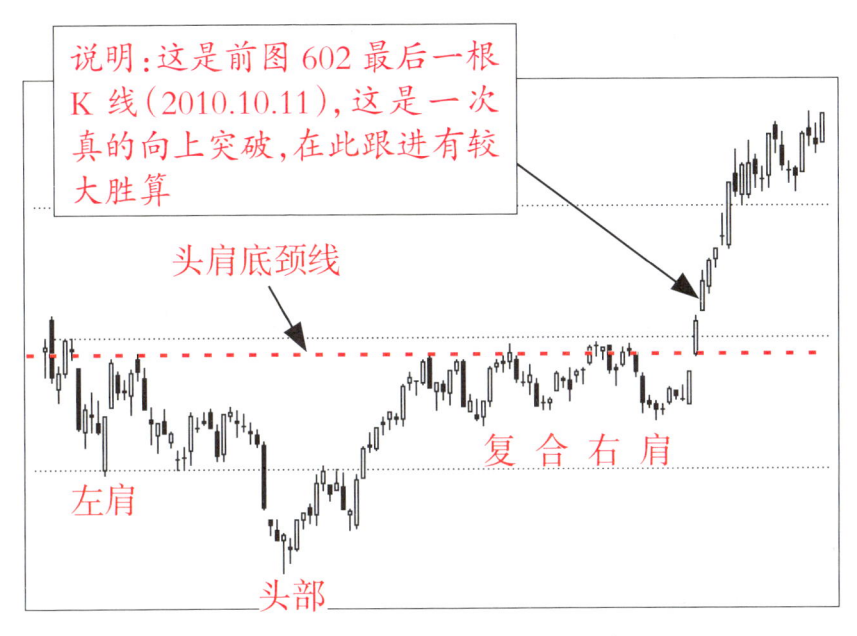

说明：这是前图602最后一根K线(2010.10.11)，这是一次真的向上突破，在此跟进有较大胜算

头肩底颈线

复合右肩

左肩

头部

上证指数 2010.5.10~2010.11.4 的日 K 线图 图 604

再来看图603，这是一次假的向上突破。为什么说它是假的呢？因为当时上证指数在向上突破下降趋势线时，出现了以下几种现象：①大盘在突破下降趋势线的过程中，向上攻击力量不强，多是一些中小阳线，中间还夹着不少小阴线，成交量也没有跟着放大；②大盘突破下降趋势线后，并没有迅速脱离危险区域，而是在下降趋势线附近徘徊；③突破前，大盘没有经过充分的震荡整理；④这根下降趋势线压制上证指数已有一年多时间，这是第一次向上突破。第一次向上突破风险大于机会。

根据高手判断真假突破的经验，综合以上几点，可以判断出当时上证指数向上突破的成功可能性极小，以假突破居多。之后的事实证明，这次上证指数果然是一次假突破，不久就出现了大跌（见下图605）。

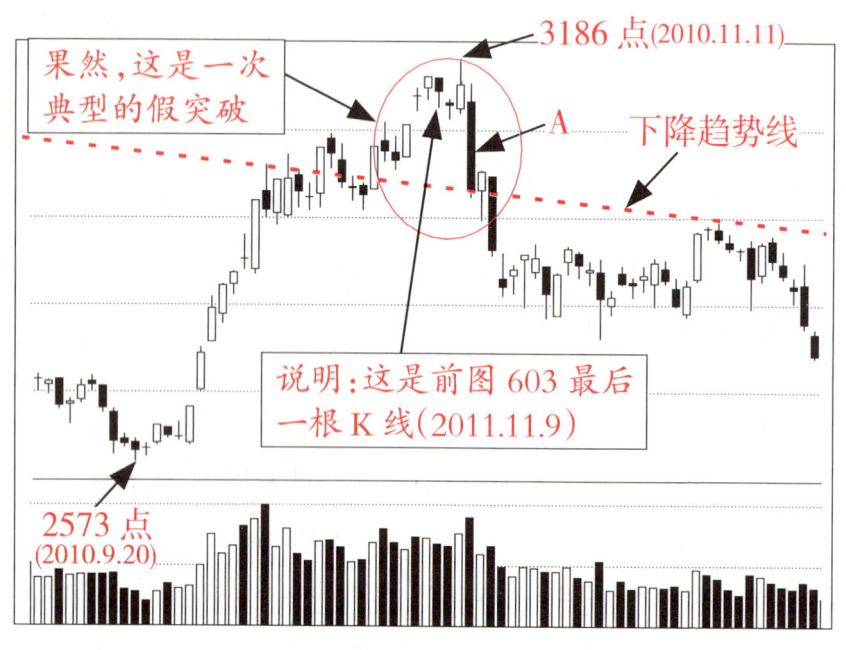

上证指数 2010.9.7~2010.12.28 的日 K 线图　图605

有人问，当发现大盘向上突破是假的，此时应该怎么办呢？答案只有一个，马上卖出，这是最佳办法。即使当时大盘已经掉头向下出现大跌，也应该马上卖出，因为还有更大的跌势等在后面。高手看盘时还有一条经验：头部出现大阴线，必须无条件地出局。上图中箭头A指的就是一根大阴线，指数跌掉160多点，当天没卖出，第二天反弹时应马上卖出，若不这样做，损失会更大。

股市赢家自我培训测试题　No.216

考考你（K线实战难点解析一题一练）

如何区别震荡出货与震荡洗盘，是股市中最难解决的问题之一。有人为了探索这个问题，设计了一张表（见下面），该表被证明很有实用价值。现在请你把表中空白处的内容填上，将它献给广大读者。

震荡洗盘与震荡出货鉴别方法一览表

鉴别方法	震荡洗盘	震荡出货
①依据主力（庄家）的心理卖出价位进行鉴别	出现震荡时，股价远低于主力（庄家）的心理卖出价位	出现震荡时，股价已接近或超过主力（庄家）的心理卖出价位
②依据震荡幅度的大小进行鉴别		
③依据震荡次数的多少进行鉴别		
④依据震荡时间的长短进行鉴别		
⑤依据换手率的高低进行鉴别		
⑥依据大阴线或大阳线的多少进行鉴别		
⑦依据均线是否发挥支撑作用进行鉴别		
⑧依据股价突破方向进行鉴别		

答 表格填写如下：

震荡洗盘与震荡出货鉴别方法一览表【注】

鉴别方法	震荡洗盘	震荡出货
①依据主力（庄家）的心理卖出价位进行鉴别	出现震荡时，股价远低于主力（庄家）的心理卖出价位	出现震荡时，股价已接近或超过主力（庄家）的心理卖出价位
②依据震荡幅度的大小进行鉴别	较小	较大
③依据震荡次数的多少进行鉴别	较少	较多
④依据震荡时间的长短进行鉴别	较短	较长
⑤依据换手率的高低进行鉴别	较低	较高
⑥依据大阴线或大阳线的多少进行鉴别	较少	较多
⑦依据均线是否发挥支撑作用进行鉴别	有	无
⑧依据股价突破方向进行鉴别	向上	向下

【注】关于该表格内容的详细说明与相关实例，详见《股市操练大全》第七册第456页～第494页。

股市赢家自我培训测试题　No.217

考考你（K线实战难点解析一题一练）

周老师是《股市操练大全》培训中心的一位资深教师，他上课与众不同，经常叫学员背一些典型图例。他的观点是：只有把典型图例背下来，印在脑子里，才能炒好股票。比如《股市操练大全》习题集之一，这本书中有一张"螺旋桨K线操作示意图"（见下图），每次有新学员来培训时，他都会叫他们把这个图形与对应的操作策略背下来。周老师这种做法引起了一些人的非议，有很多人感到难以理解。

请问：你理解周老师这种做法吗？为什么？

说明：

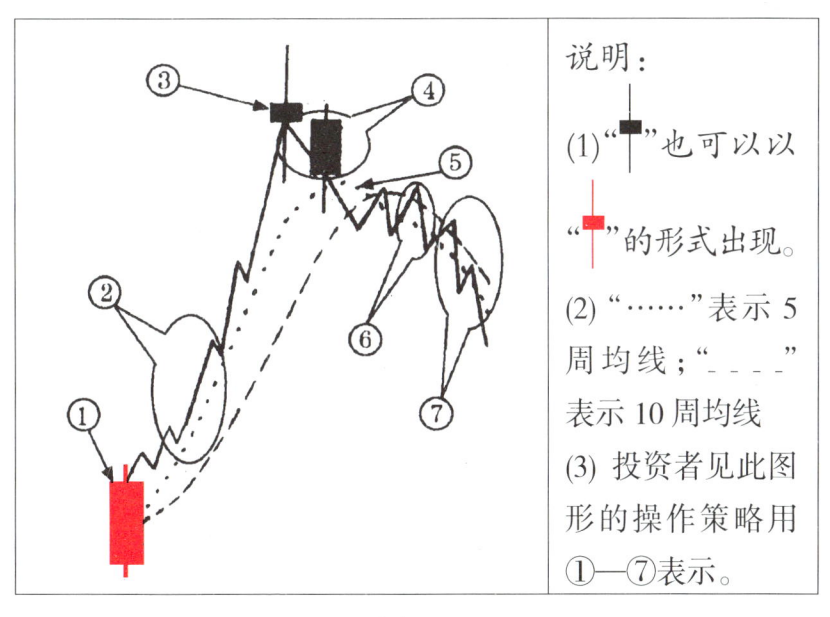

(1) "┳" 也可以以 "┻" 的形式出现。

(2) "……" 表示5周均线；"- - -" 表示10周均线

(3) 投资者见此图形的操作策略用①—⑦表示。

图606

答 我很理解并赞成周老师这种做法。理由是：在股市中,历史经常有惊人的相似之处。我们发现,股市中有许多典型图形是一而再,再而三地出现的。如周老师叫大家背的"螺旋桨K线操作示意图",其中关于④的文字说明是："股价一旦低于螺旋桨K线的下影线,就应全部抛空出局(编者按：其它①、②、③、⑤、⑥、⑦的文字说明见《股市操练大全》习题集第14页~15页)。"如果投资者把图606记住了,并把"④"的文字说明背熟,在很多地方就能派上大用处。这里举几个例子。

实例一：上海B股。2001年上海B股曾经出现过一轮飚升行情,其见顶时,在周K线图上出现的就是一根螺旋桨K线。当股指跌到螺桨K线下影线之下时,按照示意图④中的说明,应全部卖出,这样就可以规避后面大跌的风险(见下图607)。

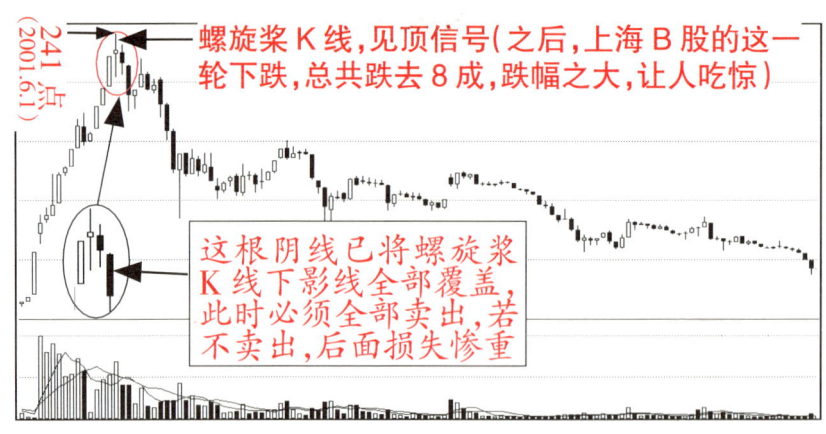

241点(2001.6.1)

螺旋桨K线,见顶信号(之后,上海B股的这一轮下跌,总共跌去8成,跌幅之大,让人吃惊)

这根阴线已将螺旋浆K线下影线全部覆盖,此时必须全部卖出,若不卖出,后面损失惨重

上海B股指数 2001.2.16~2003.8.22 的周K线图 图607

实例二:沙河股份(000014)。2007年8月,该股见顶时也是拉出一根螺旋桨K线,第二天一根中阴线就将螺旋K线的下影线全部吞吃掉了,按照示意图④的说明,应马上抛空。如此操作,这个顶就逃成功了(见下图608)。

图中标注:
- 28.19元(2007.8.3)
- 螺旋桨K线,见顶信号(之后,该股大跌86%,可谓跌得惨不忍睹)
- 这根中阴线,确认了螺旋桨K线的见顶信号,必须马上卖出

沙河股份(000014)2007.7.4~2008.4.22的日K线图 图608

实例三:农业银行(601288)。该股是2010年上市的,当年曾出现过两次上涨行情,这两次行情见顶时都出现过螺旋桨K线,投资者如果看到螺旋桨K线下影线被跌破就马上卖出,两次大的跌势都可以躲掉。(图略)

有人问:将来沪深股市与国际股市接轨了,投资者把螺旋桨K线操作示意图背下来还有用处吗?答案应该是肯定的,它不但有用,而且用处非常大。因为K线图形在股市里是通用的,过去、现在、将来都是如此,只要有股市存在,无论是新兴市场,还是成熟市场都有其用武之地。

为了说明这个问题,下面我们再来看成熟市场的一个实例。

实例四:海信科龙(HK0921)。这是香港股市的一只股票,下图是该股的月K线走势图。香港股市是成熟市场,它已经完全国际化了。从图609中看,该股两次都是出现螺旋桨K线后见顶的。投资者如记住螺旋桨K线操作示意图的示例,"按图索骥,照章办事",两次顶都会逃得非常成功(编者按:如当时真的出逃了,那是非常幸运的。因为该股这两次见顶后,就一路走熊,跌幅巨大)。

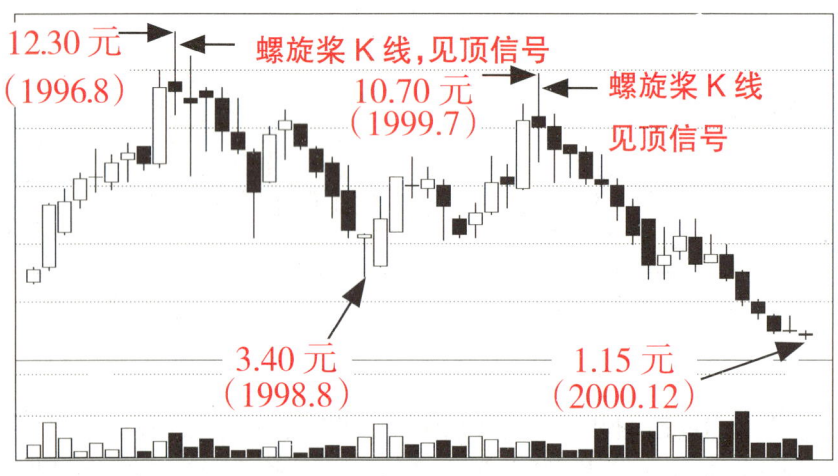

港股海信科龙(HK0921) 1996.11~2000.12 的月K线图 图609

当然股市中典型图例并非只有"螺旋桨K线操作示意图"一种,其他图例有很多。据统计,常见的典型图例大约在60个左右。(编者按:《股市操练大全》编写组从实战要求出发,将这些典型图例,分散在《股市操练大全》各册中,因时因地向读者作了详细介绍)。大家只要把这些典型图形记住了,操作起来就方便多了,做股票胜算的概率自然会大大提高。请记住这句话:当你把典型图例都记住的时候,股市赢家的大门就向你敞开了。

股市赢家自我培训测试题　No.218

考考你（K线实战难点解析一题一练）

周老师说：做股票要学会抓大放小，因为抓大放小是赢家思路，而抓小放大是输家思路。现在请你结合下面图610、图611（这两张图属于同一个股票，图610是该股近2个月来的日K线图，图611是它上市一年多来的日K线压缩图），说说什么是抓大放小，抓大放小具体应该怎么操作？

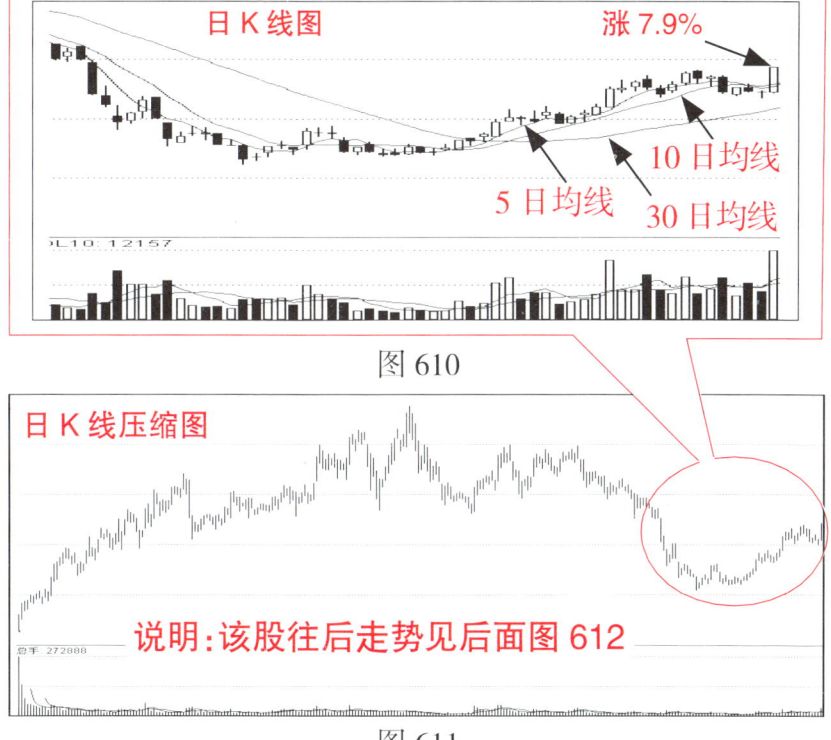

日K线图　　　涨7.9%
5日均线　10日均线　30日均线

图610

日K线压缩图

说明：该股往后走势见后面图612

图611

答 周老师是《股市操练大全》培训中心的资深教师，他讲课深入浅出，贴近实战，很受大家欢迎[注]。我听过他的课，对他抓大放小的观点印象非常深刻。

所谓抓大放小，是指大的趋势把握准了，小的，即短期利益可以放弃。 就拿本题中的个股来说。从图610看，该股近期上涨势头很好，5日、10日、30日均线出现多头排列，成交量呈现价升量增的情况，最后一根K线是阳线，涨了7.9%。此时看多做多的理由似乎很充足。但从图611看，情况就不对了。大家只要在图中加一条直线就可以发现，该股前面已经构筑了一个复合型的头肩顶（见图612中的"说明"）。头肩顶颈线破位后，股价下跌到阶段性低点止跌，并出现了一轮反弹走势，现在反弹已接近头肩顶颈线。从理论上说，反弹到颈线处受阻的可能性非常大，所以此时看多是错误的，应该及时卖出，以规避风险。

抓大放小，必须要抵御短期利益的诱惑。 比如，光从图610看，该股短期走势并不坏，继续持股还可能再多赚一点，但从图611看，股价反弹到颈线附近，就需要有果断了结不贪小利的勇气。因为此时只有放弃"小"的利益才能保住"大"的利益。在股市中，大小利益统吃是贪心的表现，事实上也很难做到。

【注】周老师讲课的内容确实很精彩，如要了解详情，可参见《股市操练大全》第八册第1页～第210页。

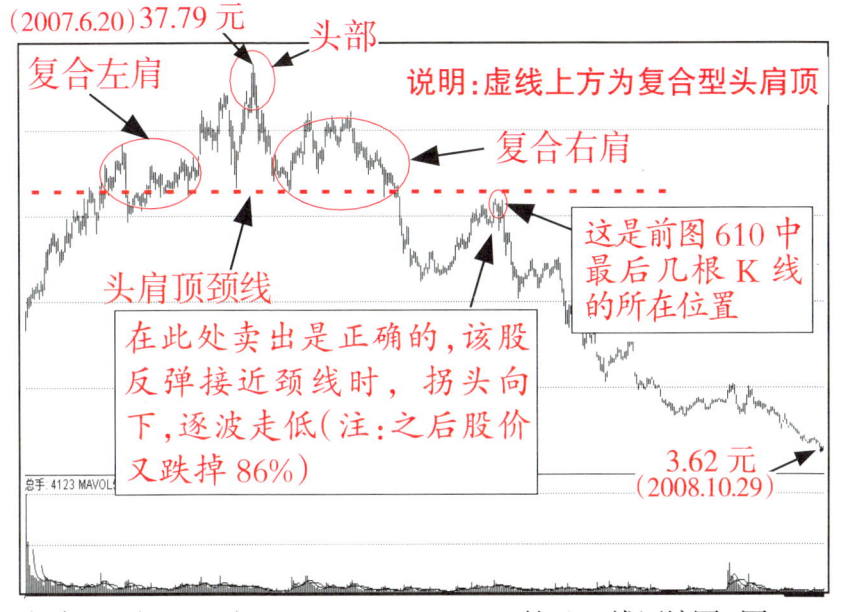

海鸥卫浴(002084)2006.11.24~2008.10.29的日K线压缩图　图612

其实,不光是头肩顶破位后,其他技术图形破位后,也应该这样操作。如日后出现反抽或反弹,不论当时的短期走势如何强劲,都要记住"抓大放小"这个原则。当股价接近颈线(或底边线、下边线)时都应坚决卖出。

下面我请大家再来看一个实例。图613是一张沪市某股的周K线图。从图中看,该股在2007年6月~2008年4月构筑了一个下降三角形。当下降三角形向下破位后,其底边线(相当于颈线)就成了该股日后反抽或反弹时的阻力。该图显示,股价在下降三角形破位后,几次反抽、反弹到底边线处都出现了掉头向下的走势。可见,在该股下降三角形底边线被跌破后,若盘中出现反抽或反

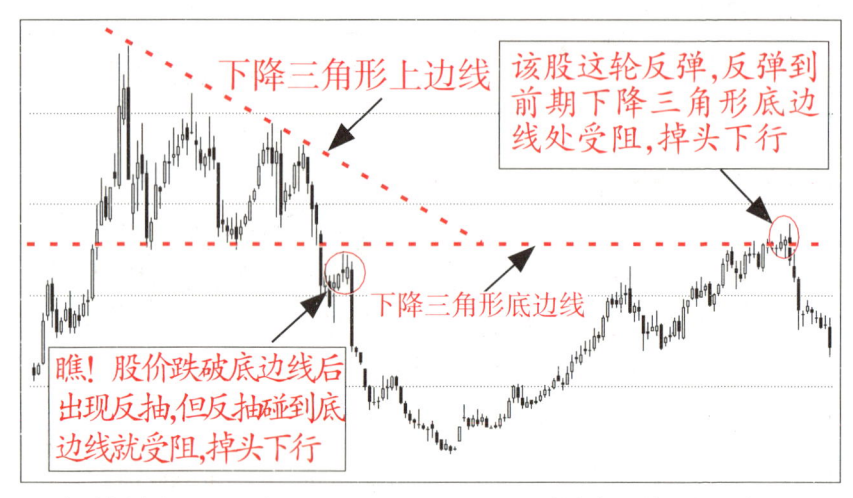

轻纺城(600790)2006.12.29~2010.7.2的周K线图　图613

弹时,只要见到股价快要接近下降三角形底边线时,就选择主动退出者,每次都是赢的。

以上实例充分说明,抓大放小确实是赢家思路[注]。周老师曾语重心长地告诫他的学员,这是一条非常重要的历史经验,一定要牢牢地记住它,并且真正能落实到行动中,这样就能把自己早日做强做大。

【注】当然,有时也会有个别例外的情况发生。比如,少数有重大利好的个股,在反弹时会出现突破底边线或颈线后,形成继续上涨的现象。那么,遇到这样的情况怎么办呢?投资者操作时,可先按"抓大放小"的原则,在股价触及底边线或颈线处,先主动退出,然后仔细观察,如发现股价冲破颈线,并且站稳了,可考虑再买进。这样做,最多损失一些手续费与短期差价,但换来的却是资金的安全,如此也是值得的。

股市赢家自我培训测试题　No.219

考考你(K线实战难点解析一题一练)

K线理论告诉我们,盘中出现K线见顶信号,只有通过后面K线的验证,才能确定其见顶信号是否真实有效。但奇怪的是,某高手在涨势中看到下面几种分时走势图形,未经后面K线验证,就马上判断行情见顶了,在收盘前已将股票卖出。

请问:高手的这种做法对不对? 为什么?

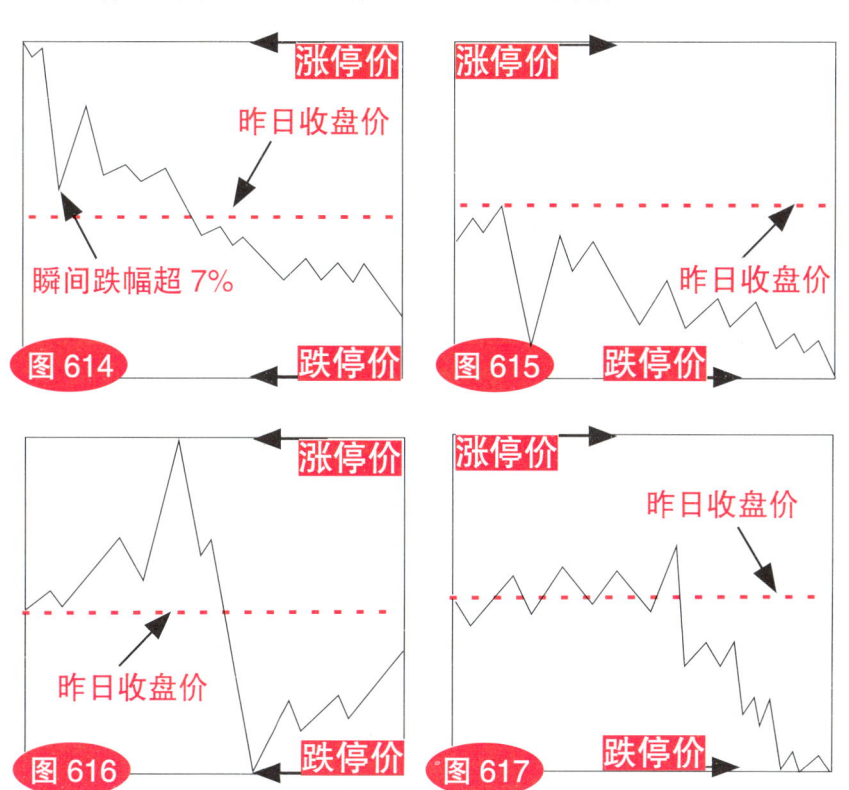

图614　瞬间跌幅超7%　昨日收盘价　涨停价　跌停价

图615　涨停价　昨日收盘价　跌停价

图616　昨日收盘价　涨停价　跌停价

图617　涨停价　昨日收盘价　跌停价

503

答 高手的这种做法是对的。理由是：高手贯彻了"**买进要谨慎、卖出要果断**"[注]的赢家理念。股市是一个高风险市场,当发现危险已迫近,此时斩仓出局是明智之举。虽然在通常情况下,K线见顶信号出现后都需要有后面的K线来验证确定,这是因为K线上存在技术骗线的情况,不这样做就很可能出现误判。比如主力洗盘时,会拉出K线见顶图形来吓唬大家,如果我们看到K线见顶信号出现就马上卖出,很可能会被主力洗盘出局。但是如果我们坚持K线见顶信号需要后面的K线来验证的原则,一般就不会上当受骗。不过任何事情都有例外,当一些特殊情况发生时,就不能死守这个原则,而应当采取一些灵活的处理办法。本题中的4张分时图就属于特殊情况。这4张图已很明确地反映出主力在拼命出逃,此时出现技术骗线的可能性很小,投资者见此图形就应该当机立断,马上卖出。此事就好比路上看见一个凶手正准备拿刀向路人行凶,警察会马上将其击倒,而不必等到凶手拿刀刺伤行人,有了犯罪证据以后才将其击倒的道理是一样的。根据资料统计,以高手这样的方式操作,成功概率很高,错误率不到15%。

高手告诉我们,为什么见到图614~图617这几张

【注】为什么"买进要谨慎、卖出要果断",关于这个问题的详细解说,请见《股市操练大全》第四册第13页~第17页。

分时图,必须马上卖出呢?原因是:股价在涨势中出现波动是正常的,但当日股价波动幅度太大的时候就要注意了,尤其是股价跌幅超过7%,或出现一路低开低走,高台跳水的现象,就更应该引起高度警惕,如果此时成交量也出现放大,那么基本上就可以判断主力在出货了。大家想一想,主力大量出逃了,留在里面继续看多做多,那岂不是被瓮中捉鳖吗?所以投资者应该果断卖出。

高手接着说,其实真的看清楚主力意图了,当日卖出还是很容易做到的。

比如图614,该股以涨停或接近涨停的价格开盘,但开盘后很快就一路下挫,瞬间跌幅超过7%,尔后又跌破了昨日的收盘价,主力仓皇出逃的现象十分明显。对这样的走势,投资者就不要寄予什么幻想了,应马上在当日股价第一次反弹时,即卖点①处卖出,未来得及卖出者,应继续在卖点②、卖点③处抓紧卖出(另外2个卖点的设置见图618)。

又如图615,该股以平开或低开的价格开盘,然后就一路盘跌,最大跌幅达到10%,当日的K线收一根大阴线已无悬念。出现这样的走势,说明盘面已完全被被空方控制。投资者若发现当日股价跌幅超过7%时,就应该知道主力在撤退了,此时必须马上卖出(卖点见图619)。

再如图616,该股当日的分时走势出现上下激烈震荡,震幅接近20%,最后收出的是一根阴线实体的"螺旋桨"K线。股价在高位出现这样的图形,十有八九是见顶了,此时投资者应及时卖出,规避风险(卖点见图620)。

最后再来看图617,分时图上显示,股价在后面出现了高台跳水,这反映主力在迫不及待地大量出货,局势已变得非常严峻,投资者见到这样的图形就要当机立断,马上卖出(卖点见图621),否则就很有可能被套在高位。

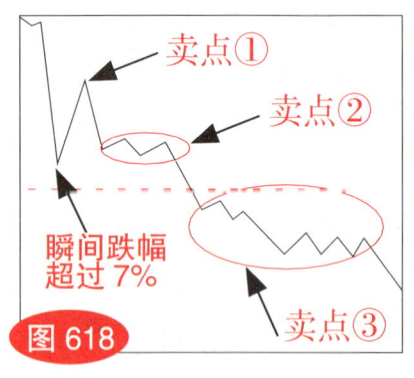

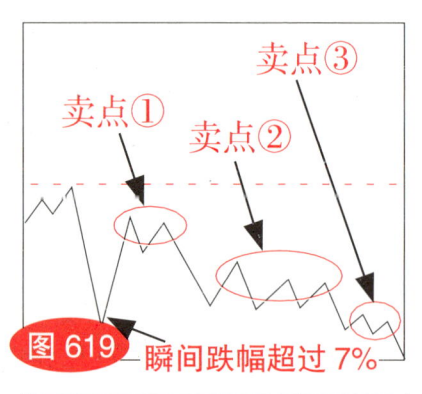

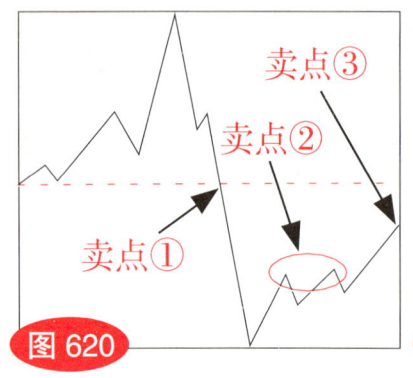

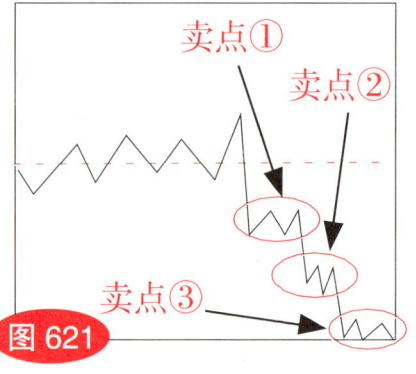

图618 卖点① 卖点② 瞬间跌幅超过7% 卖点③

图619 卖点① 卖点② 卖点③ 瞬间跌幅超过7%

图620 卖点① 卖点② 卖点③

图621 卖点① 卖点② 卖点③

说明:本书容量有限,举例不能太多。投资者若要了解在什么情况下,看到什么样的分时走势图,应该采取什么样的措施,以及操作中要注意什么问题,等等,有关这方面的知识、技巧与相关实例,请参见《股市操练大全》第七册——识顶逃顶特别训练专辑的第75页~第86页。

股市赢家自我培训测试题　No.220

考考你（K线实战难点解析一题一练）

有一位投资者对K线技术十分重视。他把K线中的一些见顶信号与见底信号都已背得滚瓜烂熟，但在实际使用中效果并不理想，这使他很沮丧。比如，他看到一只股票在上涨途中出现了射击之星，他卖掉了，结果股价不跌反涨，而且越涨越凶，这样就让一匹黑马飞掉了。又如，2009年7月29日，上证指数出现大震荡，当日拉出有很长下影线的阴线，随后3日出现了3根小阳线。他认为下跌时出现长下影线，说明下档支撑力度很强，之后的3根小阳线是红三兵，表明主力洗盘结束，开始上攻。结果第二天追了进去，套在高位，损失惨重。再如，他有时看到日K线图上K线走势非常好，但真的买进了，形势马上风云突变，让他措手不及。

请问：你碰到过这些现象吗？投资者对K线易学难用的问题应该如何解决？

唉！这事提起来就很伤心，我和我的股友经常会遇到这种情况：看K线信号操作反而做错了行情，一买进就跌，一卖出就涨。这真让我怀疑学习K线技术还有没有用？

答 这个问题过去我也经常碰到,当初我以为自己中了什么邪,是老天故意在与自己作对,还怀疑过K线技术是否过时了。后来经一位股市高手的指点,才明白了其中的奥秘。从那个时候起,我按照K线信号操作,做对行情的次数越来越多。现在我做股票已经离不开K线技术了。事实教育了我:K线信号不是没有用,而是自己过去使用的方法不对,当方法纠正后,K线技术的重要作用就显示出来了。现在我将高手告诉我的秘密在此奉献给大家,供诸位参考。

高手说,K线错用的情况,几乎每个投资者都碰到过,这在初学K线的投资者身上表现得尤为特出。因此,K线的易学难用是一个很普遍、很现实的问题,要解决这个问题有两个较好办法。

第一个办法是多做练习。常言道:练则通、练则明。这就像医生开刀,开刀的病例多了,就会积累经验,之后开刀中碰到疑难问题就有对付办法了。本书(也包括《股市操练大全》的其它图书)设计了大量实战练习题,目的就是让读者通过大量的练习,积累起经验,知道在什么情况下应该怎么做。因此,我们建议大家要多做练习,做多了自然会有感觉,进而能举一反三,触类旁通。

第二个办法是要记住正确使用K线的一些基本原则。这些原则是:

①验证原则。无论是K线的见顶或见底信号,当它出现后,是否有效,需要通过后面的K线信号来验证。比如,盘中出现射击之星,之后的K线确实往下走了,这个见顶信号才被市场确认。如果一看到射击之星,不问青红皂白地就判断它一定是见

顶信号,很可能上当受骗。

②**高低原则**。股价处于高位还是低位,信号的真实性是不一样的。比如射击之星是见顶信号,在行情初起阶段,主力可能利用它来吓唬投资者,以此达到洗盘目的,但到股价已经大涨后出现,射击之星就是实打实地反映股价见顶了。又如大阳线,在股价处于低位时出现,它扮演的往往是多头角色,而到股价处于高位时,它往往扮演的是空头角色,是在掩护主力拉高出货。

③**大小原则**。即大管小的原则。比如,日K线图中K线走势很好,但月K线图中K线信号见顶了。此时日K线图中K线走势很好就是假象,投资者应该按照月K线的提示,逢高减仓,不宜恋战,更不能盲目跟进做多。(编者按:有关这方面实例,可见本书No:167、No168、No183。更多的内容与操作技巧,详见《股市操练大全》第五册第2~38页)

④**对号原则**。对K线信号的准确认定非常重要。比如,红三兵作为看多信号出现,它是有条件的,是要在股价连续下跌企稳后出现,才能视为看多的信号,而像2009年7月29日上证指数拉出一根大阴线后出现的3根小阳线就不是红三兵。道理很简单,股价刚刚开始下跌,何来红三兵。故认定一个K线信号,要学会准确对号入座,而不能张冠李戴。

⑤**追踪原则**。主力(庄家)运作一个股票,从建仓、洗盘、拉升、派发,需要有一个很长的过程。时间一长,主力(庄家)的一些习惯动作就会暴露出来。比如,有的主力洗盘时,经常会拉出射击之星、中阴线进行诱空,有的主力出货时经常会拉大阳线进行掩护出货。投资者如果仔细查阅一个股票历史,就能追踪到一些主力的习惯动作。若是了解了主力的习惯动作,操作起

来就方便多了。

⑥易跌难涨的原则。股票下跌容易上涨难。一般来说,股价在高位运行,K线上出现见顶信号,准确率相对较高;而股价在低位运行,K线上出现见底信号,准确率相对较低。有鉴于此,投资者在高位看到K线见顶信号时要及时卖出,但在低位看到K线见底信号时则要谨慎,需多方面进行验证后才能确定见底信号的真伪。"卖出要果断,买进要谨慎",说的就是这个道理。

⑦相似原则。在实际图形中,非标准的K线见顶信号、见底信号(即K线见顶或见底信号的变化图形)很多,大家要学会辨认。比如某个K线只要与某个标准图形基本相似,就应该把它归在一起(编者按:关于这方面的辨别技巧,详见《股市操练大全》第七册第63页~64页)。

⑧配合原则。虽然K线在图形分析中占有重要地位,但要判断股价运行趋势,特别是鉴定顶与底,光靠K线是不行的,此时还要看均线、成交量、技术图形的变化,只有做到相互配合,综合分析,才能得到一个正确的结论。(编者按:有关这方面的配合技巧,详见《股市操练大全》第七册第261页~第276页)。

⑨典型图例熟记原则。在股市中,历史往往有惊人的相似之处。一个典型图例可以不断地在股市中反复出现,因此投资者若把这些典型图例熟记于心,到时就能派上大用处。比如,2009年7月末8月初,上证指数的K线见顶图形,是一个空方尖兵的图形。其实,这个空方尖兵的图形,早在2000年8月就出现过(编者按:有关这方面的情况介绍,详见《股市操练大全》第八册第478页~第482页)。如果当初你记住了9年前这个典型图形,那么2009年7月末8月初上海股市见顶时,你就能一下子看出来了,逃顶也就变成一件很容易的事了。

股市赢家自我培训测试题　No.221

考考你（K线实战难点解析一题一练）

据了解，一些股市高手利用技术图形进行选股获得了巨大成功，但令人困惑的是，普通投资者在利用技术图形选股时，成功率并不高，有的还被套在半山腰，遭受了较大的损失。

请问：你知道有什么办法可以改变这种选股不理想的状态吗？

> 为什么有的高手选股能屡获成功，其秘密究竟是什么呢？这个问题我还没有思考过。

答 投资者在运用技术图形选股时，如果坚持以下三个原则，选股的成功率就会有显著提高。

①**选大不选小**。通常大的技术图形信号比小的技术图形的信号要可靠得多。比如，有两个质地差不多的股票都在筑底，其中一个构筑了头肩底，一个构筑了双底，若要买进的话，应首选构筑了头肩底的股票买进。

②**选长不选短**。时间越长的技术图形，可靠性就越强。比如，一个时间跨度在一年以上的头肩底，肯定要比时间跨度只有3个月的头肩底，可靠性要强得多。

③**选放大量的而不选放小量的**。这个量既是指底部构造时的量比以前要有明显的增加（说明有新的增量资金加入），同时又指行情启动突破颈线时放了大量的。因为有量的股票上涨基础扎实。

我们在调查中发现，有的高手就是因为坚持了这三条基本原则，选出了不少大牛股，从而使他们获得了不菲的收益。**经验告诉我们：用技术图形选股是很有讲究的，向高手学习就要把这些基本原则记住，并付诸于行动中，日后必能得到丰厚的回报。**

说明：更多内容，详见《股市操练大全》第五册第125页、126页、128页。

股市赢家自我培训测试题　No.222

考考你（K线实战难点解析一题一练）

有一位投资者告诉高手：他表哥是一个老股民，对基本分析、技术分析很了解，说起来头头是道，但奇怪的是，他入市十几年，忙进忙出，总帐算下来，不但没有什么赢利，反而还亏了一点钱。他问高手为什么会出现这种现象，它背后的原因是什么？高手回答，这种现象在股市里很普遍，造成老股民长期不赚钱，甚至亏钱的主要原因有两条：一是不长记性；二是不守纪律。高手以肯定的口气说，这些投资者只要把这两条改了，就能反败为胜，成为一个赢家，甚至成为一个大赢家。

请问：高手的观点对不对？高手说的"长记性"、"守纪律"是什么意思？你能对它作一番解释吗？

这位懂技术、懂基本分析的老股民，为什么战绩如此差呢？确实值得人们深思。另外，高手说的"长记性"、"守纪律"究竟是什么意思？我要好好想一想。

答 高手的观点完全正确。我过去也像这位老股民,对技术分析、基本分析有所了解,但战绩很差,后来我在高手的指点下,开始长了记性,并能严格遵守操作纪律,现在已经反败为胜,成了赢家。

第一,高手说的长记性,主要包括两个内容:①对典型图形要熟记在心;②对重要经验要念念不忘。

首先,向大家说一说为什么要把典型图形熟记在心的道理。比如"尽头线"图形,涨势中出现这样的K线图形,就知道形势不妙了,应赶快出逃。我们来看一个实例,下图622是东北制药2008年4月~9月的一段走势。从图中看,它见顶时出现了"尽头线"[注]K线图形,且下面的成交量放出了近期天量,有经验的

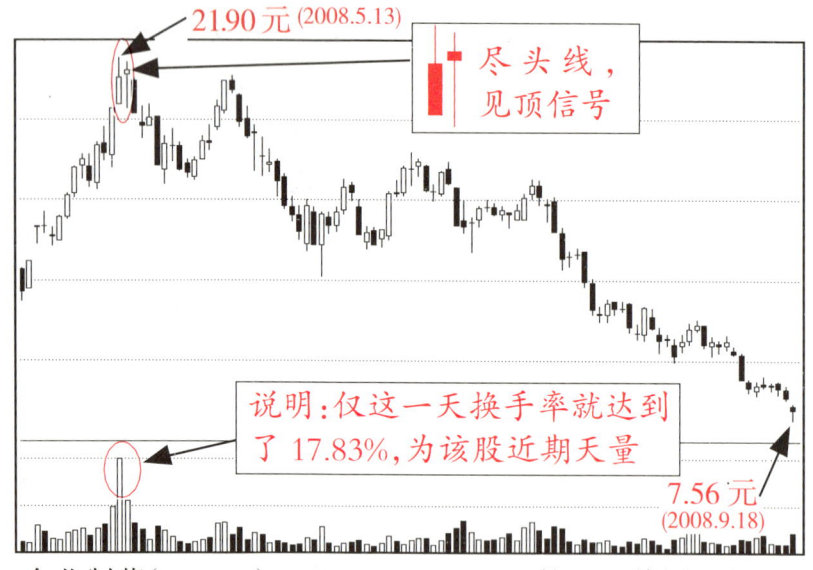

21.90元(2008.5.13)

尽头线,见顶信号

说明:仅这一天换手率就达到了17.83%,为该股近期天量

7.56元(2008.9.18)

东北制药(000597)2008.4.21~2008.9.18的日K线图 图622

【注】关于"尽头线"特征、技术意义与相关实例,详见《股市操练大全》第一册第152页~第154页。

投资者马上就能判断出它见顶了,当时就会卖出。若拖着不卖,损失很大。

其实,关于尽头线 K 线见顶的实例,《股市操练大全》曾经反复介绍过（可详见《股市操练大全》第八册第 572 页 ~575 页）。像这样的典型图形应牢牢记住。

又如大阳线。股价大涨之后出现大阳线要特别关注。如大阳线出现后股价滞涨,或出现掉头向下的现象就要引起高度警惕,这多半是主力利用大阳线在掩护出货。投资者一旦发现大阳线的开盘价被打破,就应该马上卖出。关于这方面的典型例子、图案很多。如本书中自侧题 No.198,就列举了该股 4 次头部都是在拉出高位大阳线见顶的。更典型的例子,如恒源煤电（600971）在前几年出现的 6 次大的头部中,每次主力都是以高位大阳线进行掩护出货的。据悉,拉大阳线诱多出货法已经成为主力最主要的出货手段。为了避免高位吃套,投资者对主力这一出货手法与典型图形必须有清晰的了解。（编者按：关于这方面的知识、技巧与相关实例、典型图案,可详见《股市操练大全》第八册第 3 页 ~10 页,第 44 页 ~ 第 50 页,第 544 页 ~ 第 552 页）。

其次,再向大家讲一讲做股票为什么一定要把炒股的重要经验熟记在心的理由。比如,早在 6 年前,《股市操练大全》第四册就以特别提醒的方式,提出"**股市上的整数关,一定要经过多次反复冲击后才能通过。因此,投资者在头两三次冲击整数关时,原则上应该采取抛空策略。**"这条经验非常重要,它是总结了全球各大股市得出来的。试想,投资者只要把这条经验记住了,在 2007 年上证指数冲击 5000 点整数关时卖出,在 2009 年、2010 年上证指数冲击 3000 点整数关时逢高减仓,那么这几年的头部就会逃得很成功（编者按：相关内容可见《股市操练大全》第四册第 320 页~322 页,第七册第 416 页~421 页)。又如,当一个股票连续上涨后在月 K 线中拉出"巨阳线",就基本上见顶了,而且之后股价会跌得很凶。为此,《股市操练大全》第八册以大量篇幅介绍了这方面的情况与操作技巧,并提出一条重要操作经验:只要巨阳线的收盘价被击破就应该看空做空,巨阳线的实体被吃掉 1/3 就必须全部卖出。据统计,这条经验使用下来准确率超过 90%。大家想一想,如此重要的经验该不该记住呢(编者按:有关巨阳线知识与操作技巧,详见第八册第 72 页~第 210 页,第 555 页~566 页)。

第二,高手说,**炒股票要守纪律,因为守纪律是赢家的必要条件**。在股市中守纪律主要有两个内容:

①**不练不"上岗"**(指不进入实际操作)。炒股好比体育比赛,运动员在比赛中的优秀成绩都是来自平时的刻苦训练。因此,投资者在进入实际操作前,一定要做大量的练习。大家必须记住:不做好股市练习不"上岗",这是一条重要的纪律。练则通,练则明,只有苦练后才能取得好成绩。

②**买进要谨慎,卖出要果断**。买进要谨慎有三层意思:A、买进前要多思索、多论证。只有从基本面、技术面上找到充分理由后才能买进;B、重仓一个股票,不能光看日 K 线,一定要看周 K 线、月 K 线;C、分批买进,留有余地。卖出要果断有两层意思:A、股谚云:"底部百日,顶部三天",股价见顶后下跌速度往往是很快的,因此见到重要的见顶信号时,不能犹豫不决,应果断了结;B、止损不拖,到了止损价位,应立马卖出(编者按:高手操作时,每买进一个股票,事前都会预设好止损价位,一旦股价下跌到止损价位,高手就会立即把它卖出),止损不能拖,越拖损失越大。

附录：阅读经验漫谈

阅读感言
——读书要有好方法

读一本书,阅读方法的好坏将直接影响阅读的效果。作为一个有经验的读者,看书时,首先要弄清楚阅读的对象是什么,如果是工具类的书(比如像介绍股票操作技巧方面的书,就属于工具书),阅读时就不能一看而过,而要采取"一看二嚼三回味"的方法,阅读后才会有效果。

所谓一看,是指认真地看,慢慢地、仔细地阅读,而不是一目十行地看。

所谓"二嚼",是指在阅读时,对一些关键词句或一下子弄不明白的地方,要像老人吃东西一样,口中慢慢地细嚼,即来回地看,反复琢磨,直到把意思完全弄清楚为止。

所谓三回味,是指阅读股票书,不仅要把书中的关键内容看懂了,而且看后,在空余时间,比如晚上睡觉前,在头脑里把白天看的一些内容像"放电影"一样,将"主要情节"再回放一遍。

除此之外,三回味还有两层意思:第一层意思是指看书时要善于把书中各个部分在逻辑上有关联的内容,要联系起来思考,并反复回味,在脑海里对书中的重点内容、重点图形留下一个清晰的印记。第二层意思是说,阅读工具类的书一定要贯彻学以致用的原则。就拿股票书来说,因为股票书讲的方法归根结底是要运用于股市实战中,当你在实战中使用股票书介绍的方法时,不论最后的战绩如何,都要作一个总结。这样一方面可以检验你学习的实际效果如何;另一方面也可以检验你阅读的股票书,它的实用性究竟怎么样(如果检验下来是好书就看下去,如果是内容空洞,或方法与实际对不上号的书,就不用再浪费时间去看它了)。

我认为一本好的股票书,应该是观点鲜明,举例翔实,所介绍的内容与方法,不仅与实际对上号的地方很多,而且它能在关键时刻指导投资者踏准股市涨跌节拍。如果是这样,你就可以把它看成是你的良师益友,平时要反复地学习它,发挥出它的应有效用,并像对待一个珍品一样,把它好好地珍藏起来。

《股市操练大全》是上海三联出版社的重点品牌书。迄今为止,它发行数量已超过 250 万册,销量居全国股票书首位。为何《股市操练大全》如此热销呢?因为这套书实用性非常强,很多读者对它爱不释手。可见,《股市操练大全》是本好书,这已经没有疑问了。那么,这本好书,怎样阅读才会产生积极效果呢?

现在我向大家介绍一些读者是如何阅读《股市操练大全》,并由此取得很好成绩的一些经验与方法,供大家参考。

实例一:有一位读者来信说,他是一个老股民,以前做股票手里总是拿着股票来回趁电梯,最后白忙乎,还亏了不少钱。

自从他看到《股市操练大全》第四册中有一条特别提醒:"**股市上的整数关,一定要经过多次反复冲击后才能通过。因此,投资者在头两次冲击整数关时,原则上应采取抛空策略。另外,还要注意,股市上的重大整数关,未经长时间考验,不要轻言它已被攻克**"(详见《股市操练大全》第四册第 320 页)。他感到这个提醒很重要,就把这段话贴在墙上,时时提醒自己。2007 年,上证指数上冲 6000 点时,他在 5000 点上方就不断逢高出局了。他认为 5000 点是一个重大整数关,股市第一次冲上 5000 点见顶的概率很大。事后证明,他这个判断是正确的。不仅如此,他认为上证指数从 998 点一口气涨到 6000 多点,途中在冲击 2000 点时并没有经过扎实的盘整,因此上证指数从 6124 点见顶后跌下来,这轮调整跌到 2000 点下方的可能性非常大。因此他在 5000 点上方卖出后一直空仓,直到等上证指数跌到2000点下方才开始陆续建仓。可见,《股市操练大全》有关"整数效应"的理论,被他用活了,并为他带来了巨大的收益。

另外,也有一些读者来电来信告诉我们,上证指数在1664点见底后出现了一轮强劲的反弹,那么,这个反弹的阶段性顶在哪里呢?他们认为上证指数反弹的顶就在3000点上方,因为3000点是一个重要的整数关,即使冲上去,一下子是很难站稳的,不久就会跌下来。因此,2009年、2010年、2011年上半年,每当上证指数冲到3000点上方,他们就逢高出局。据悉,这些读者按照这种方法操作,几次顶都给他们逃掉了。可见,"整数效应"的理论在他们身上也发挥了很重要的作用。

实例二:有一位读者把《股市操练大全》中关于选长线牛股的几大原则[注]抄下来,压在书桌的玻璃板下,反复看,反复琢磨,2006年后至今,他把投资的重点定格在资源股上,对资源股进行波段操作,获得了不菲的收益(编者按:最近几年,资源类股票是沪深股市涨幅最大,同时也是上下波动最激烈的板块之一,如果这位投资者波段操作得当,收益确实非常惊人)。

实例三:有一位读者来信说,他看了几本《股市操练大全》后,对研判大盘或个股的中长期趋势必须看月K线,并用月K线管住日K线的投资理念印象非常深刻。因此,几年操作下来,他发现大盘(包括个股)的月K线出现见顶现象,或月K线显示,股价大涨后出现巨阳线,他就开始逢高出局了。当时,即使日K线图的走势非常

【注】 选长线牛股的几大原则是:①从直接受益于经济快速发展的企业中去寻找长线牛股;②从处于产业链两端的企业中去寻找长线牛股;③从行业龙头企业中去寻找长线牛股;④从"唯一性"企业中去寻找长线牛股;⑤从上市时间短的企业中去寻找长线牛股;⑥从经营管理水平高的企业中去寻找长线牛股。(具体内容详见《股市操练大全》第五册第301页~305页)

好,他照旧看空做空不动摇。结果证明这一招非常有效。可见,这位读者阅读《股市操练大全》是真正读到点子上了。

有关这方面的实例很多,这里就不多举了。因工作关系,本人有幸从大量读者来电来信中看到一些读者学习《股市操练大全》的好方法与成功经验,在此我要感谢这些读者,是他们教会了我应该怎样去读一本好书。

以上说的一些学习体会,若有错误之处请大家指正。

(晓 晓)

(本文作者系《股市操练大全》办公室的一位工作人员)

阅读花絮

编者按:《股市操练大全》出版发行后,我们收到了许多热心读者的信息反馈,其中有不少是介绍他们学习方法与经验的。现在我们选择一些读者的信息反馈,以"阅读花絮"的形式,与大家一起分享他们的学习经验。

阅读花絮之一: 书中答不出的问题,暂时将它"封尘"起来,决不轻易去看后面的答案。有一位读者来信说,他在做《股市操练大全》书中题目时,对答不出的问题,把它们放在一边,不去看题目后面的答案。过两天再来看这些题目,并苦苦思索,一定要想出一个答案才罢手,如实在想不出答案,就暂时把它们"封尘"起来,然后等到把书里的相关内容找出来复习一遍后再进行答题,一直到把题目做完为止,最后再与题目后面的"标准答案"进行对照。这位读者告诉我们,用这样的方法阅读《股市操练大全》,做题目,印象深,记得住,并在炒股中获得了很好的成绩。

点评: 这个方法看似十分苛刻,但它印证了一句古语:"轻易得来的东西是留不住的"。其实学习就是如此,如果这位读者思想上稍有懒惰的话,他就不会这样做,因为题目后面就是现成的答案。这样苦苦地逼自己,目的就是想让自己的脑子积极转动起来,而不愿意坐享其成。我们认为这个方法很好,值得一试(编者按:该方法在本书"编写说明"中已向大家作了重点推荐)。

阅读花絮之二:"阅读《股市操练大全》要抓重点,缺什么补什么,这样才会有效果"。这是某位读者学习《股市操练大全》的经验之谈。他说,如何正确辨认大阳线,始终是他操作中的一个软肋。有时候盘中拉出大阳线,他认为是买进信号,结果追进去被套在高位,原来是主力在利用大阳线作掩护进行拉高出货;有时盘中拉出大阳线,他认为这是主力在利用大阳线诱多,于是他赶紧把股票卖了,但在他卖出后股价直往上涨,显然这样操作又错了。大阳线的真真假假,让他搞得一头雾水,以至一看到大阳线就不知道该怎么操作了。后来他把《股市操练大全》丛书中有关涉及大阳线的题目都集中起来[注],反复进行比较研究,终于明白了在什么情况下出现的大阳线,表明主力是在看多做多;在什么情况下出现的大阳线,表明主力是在看空做空。这位读者的学习经验是:将涉及大阳线的图形集中起来,多看、多练,大阳线的真伪就能辨别清楚,日后操作就有了方向。

点评:缺什么补什么,是很有针对性的做法,它往往能起到四两拨千斤的作用。其实,在股市中,对一些图形看不清楚,很多情况都是当事人对这类图形看得太少,练习做得太少所造成的。多看、多练后就有感觉,这位读者对大阳线的认识就是如此。

【注】 大阳线的内容在《股市操练大全》第七册、第八册、第九册中较多,特别是《股市操练大全》第八册中的"150幅大阳线脸谱图"有很高的研究与实用价值,可重点关注。

阅读花絮之三：我也能当老师。一位读者来信说：他看了《股市操练大全》后，就开始学习当起了"老师"。虽然他讲课是义务的，讲错了还要受到了别人指责，但他却乐此不疲。他的体会是：将自己在书中学到的炒股知识不断地讲给别人听，这样既帮助了别人，又强化了本人的大脑记忆，这对自己的学习非常有好处。

点评：据了解，确实有不少读者读了《股市操练大全》后，义务当起了"老师"。这些读者当老师后，其自身知识水平与炒股成绩都有了显著提高。为什么会有这样的效果呢？这是因为要当一名受大家欢迎的老师并不简单，首先要认真备课（备课时自己把学过的知识又认真复习了一遍），其次讲课要理论联系实际，紧扣实战（这对提高讲课人的知识运用能力有很大的帮助）。可见，"我也能当老师"——是一种特殊的且很有效的学习方法，此经验可供大家借鉴。

阅读花絮之四：全家老小，共同享受"不用老师，一个人股市培训班"的快乐。一位读者告诉我们，他家是一个大家庭，她和她丈夫、公婆都是股民。因为平时工作忙，各炒各的股票，很少进行交流。但自从她买了《股市操练大全》实战训练卡后，家里就热闹起来，一到休息时间，大家就围在一起，你拿一张卡片，扮演成老师的角色考我，我拿一张卡片，也扮演成老师的角色考她，相互之间考来考去，气氛十分活跃。大家感到这种学习形式很新鲜，花费时间不多，但学习效果非常好，对所考问的问题印象特别深刻。

点评：《股市操练大全》实战训练卡出版发行后，受到了一些读者的欢迎。卡片的特点就是方便、灵活。一卡一练，每卡一题（正面是问题，背面是答案）。几个人围在一起，随意抽取卡片，互相考对方，每个人都在扮演着学生与老师的双重角色。这是很有意思的。此举不仅能提高参与者的学习兴趣，享受到"股市培训班里老师与学生"的互动感觉，而且可以互相促进炒股技艺的提升，真可谓一举多得。

《股市操练大全》丛书特色简介

　　《股市操练大全》丛书是上海三联书店出版的重点品牌书。它全面系统、易学易用，是国内图书市场中首次将股市基本分析、技术分析、心理分析融为一体，并兼有学习、练习双重用途的炒股实战工具书。作为学习，它全面地、详尽地介绍了炒股的各种知识、运用技巧，以及防范风险的各种方法；作为练习，它从实战出发，设计了一套有针对性，并具有指导性、启发性的训练题，引领投资者走上赢家之路。

　　《股市操练大全》无论从风格与内容上都与其他股票书有很大的不同。因此，大凡阅读过此书的读者都有耳目一新之感。很多读者来信、来电称赞它通俗、实用、贴近实战。有的读者甚至说：他们看了几十本股票书都不管用，但自从看了《股市操练大全》就被迷上了，天天在读，天天在练，现在已经反败为胜了。他们认为，《股市操练大全》是目前图书市场上最有实用价值的股票书。其实，有这样感受的读者不是少数，而是相当多，这可以从全国各地读者寄给出版社的大量来信中得到证明。

　　也许正因为如此，沪深股市连连走熊时，证券图书市场也进入了"冬眠"状态，但《股市操练大全》却一版再版，各册累计重印次数已超过了200次，总发行量超过了270万册（注：国内一般的股票书发行只有几千册，多的也只有几万册，发行量超过10万册的已属凤毛麟角。目前，《股市操练大全》发行量已远远超过了其他股票书），创造了熊市中股票书旺销的奇迹。

　　迄今为止，《股市操练大全》丛书一共出版了两大系列11册书，其中基础知识系列5册，实战指导系列6册（含1册习题集）。每册书都介绍了一个专题（专题内容详见下页），它是一套完整的炒股学习、训练工具书。另外，《股市操练大全》的每册书（除习题集）都是精装。装帧精美，这也是这套书的一个亮点。

《股市操练大全》丛书一览

基础知识系列

《股市操练大全》第一册
——K线、技术图形的识别和练习专辑　　　定价29.80元
《股市操练大全》第二册
——主要技术指标的识别和运用练习专辑　　定价32.80元
《股市操练大全》第三册
——寻找最佳投资机会与选股练习专辑　　　定价28.00元
《股市操练大全》第四册
——股市操作特别提醒专辑　　　　　　　　定价30.00元
《股市操练大全》第五册
——股市操作疑难问题解答专辑　　　　　　定价35.00元

实战指导系列

《股市操练大全》第六册
——技术分析、基本分析主要技巧运用实战强化训练专辑
　　　　　　　　　　　　　　　　　　　　定价35.00元
《股市操练大全》第七册
——识顶逃顶特别训练专辑　　　　　　　　定价39.00元
《股市操练大全》第八册
——图形识别技巧深度练习专辑　　　　　　定价45.00元
《股市操练大全》第九册
——股市赢家自我测试总汇专辑　　　　　　定价48.00元
《股市操练大全》第十册
——捕捉黑马关键技巧特别训练专辑　　　　定价48.00元
《股市操练大全》习题集
——熟读炒股七字经，圆你股市赢家梦专辑　定价15.00元

以上图书全国各地新华书店有售，如书店缺货，可直接向上海三联书店出版社邮购
（地址：上海市都市路4855号10楼，邮政编码：201100，电话：021-24175971）。

《股市操练大全》第九册读者信息反馈表

姓　　名		性　别		年　龄	
入市时间		文化程度		职　业	
通信地址					
联系电话			邮　编		

你认为本书内容如何？（欢迎附文）

你希望我们能为你提供哪方面的服务？

沿线撕下

读者如有信息反馈给我们，电子邮件请发至：Logea@sina.com，来信请寄：上海市中江路879号9座3楼，徐冰小姐收，邮编：200333，转《股市操练大全》创作中心收。联系电话：021-33872558。

图书在版编目（CIP）数据

股市操练大全实战指导之四（第九册）/ 黎航主编．——上海：上海三联书店，2021.8重印
ISBN 978-7-5426-3625-6

Ⅰ．①股… Ⅱ．①黎… Ⅲ．①股票投资—基本知识 Ⅳ．①F830.91

中国版本图书馆CIP数据核字（2011）第154302号

股市操练大全——股市操作实战指导之四（第九册）

主　　编 / 黎　航
策　　划 / 朱美娜

责任编辑 / 陈启甸
装帧设计 / 王文杰
监　　制 / 姚　军
责任校对 / 徐　天

出版发行 / 上海三联书店
　　　　　（200030）中国上海市徐汇区漕溪北路331号A座6楼
邮购电话 / 021-22895540
排　　版 / 上海逗句广告有限公司
印　　刷 / 上海展强印刷有限公司

版　　次 / 2011年7月第1版
印　　次 / 2021年8月第15次印刷
开　　本 / 850×1168　1/32
字　　数 / 320千字
印　　张 / 17
印　　数 / 95001-100000

ISBN 978-7-5426-3625-6/F・603

定价（精）48.00元